Unser Kind

Jahr für Jahr

Unser Kind

Jahr für Jahr

Carol Cooper, Claire Halsey,
Su Laurent, Karen Sullivan

Vorwort von Dr. Tanya Byron, Psychologin

DK
Dorling Kindersley

Dorling Kindersley
London, New York, Melbourne, München und Delhi

Bildredaktion Glenda Fisher, Marianne Markham
Cheflektor Esther Ripley
Lektorat Jo Godfrey Wood
Herstellung Jenny Woodcock, Alice Holloway
Programmleitung Peggy Vance

Produziert für DK von
Dawn Bates and Emma Forge
Production Designer Tom Forge
Fotos Vanessa Davies

Für die deutsche Ausgabe:
Programmleitung Monika Schlitzer
Projektbetreuung Kathrin Nord
Herstellungsleitung Dorothee Whittaker
Herstellung Petra Kühner
Covergestaltung Barbara Weishaupt, Petra Kühner

Bibliografische Information Der Deutschen Bibliothek
Die Deutsche Bibliothek verzeichnet diese Publikation in der Deutschen Nationalbibliografie; detaillierte bibliografische Daten sind im Internet über http://dnb.ddb.de abrufbar.

Titel der englischen Originalausgabe:
Your Child Year by Year

Übersetzung Jeanette Stark-Städele
Lektorat Vera Olbricht
Satz Verena Marquart

ISBN 978-3-8310-1495-8

Colour reproduction by MDP, Bath, UK
Printed and bound in China by Sheck Wah Tong

Besuchen Sie uns im Internet
www.dk.com

Hinweis
Die Informationen und Ratschläge in diesem Buch sind von den Autoren und vom Verlag sorgfältig erwogen und geprüft, dennoch kann eine Garantie nicht übernommen werden. Eine Haftung der Autoren bzw. des Verlags und seiner Beauftragten für Personen-, Sach- und Vermögensschäden ist ausgeschlossen.

Inhalt

Sieben Jahre

Acht Jahre

»Als Eltern werden Sie manches hinterfragen und überlegen, was normal ist.«

9–11 Jahre

Neun Jahre

Zehn Jahre

Elf Jahre

12–14 Jahre

Zwölf Jahre

13 Jahre

14 Jahre

Vorwort

»Ich wünschte, es hätte *Unser Kind – Jahr für Jahr* schon gegeben, als ich vor 13 Jahren Mutter wurde!«

Oft werde ich gefragt, ob es für mich als Psychologin leichter ist, Mutter eines zehnjährigen Sohnes und einer 13-jährigen Tochter zu sein. Seit beinahe 20 Jahren befasse ich mich beruflich mit dem Spezialgebiet »Seelische Gesundheit von Kindern und Erwachsenen« – müssen meine Kinder da nicht vorbildlich sein? Herrschen in meiner Familie immer Frieden und Harmonie und wird jede Entwicklungsphase locker gemeistert? Natürlich nicht! Und seien Sie gewiss, meine Kinder wälzen sich lachend am Boden beim Gedanken, dass ich als perfekte Mutter gelten könnte!

Und Gott sei Dank kann ich »Nein« sagen. Möchte ich perfekte Kinder? Nein. Kenne ich die Lösung für einen durch und durch harmonischen Umgang mit Kindern? Nein. Glaube ich, dass Elternsein ein reines Vergnügen ist? Nein. Ich bin aufgrund meiner Tätigkeit als Kinderpsychologin keineswegs eine bessere Mutter, sondern ich bin dank des Mutterseins eine bessere Psychologin. Seit ich Mutter geworden bin (die beiden glücklichsten Tage in meinem Leben), kann ich die Aufregungen, Ängste, Unsicherheiten, Freuden und Herausforderungen, die mir Familien, mit denen ich arbeite, berichten, völlig nachvollziehen. Ich verstehe das Gefühl absoluter Hilflosigkeit, wenn man die eigenen Kinder überhaupt nicht mehr versteht und nicht weiß, wie man ihnen beikommen kann. Ich respektiere die Frustrationen, Tränen und Schuldgefühle all der Eltern, die zu mir kommen, weil sie bessere Wege finden wollen, ihren Kindern durch schwierige Entwicklungsphasen hindurchzuhelfen. Wie sagte ein Vater zu mir: »Elternsein – der schwierigste Job der Welt und der einzige, für den man nicht ausgebildet wird.«

Eltern brauchen in schwierigen Zeiten verlässliche Informationen und Rat, damit sie die vielen Sorgen, die sich im Verlauf der körperlichen, kognitiven und emotionalen Entwicklung ihrer Kinder einstellen, bewältigen können. Aber an wen können wir uns wenden?

Wo finden wir ehrlichen, verständlichen und praktischen Rat, der uns unsere Ängste im Hinblick auf die Kinder nimmt und uns stärkt, sie in positiver Weise zu unterstützen? *Unser Kind – Jahr für Jahr* ist, so meine ich, eine notwendige Hilfe für alle Eltern. Dieses wunderbar inspirierende, praktische Buch vermittelt Ihnen alles, was Sie über die fortschreitende Entwicklung des Kindes von drei bis 14 wissen müssen. Es beantwortet all Ihre Fragen und bietet professionelle und praktische Lösungen bei verschiedensten Problemen, z. B. wenn das Kind gemobbt wird, nicht essen will oder »handysüchtig« ist.

Dieses Buch, von vier Fachfrauen für Kindesentwicklung verfasst – alle auch selbst Eltern –, verbindet Fachwissen, das Ihnen die neuesten, mit Studien belegten Informationen vermittelt, mit verständnisvollem, gesundem Menschenverstand. Carol Cooper, Hausärztin und Medizinjournalistin, gibt grundlegende Einblicke in Gesundheit und Entwicklung; die Psychologin und Erziehungsexpertin Claire Halsey behandelt die emotionale und soziale Entwicklung sowie Familienthemen; Kinderärztin Su Laurent zeigt die erstaunlichen Phasen des körperlichen Wachstums auf und Karen Sullivan, Fachfrau für Kinderbetreuung sowie Autorin, behandelt Aspekte des kognitiven und sozialen Verhaltens.

Die Autorinnen packen ein breites Spektrum an Themen, gleich ob einfach, kompliziert oder frustrierend, auf eine verständliche und praktikable Weise an. Wie stellt man sicher, dass ein schlechter Esser ausgewogen isst, ohne dass die Mahlzeiten zum Albtraum werden? Woher weiß man, ob die Bauchschmerzen des Neunjährigen echt sind oder er nur die Schule schwänzen will? Wie verhandeln Sie mit Ihrer 14-Jährigen, die bis um 1 Uhr morgens ausgehen will? All das und mehr erfahren Sie auf leicht nachvollziehbare, unkomplizierte Art, und genau wie ich werden auch Sie sich beim Lesen dieses Buches fragen: »Warum bin ich nicht selber darauf gekommen?« Denn die Ratschläge der Autorinnen sind äußerst hilfreich und erfrischend lebensnah. Dank dieser klaren Richtlinien erkennen Sie, dass Erziehung nicht nur machbar ist, sondern auch Spaß macht – selbst in stürmischen Zeiten.

Wissen hilft uns, in schwierigen Situationen handlungsfähig zu bleiben, doch Gefühle verstellen oft der Vernunft den Weg. Daher »wissen« wir zwar häufig, was wir tun sollten, fühlen uns aber manchmal machtlos. Wir stellen uns selbst infrage und haben kein Selbstvertrauen, besonders angesichts schwieriger, provozierender Verhaltensweisen. Widersprüchliche Ratschläge verunsichern dann zusätzlich. Dieses Buch liefert alle Informationen, mithilfe derer wir etwas Distanz gewinnen und unsere Kinder auf ruhige, respektvolle, und wenn nötig, autoritative Weise zu unterstützen. Dadurch gewinnen wir echten und positiven Einfluss auf ihre Entwicklung und können so handeln, dass sie in allen Bereichen gefördert werden. Ich weiß, dass Sie, so wie ich, dieses fabelhafte und inspirierende Buch schätzen werden.

DR. TANYA BYRON
Mutter von Lily und Jack
Klinische Psychologin, spezialisiert auf Verhaltenspsychologie und Seelische Gesundheit bei Kindern und Erwachsenen

ELTERNSEIN MACHT SPASS! *Mit Zuversicht und Selbstvertrauen erleben Sie die Entwicklung Ihrer Kinder als eine Serie von Glücksmomenten.*

Einführung

Erziehung hat unter anderem viel mit Instinkt zu tun. Dennoch brauchen wir gelegentlich Anregungen, um einerseits alles richtig zu machen, damit sich unsere Kinder gut entwickeln und fleißig lernen, und andererseits um Probleme zu lösen, damit sie glücklich und gesund erwachsen werden.

VORBEREITET SEIN
Perfekte Eltern gibt es nicht, aber wenn Sie auf kommende Herausforderungen vorbereitet sind, werden Sie meist richtig reagieren.

Viele Themen, mit denen Eltern heutzutage konfrontiert werden, gab es früher nicht, und so gibt es keine Erfahrungswerte, auf die wir zurückgreifen könnten. Medien und Stress bestimmen zunehmend unsere Gesellschaft; neue Technologien überschwemmen uns, und die Kinder werden schneller erwachsen als jemals zuvor. Darüber hinaus liefern uns das Internet und die Ratgeberliteratur eine verwirrende und oft zweifelhafte Flut an widersprüchlichen Informationen zu allen Themen, von der Kinderernährung über den Fernsehkonsum bis zum richtigen Zeitpunkt der Aufklärung. Da überrascht es nicht, dass viele Eltern verlässliche, praktische und vernünftige Informationen suchen, basierend auf Wissenschaft, Elternerfahrungen aus erster Hand und gesundem Menschenverstand. Genau dies beabsichtigen wir mit diesem Buch. Wir sind alle Eltern und Fachfrauen in bestimmten Bereichen, die Gesundheit und Entwicklung des Kindes betreffend. Wir haben praktische Erfahrung und kennen die Themen, die Kinder und Eltern beschäftigen, und wir zeigen praktikable Wege auf, Probleme sinnvoll zu lösen.

Häufige Sorgen thematisieren

Eltern haben in bestimmten Entwicklungsphasen ihrer Kinder bestimmte Fragen. Sorgen im Hinblick auf Sauberkeitserziehung, Essverhalten, Sprachentwicklung, Wachstum, Schlafverhalten dominieren die Kleinkindzeit. Nach der Einschulung, wenn das Kind Freundschaften schließt und erste Schritte in die Unabhängigkeit unternimmt, gibt es neue Konfliktpunkte. Von nun an scheint der Weg in die Teenagerzeit gepflastert mit Zweifeln und Unsicherheiten. Ist das die Pubertät? Warum lügt mein Kind? Sind seine sprachlichen Fähigkeiten ausreichend? Wie erkenne ich, ob es eine Essstörung, Depression oder Stress hat oder gemobbt wird? Wird es immer kleiner bleiben als seine Freunde? Wann braucht sie den ersten BH? Wie gehe ich mit dem Thema Alkohol um, wenn alle seine Freunde trinken? Wie kann ich ihm beim Lernen helfen? Warum sitzt es ständig am Computer? Muss es die Großeltern besuchen? Die Liste ließe sich endlos fortsetzen. Egal, wie sehr wir unserer Erziehungskompetenz vertrauen, Unsicherheiten werden häufig auftreten. Immer wieder fragen wir uns, was normal und altersgemäß ist. Und Kinder schaffen es, auch das klügste, strukturierteste Elternteil zu verunsichern. Wenn eines sicher ist in der Kindererziehung, dann ist es Unberechenbarkeit. Dieses Buch ist für die Situationen gedacht, in denen nicht alles rundläuft. Es beantwortet Fragen, die Sie zum Leben Ihres Kindes haben.

TEENAGER-JAHRE
Jugendliche gelten oft als schwierig und dennoch kann man auch in der Teenager-Zeit eine gute Beziehung zu seinen Kindern haben.

Zum Aufbau des Buches

Jede Altersphase, von drei bis 14, wird in einem ausführlichen Kapitel behandelt, das das normale Spektrum der Entwicklung aufzeigt – Wachstum, Fähigkeiten und häufige Probleme. Obgleich in Jahre unterteilt, betreffen viele Themen mehr als eine Altersgruppe. Wir haben Fragen von Eltern aufgegriffen und uns bemüht, jedes Thema, das sich stellen könnte, zu behandeln. Ob Sie also am Trotzverhalten Ihrer Dreijährigen verzweifeln, sich fragen, ob Ihr Sechsjähriger schulreif ist oder überlegen, warum Ihr Neunjähriger so launisch ist, ob Sie etwas über die körperliche Entwicklung Ihrer Zwölfjährigen wissen wollen oder frustriert sind wegen der Trägheit Ihres Vierzehnjährigen, hier finden Sie die Antworten.

Elternsein ist nicht immer leicht, aber mit ein wenig Hintergrundwissen verstehen Sie die körperlichen Veränderungen bei Ihrem Kind, sein Denken, seine Fähigkeiten, Bedürfnisse und Sorgen. So können Sie für es sorgen, es lieben und durch die kommenden Jahre geleiten. Gepaart mit Ihrem Instinkt haben Sie damit eine Leitlinie, um diese große Aufgabe gut zu bewältigen.

3–5 Jahre

»Die Kleinkindjahre sind vorüber – Ihr Kind geht in den Kindergarten und macht sich auf den Weg in eine zunehmende Selbstständigkeit. Die größte Aufgabe der Eltern besteht darin, ›das Baby‹ loszulassen. Es macht Freude, es zu einem kleinen Individuum heranwachsen zu sehen.«

Wichtige Grundlagen

In dieser wichtigen Wachstums- und Entwicklungsphase braucht Ihr Kind unbedingt genügend Schlaf, viel Bewegung und gesunde Nahrung. Wenn es allerdings – wie viele Kindergartenkinder – gelegentlich eigensinnig und launisch ist, lassen sich diese Grundbedürfnisse nicht immer problemlos erfüllen.

Schlaf ist wichtig

Trotz seines hohen Energieverbrauchs und der Erschöpfung nach einem umtriebigen Tag, will Ihr Kind abends oft nicht ins Bett gehen – es will selbst bestimmen und nichts verpassen. Kinder zwischen drei und fünf Jahren brauchen aber unbedingt zehn bis zwölf Stunden Schlaf; davon können ein bis zwei Stunden ein Mittagschlaf sein. Ein konsequentes Einschlafritual fördert das Schlafverhalten. Die innere Uhr des Kindes wird programmiert und es lernt z. B., dass es nach dem Baden und Vorlesen schlafen muss.

Warum Schlaf so bedeutsam ist:

- Schlafmangel senkt die Widerstandskraft: Fehlen nachts regelmäßig nur wenige Stunden Schlaf, verringert sich die Anzahl der bakterien- und virentötenden Zellen.
- Eine amerikanische Untersuchung ergab, dass Schlafmangel bei Kindern die Gedächtnisleistungen, das Lernvermögen, das logische Denken und die mathematischen Operationen einschränkt. Auch die sozialen Beziehungen gestalteten sich schwieriger.
- Wachstumshormone werden im Schlaf freigesetzt. Forschungen haben gezeigt, dass Kinder mit chronischem Schlafmangel – wie bei schwerem Asthma (s. S. 163) – ein verzögertes Wachstum aufweisen können.

FRÜH INS BETT *Kinder, die genug schlafen, können sich besser konzentrieren, ausdauernder beschäftigen und mit kleinen Ärgernissen besser umgehen.*

Sport und Freizeit

Ihr Kindergartenkind ist von Natur aus aktiv und oft von frühmorgens an auf den Beinen. Doch stundenlanges Fernsehen und andere sitzende Beschäftigungen, wie Playstation spielen, führen bei vielen Kleinkindern zu Bewegungsmangel. Dieser kann durch eine frühzeitige Einschulung mit dem Zwang zum Stillsitzen noch verschlimmert werden.

Es ist nachgewiesen, dass regelmäßige Bewegung bei Erwachsenen gesundheitsfördernd und gewichtsstabilisierend ist, Stress reduziert und das Selbstwertgefühl stärkt; auch Ihr Kind profitiert in dieser Weise von körperlicher Aktivität. Regelmäßige Bewegung fördert darüber hinaus das Wachstum. Einer neuen Studie zufolge entwickeln und wachsen Kinder, deren Aktivitätsniveau weit hinter ihren biologischen Erfordernissen zurückbleibt, nicht optimal. Des Weiteren wurde festgestellt, dass körperliche Aktivität auf natürliche Weise die Ausschüttung von Wachstumshormonen in den Blutkreislauf anregt. Heilungsprozesse (bei Wunden und nach Erkrankungen) erfolgen bei Kindern, die regelmäßig Bewegung haben, bedeutend schneller.

Bewegung ist daher für Ihr heranwachsendes Kind unverzichtbar – und in diesem Alter ist das freie Spiel, kombiniert mit wenigen organisierten Aktivitäten wie Schwimmen, Fußball oder auch Tanz, dafür ausreichend. Beschränken Sie sitzende Beschäftigungen, wie Fernsehen, auf ein Minimum (maximal eine Stunde am Tag), und ermutigen Sie Ihr Kind zum Rennen, Laufen, Springen, Fangen spielen und Klettern.

AKTIV BLEIBEN *Jedes Kind braucht mindestens eine Stunde Bewegung am Tag. Lassen Sie Ihr Kind bei jeder Gelegenheit im Garten oder Park springen und spielen.*

Gesund essen

Ihr Kindergartenkind sollte ebenso ausgewogen essen wie Sie (s. S. 17). Das klingt einfach, doch vor allem das Aufkommen von Fertiggerichten, der Einfluss der Medien auf die Vorlieben der Kinder und die zunehmende Selbstständigkeit des Kindes, die Essproblemen Vorschub leistet (s. S. 25), kann manchen Kampf bedingen.

Jedes Kind braucht Vitamine und Mineralstoffe für Wachstum, Entwicklung und zur Gesunderhaltung. Am häufigsten haben Kinder einen Mangel an den Nährstoffen Kalzium, Eisen, Vitamin C, Vitamin A, Folsäure und Vitamin B6. Es ist daher wichtig, dass die Kost des Kindes viele Milchprodukte, mageres Fleisch, frisches Obst und Trockenobst, Gemüse (vor allem grünes Blattgemüse und helles Gemüse), Vollkornprodukte und Fisch enthält. Eine gemischte Kost versorgt ein Kind fast immer mit der empfohlenen Tagesdosis an Vitaminen und Mineralstoffen; doch wenn Ihr Kind ein heikler Esser ist, wollen Sie ihm vielleicht ein Vitaminpräparat geben. Ihr Kind sollte täglich fünf bis acht Portionen Obst und Gemüse essen. Das klingt viel, doch schon ein Glas Saft, in Saucen püriertes Gemüse oder Gemüse als Snack mit einem Dip und sogar die Salatblätter auf einem Sandwich zählen dazu. Viele Kinder mögen kein Gemüse, aber bleiben Sie beharrlich. Studien zeigen, dass ein Nahrungsmittel oft erst beim zehnten oder elften Anbieten probiert wird.

Wasser trinken

Wasser ist ein wesentlicher Bestandteil der Ernährung eines Kindes –, wichtig für die Verdauung, die gesunde Ausscheidung, die Bildung neuen Gewebes und den Energiehaushalt. Ziel sind 500–1000 ml am Tag. Einen Teil machen Fruchtsäfte und auch Obst und Gemüse aus, aber geben Sie, wann immer möglich, eher Wasser als andere Getränke. Kinder werden schnell süchtig nach Cola, Limonaden und gezuckerten Fruchtsaftgetränken als Durststiller. Diese sollten sie jedoch nur gelegentlich bekommen – vor allem Limonade, die nicht unbedingt gesund ist (s. S. 23). Kinder verwechseln oft Durst mit Hunger; ein kleines Getränk kann ein scheinbares »Verhungern« kurz vor Mahlzeiten verhindern. Ihr Kind sollte seinen Bauch aber nicht mit Getränken füllen – er ist klein und schon wenige 100 ml Saft oder Wasser können dazu führen, dass es sein Mittagessen nicht anrührt.

LIEBLINGSSPEISEN
Ihr Kind sollte viele verschiedene nährstoffreiche Speisen zu sich nehmen. Isst es phasenweise bei den Mahlzeiten sehr einseitig, geben Sie ihm gesunde Zwischenmahlzeiten.

Gesunde Zwischenmahlzeiten

Zwischenmahlzeiten erhalten den Energiespiegel und das Konzentrationsvermögen aufrecht. Sie sind aber Teil der Gesamternährung und nicht einfach »schnelle Sattmacher«. Geben Sie daher nur kleine Snacks, damit das Kind zu den Mahlzeiten noch Hunger hat.

Geeignete Zwischenmahlzeiten:

- Frisches Obst und Trockenobst.
- Vollkorntoast.
- Knabberstangen und Dip, wie Quark.
- Naturjoghurt.
- Rohes Gemüse.
- Nüsse, Samen und Reiswaffeln. Geben Sie bei einer Nussallergie in der Familie keine Nüsse.

Eine ausgewogene Ernährung

	Wozu es benötigt wird	Täglicher Bedarf	Nahrungsquellen	Tipps
Eiweiß	Erforderlich für Wachstum und Entwicklung sämtlicher Körperteile. Jede Zelle enthält Eiweiß. Der Körper braucht es für Zellreparatur und -erneuerung.	2–3 Portionen tierisches und pflanzliches Eiweiß am Tag bilden eine ausgewogene Kombination.	Tierisches Eiweiß: mageres Fleisch und Milchprodukte. Pflanzliches Eiweiß: Hülsenfrüchte, Vollkorn, Nüsse, Samen, Reis, einigen Obst- und Gemüsesorten.	Geben Sie eine Handvoll Hülsenfrüchte in die Nudelsauce oder schlagen Sie ein Ei hinein. Suppen oder Eintöpfen geben Sie Linsen oder getrocknete Bohnen zu.
Fett	Notwendig als Energieträger und für das Funktionieren des Körpers. Liefert einen wichtigen Teil der für das Wachstum notwendigen Kalorien und Nährstoffe für die Gehirnfunktion.	3–4 Portionen am Tag.	Gesunde Fette kommen in Pflanzenölen, Nüssen, Samen und fettreichem Fisch, Olivenöl und Avocados vor. Milchprodukte und rotes Fleisch sollten in Maßen verzehrt werden.	Olivenöl über Nudeln, Leinsamen und Leinsamenöl in Salaten, Samenkerne und Nüsse als Snack. Geben Sie Ihrem Kind oft Fisch. Reduzieren Sie Produkte mit »Transfetten«.
Kohlenhydrate	Sie liefern Energie und sind der wichtigste Brennstoff des Körpers. Es gibt im Wesentlichen zwei Sorten: raffinierte und komplexe (vollwertige). Die Kost Ihres Kindes sollte vor allem letztere enthalten.	Anzustreben sind 4–9 Portionen täglich.	Vollkornprodukte, frisches Obst und Gemüse und brauner oder roter Reis sind eine gute Ballaststoffquelle und liefern wichtige Nährstoffe, auch B-Vitamine.	Servieren Sie pfannengerührtes Gemüse mit Reis, Eintöpfe mit Hülsenfrüchten. Seien Sie sparsam mit raffinierten Kohlenhydraten, z. B. Weißbrot, ihnen fehlen wertvolle Bestandteile.
Ballaststoffe	Sie fördern eine gesunde Verdauung und eine erfolgreiche Nährstoffaufnahme, absorbieren Giftstoffe und beugen Verstopfung vor.	Wenn Ihr Kind genügend »richtige« Nahrungsmittel isst (s. rechts), ist die Versorgung gesichert.	Vollkornprodukte, Obst und Gemüse (möglichst mit Schale), hochwertige Frühstücksflocken, Reis und Hülsenfrüchte.	Verzichten Sie auf gesüßte Getreideriegel, die meist kaum Vollkorngetreide enthalten.

Eine Portion entspricht der Größe der eigenen Hand und »wächst« daher mit. Eine Handvoll Gemüse und Obst entspricht z. B. einer Kohlrabi, einem Apfel. Eine Portion Brot (Scheibe) entspricht der Handfläche mit ausgestreckten Fingern.

Drei Jahre

»Ihr Kind wird selbstständiger, sucht aber weiterhin Ihre Nähe.«

SELBSTZUFRIEDEN Auch wenn es nicht immer in Ihren Zeitplan passt, lassen Sie Ihr Kind vieles selbst machen, z. B. die Schuhe anziehen. Nur so lernt es.

ABENTEURER Wenn sich die Grobmuskulatur entwickelt, fallen Ihrem Kind komplexe Aktivitäten, wie Klettern, immer leichter. Seien Sie nicht übertrieben vorsichtig, auch wenn es manchmal auf die Nase fällt.

IHRE BESONDERE BEZIEHUNG Es wird neue Beziehungen eingehen, aber Sie bleiben der Mittelpunkt seiner Welt.

Wachstum und Entwicklung

Gegen Ende der Kleinkindzeit wird Ihr Kind kräftiger und körperlich aktiver – dabei eröffnet sich ihm ein ganz neues Spektrum an Aktivitäten und Möglichkeiten zum selbstständigen Spiel. Sie stellen auch andere, feinere Veränderungen fest, z. B. bei der Stifthaltung.

Besonders offensichtlich werden die Fortschritte Ihres Kindes, wenn Sie sein Wachstum beobachten. Dabei spielen seine Gene eine Rolle, doch damit Ihr Kind seine Anlagen voll entfalten kann, braucht es eine gute Ernährung, viel Schlaf, ein herzliches, fürsorgliches familiäres Umfeld und die richtige Menge an Wachstumshormonen. Besteht bei einem dieser Faktoren ein Mangel, bleibt es hinter dem erwarteten Wachstumsverlauf zurück. Dies lässt sich im Somatogramm (s. S. 22) erkennen.

VIEL TRINKEN
Weil Ihr Kind ständig in Bewegung ist, kann es schnell an Flüssigkeitsmangel leiden. Geben Sie ihm tagsüber viel zu trinken, vor allem Wasser.

Entwicklung des Gehirns

Mit drei Jahren ist das Gehirn Ihres Kindes beinahe ausgewachsen, doch Knochen und Muskulatur sind noch unterentwickelt. Daher wirkt sein Kopf im Verhältnis zum Körper größer als es bei einem Erwachsenen der Fall ist.

Trotz des geringeren Gehirnwachstums ist dies eine sehr aktive Entwicklungsphase. Alle Gehirnzellen (die Neuronen), die Ihr Kind braucht, sind bei der Geburt bereits vorhanden (etwa 100 Milliarden!), doch sie wachsen im ersten Lebensjahrzehnt stetig in Länge und Gewicht und stellen Billionen Verbindungen mit anderen Neuronen her, die Ihr Kind befähigen, zu lernen und sich zu erinnern. Jedes Neuron kann sich mit bis zu 15000 anderen verbinden. Es bilden sich sogenannte Leitungsbahnen aus, die die Neuronen verbinden; werden diese wiederholt genutzt, graben sie sich dauerhaft ein. Diese riesigen Netzwerke, die im Gehirn Ihres Kindes entstehen, sind abhängig von seinen Umwelterfahrungen. Nachweislich erhöht eine interaktive

»Ihr Kind verfügt über eine bessere Körperkoordination, steht auf einem Bein, balanciert, steigt Stufen, hüpft.«

Wie sich die Knochen bilden

Knochen wachsen nicht nur, sondern verändern sich auch im Hinblick auf ihren Kalziumgehalt; die Kalziumeinlagerung stabilisiert die Knochen. Eine Röntgenaufnahme von Hand und Handgelenk des Kindes ermöglicht eine gute Einschätzung seines »Knochenalters«. Lange Knochen, wie der Oberschenkelknochen, wachsen von den Wachstumsfugen an den Endstücken aus; diese bestehen anfangs aus Knorpelmasse und sind nicht verknöchert. Deshalb kann der Schaft des langen Knochens auf dem Röntgenbild erkannt werden, nicht jedoch die Wachstumsfugen. Mit der Zeit lagern diese Fugen Kalzium ein, verbinden sich mit dem Knochenschaft und bilden die bekannte Form.

Gesunde Knochen

Bei einem gesunden Kind entspricht das Knochenalter in etwa dem biologischen Alter. Eine Röntgenaufnahme zur Bestimmung des Knochenalters kann hilfreich sein, um herauszufinden, warum ein Kind zu groß oder zu klein ist. Die Knochen eines Kindes sind normalerweise kräftig und brechen nur durch starke Krafteinwirkung, z. B. bei einem Sturz vom Baum. Knochen im Wachstum heilen viel schneller als die Knochen eines Erwachsenen und richten sich wieder normal aus.

Das Knochenwachstum erfordert eine gesunde Ernährung und vor allem tägliche Kalziumaufnahme (s. S. 84). Kinder mit milchfreier Kost erhalten Kalzium aus Soja und grünen Gemüse; es gibt auch mit Kalzium angereicherte Getränke.

»Manchmal meint man, das Kind sei über Nacht gewachsen.«

Umgebung, zu Hause und anderswo, die behütet, liebevoll und unterstützend ist, die Anzahl der Verbindungen zwischen den Neuronen und ermöglicht dem Kind so, seine Anlagen voll zu entfalten.

Größer werden

Die endgültige Körpergröße als Erwachsener wird von den Genen, die je zur Hälfte von beiden Eltern vererbt werden, bestimmt. Die meisten Kinder erreichen eine maximale Größe, die irgendwo zwischen den Eltern liegt; doch da die Größe von vielen Faktoren beeinflusst wird, können Kinder auch größer oder kleiner werden als erwartet. Bei Verdacht auf Wachstumsprobleme kann ein Kinderarzt die voraussichtliche Endgröße errechnen.

Von der Geburt an zeichnet der Kinderarzt die Körpermaße Ihres Kindes in eine »Perzentilenkurve« (oder Somatogramm) im Untersuchungsheft ein. Dabei werden Gewicht und Größe auf »Perzentilen« dargestellt, basierend auf einem System von Durchschnittswerten. Dies ermöglicht, das erwartete Wachstum im Blick zu behalten. Liegt Ihr Kind z. B. bei der Größe auf der 50. Perzentile, bedeutet dies, dass 50 Prozent der Kinder größer und 50 Prozent kleiner sind. Liegt Ihre Tochter jedoch auf der zweiten Perzentile, sind zwei Prozent der Mädchen kleiner und 98 Prozent größer. Wächst Ihr Kind Ihrer Meinung nach zu langsam, bitten Sie den Kinderarzt, es zu messen und die Werte mit dem Verlauf der bisherigen Perzentilenkurve zu vergleichen. Eine deutliche Abweichung muss abgeklärt werden.

So bleibt Ihr Kind gesund

Eine ausgewogene Ernährung (s. S. 17) ist unerlässlich für Wachstum, Gehirnentwicklung, Immunsystem und ein gesundes Herz-Kreislauf-System. Die Hinweise verdichten sich, dass schon die Ernährung des Fötus großen Einfluss auf das spätere Risiko für Herzkrankheiten und Schlaganfälle hat. Kindliches Übergewicht ist in westlichen Ländern zunehmend ein Problem; eine Überernährung des Kindes bzw. zu fettreiche Kost kann lebenslang zu ungesunden Ernährungsgewohnheiten und langfristigen gesundheitlichen Auswirkungen führen. Seien Sie sich bewusst, dass sich folgende Faktoren negativ auf die Gesundheit Ihres Kindes auswirken:

Eine fettreiche Ernährung Durch sie wächst Ihr Kind schneller und wird dicker, aber es erreicht keine höhere Endgröße als bei einer ausgewogenen Ernährung.

Limonaden Sie enthalten viel Zucker, teilweise auch Koffein und Kohlensäure, verursachen Übergewicht und Karies und möglicherweise Hyperaktivität (s. S. 60). Sie sollten gemieden oder auf Ausnahmen beschränkt werden.

AKTIV IM ALLTAG
Viel Bewegung ist unverzichtbar, damit Ihr Kind gesund und zufrieden ist. Mit drei sollte es problemlos rennen, balancieren und springen können.

Entwicklung der Grobmotorik

Die Grobmotorik Ihres Dreijährigen entwickelt sich lange vor der Feinmotorik. Das bedeutet, dass Bewegungen wie Klettern und Hüpfen – als grobmotorische Fähigkeiten bezeichnet – ihm nun leichter fallen.

Kinder erwerben grobmotorische Fähigkeiten in unterschiedlichem Alter. Vielleicht wirkt Ihr Kind sehr beweglich und mutig und ist gleich ganz oben auf dem Klettergerüst, außerhalb Ihrer Reichweite, oder es ist vorsichtig, braucht Hilfe und Ermutigung zum Erwerb jeder neuen Fähigkeit. Zu den im vierten Lebensjahr erworbenen Fähigkeiten gehören: Dreirad fahren, auf der Stelle hüpfen, auf einem Fuß stehen und auf einer Linie oder einer niedrigen Mauer balancieren.

HANDMOTORIK *Dank seiner Feinmotorik kann Ihr Kind nun ziemlich genau mit kleinen Dingen umgehen. Das erleichtert das Spielen sowie die Ausführung von Tätigkeiten im Alltag, z. B. das Essen.*

Entwicklung der Feinmotorik

Dank der Entwicklung der Handmuskulatur und einer effektiven Augen-Hand-Koordination kann Ihr Kind nun einen Stift so halten, dass es zeichnen kann. Es kann vielleicht einen Kreis nachzeichnen und ein Kreuz zeichnen, wenn es Ihnen dabei zugeschaut hat. Viele Kinder können einen normalen Stift zwischen Daumen und zwei Fingern greifen; so haben sie die erforderliche Kontrolle über die Hand. Machen Sie es wenn nötig vor.

Mit drei Jahren gelingen einigen Kindern gegenständliche Motive (auch wenn Sie zum Erkennen vielleicht etwas Fantasie brauchen), während andere noch kein Interesse am Malen haben oder noch einfache Muster zeichnen. Mädchen zeichnen tendenziell etwas gegenständlicher, da sich bei ihnen die Augen-Hand-Koordination früher entwickelt als bei Jungen.

Manche Kinder sind bei starker Konzentration etwas zittrig. Das legt sich gewöhnlich im Laufe der Zeit. Bleibt jedoch ein Zittern bestehen, sprechen Sie darüber mit dem Kinderarzt. Viele Kinder blinzeln auch häufig, wenn sie sich konzentrieren. Hält dies an, lassen Sie einen Sehtest machen, um Sehprobleme auszuschließen.

Häufige körperliche Probleme

▶ **Mein dreijähriger Sohn weigert sich, aufs Töpfchen zu gehen. Was kann ich tun?**
Gehen Sie behutsam vor, damit kein großes Thema daraus wird. Lassen Sie das Töpfchen in der Nähe und fragen Sie ihn, ob er es benutzen möchte. Zwingen Sie ihn aber nicht, sich drauf zu setzen. Manchmal helfen Spiele, wie: »Muss Teddy Pipi machen? Wir sollten ihn aufs Töpfchen setzen.« Versuchen Sie, eine positive Erfahrung daraus zu machen. Vielleicht geht Ihr Kind lieber auf die Toilette, weil es sich dann »groß« fühlt. In diesem Fall können Sie zur Erleichterung einen Kinder-Toilettensitz verwenden. Manche Dreijährige weigern sich, weil sie Verstopfung haben (wenn der Stuhlgang Schmerzen bereitet, verbinden sie das Unwohlsein mit dem Töpfchen). Fragen Sie den Kinderarzt um Rat.

PROBLEME MIT DEM TÖPFCHEN *Ihr Kind geht nur ab und an auf das Töpfchen. Gehen Sie geduldig und beharrlich, jedoch ohne Druck vor, um daraus kein Thema zu machen.*

▶ **Meine Tochter spricht undeutlich, und andere Menschen verstehen sie oft nicht. Wie weiß ich, ob eine Sprachstörung vorliegt?**
Kinder lernen unterschiedlich schnell sprechen. Mit drei Jahren könnte allerdings ein Sprachproblem bestehen, wenn Ihre Tochter monoton oder zu laut spricht, wenn Außenstehende sie nicht verstehen, wenn sie Konsonanten weglässt oder falsch ausspricht, wenn sie Sätze häufig grammatikalisch falsch oder mit nicht mindestens drei Wörtern bildet. Da Sprache großteils durch Nachahmung erworben wird, ist meistens eine Hörbehinderung die Ursache. Lassen Sie daher als ersten Schritt vom Kinderarzt einen Hörtest machen.

▶ **Mein Kind will nur Weißbrot und Frühstücksflocken essen. Wie kann ich es trotzdem abwechslungsreich ernähren?**
Manche Dreijährige essen phasenweise nur eine oder zwei Speisen. Glücklicherweise dauern solche Marotten nur wenige Wochen an. Aufregung ist daher nicht angebracht, sie kann die Sache nur verschlimmern. Geben Sie Ihrem Kind ausgewogene Mahlzeiten und dazu eines seiner Lieblingsnahrungsmittel. Will es zu allem Ketchup oder nach jeder Mahlzeit Cornflakes, schadet ihm das nicht. Zwingen Sie Ihr Kind nicht, etwas zu essen, was es nicht will. Dadurch verstärken Sie nur den Widerwillen. Sie können vorschlagen, dass es ein bisschen von einer Speise probiert. Essen Sie möglichst gemeinsam mit Ihrem Kind, dann gewöhnt es sich an Familienkost.

▶ **Mein Sohn ist ziemlich pummelig und schon um einiges größer als seine Freunde. Was soll ich tun?**
Kinder entwickeln sich in unterschiedlichem Tempo, daher muss das Gewicht Ihres Kindes nicht bedenklich sein, auch wenn es breiter ist als seine Freunde. Sprechen Sie mit dem Kinderarzt, denn er kann den BMI (Body-Mass-Index) berechnen. Wenn Ihr Kind tatsächlich übergewichtig ist, könnte eine Ernährungsberatung hilfreich sein.

Setzen Sie Ihr Kind niemals ohne ärztliche Anordnung auf eine »Diät«, da eine übermäßige Beschäftigung mit den Themen Essen und Kalorien nicht gut für Ihr Kind ist. Kinder brauchen zudem ausreichend Nahrung für ihr Wachstum und mehr Fett als Erwachsene.

Sorgen Sie für eine ausgewogene Kost und für kindgerechte Portionen. Bieten Sie Ihrem Kind gesunde Zwischenmahlzeiten an und keine Süßigkeiten als Belohnung.

Gesundheit

Mit drei Jahren kommt Ihr Kind immer mehr mit anderen Kindern in Kontakt. Oft fängt es sich dabei harmlose Erkrankungen ein wie Erkältungen, Husten und Bindehautentzündung oder auch Durchfall oder Erbrechen. Diese Erkrankungen haben durchaus ihren Sinn.

»Ein übertriebener Schutz vor Infektionen nutzt Ihrem Kind langfristig nicht.«

Das Immunsystem Ihres Kindes entwickelt sich nun schnell; die weißen Blutkörperchen »lernen«, Antikörper gegen häufige Krankheiten zu bilden. Nur durch den Kontakt z. B. mit verschiedenen Erkältungsviren kann das Kind Antikörper bilden und Widerstandskraft gegenüber den zahlreichen Viren aufbauen, die die normalen Erkältungen auslösen.

Gute Hygiene

Übertriebene Hygiene im Haushalt ist überflüssig, sofern Ihr Kind keine Hausstauballergie hat (s. S. 163). Sauberkeit in Küche und Badezimmer sind jedoch unverzichtbar, um Lebensmittelvergiftungen vorzubeugen.

Top-Tipps zum Schutz Ihres Kindes:

- Lehren Sie Ihr Kind, nach dem Toilettengang und vor dem Essen gründlich die Hände zu waschen, so gelangen keine Darmbakterien in den Mund.
- Putzen Sie ihm die Nase mit einem Papier- statt mit einem Stofftaschentuch. Danach werfen Sie es weg, damit sich keine Viren verbreiten können.

Ärztlichen Rat einholen

Wenn Ihr Kind krank wirkt, gehen Sie auf Nummer sicher und kontaktieren den Kinder- oder Hausarzt. Sprechen Sie auch dann mit ihm, wenn Ihr Kind häufiger krank ist, wenn es lustlos wirkt, häufig erbricht oder seine Haut kühl und feucht ist.

Fieber behandeln

Hohes Fieber verursacht nicht nur Unwohlsein, sondern auch Dehydrierung (Wasserverlust). Zwischen sechs Monaten und vier Jahren können bei hohem Fieber Fieberkrämpfe auftreten. Senken Sie das Fieber, wenn es über 39 °C steigt. Geben Sie Ihrem Kind viel zu trinken, und ziehen Sie es nicht zu warm an.

Auch ein fiebersenkendes Mittel für Kinder (Paracetamol oder Ibuprofen) hilft.

- Bringen Sie Ihrem Kind bei, dass man weggeworfene Sachen auf Straßen, Spielplätzen oder im Park nicht aufheben darf. Hundekot kann Spulwürmer (Toxocara) enthalten, die von den Händen in den Mund übertragen werden. Eine Infektion kann zu Blindheit führen. Katzenkot kann die Infektion Toxoplasmose verursachen. Wenn Sie einen Sandkasten haben, decken Sie ihn nach dem Spielen ab, damit Tiere ihn nicht verunreinigen.
- Verwenden Sie zum Schneiden von Gemüse und rohem Fleisch verschiedene Brettchen. Garen Sie Fleisch immer gründlich durch, um Bakterien abzutöten.
- Die Kühlschranktemperatur sollte nicht über 5 °C liegen. Bewahren Sie rohe Nahrungsmittel unten im Kühlschrank auf, gekochte darüber. Decken Sie rohe wie gekochte Lebensmittel immer ab.

Vorsorgeuntersuchungen: die U 8

Bei den inzwischen neun Vorsorgeuntersuchungen, die von der Geburt bis zum sechsten Lebensjahr stattfinden, wird die Entwicklung Ihres Kindes konstant beobachtet, um mögliche Störungen der körperlichen, geistigen und sozialen Entwicklung frühzeitig zu erkennen und zu behandeln. Bei der U 8 zwischen dreieinhalb und vier Jahren werden verstärkt die körperliche Geschicklichkeit sowie das Seh- und Hörvermögen überprüft, auf die Sprachentwicklung, das soziale Verhalten, den Grad der Selbstständigkeit und die Kontaktfähigkeit geachtet. Nehmen Sie die Untersuchung unbedingt wahr.

Zahnpflege

Die Milchzähne sind wichtig für die Entwicklung des Kiefers, Knochen und Muskulatur, daher spielen sie eine große Rolle bei der Sprachentwicklung. Zudem dienen sie als Platzhalter und Richtungsgeber für die zweiten Zähne. Regelmäßiges Putzen mit Zahnpasta erhält Zähne und Zahnfleisch gesund und gewöhnt Ihr Kind dauerhaft an eine gute Zahnhygiene.

Tipps fürs Zähneputzen:

- Ihr Kind will nun bestimmt die Zahnbürste selber halten; doch Sie müssen genau hinschauen und oft ein wenig »nachbessern«.
- Wichtig ist, von oben nach unten zu bürsten, um die Zwischenräume zu reinigen. Stehen Sie hinter ihm, während es in den Spiegel schaut.
- Lassen Sie es gut ausspülen, da Zahnpasta den Magen reizt.

MILCHZÄHNE *Nehmen Sie es vom Babyalter an mit zum Zahnarzt, damit es mit der zahnärztlichen Untersuchung vertraut wird.*

Geistige Fähigkeiten

Das Sprachvermögen Ihres dreijährigen Kindes verbessert sich stetig, und Sie werden immer interessantere Unterhaltungen mit ihm führen können. Ihr Kind erwirbt Grundlagen vorschulischer Fähigkeiten: Es lernt Zahlen, gewinnt ein Zeitverständnis und versteht Vorlesegeschichten.

ZÄHLEN KÖNNEN
Leiten Sie Ihr Kind beim Spielen und bei Alltagstätigkeiten zum Zählen an, beispielsweise beim Einkaufen.

Konzentrieren lernen

Dreijährige unterscheiden sich in ihrer Größe und Persönlichkeit, gemeinsam ist den meisten eine kurze Aufmerksamkeitsspanne. Jetzt sollte Ihr Kind dennoch schon einige Zeit allein spielen können. Doch selbst wenn es an einer Sache interessiert ist, bleibt es vielleicht nur wenige Minuten aufmerksam dabei. Die Fähigkeit zur Konzentration ist eine wichtige Kompetenz mit weitreichenden Folgen für den schulischen Erfolg und späteren Beruf. Leiten Sie Ihr Kind zur Konzentration an, indem Sie sich zu ihm setzen, wenn es spielt und ihm helfen, bei der Sache zu bleiben. Zwingen Sie es aber nicht, ein Spiel fortzuführen. Wenn ihm ein Spielzeug keinen Spaß mehr macht, räumen Sie es weg, damit es das Kind nicht von der nächsten Aktivität ablenkt. In diesem Alter ist es wichtig, dass es sich konzentrieren kann, wenn etwas seine Aufmerksamkeit fesselt.

Zahlen und Zeitverständnis

Ihr Kind kennt jetzt viele Zahlen und kann vielleicht schon bis fünf zählen, aber das ist vor allem eine Gedächtnisleistung und kein echtes Zahlenverständnis.

So fördern Sie Ihr Kind:

- Geben Sie ihm ein Spielzeug nach dem anderen und sagen: »Hier ist eins für dich«/»Hier sind zwei für dich« usw.

- Zählen Sie beim Aufräumen von Spielsachen.
- Zeigen Sie im Alltag auf Zahlen, z. B. auf Haus- oder Busnummern.
- Lesen Sie Kinderreime mit Zahlen oder Abzählverse vor.
- Formen Sie Zahlen aus Teig oder Knetmasse. Durch das Fühlen der Form können sich Kinder die verschiedenen Zahlen besser merken.
- Spielen Sie Domino miteinander – Ausführungen mit Farben und Punkten sind in diesem Alter ideal.

Das Gedächtnis Ihres Kindes verbessert sich; bald kann es sich erinnern, was gestern oder letzte Woche passiert ist. Es hat eine gewisse Zeitvorstellung und kennt vielleicht die Namen einiger Wochentage. Sicher ist es noch zu

Spielsachen und Aktivitäten für Dreijährige

Bei der Auswahl von Spielsachen für Ihr Kind ist das Einfachste gewöhnlich das Beste. Je komplexer das Spielzeug, umso weniger Fantasie ist gefragt und umso weniger profitiert Ihr Kind vom Spiel.

Sie stellen vielleicht fest, dass Ihr Kind Dinge zweckentfremdet. Z.B. dreht es eine Kinder-Schubkarre zu einem Stuhl um. Spaß zu haben ist Teil des kreativen Denkens und der Problemlösefähigkeit. Lassen Sie es daher selbstbestimmt frei spielen, solange es nicht destruktiv ist oder sich in Gefahr bringt.

Empfehlenswerte Spielsachen und Aktivitäten:

★ **Einfache Puzzles** fördern Konzentration, Formenverständnis und Problemlösekompetenz.

★ **Bücher** unterstützen die Sprachentwicklung. Ihr Kind ist nun alt genug, um mit richtigen Büchern, also solchen aus Papier, umzugehen.

★ **Baumaterialien** fördern die Kreativität, regen die Fantasie an und lehren Ihr Kind sogar die Grundlagen von Mathematik und Physik.

★ **Das Spiel mit Knete oder Ton** macht Ihrem Kind Spaß und fördert die Kreativität. Es erwirbt dabei auch grundlegendes Wissen, z. B. dass völlig unabhängig von der Form die Menge der Knete die gleiche bleibt.

★ **Malen und Zeichnen** schulen Kreativität und Feinmotorik. Jetzt kann es erste Menschen zeichnen. Lassen Sie es nach eigenen Vorstellungen malen, auch wenn seine Kunstwerke noch eine Kleckserei sind.

★ **Basteln** lehrt Ihr Kind mit einer Kinderschere umzugehen. Helfen Sie ihm beim Schneiden, Kleben und anderen Basteleien. Regen Sie es zur Verwendung verschiedener Materialien und Farben an. Es braucht ein wenig Hilfe, aber überlassen Sie ihm möglichst die Führung.

★ **Symbol- und Rollenspiele** beschäftigen Ihr Kind zunehmend. Stellen Sie einfache Requisiten wie Kindergeschirr oder eine Kiste mit alten Kleidern zur Verfügung. Wenn es kein Spielhaus oder Spielzelt hat, können Sie ein Laken über den Tisch oder zwei Stühle werfen und so ein Haus bauen.

Manchmal will Ihr Kind, dass Sie mitspielen; dann wieder sollen Sie im Hintergrund bleiben. Nehmen Sie die Wünsche Ihres Kindes auf. Statt des Symbolspiels hilft es auch gern beim »richtigen« Kochen und Tischdecken. Dabei fühlt es sich »groß« und lernt einiges Neues.

★ **Gedächtnisspiele** mit Alltagsdingen. Legen Sie verschiedene Dinge auf ein Tablett. Ihr Kind soll sie ansehen und dann die Augen schließen. Nehmen Sie eine Sache weg, und fragen es dann, was fehlt.

»Dreijährige lernen durchschnittlich alle zwei Stunden ein neues Wort. Ein Tempo, das bis ins Jugendalter anhält.«

früh, um die Uhr lesen zu können, doch es lernt den Unterschied zwischen »vorher« und »nachher«, »morgens« und »nachmittags« usw. »Später« und »bald« werden ebenfalls verstanden.

Sprachkompetenz

Dies ist eine sehr intensive Zeit für den Spracherwerb. Ihr Dreijähriges hört bewusst zu und versteht das meiste von dem, was Sie sagen. Es ist ziemlich gesprächig, mit ausgeprägter Mimik, und kann sich gut ausdrücken. Es spricht in Drei-Wort- oder vielleicht sogar Fünf-Wort-Sätzen und verwendet »und«, um längere Sätze zu bilden. Manche Kinder tun dies schon früher. Es wendet Grammatik an, wenn auch nicht immer korrekt. Es sagt vielleicht »die Männern« oder »gegesst«. Vielleicht erkennt es bereits bestimmte Buchstaben, z.B. aus seinem Namen. Es sagt gerne Verse auf. Sein Wortschatz wächst rasant und es wiederholt unbekannte Wörter sowie Satzteile. Sagen Sie deshalb besser nichts, was es nicht nachplappern soll. Sprache und Denken sind eng miteinander verbunden. Das Wortverständnis Ihres Dreijährigen hilft ihm, neue Ideen zu begreifen und Aktivitäten auszudenken, daher wird das Spiel mit Spielsachen immer geplanter.

Mit drei Jahren ist Ihr Kind unglaublich neugierig auf seine nähere und weitere Umgebung. Es will alles wissen. Dabei hilft ihm seine Lieblingsfrage »Warum?«, die Welt zu verstehen. Beantworten Sie die Fragen Ihres Kindes immer so gut wie möglich, auch wenn sie lästig werden. Wenn Sie Ihr Kind auf später vertrösten, dann lösen Sie Ihr Versprechen auch ein.

Aus Büchern lernen

Vorlesen ist eine angenehme Beschäftigung, die den Spracherwerb fördert. Ihr Kind kann nun bestimmt umblättern und macht das mit Begeisterung, wenn Sie ihm vorlesen. Es ist kein Grund zur Sorge, wenn Ihr Kind das gleiche Buch immer wieder anschauen und hören will. Jedes Mal entdeckt es etwas Neues. Selbst bekannte Bilder enthalten Details, die es bisher noch nicht wahrgenommen hat.

Machen Sie während der Geschichte eine Pause und fragen Ihr Kind, was als Nächstes passiert. Es wird es Ihnen gern erzählen, und das ist eine gute Übung. Einfach zum Spaß können Sie gelegentlich ein Wort in einer bekannten Geschichte verändern. Sagen Sie z. B. »die große, hungrige Raupe« statt »die große, hungrige Giraffe«. Das amüsiert Ihr Kind, und es zieht Sie womöglich wegen Ihres »Fehlers« auf.

Artikulation

Mit drei Jahren ist die Aussprache oft noch etwas babyhaft. Vielleicht lispelt Ihr Kind oder lässt Konsonanten am Wortende oder bei Konsonantenverbindungen weg. Schwierigkeiten mit der Aussprache von »s« bzw. »sch« sowie bei Konsonantenverbindungen wie »gr« sind häufig. Sie verstehen Ihr Kind nun aber problemlos und die meisten anderen Erwachsenen auch. Wenn es ein Wort falsch ausspricht oder grammatikalische Fehler macht, korrigieren Sie es nicht explizit, sondern verwenden Sie in Ihrer Antwort einfach die richtige Form. Sagt es z. B.: »Hund alles Futter gegesst«, antworten Sie: »Ja, der Hund hat sein ganzes Futter gegessen. Er hatte ziemlich Hunger.« Zur Sprachförderung beherzigen Sie folgende Tipps:

BUCHSTABEN LERNEN *Manche Kinder interessieren sich schon in diesem Alter für Buchstaben und können spielerisch damit vertraut gemacht werden. Doch drängen Sie Ihr Kind keinesfalls dazu.*

Sprechen Sie oft mit Ihrem Kind und stellen dabei möglichst Blickkontakt her. Sprechen Sie in Erwachsenensprache und betonen Sie ihm unbekannte Wörter.

Sprechen Sie über Gefühle und Stimmungen Sie können z. B. überlegen, wie sich eine Figur in einer Geschichte fühlt, wenn sein Teddy verschwunden ist. Solche Gespräche kommen beiden Geschlechtern zugute, doch Jungen profitieren davon zweifellos noch mehr, weil ihnen oft das Vokabular und die Bereitschaft fehlen, über Gefühle zu sprechen.

Buchstabenspiele Viele Kinder finden magnetische Buchstaben faszinierend und auch Buchstabenpuzzles.

Singen Sie Kinderlieder, denn dabei lernt Ihr Kind den Sprachrhythmus. Die Wiederholungen fördern die Aussprache einzelner Laute.

Spielen Sie gemeinsam mit Puppen. Finger- ebenso wie Handpuppen fördern die Vorstellungskraft des Dreijährigen und erweitern Wortschatz und Grammatik, wenn es für neue Situationen Dialoge erfindet.

Lassen Sie sich vom Kind leiten Drängen Sie es nicht zum Sprechen oder Spielen, wenn es nicht will. Manchmal ist es nachdenklich oder müde.

Gefühle und Persönlichkeit

Mit drei Jahren können Sie die Stimmungen Ihres Kindes »lesen« und schnell auf seine Bedürfnisse reagieren. Auch Ihr Kind versteht Sie nun ziemlich gut. Es weiß, dass Sie es bedingungslos lieben und es immer lieben werden, auch wenn Sie manchmal mit seinem Benehmen nicht zufrieden sind.

Loslassen können

Ihr dreijähriges Kind spielt nun zwar selbstständiger, will aber doch in Ihrer Nähe sein. Sie können ihm Trennungen erleichtern, indem Sie ihm zunächst viel Aufmerksamkeit schenken, es dann aber loslassen. Wenden Sie ihm dazu z. B. häufig kurz Ihre Aufmerksamkeit zu, nur ein oder zwei Minuten, lassen es allein und kommen dann wieder und zeigen Interesse an dem, was es tut. So lernt es, Sie loszulassen, und erkennt, dass Sie immer zurückkommen.

Typischerweise entfernen sich Dreijährige gern kurzzeitig von den Eltern, spielen ein wenig und kommen dann wieder zurück, um Kontakt aufzunehmen. Ihre Aufsicht ist in diesem Alter unerlässlich, da das Kind wenig Gefahrenbewusstsein besitzt und schnell in Panik gerät, wenn es seine Eltern nicht mehr sieht.

EIN STARKES BAND
Ihre Liebe bildet die Basis für die Sicherheit und das Selbstwertgefühl Ihres Kindes; sie schenkt ihm das Zutrauen, die Welt zu erkunden.

Trennungsangst meistern

Werden Kinder in der Baby- und Kleinkindzeit von den Eltern, vor allem von der Hauptbezugsperson, getrennt, sind Ängste normal. Es braucht Zeit, bis sie verstehen und darauf vertrauen, dass der Mensch, den sie lieben und von dem sie abhängig sind, immer zurückkommen wird.

Mit etwa drei Jahren findet Ihr Kind sich in Ihrer Abwesenheit schon besser zurecht. Sie werden überrascht sein, wie rasch es sich in ein Spiel hineinfindet, nachdem Sie es bei seiner Betreuerin gelassen haben.

Erleichtern Sie Trennungen:

- Lassen Sie Ihr Kind wissen, dass Sie zurückkommen werden; geben Sie ihm einen Kuss, umarmen es und gehen ruhig weg. Ihr Zögern oder gar Tränen in Ihren Augen verlängern den Abschiedsschmerz für beide.
- Hat Ihr Kind ein Kuscheltier, geben Sie es ihm als Trostobjekt mit.

SICH VERABSCHIEDEN
Auch wenn beim Abschied im Kindergarten oder beim Babysitter noch Tränen fließen – sie versiegen schnell, sobald Sie weg sind.

- Wenn Sie unruhig sind, weil Ihr Kind beim Abschied sehr bekümmert war, rufen Sie später die Betreuerin an, ob alles in Ordnung ist.
- Bleiben Trennungen für Ihr Kind problematisch, »üben« Sie Phasen kurzer Abwesenheit: zuerst 20 Minuten, dann jedes Mal etwas länger. Auf diese Weise wachsen sein Zutrauen, allein zu sein, und die Gewissheit, dass Sie zurückkommen. Sie können zudem sicher sein, dass Erzieherinnen wissen, wie man Kindern bei der Bewältigung von Trennungen hilft. Sie gehen sehr einfühlsam mit Ihrem Kind um und können die Situation bewältigen.

Machtkämpfe

Mit drei Jahren beginnt Ihr Kind sich als Individuum wahrzunehmen. Nun tut es oft nicht das, was es soll. Für viele Dreijährige wird »Nein« zum Lieblingswort. Dieses Verhalten ist zwar im Moment für Sie sehr schwierig, doch es hat viele Vorteile, ein willensstarkes Kind zu haben: Es wird seine Bedürfnisse vermutlich deutlich ausdrücken, feste Überzeugungen entwickeln und wird jetzt und in späteren Jahren seltener gemobbt. Um zu Hause und im Kindergarten sozial zurechtzukommen, muss es jedoch Anweisungen befolgen. Um Machtkämpfe zu verringern:

Betrachten Sie die Situation nüchtern Überlegen Sie sich, ob Sie sich überhaupt auf den jeweiligen Konflikt einlassen sollen. Ist die Sache einen Machtkampf wert? Ist es wirklich von Bedeutung, dass es diese grünen Strümpfe anzieht oder heute aus dem roten und nicht dem blauen Becher trinken will? Bei wichtigen Fragen müssen Sie konsequent bleiben, z. B. bei kalter Witterung einen Anorak anziehen oder die Zähne putzen. Lassen Sie sich aber sonst nicht wegen jeder Kleinigkeit auf einen Machtkampf ein.

Machen Sie deutlich, was Sie wollen Ihr Kind ist eher kooperativ, wenn Sie klare Anweisungen geben, die einsichtig und fair sind. Wenn Sie Ihre Anweisung begründen wollen, dann formulieren Sie dies einfach, z. B.: »Es ist draußen kalt, also zieh bitte deine Jacke an.« Konsequenz und Eindeutigkeit kommen Ihrem Kind zugute.

»Wenn Sie die Regeln je nach Stimmung ändern, verunsichern Sie Ihr Kind. Es weiß nicht, was von ihm erwartet wird, und kann sich deshalb nicht gut benehmen.«

Trotzanfälle meistern

Trotzanfälle sind schwer zu ignorieren, häufig peinlich und verursachen Stress bei den Eltern. Oft ereignen sie sich in der Öffentlichkeit. Dann beobachtet ein großes »Publikum«, wie Sie auf das Weinen und Toben Ihres Kindes reagieren. Wutanfälle beginnen etwa mit 18 bis 24 Monaten und halten bis in die frühe Kindheit an. Alltagsverrichtungen wie Anziehen, Einkaufen oder Besuche können ziemlich anstrengend werden, wenn Ihr Kind einen extremen Trotzanfall auslebt und Sie ruhig bleiben wollen.

Positiv gesehen lehren Wutanfälle Ihr Kind, mit Frustration umzugehen. Es kann seine Wut zeigen, und Sie können mit ihm dann an seinen Gefühlen arbeiten, um sie in den Griff zu bekommen. Sprechen Sie daher mit ihm nach dem Anfall darüber, wie es sich fühlt. Wenn Sie angesichts seiner überwältigenden Wut und Frustration ruhig bleiben, lehren Sie Ihr Dreijähriges, dass starke Gefühle nichts Schlimmes sein müssen und bewältigt werden können. Bleiben Sie also möglichst ruhig und in der Nähe, damit Ihrem Kind nichts passieren kann. Verzichten Sie darauf, während eines Wutanfalls argumentativ auf Ihr Kind einzureden, denn es könnte dies nicht aufnehmen.

Denken Sie daran:

- Es ist eine kurzsichtige Lösung, Wutanfälle durch Nachgeben oder Ablenkung durch Süßigkeiten bzw. Geschenke zu beenden. Dabei lernt Ihr Kind, dass Wutanfälle Wirkung zeigen, und Sie werden noch viele erleben.
- Werden Sie bei einem Wutanfall Ihres Kindes zornig und barsch, erfährt es, dass sich seine Gefühle nicht kontrolliert kanalisieren lassen; dann wird es durch seine eigenen Gefühle verunsichert.

TROTZKOPF
Trotzanfälle haben durchaus ihren Sinn – durch sie lernt Ihr Kind, dass intensive Gefühle bewältigt werden können.

Erwünschtes Verhalten erwirken

Ihr Lob und Interesse sind sehr wirksam zum Erreichen des erwünschten Verhaltens. Sicher ist es Ihnen, wenn Ihr Kind drei Jahre alt ist, schon zur Gewohnheit geworden, ihm positive Aufmerksamkeit zu schenken. Indem Sie es loben und seine Leistungen anerkennen, wenn es etwas Positives vollbracht hat, bauen Sie sein Selbstvertrauen und Selbstwertgefühl auf.

Wenn Ihr Kind schön spielt oder kooperativ ist, nehmen Sie sich Zeit, Ihre Wertschätzung zu zeigen. Eine einfache Umarmung, ein Tätscheln oder ein paar lobende Worte lassen es wissen, dass es sich richtig verhält. Dann wird es dieses Verhalten viel eher wiederholen. Es kommt auch darauf an,

WACHSENDES SELBSTVERTRAUEN
Sie stärken das Selbstwertgefühl und das Selbstvertrauen Ihres Kindes, wenn Sie es fünfmal so häufig loben wie schimpfen.

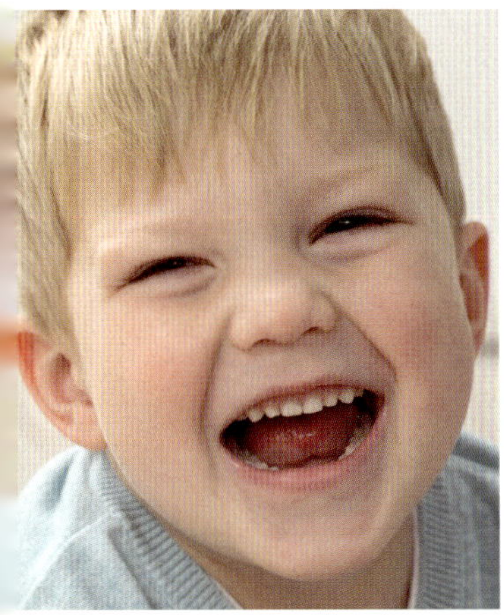

wie Sie Ihr Kind loben. Wenn Sie es mit seinen Namen ansprechen und in einem warmen, liebevollen Tonfall mit Blickkontakt sagen, was Sie auch wirklich so meinen, zeigt Ihr Lob größere Wirkung.

Denken Sie daran:

- Ihr Kind braucht Bestätigung. Erfährt es nicht, dass Sie sein gutes Verhalten bemerkt haben, wird es sich schlecht benehmen, damit Sie endlich auf es reagieren.
- Damit es sich weiterhin gut benimmt, stellen Sie sicher, dass es mehr Aufmerksamkeit für gutes als für schlechtes Benehmen bekommt.

Selbstständigkeit entwickeln

Ihr Kind nimmt nun eine Herausforderung in Angriff, die ein Leben lang eine solche bleibt: selbstständig werden. Dieser Prozess dauert Jahre. Es versucht sich an immer komplexeren Aufgaben, beginnend beim Waschen und Anziehen bis hin zum Treffen eigener Entscheidungen. Es testet die Grenzen seiner Koordinationsfähigkeit und seines Denkvermögens aus und erlebt dabei viel Frustration. Aber es begreift Neues schnell, wenn Sie ihm geduldig ein wenig Hilfestellung geben, ohne die Sache selbst zu erledigen. Der Wunsch nach Unabhängigkeit ist die Motivation, alles selber tun zu wollen.

So fördern Sie Selbstständigkeit:

- Ermöglichen Sie Ihrem Dreijährigen Erfolgserlebnisse, indem Sie es zunächst einfache Dinge selber tun lassen. Zeigen Sie ihm z. B., wie man Unterhosen und Schlafanzug anzieht. Diese haben keine Verschlüsse, sind locker geschnitten und haben vorne meist einen Aufdruck zur Orientierung.
- Unterteilen Sie jede Aufgabe in einzelne Schritte – wenn Ihr Kind z. B. lernt, seinen Mantel anzuziehen, halten Sie ihn am Anfang offen hin, damit es nur in die Ärmel schlüpfen muss. Dann leiten Sie es an, den Mantel selbst zu nehmen und die Ärmel zu finden. Bald wird es den Mantel selbstständig vom Kleiderhaken holen, die Armlöcher allein finden und ihn ganz ohne Hilfe anziehen können.

Freunde finden

Ihr dreijähriges Kind ist nun alt genug für Freunde und kann mit anderen Kindern spielen. Im Kindergarten oder bei einer Tagesmutter und bei Freunden der Familie hat es regelmäßig Kontakt zu gleichaltrigen Kindern.

Vielleicht geht Ihr Dreijähriges von sich aus auf Kinder zu, mit denen es gerne zusammen ist. Erste Freundschaften mit Gleichaltrigen bilden sich auf der Basis einfacher Spiele und Aktivitäten und werden von den anwesenden Erwachsenen organisiert. Da das Kind gerade erst teilen lernt, braucht es noch viel Aufsicht, um Streit um Spielsachen zu verhindern.

DIE FÜHLER AUSSTRECKEN
Manche erste Freundschaften bleiben über die Kindergartenzeit hinaus bestehen.

Schüchterne Kinder

Manche Kinder sind kontaktfreudig, andere zurückhaltend. So finden sich in jeder Gruppe von Dreijährigen Kinder, die schüchtern sind und lieber allein spielen, und solche mit einer aktiveren, extrovertierten Persönlichkeit. Schüchternheit muss kein Problem sein, denn sie kann das Temperament des Kindes und seine Vorlieben widerspiegeln. Sie kommt in manchen Familien gehäuft vor. Sind Sie selbst schüchtern, wird es Ihr Kind eher auch sein: Das kann erblich sein oder eine Nachahmung Ihres Verhaltens.

Manche Eltern sorgen sich, dass die Schüchternheit ihres Kindes die Entwicklung von Freundschaften behindert. Schüchterne Kinder brauchen vielleicht Unterstützung, um sich unter andere zu mischen und in neuen Situationen Selbstvertrauen zu haben.

So helfen Sie einem schüchternen Kind:

- Fördern Sie Freundschaften, indem Sie einen Spielkameraden nach Hause einladen und einfache Aktivitäten, die das gemeinsame Spiel fördern, planen. Das ist einfacher als das Zusammentreffen in Spielgruppen.
- Schüchternheit wird abgebaut, wenn das Selbstvertrauen des Kindes gestärkt wird. Viel Lob für Anstrengungen, auch dem Spielen oder Zusammensein mit anderen, ist hilfreich.

Der Sinn für Humor entwickelt sich

Ihr Dreijähriges liebt einfache Witze, Situationskomik und zunehmend auch Gossenhumor. Seine Fähigkeit, die lustigen Seiten des Lebens sehen zu können, wächst mit seiner Sprachkompetenz und der Erkenntnis, wann etwas absurd ist. Fröhlichkeit ist etwas sehr Schönes, denn kann Ihr Kind scherzen und lachen, kommt es mit anderen gut aus.

Was Ihr Kind zum Lachen bringt:

- Ein kleines Kind lacht, wenn es Dinge sieht, die nicht zusammenpassen, z. B. Tiere mit Flossen oder Autos mit Beinen.

»Ihr Dreijähriges findet einiges lustig und lernt viel durch Witze und Wortspielereien.«

ALBERN SEIN *Dank Ihres Kindes werden Sie Ihren eigenen Sinn für Humor wieder entdecken.*

- Erwachsene, die ungeschickt sind, bringen es zum Lachen. Es gefällt ihm, wenn Erwachsene hinfallen, etwas falsch machen oder sich bekleckern – besonders dann, wenn es Ihnen oder einer anderen ihm nahe stehenden Person passiert. Es lacht spontan, wenn Sie Grimassen schneiden, einfache Witze erzählen, es mit einem Scherzartikel überraschen und dumme Geschichten oder Nonsense-Verse erzählen.
- Es erzählt selbst Witze, wird ein richtiger Scherzbold und lernt, wie man andere aufzieht. Es fällt ihm schwer, ein Kichern zu unterdrücken, wenn Sie es beim Versteckspiel suchen. Oder es beobachtet mit Entzücken, wie Sie etwas suchen, was es versteckt hat. Das Hänseln zeigt, dass Ihr Kind Ihre Perspektive einnehmen kann und aus Ihrer Sicht sieht, z. B. wenn Sie Ihre Schlüssel suchen, die es versteckt hat.

Es ist wunderbar, gemeinsam zu scherzen. Diese Art von Humor ist etwas ganz anderes, als sich über jemanden lustig zu machen. Letzteres lernt Ihr Kind später im Leben und es sollte unterbunden werden. In diesem Alter ist Ihr Kind durch solche Differenzierungen jedoch noch überfordert.

Die Sicherheit Ihres Kindes

Ihr dreijähriges Kind kann sich noch nicht zuverlässig selbst vor Schaden schützen, den ihm fremde oder auch bekannte Menschen zufügen könnten. Ihre Aufsicht und Ihr Wissen, wo und bei wem es ist, ist sein bester Schutz. Das kann anstrengend sein, vor allem im Park oder auf dem Spielplatz, wo es doch herumspringen soll. Dennoch ist es unerlässlich, es immer im Blick zu behalten.

Sicherer Umgang mit Hunden

An öffentlichen Orten können Tiere, besonders Hunde, ein Problem sein. Sie wollen natürlich nicht, dass Ihr Kind übermäßige Angst vor Hunden entwickelt, dennoch ist Vorsicht angebracht, weil Hunde sich durch Kinder provoziert fühlen oder gar in »Angriffshaltung« übergehen können. Familienhunde und fremde Hunde unterscheiden sich darin nicht. Es nutzt daher nichts, wenn der Hundebesitzer versichert, dass sein Hund Kinder »liebt«. Um Ihr Kind an Hunde zu gewöhnen, zeigen Sie auf das Tier und sprechen positiv über es. Erklären Sie jedoch, dass man Hunde, die man nicht kennt, nicht streicheln soll.

Ein Kind sollte niemals mit einem Hund allein gelassen werden, auch nicht mit dem Familienhund.

Häufige Verhaltensprobleme

▶ **Meine dreijährige Tochter verlangt noch immer ständig nach ihrem Schnuller. Ist das schlimm?**
Der Schnuller kann in diesem Alter die Sprachentwicklung beeinträchtigen, weil das Kind weniger spricht. Er begünstigt zudem eine undeutliche Aussprache. Lassen Sie den Schnuller zu Hause, wenn Sie weggehen. Wenn es bei Ausflügen ohne Schnuller klappt, können Sie versuchen, ihn zu Hause aufs abendliche Einschlafen zu beschränken. Erklären Sie Ihrem Kind, dass »große« Kinder keinen Schnuller nehmen und ersetzen Sie ihn durch ein Trostobjekt (s. unten).

▶ **Mein Sohn trägt seinen Teddy immer bei sich und bekommt einen Wutanfall, wenn er ihn irgendwo vergisst. Ist das normal?**
Kuscheltiere sind in diesem Alter und auch später noch wichtig. Psychologen sprechen von »Übergangsobjekten«. Ihr Kind wird seinen Kuschelbären weglegen, sobald es die Sicherheit, die er ihm gibt, selbst hat. Wenn es beschließt, »groß« zu sein, wird es seinen Teddy ausrangieren oder ihn nur nachts brauchen.

Machen Sie sich bis dahin nicht über Ihr Kind lustig und versuchen Sie nicht, ihm seinen Teddy wegzunehmen. Sie müssen ihn vielleicht öfter reparieren, weil es ihn so lieb hat. Kuscheltiere sind schwer zu ersetzen; ihr Verlust kann für ein Kind sehr schlimm sein. Kaufen Sie daher wenn möglich einen gleichen als Ersatz.

▶ **Meine Tochter weint und klammert sich an mich, wenn ich sie in den Kindergarten bringe. Was kann ich tun?**
Es gibt einen Grund, warum Ihre Tochter bei der Trennung Angst hat – sie meint, Ihre Gegenwart zu brauchen. Nicht alle Kinder werden im gleichen Alter selbstständig und selbstsicher, geben Sie Ihrer Tochter deshalb die Sicherheit, die sie noch braucht. Verabschieden Sie sich immer von ihr, und kommen Sie zum versprochenen Zeitpunkt zurück. Lassen Sie Ihre Tochter von Ihnen weggehen, nicht andersherum, damit trifft sie die Entscheidung. Gibt es einen denkbaren Bedingungsfaktor für ihre Ängstlichkeit wie ein neugeborenes Baby in der Familie, das derzeit im Zentrum der Aufmerksamkeit steht? Übrigens kann auch aus einem anhänglichen Kleinkind ein selbstbewusster junger Mensch werden.

▶ **Meine kleine Tochter beißt, wenn sie sich ärgert. Wie soll ich damit umgehen?**
Mit drei Jahren sollte Ihre Tochter wissen, dass man nicht beißen darf. Doch sie weiß auch, dass sie damit Aufmerksamkeit erregt. Wenn Ihre Tochter beißt, entfernen Sie sie vom Opfer. Sagen Sie ohne großes Aufheben »Nein, beißen tut weh«. Widmen Sie stattdessen dem gebissenen Kind Zeit und Aufmerksamkeit. Beißen Sie niemals zurück. Das ist grausam und lehrt Ihr Kind nur, dass Beißen, entgegen Ihren Aussagen, akzeptabel ist.

▶ **Meine Zwillinge sind für ihr schlechtes Benehmen bekannt. Warum sind sie so unartig?**
Bei Zwillingen tritt unerwünschtes Verhalten öfter auf – häufig als Versuch, Aufmerksamkeit zu erlangen. Nehmen Sie sich daher Zeit für jedes Kind. Sprechen Sie mit jedem einzeln und lesen jedem seine Geschichte vor. Jedes soll eigene Spielsachen, Kleidung und andere Dinge haben, da dies die Entwicklung ihrer Individualität fördert.

Zwillinge profitieren meist von getrennt verbrachter Zeit: Freunde könnten jeweils nur einen zum Spielen einladen, und Sie könnten gelegentlich nur mit einem in eine Spielgruppe gehen.

DOPPELTER ÄRGER *Zwillinge suchen auch durch schlechtes Benehmen elterliche Aufmerksamkeit. Es ist zwar schwierig, doch sollte man möglichst auf die speziellen Bedürfnisse jedes Kindes einzeln eingehen.*

DAS WOHLERGEHEN IHRES KINDES *Sie können Ihr Kind auf den Kindergarten vorbereiten, müssen jedoch darauf vertrauen können, dass es dort gut aufgehoben und betreut ist.*

Im Kindergarten

Spätestens mit drei Jahren besuchen die meisten Kinder einen Kindergarten. Oft gibt es mehrere Angebote vor Ort mit Einrichtungen unter verschiedener Trägerschaft oder mit unterschiedlicher pädagogischer Konzeption. Wichtig ist, dass Ihr Kind sich dort wohlfühlt und vielfältig gefördert wird.

Die richtige Betreuung

Vielleicht hat Ihr Kind bereits eine Kinderkrippe oder einen Kindergarten für unter Dreijährige besucht oder wurde von einer Tagesmutter betreut. In jedem Fall braucht ein Kind auch in diesem Alter Kontinuität und Routine, denn ein häufiger Wechsel der Betreuung verunsichert es. Informieren Sie sich im Vorfeld umfassend über die verschiedenen Betreuungsangebote und sehen Sie sich mit Ihrem Kind verschiedene Betreuungsstätten genauer an. Entsprechen die Öffnungszeiten der Einrichtung nicht Ihren Arbeitszeiten, müssen Sie zusätzlich eine Tagesmutter oder eine andere Betreuung suchen.

Was bei der Auswahl des Kindergartens zu beachten ist:

- Überlegen Sie sich genau, ob Sie eine Einrichtung unter spezieller Trägerschaft, z. B. kirchlich, Montessori oder Waldorf, wünschen.
- Informieren Sie sich umfassend im Bekannten- und Freundeskreis, aber achten Sie auf Vorurteile.
- Wie sind die Öffnungszeiten – passen sie zu Ihren Arbeitszeiten?
- Fragen Sie die Erzieherinnen nach deren Schwerpunkten in der Arbeit mit den Kindern.
- Überlegen Sie, ob Ihr Kind sich in einer großen Einrichtung mit vielen Gruppen oder in einem eher kleinen Kindergarten wohler fühlen würde.
- Besuchen Sie die Einrichtung vorab, sodass Sie und Ihr Kind wissen, was es dort erwartet.
- Wie groß ist die Entfernung von zu Hause? Kann Ihr Kind später hin und allein wieder heimgehen?
- Wie hoch ist der Personalschlüssel? Mit am wichtigsten für die Qualität eines Kindergartens sind die Ausbildung der Fachkräfte, das Verhältnis Kinder zu Erzieherinnen und deren Empathie und Zuwendungsvermögen.

- Gibt es einen festen, geregelten Tagesablauf?
- Wird in der Einrichtung Mittagessen angeboten?
- Gibt es regelmäßige, zusätzliche Veranstaltungen wie Ausflüge, Kontakte mit anderen Einrichtungen oder Gruppen u.a.?
- Wie sind die Räumlichkeiten? Gibt es ausreichend Platz für Bewegung und Entfaltung, große Außengelände, Lernwerkstätten usw.?
- Wie steht es mit der Elternmitarbeit? Sind die Eltern im Sinne einer Erziehungspartnerschaft in den Kita-Alltag einbezogen? Werden sie umfassend über Entwicklung und Bildungsprozesse ihres Kindes informiert?
- Ist regelmäßige Elternarbeit sogar erforderlich, und wären Sie dazu bereit?

Frühkindliche Bildung

Die Themen »Bildung« und »Frühförderung« sind heute zentraler Bestandteil des Kindergartenalltags. Zur Verbesserung der Bildungschancen für alle Kinder und infolge der neuesten Erkenntnisse der Gehirnforschung, die die Bedeutung der ersten Lebensjahre für Lernprozesse aufgezeigt haben, wurden in allen Bundesländern Bildungspläne entwickelt, die eine umfassende Elementarbildung des Kindes als Voraussetzung für Chancengleichheit beim Schulstart sicherstellen sollen. Zu den Bereichen gehören Körper, Bewegung, Sinne, Sprache, aber auch Werte, Sinn, Religion, ästhetische Erziehung und naturwissenschaftliche und mathematische Themen. Keineswegs sollen dabei jedoch schulisches Wissen und Lernen vorweggenommen werden, sondern jedes Kind soll in seiner Individualität zu eigenständigen Lernprozessen angeregt werden, die auf seiner Selbstbildung basieren. Die vielfältigen Angebote sind keine Überforderung, sondern werden auch Ihrem Kind mit Sicherheit Spaß machen.

EINE ANREGENDE UMGEBUNG *In einem Kindergarten sollte es munter zugehen und viele Beschäftigungsangebote geben. Die Kinder sollten zufrieden und beschäftigt sein.*

Das Kind vorbereiten

Wenn Sie Ihr Kind bewusst und behutsam auf den Kindergarten vorbereiten, wird es sich dort bestimmt wohlfühlen.

Elementarbildung in Krippe und Kita

In kaum einem anderen Land waren bislang Bildung und schulischer Erfolg eines Kindes so stark vom Elternhaus abhängig wie in Deutschland. Um die Situation zu verbessern, wurde der Anspruch an die Kindergärten verändert. Betreuung, Erziehung und Bildung gehören zu ihrem Auftrag – heute liegt der Schwerpunkt auf der Bildung. Dabei liegen weiterhin pädagogische Konzepte zugrunde, die von Kita zu Kita unterschiedlich sein können.

Kinder als Forscher

Der Bildungsansatz des Kindergartens ist dem Fakt geschuldet, dass Kinder von Natur aus neugierig sind und danach streben, die Welt zu erkunden. Diese Selbstbildungskräfte des Kindes sollen angeregt und ihnen Entfaltungsraum gegeben werden. Kinder lernen durch Ausprobieren, Untersuchung, Nachahmung und grundsätzlich immer im Spiel.

Sprache und Gemeinschaft

Hohen Stellenwert nimmt im Kindergarten die Sprachförderung ein, da die Sprachbeherrschung Voraussetzung für jedes weitere Lernen ist. In der Gemeinschaft lernen Kinder voneinander, z.B. Gefühle wahrzunehmen, Konflikte auszutragen u.v.m.

SPIELKAMERADEN *Eine anregende Umgebung, Lernangebote und die Gemeinschaft mit anderen Kindern fördern die soziale Entwicklung und die Ausbildung von Fähigkeiten.*

So helfen Sie Ihrem Kind:

- Sprechen Sie über den Kindergarten, und lesen Sie Bücher zum Thema vor.
- Erklären Sie den Tagesablauf, vom morgendlichen Aufstehen und Anziehen, der Fahrt in den Kindergarten bis zu den Aktivitäten dort.
- Stellen Sie sicher, dass Ihr Kind seine Erzieherin schon vorab kennenlernt.
- Besuchen Sie mit ihm vorher die Einrichtung.
- Machen Sie aus dem ersten Kindergartentag einen Festtag – kaufen Sie gemeinsam eine Kindergartentasche und Pausenbrotdose.
- Beruhigen Sie Ihr Kind, indem Sie ihm verständnisvoll erklären, wer es wann abholen wird, und indem die Person dann natürlich pünktlich da ist.
- Erlauben Sie ihm, sein Kuscheltier mitzunehmen, wenn es das möchte. Es kann ihm die Eingewöhnung erleichtern.
- Seien Sie auf kleinere Probleme gefasst, denn das gehört dazu.
- Bleiben Sie nicht vor dem Kindergarten stehen, denn das erschwert den Abschied nur.
- Denken Sie daran, dass viele Kinder anfangs nicht in den Kindergarten gehen wollen, dann aber begeistert sind. Und freuen Sie sich darauf!

Familienleben

Für ein harmonisches Familienleben müssen Sie Ihrem Dreijährigen helfen, eine positive Beziehung zu seinen Geschwistern aufzubauen. Manchmal wird es ältere Geschwister provozieren, indem es mit deren Sachen spielt, oder es ist vielleicht eifersüchtig auf ein jüngeres Kind oder ein Baby.

Es ist gut, Geschwister zu haben. Geschwister haben eine starke Beziehung zueinander, sie orientieren sich aneinander und lernen voneinander, jetzt und bis ins Erwachsenenalter. Doch schon sehr früh, schon unter zwei Jahren, zeigen Geschwister ein besonderes Talent, sich zu ärgern und zu provozieren. Streitigkeiten gehören zum Alltag, wenn sie miteinander leben, spielen und um die elterliche Zeit und Aufmerksamkeit buhlen. Diese Rivalität bietet Ihrem Kind die erste Gelegenheit, den Umgang mit zwischenmenschlichen Konflikten zu lernen. Dabei trainiert es unverzichtbare soziale Kompetenz, die es außer Haus nutzen wird, wann immer Wut aufflackert. Mit drei Jahren braucht Ihr Kind viel Anleitung, um mit seinen Geschwistern auszukommen, und die Ermutigung, zum Lösen von Streitigkeiten Wörter statt Körperkraft einzusetzen. Forschungen zufolge kommen Kinder besser miteinander aus, wenn Eltern einem älteren Kind die Gründe für das Verhalten eines jüngeren erklären. So entwickelt sich zwischen den Kindern Empathie.

FRIEDLICHES SPIEL
Ihr dreijähriges Kind teilt noch nicht gerne, daher müssen Sie das Spiel mit seinen Geschwistern im Auge behalten, um Streit vorzubeugen.

Streitigkeiten lösen

Allzu leicht gerät man in den Teufelskreis, Kinder stärker zu beachten, wenn sie streiten, als wenn sie friedlich miteinander spielen. Oder man greift beim Streit schnell ein und bildet sich zu schnell seine Meinung darüber, dass das ältere Kind ihn begonnen hat. Gemeinsamkeit unter Geschwistern bildet sich aber dann, wenn Eltern die Kinder beachten und loben, wenn sie einträchtig miteinander spielen. Um unnötige Streitigkeiten zu vermeiden, stellen Sie sicher, dass alles, was einem älteren Kind wichtig ist, außer Reichweite ist. Ihr Dreijähriges sollte nicht mit einem Baby allein gelassen werden und auch beim Umgang mit Ein- und Zweijährigen beaufsichtigt werden.

Ihre Zeit gerecht verteilen

Jedes Kind in der Familie braucht Ihre Liebe und Zuwendung. Dies ist nicht einfach, wenn Sie Kinderbetreuung, Beruf, Haushalt und Ihr eigenes Leben im Gleichgewicht halten wollen. Bereits mit 15 bis 20 Minuten alleinige Zuwendung am Tag geben Sie Ihrem Kind die Sicherheit, dass es Ihnen, egal wie umtriebig das Familienleben sein mag, sehr wichtig ist.

Unterschiedliche Persönlichkeiten

Wenn Sie mehr als ein Kind haben, sind Sie vielleicht überrascht über die Unterschiede in deren Persönlichkeit. Ihr erstes Kind war vielleicht ein zufriedenes, leicht zu beruhigendes Kleinkind, während das zweite ein Wirbelwind mit häufigen Wutausbrüchen ist. Diese individuellen Unterschiede

Wertvolle Zeit mit Ihnen

Um Ihrem Dreijährigen positive Zuwendung zu schenken, müssen Sie nicht immer mit ihm spielen. Er macht begeistert bei Ihren Tätigkeiten mit. Ein Kind liebt es, das Tun der Eltern nachzuahmen.

Ihr Dreijähriges zieht eifrig seinen Spielzeugstaubsauger hinter Ihnen durch die Wohnung, es spült Plastikgeschirr in einer Schüssel, während Sie abwaschen. Das macht ihm Spaß, und es lernt dabei durch Nachahmung. Es lernt Ihre Arbeitsabläufe kennen und beweist, wie groß es ist, indem es einfache Aufgaben ausführt, z. B. das morgendliche Aufschütteln seines Betts. Diese Tätigkeiten dürfen aber keine festen Pflichten in der Verantwortung des Kindes sein. Sie sind der erste Schritt in diese Richtung, aber dreijährige Kinder können noch keine Pflichten übernehmen, das würde sie noch überfordern.

TÄTIGKEITEN ERLEICHTERN *Ihr Kind hat mehr Freude an Haushaltstätigkeiten, wenn diese kindgerecht erleichtert werden.*

im Temperament sind einerseits genetisch bedingt, andererseits auch geformt durch die Umgebung des Kindes. Dank ihrer Verschiedenheit können sich Ihre Kinder innerhalb der Familie als Individuen entwickeln; und die Entwicklung jedes Kindes bringt für Sie ganz spezielle Freuden und Herausforderungen mit sich. Wenn Sie erwarten, dass Ihre Kinder gleich denken, reagieren und handeln, werden Sie einige Überraschungen erleben, denn selbst eineiige Zwillinge haben eine jeweils einzigartige Persönlichkeit.

Stecken Sie Ihr Kind nicht in eine bestimmte »Schublade«, weil es als kleines Kind z. B. ziemlich »wild« ist, denn dann entwickelt es sich leicht entsprechend diesem Ruf. Vielleicht meinen Sie auch – ausgehend z. B. von Ihrer eigenen Persönlichkeit –, dass extrovertiertes Verhalten positiver ist als introvertiertes. Doch es gibt kein Richtig oder Falsch. Entscheidend ist, jedes Kind als Individuum zu sehen und zu behandeln.

UNTERSCHIEDLICHE INTERESSEN
Behandeln Sie ein Kind als Individuum. Manche lieben ruhige Beschäftigungen, andere aktivere.

Die Ankunft eines neuen Babys

Die Geburt eines Babys ist eine große Freude, aber meist auch ein gewaltiger Umbruch für die älteren Kinder. Ihre Welt verändert sich, weil sie lernen müssen, Ihre Aufmerksamkeit zu teilen und Geduld zu haben, wenn das Baby im Mittelpunkt steht. Ihr Dreijähriges bewältigt diese Situation besser, wenn Sie es schon während der Schwangerschaft einbeziehen, z.B. das Baby in Ihrem Bauch fühlen, es bei der Namenswahl mitreden oder beim Einrichten des Babyzimmers helfen lassen. Nach der Geburt des Babys fühlt sich Ihr Dreijähriges integriert, wenn es »vom Baby« ein Geschenk bekommt. Eine Puppe, die es versorgen kann, ermöglicht ihm, Sie nachzuahmen, wenn Sie sich um das Baby kümmern. So helfen Sie Ihrem Kind, sich an das Baby zu gewöhnen:

Behalten Sie Ihre Routine bei Versuchen Sie Tagesablauf und die Aktivitäten wie vor der Geburt des Babys zu gestalten. Kinder fühlen sich sicher, wenn alles beim Alten bleibt.

Akzeptieren Sie eine gewisse Regression Seien Sie darauf gefasst, dass Ihr Dreijähriges auch wieder babyhafte Verhaltensweisen ausprobiert, z. B. unbedingt ein Fläschchen will. Gehen Sie sensibel auf dieses Verhalten ein, denn auf diese Weise lässt Ihr Kind Sie wissen, dass es ebenfalls Bedürfnisse hat und dazugehören will. Die Regression geht vorüber, sobald sich der Alltag wieder eingespielt hat.

Nehmen Sie sich Zeit, wann immer möglich Wenn Sie ihm jeden Tag ein wenig ungeteilte Zuwendung schenken, weiß Ihr Dreijähriges, dass es noch immer einen besonderen Platz in Ihrem Herzen hat.

Ein gemeinsames Kinderzimmer

Wenn Platz knapp ist, können Kinder durchaus ein Zimmer teilen. Auch wenn es gelegentlich Probleme geben mag, entsteht durch ein gemeinsames Zimmer letztlich eine enge Beziehung, viele Kinder schlafen so auch besser.

Tipps für ein gemeinsames Kinderzimmer:

- Jedes Kind sollte seinen eigenen, klar abgegrenzten Bereich haben. Gestalten Sie alle Schlafbereiche mit eigenem Regal, speziellen Farben, Postern und Spielsachen. Der Boden ist gemeinsame Spielfläche.
- Es liegt in beider Verantwortung, das Zimmer ordentlich zu halten. Ihr Dreijähriges kann Ihnen durchaus beim Aufräumen helfen.
- Teilt Ihr Dreijähriges sein Zimmer mit einem älteren Geschwister, legen Sie Regeln für das ältere Kind fest, z. B. ruhig zu sein, wenn das Kleine schläft und seine eigenen Sachen in seinem Bereich aufzubewahren.
- Verhindern Sie, dass Dinge kaputt gehen, indem Sie sicherstellen, dass die wertvollen Besitztümer des Älteren außer Reichweite des Jüngeren sind.

Sie befürchten vielleicht, dass die Kinder sich durch unterschiedliche Schlafenszeiten oder nächtliches Aufstehen wecken. Doch die meisten Kinder schlafen, wenn sie erst einmal eingeschlafen sind, selbst bei lauten Störungen weiter. Es ist hilfreich, wenn es in Ihrer Wohnung nicht zu ruhig ist, denn Kinder lernen, Hintergrundgeräusche auszublenden. Das hilft ihnen, nachts auch bei Geräuschen weiterzuschlafen.

QUALITÄTSZEIT *Phasen ungeteilter Aufmerksamkeit sind für das Kind und seine Interessen wertvoll. Sie zeigen ihm, dass es Ihnen wichtig ist.*

Gemeinsame Zeit als Familie

Kinder gedeihen in einer Familie, die Zeit füreinander hat. Gemeinsam etwas Lustiges zu unternehmen oder zu entspannen, sich gegenseitige Aufmerksamkeit zu schenken gibt Ihnen wie Ihren Kindern Gelegenheit zur Kommunikation, für gemeinsame Interessen und zu gemeinsamem Spiel. Laut einer Umfrage haben Familien weniger Zeit füreinander, als sie gerne hätten, wobei beinahe die Hälfte aller Eltern eine Stunde Freizeit am Tag – oder weniger – mit ihren Kindern verbringt. Viele Eltern geben an, dass Beruf und Medien, wie Fernsehen oder elektronische Spiele, Familienzeit stiehlt. Es erfordert viel

»Wenn Mitglieder einer Familie Zeit miteinander verbringen, schaffen sie eine gemeinsame Identität, basierend auf einem Vorrat glücklicher Erinnerungen. Sie vermitteln Kindern ein Gefühl dafür, wer sie sind und wohin sie gehören.«

Motivation, um zwischen den alltäglichen Verpflichtungen, der Kinderbetreuung und dem Beruf Zeit für die Familie abzuzweigen. Doch 72 Prozent der Eltern wollen mehr aktive Zeit als Familie verbringen. Gemeinsam verbrachte Zeit stärkt das Wohlbefinden: In einer Umfrage gaben 86 Prozent der Eltern an, dass Familienzeit sie glücklicher mache und den Zusammenhalt stärke.

Richten Sie den Blick auf Ihre eigene Familie, und analysieren Sie, wie Sie Ihre Freizeit verbringen. Gemeinsame Unternehmungen müssen nicht aufwendig oder teuer sein. Es sind einfache, alltägliche Aktivitäten, die die gemeinsame Zeit zu einer schönen machen können. Sei es eine Familienmahlzeit, das gemeinsame Autoputzen oder Säubern des Kaninchenstalls, Kinder erleben quantitative und qualitative Familienzeit, wenn sie in die tägliche Routine einbezogen werden. Egal, ob Sie alleinerziehend sind, durch Schichtarbeit wenig Zeit haben oder nach Trennung oder Scheidung gemeinsame Sorge für die Kinder tragen, diese Momente der Familienzeit sind wichtig.

Gelassen bleiben

Elternsein kann stressig sein und Ihre Geduld strapazieren.

So behalten Sie die Nerven:

★ Zählen Sie langsam bis 20 und fragen Sie sich: »Bin ich ruhig?« Wenn nicht, zählen Sie weiter.

★ Atmen Sie zweimal tief durch, lockern die Schultern, schütteln die Anspannung aus den Händen.

★ Betrachten Sie ein Foto Ihres Dreijährigen als Baby, und erinnern Sie sich an diese grenzenlose Liebe, die Sie für das Baby empfunden haben.

★ Rufen Sie eine Freundin an, und sprechen Sie über Ihre Gefühle. So gewinnen Sie etwas Distanz.

★ Vergewissern Sie sich, dass Ihrem Kind nichts geschehen kann und gehen dann kurz weg, beispielsweise nur ins andere Zimmer und wieder zurück.

★ Überlegen Sie realistisch und fragen Sie sich: »Ist es die Sache wert, dass ich mich aufrege?«

Bei schweren oder anhaltenden Problemen nehmen Sie professionelle Hilfe in Anspruch (s. S. 310f.).

Vier Jahre

»Erleben Sie, wie Ihr Kind wächst, sich verändert und seine Umwelt erobert.«

KINDERGARTENZEIT Im Kindergarten fühlt sich Ihr Kind nun rundum wohl.

NEUE FÄHIGKEITEN Eine strukturierte Umgebung gibt ihm die Chance, sich auf ein ganzes Spektrum wichtiger Lernbereiche zu konzentrieren.

SPIELZEIT Spaß und fantasievolles Spiel zu Hause fördern die Entwicklung Ihres Kindes.

Wachstum und Entwicklung

Ihr Kind streckt sich, der Babyspeck verschwindet allmählich, und es verliert das kleinkindhafte Aussehen. Das Lungenvolumen nimmt zu, und es hat einen guten Appetit. Bald müssen Sie es nicht mehr bei jedem Wettlauf »gewinnen lassen« – vielleicht haben Sie sogar Schwierigkeiten mitzuhalten!

Körperliche Veränderungen

Bis zum pubertären Wachstumsschub wird Ihr Kind nun langsam, aber stetig mindestens vier Zentimeter im Jahr wachsen. Das geschieht oft schubweise, sodass Sie manchmal schon fürchten, es könnte gar nicht mehr wachsen, weil die Kleidung bereits ein Jahr passt, und dann wieder ist es über Nacht aus den soeben gekauften Hosen herausgewachsen.

Seine Füße wachsen langsam, aber ebenfalls nicht vorhersehbar. Das eine Mal wächst es sofort aus einem neuen Paar Schuhe wieder heraus, und die nächsten trägt es dann ab. Im Allgemeinen wachsen Hände und Füße proportional zur Körpergröße. Wenn Sie Ihr Kind am Türrahmen messen und feststellen, dass es in sechs Monaten weniger als zwei Zentimeter gewachsen ist, wenden Sie sich an den Kinderarzt. Wenn Sie meinen, Ihr Kind sei zu pummelig, berechnen Sie seinen BMI (Body-Mass-Index), und kontrollieren Sie auf der Tabelle auf der nächsten Seite, ob es übergewichtig ist. Der BMI steigt mit dem Alter, weil Ihr Kind im Verhältnis zur Körpergröße aufgrund der zunehmenden Muskelmasse auch proportional schwerer wird.

Ebenso wie sich der Körper Ihres Kindes verändert, verändert sich auch sein Gehirn. Für eine optimale Gehirnentwicklung braucht es Anregungen, Zuwendung, Geborgenheit, eine gesunde Ernährung (s. S. 17) und viel Schlaf. Im Gehirn werden Neuronenverbindungen ausgebildet (s. S. 21), die dauerhaft werden und automatische Gedächtnisleistungen ermöglichen.

SCHLECKEREIEN *Von einem gelegentlichen Keks wird Ihr Kind noch nicht dick, aber ungesundes Naschen darf nicht zur Gewohnheit werden.*

Neue Fähigkeiten

Ihr vierjähriges Kind kann nun hüpfen, springen, einen Ball über den Kopf werfen ihn Ball kicken und gut klettern. Es kann sich anziehen – vielleicht braucht es dazu noch etwas Hilfe. Seine Koordination verbessert sich mit

»Einfache körperliche Aktivitäten wie beispielsweise Ballspiele fördern hervorragend die Motorik und Koordination Ihres Vierjährigen.«

zunehmender Übung. Hat ein Kind Probleme beim Klettern und Kicken, mangelt es ihm vielleicht an Selbstvertrauen, und es braucht Ermutigung.

In diesem Alter probiert Ihr Kind vielleicht das Schneiden mit einer Schere und kann eine Figur malen, die einem Menschen ähnelt. Es kann schon ganz gut einen Stift halten – viele Kinder haben aber noch eine verkrampfte Stifthaltung –, und es will sogar seinen Namen schreiben. Manche Vierjährigen können schon Schuhe binden. Hält Ihr Kind einen Stift noch mit der Faust, sollte es zu einer normalen Stifthaltung angeleitet werden. Für Kinder, die die Haltung im Dreipunktgriff noch nicht automatisiert haben,

Body-Mass-Index (BMI)

Der BMI berechnet sich aus dem Körpergewicht in Kilogramm, dividiert durch das Quadrat der Körpergröße. Die Tabelle unten zeigt den BMI für Jungen und Mädchen von 5 bis 13 Jahren, die übergewichtig oder fettsüchtig sind. Bei bedenklichen Werten wenden Sie sich an den Kinderarzt.

Alter	BMI Jungen – Übergewicht	BMI Jungen – Adipositas	BMI Mädchen – Übergewicht	BMI Mädchen – Adipositas
5	über 17,61	über 19,02	über 17,69	über 19,16
6	über 17,86	über 19,44	über 17,99	über 19,67
7	über 18,34	über 20,15	über 18,51	über 20,44
8	über 19,01	über 21,11	über 19,25	über 21,47
9	über 19,78	über 22,21	über 20,05	über 22,54
10	über 20,60	über 23,35	über 20,80	über 23,54
11	über 21,43	über 24,45	über 21,61	über 24,51
12	über 22,25	über 25,44	über 22,48	über 25,47
13	über 23,01	über 26,28	über 23,33	über 26,33

Die Werte entstammen den Tabellen der Arbeitsgemeinschaft Adipositas im Kindes- und Jugendalter.

Omega 3

Studien zeigen immer deutlicher, dass ein Mangel an Omega 3, eine Fettsäure, die in Fischöl vorkommt, eine Ursache für Lernstörungen, Verhaltensprobleme oder Depressionen im Kindesalter sein kann.

Ergebnisse unterschiedlicher Studien, bei denen die Omega-3-Zufuhr bei Kindern erhöht wurde, waren bisher widersprüchlich, denn einige zeigten eine deutliche Verbesserung in Bereichen wie Lernen und Verhalten, während andere keinen Unterschied nachweisen konnten. Eine Studie zeigte einerseits eine Verbesserung beim Lesen, Schreiben und Verhalten bei Kindern mit Dyspraxie (s. unten), allerdings keine Verbesserung der Motorik (s. S. 24).

Nur eine Studie untersuchte die Verabreichung von Fischölen mit verschiedenen Vitaminen und Mineralstoffen an gesunde Kinder. Sie zeigte eine Verbesserung von Gedächtnis und verbalem Lernen, aber nicht in anderen Lernbereichen oder beim IQ. Weitere Forschungen erscheinen notwendig.

Geben Sie Ihrem Kind dennoch mindestens zweimal wöchentlich Omega-3-Fettsäuren, z. B. in Form von fettreichem Fisch, wie Lachs oder Makrele.

gibt es einen über den Stift zu streifenden Stiftehalter, der das Greifen mit Daumen und Zeigefinger erleichtert. Machen Sie sich keine Sorgen, wenn die Feinmotorik Ihres Vierjährigen noch nicht ausgereift ist, obwohl manche Gleichaltrige schon kleine »Kunstwerke« zustande bringen. Diese Fähigkeiten entwickeln sich noch.

NEUE FERTIGKEITEN *Gut ausschneiden zu können ist eine wichtige Fertigkeit, die geübt werden will – sie ist fürs Basteln wichtig.*

Dyspraxie

Dyspraxie ist eine Störung, Bewegung und Handlung in Einklang zu bringen bzw. zielorientiert zu planen. Viele Kinder (vor allem Jungen) haben Probleme im Umgang mit Messer und Gabel, beim Schuhebinden und Fangen von Bällen. Manchmal wächst sich das aus, doch es kann auch die Folge einer Entwicklungsstörung, der Dyspraxie, sein. Dabei sind Motorik und Koordination beeinträchtigt, weil das Gehirn Sequenzen nicht richtig ausführen kann. Symptome sind Beine-Wippen, Trommeln beim Sitzen, die Unfähigkeit, still zu sitzen, Ungeschicklichkeit und eventuell Sprachprobleme.

Als Eltern können Sie Ihrem Kind am besten helfen, indem Sie es anhalten, die Aufgaben zu probieren, bei denen es Schwierigkeiten hat, ohne ungeduldig zu werden. Fördern Sie das Selbstwertgefühl, indem Sie sich auf seine Stärken konzentrieren. Meist ist eine ärztliche Behandlung nicht erforderlich. Bestehen jedoch auch Lernprobleme, kann eine fundierte Diagnostik hilfreich sein und eventuell eine gezielte Beschäftigungstherapie.

Häufige körperliche Probleme

▶ Mein vierjähriger Sohn kotet oft ein. Was soll ich tun?

Der medizinische Begriff für Einkoten lautet »Enkopresis«. Etwa drei Prozent der Kinder leiden an diesem Problem, das durch ein Trauma bei der Sauberkeitserziehung, z. B. Schmerzen beim Stuhlgang oder Angst, in die Toilette gespült zu werden, ausgelöst werden kann. Weitere Risikofaktoren sind eine sehr fett- oder zuckerreiche Kost, unzureichende Bewegung oder anhaltender Stress. Kinder mit ADHS (s. S. 60) sind häufiger betroffen.

Vielleicht will Ihr Kind einfach seine Tätigkeit nicht unterbrechen, um zur Toilette zu gehen. Werden Sie nicht wütend, denn das kann gegebenenfalls Ängste verstärken. Loben und ermutigen Sie Ihr Kind, wenn es auf die Toilette geht.

Leidet Ihr Kind an Verstopfung oder häufig an sehr weichem Stuhl, lassen Sie die Ursache durch einen Kinderarzt abklären.

▶ Muss ich mir Sorgen machen, weil mein vierjähriger Sohn ins Bett macht?

Nein, denn bis zum Alter von vier, fünf Jahren kommt Bettnässen häufig vor. Die Sauberkeitserziehung hat sich im Unterbewusstsein Ihres Kindes noch nicht festgesetzt, daher wacht es nicht auf, wenn es Wasser lassen muss. Bettnässen ist auch genetisch bedingt. Bei etwa 75 Prozent der Bettnässer war auch ein Elternteil als Kind betroffen. Des Weiteren kann bei vielen Bettnässern ein Mangel an einer hormonähnlichen Substanz bestehen. Diese veranlasst die Nieren, den Urin zu konzentrieren, damit nachts weniger produziert wird und die kleine Blase des Kindes ihn halten kann. Bei Bettnässern hingegen wird diese Substanz nicht in ausreichender Menge freigesetzt, und es wird mehr Urin gebildet, als die Blase fassen kann.

Der medizinische Begriff für Einnässen lautet Enuresis. Bleibt das Bettnässen längere Zeit nach dem Erwerb der Blasenkontrolle am Tag bestehen, wenden Sie sich an den Arzt. Der Kinderarzt kann eine Klingelhose verordnen und in schweren Fällen eine medikamentöse Behandlung. Achten Sie darauf, dass Ihr Kind tagsüber viel trinkt, um das Gefühl einer vollen Blase kennenzulernen und entsprechend zu reagieren. Sie können es auch wecken und zur Toilette bringen, bevor Sie selbst zu Bett gehen. Sie können die Blase auch »trainieren«, indem Sie Ihren Sohn anleiten, tagsüber immer ein wenig länger zu warten, bis er zur Toilette geht. Das kann die Blasenkapazität erhöhen. Bleiben Sie vor allem ruhig, schimpfen Sie ihn nicht, und zeigen Sie keine Verärgerung. Den meisten Kindern in diesem Alter ist das Bettnässen sowieso peinlich.

▶ Meine vierjährigen Zwillinge spielen Arzt und Krankenschwester und untersuchen gegenseitig ihre Körper. Ist das normal?

Das ist tatsächlich normal. Kinder sind von Natur aus neugierig und wollen deshalb auch ihren Körper und den des anderen Geschlechts kennenlernen. Sie haben keine Vorstellung davon, was man »tut«, was »sittlich« ist und was nicht. Es ist unbedenklich, wenn Kinder ihren Körper untersuchen. Viele Kinder in diesem Alter masturbieren. Zeigen Sie gegenüber Ihren Zwillingen keine Verlegenheit. Geben Sie ihnen nicht das Gefühl, sich wegen ihres Tuns schämen zu müssen. Das Körperbild entwickelt sich früh, und Sie wollen doch nicht, dass Ihre Kinder falsche Schamgefühle entwickeln. Beachten Sie das Ganze nicht weiter, solange die Spiele niemandem schaden.

▶ Meine vierjährige Tochter weigert sich, im Autositz zu sitzen. Muss ich einen verwenden?

Ja. Weil die normalen Sicherheitsgurte nicht auf die Körpergröße kleiner Kinder abgestimmt sind, sind passende Kindersitze notwendig. Sie sollten so lange verwendet werden, wie es gesetzlich vorgeschrieben ist. Kinder müssen bis zwölf Jahre oder einer Körpergröße von 150 cm in einem altersgemäßen Sitz sitzen und zwar auf Beifahrer- wie Rücksitz. Kaufen Sie einen Sitz, der den Sicherheitsnormen entspricht und das Siegel »Geprüfte Sicherheit« (GS-Zeichen) trägt. Will Ihr Kind nicht in einem Sitz sitzen, können Sie in diesem Alter eine Sitzerhöhung anschaffen, bei der es mit dem normalen Sicherheitsgurt angeschnallt wird. Diese ist sicher, wenn der Gurt richtig sitzt.

Gesundheit

Wenn Ihr Kind aktiver wird und öfter draußen und mit anderen Kindern spielt, wird gute Hygiene noch wichtiger und trägt zum Schutz vor Infektionen bei. Sorgen Sie dafür, dass Ihr Kind viele Möglichkeiten zur Bewegung hat. Achten Sie außerdem besonders darauf, ob Ihr Kind gut sieht.

Körperliche Betätigung fördern

Regelmäßige Bewegung sollte zu einer lebenslangen Gewohnheit werden, und die Grundlagen dafür werden in diesem Alter gelegt. Mit den jetzt erlernten Verhaltensmustern stellen Sie bei Ihrem Kind somit die Weichen für das spätere Risiko, an Übergewicht, Herz-Kreislauf-Erkrankungen, Osteoporose, Diabetes und bestimmten Krebsarten zu erkranken.

Viele Vierjährige entwickeln eine Leidenschaft fürs Fernsehen; fördern Sie deshalb aktivere Beschäftigungen. Werden Sie gemeinsam aktiv. Vielleicht gehen Sie gern zusammen schwimmen oder im Park Fußball spielen – das ist auch deshalb empfehlenswert, weil sich in diesem Alter die Koordination verbessert (s. S. 52). Ein täglicher Spaziergang ist wichtig, auch bei schlechtem Wetter und nicht nur, um sich an der frischen Luft zu bewegen, sondern auch als Tapetenwechsel. Warm angezogen und mit wasserfestem Schuhwerk kann Ihr Kind jeden Tag hinaus.

UNTERWEGS *Sein erstes Fahrrad spornt Ihren Vierjährigen an, draußen, an der frischen Luft aktiv zu sein. Bewegung ist sehr wichtig, sie fördert seine Gesundheit.*

Krankheiten vorbeugen

Hygiene muss man nicht übertreiben (s. S. 26), aber einige einfache Maßnahmen beugen Infektionen wie Lebensmittelvergiftung und Erkältungen vor. Das Immunsystem Ihres Kindes kann es immer noch nicht vor jeder Infektion schützen, obgleich es nun seltener krank ist.

Erkältungen treten also noch häufig auf, durchschnittlich sind es sechs bis zehn im Jahr. Da jede Erkältung bis zu drei Wochen dauern kann, wird die Nase Ihres Kindes die meiste Zeit laufen. Haben Sie immer Taschentücher griffbereit. Vierjährige können meist noch nicht selbst schnäuzen. Helfen Sie ihm bei einem Schnupfen dabei, und bringen Sie ihm zumindest bei, nicht die Ärmel zu benutzen.

EINE BRILLE TRAGEN
Kinderbrillen sind heute sehr modisch und cool; sie haben flexible Bügel, die fest hinter den Ohren sitzen – sehr wichtig beim Toben.

Gewöhnen Sie Ihr Kind nun daran, sich selbstständig gründlich die Hände zu waschen, ohne dass es dazu aufgefordert wird. Es sollte dies nach dem Toilettengang und vor den Mahlzeiten tun, und auch, nachdem es draußen gespielt hat. In diesem Alter braucht es dabei noch Aufsicht, denn wahrscheinlich ist es schnell, aber nicht sehr gründlich dabei. Beim Baden kann Ihr Kind sich schon weitgehend allein waschen. Sie müssen ihm allerdings weiterhin die Haare waschen.

Das Sehvermögen Ihres Kindes

In den ersten sieben Lebensjahren entwickelt sich der Teil des Gehirns, der für das Sehen zuständig ist; daher ist es wichtig, Sehprobleme so früh wie möglich zu erkennen. Untersuchungen lassen vermuten, dass etwa fünf Prozent der Sechsjährigen ein unerkanntes Sehproblem haben. Warten Sie also nicht ab, bis Ihr Kind die Augen beim Fernsehen zusammenkneift oder gar schielt. Bei den Vorsorgeuntersuchungen wird das Sehvermögen kontrolliert. Haben Sie dennoch den Eindruck, dass Ihr Kind Probleme beim Sehen hat, vereinbaren Sie einen Termin beim Augenarzt. Sieht ein Kind auf einem Auge nicht gut oder schielt es, lernt das Gehirn, das Bild des schwächeren Auges zu ignorieren. In der Folge wird das Auge nach und nach irreversibel blind. Die meisten kindlichen Sehstörungen können durch eine Brille oder das Abdecken des gesunden Auges zur Anregung des schwächeren korrigiert werden.

Achten Sie auch nach der Einschulung Ihres Kindes auf mögliche Sehprobleme, da Kinder von sich aus selten darauf aufmerksam werden oder es mitteilen. Am besten gehen Sie ab der Schulzeit einmal jährlich mit Ihrem Kind zum Augenarzt.

Benötigt Ihr Kind eine Brille, achten Sie auf Folgendes:

- Lassen Sie möglichst zwei Brillen für Ihr Kind anfertigen, falls eine verloren geht oder kaputtgeht.
- Lassen Sie sich sagen, wann Ihr Kind seine Brille tragen muss, und stellen Sie sicher, dass es dies auch tut (informieren Sie die Erzieherinnen).
- Fragen Sie, was Ihr Kind tun soll, wenn es Sport treibt.
- Fragen Sie, in welchen Abständen die Augen kontrolliert werden müssen.
- Fragen Sie, ob es langfristig eine Brille tragen muss. Die Augen entwickeln sich bis ins siebte Lebensjahr, vielleicht braucht es danach keine mehr.

Geistige Fähigkeiten

Ihr Kind versteht nun so viel mehr als bisher. Es kann Informationen auch länger behalten. Daher ist es besser in der Lage, Anweisungen zu befolgen und einfache Aufgaben auszuführen. Das ist eine wichtige Kompetenz, die es gut auf die Schulzeit vorbereitet.

Neue Vorstellungen erwerben

Viele Vierjährige können schon bis zehn zählen und haben auch eine gewisse Vorstellung davon, was Zahlen bedeuten. Ihr Kind besitzt nun ein besseres Zeitverständnis und zeigt vielleicht schon etwas Interesse an der Uhr, wobei es noch keine lesen kann. Dazu braucht es noch mindes-tens ein Jahr, eher länger. Sie können sein Zeitverständnis jedoch fördern, wenn Sie mit ihm z.B. darüber sprechen, wie lang eine Stunde ist, vor allem wenn es so lange auf ein erwünschtes Ereignis warten muss.

Ihr Kind kann vielleicht einige Farben benennen und Gegenstände sortieren, wie verschiedene Tierfiguren. Es kann Dinge auch richtig zuordnen, wie Tasse und Teller, Strümpfe und Schuhe. Es ordnet gerne seine Spielsachen und andere Dinge immer wieder anders an, mal in Gruppen und dann wieder vermischt. All dies vertieft sein Verständnis von Mengen, Gruppen und Mustern, was das mathematische Verständnis unterstützt. Die Unterscheidung von Formen ist auch für das spätere Lesenlernen wichtig. Sie können das Formenverständnis fördern, indem Sie miteinander Bilderlotto spielen, bei dem man Bilder zusammensetzen muss. Stellen Sie ihm auch zunehmend schwierigere Puzzles zur Verfügung.

MENGEN *Ihr Kind erwirbt z. B. beim Befüllen und Ausschütten von Behältern eine Vorstellung von Begriffen wie mehr/weniger, größer/kleiner, schwerer/leichter.*

Emotionale Kompetenz

Mit vier Jahren zeigen Kinder ganz unterschiedliche Gefühle. Vielleicht weint Ihr Kind, wenn Sie ihm eine traurige Geschichte vorlesen. Vielleicht will es Sie trösten, wenn es meint, dass Sie traurig sind. Fördern Sie dieses Einfühlungsvermögen, indem Sie über Situationen sprechen, die Sie wahrnehmen. Wenn z. B. jemand im Regen auf den Bus wartet, überlegen Sie gemeinsam, wie sich diese Person fühlt, wenn sie den Bus verpasst.

»Die ersten Schreibversuche Ihres Kindes werden einfache Kritzeleien sein.«

Ihr Kind entwickelt ein stärkeres Bedürfnis nach Privatsphäre, und das ist wichtig für sein Selbstgefühl. Es teilt Geheimnisse mit einem Freund oder seinem Lieblingsteddy. Gestalten Sie ihm seinen eigenen Bereich, und sei es nur eine Ecke in einem gemeinsamen Kinderzimmer.

Erste Schreibversuche

Inzwischen hat Ihr Kind zwei wichtige Dinge gelernt: wie man einen Stift hält und die Tatsache, dass geschriebene Symbole Informationen enthalten. Vielleicht möchte Ihr Kind nun auch schon seinen Namen schreiben.

So machen Sie Ihr Kind mit Buchstaben und Wörtern vertraut:

- Wenn Ihr Kind es will, schreiben Sie ihm seinen Namen in Druckbuchstaben (Großbuchstaben) vor.
- Sie können seinen Stuhl, seine Kleiderhaken und Ähnliches mit seinem Namen beschriften.

Sprachentwicklung

Mit vier Jahren spricht Ihr Kind klar und deutlich. Es weiß, was es sagen will, und kann dies meist auch ausdrücken. Die Satzstellung ist korrekt. Außer »und« verwendet es nun auch »dann«, »wenn« und »aber«, und es kann auf diese Weise lange Geschichten erzählen. Stellen Sie sich darauf ein, dass es viel und manchmal sehr schnell spricht.

Gedächtnis und Konzentration fördern

Das Gedächtnis Ihres Vierjährigen verbessert sich stetig. Es kann sich nun auch länger auf eine Sache konzentrieren.

So fördern Sie Ihr Kind:

★ Sprechen Sie über Ereignisse des vergangenen Tages, des vorgestrigen Tages und in der letzten Woche.

★ Rezitieren Sie gemeinsam Kinderverse und -lieder. Lassen Sie Wörter oder Zeilen aus.

★ Spielen Sie Kofferpacken. Einer beginnt: »Ich fahre in den Urlaub und packe in meinen Koffer ...« Jeder Spieler wiederholt abwechselnd die eingepackten Dinge und fügt eine Sache dazu.

★ Zeigen Sie Ihrem Kind unterschiedliche Münzen oder Briefmarken, dann lassen Sie es gleiche Teile unter anderen Dingen in einer Kiste heraussuchen. Sie können auch einen Katalog betrachten und die Dinge benennen, die Sie schon zu Hause haben.

★ Spielen Sie gemeinsam Memory, zuerst mit wenigen Bildpärchen, dann mit immer mehr. Es gibt eine Vielzahl verschiedener Ausführungen, auch mit ganz einfachen Motiven für kleine Kinder. Im Handel sind noch viele weitere Konzentrationsspiele für Vorschulkinder erhältlich.

Gelegentlich ist es hartnäckig oder streitlustig und klingt rüde, obwohl es vermutlich nur aufgeregt ist. Mit vier Jahren beherrscht es die Laute der Muttersprache, eventuell mit Ausnahme einiger Zischlaute (s, z, sch) und schwieriger Konsonantenverbindungen (kl-, gl-, dr-, br- ...), wie in »grün«, »glänzend«, »Dreirad« usw. Gelegentlich versteht ein Erwachsener Ihr Kind nicht, was für das Kind ziemlich frustrierend ist.

Die »Warum«-Fragen setzen sich in diesem Jahr fort und werden immer tiefgründiger. Ihr Kind will Antworten auf immer schwierigere Fragen, z. B. warum sein Meerschweinchen gestorben ist. Zur Sprachförderung:

Verwenden Sie keine Babysprache Mit vier Jahren muss Ihr Kind lernen, Wörter richtig auszusprechen. Aber es schadet natürlich nicht, wenn Sie einzelne Kosewörter weiterverwenden.

Halten Sie Blickkontakt und betonen Sie neue oder schwierige Wörter.

Korrigieren Sie es nicht ständig Verwenden Sie die richtige Form einfach in Ihrer Antwort, statt ständig Aussprache oder Grammatik zu korrigieren.

Beantworten Sie die Fragen Ihres Kindes Wenn Sie die Antwort nicht wissen, schauen Sie nach. So lernt Ihr Kind, dass man Antworten in Büchern oder im Internet finden oder sachkundige Menschen befragen kann.

Stellen Sie Fragen Manchmal sind offene Fragen gut, aber oft wird Ihrem Vierjährigen besser eine einfache Alternative angeboten, wie »Willst du Milch oder Apfelsaft?«

LERNEN IM SPIEL *Beim Spielen erwirbt Ihr Kind abstrakte Vorstellungen und entwickelt sein Sprachvermögen. Wenn Sie mitspielen und ihm Fragen stellen, fördern Sie seine Lernprozesse.*

Regen Sie Sprach- und Denkvermögen Ihres Kindes an, indem Sie »Was wäre wenn«-Gespräche führen. Fragen Sie z. B., was geschehen würde, wenn es im Winter richtig heftig schneien würde.

Literacy – Lese- und Schreibkompetenz

Der Begriff Literacy wird seit einigen Jahren auch in Deutschland verwendet und umfasst die Lese- und Schreibkompetenz, auch im vorschulischen Bereich. Dazu gehören Text- und Sinnverständnis, Lesefreude, Vertrautheit im Umgang mit Büchern und Schriftsprache und sprachliche Abstraktionsfähigkeit. Ein wichtiger Aspekt in der Literacy-Erziehung ist die Bilderbuchbetrachtung, eine ideale Form der Sprachförderung. Schaffen Sie dazu eine ungestörte, gemütliche und ruhige Stimmung.

Beachten Sie beim Vorlesen und der Bilderbuchbetrachtung diese Tipps:

- Nehmen Sie die Bilderbuchbetrachtung als Anreiz für Gespräche, die das Dargestellte weiterführen, z. B. »Was passiert als Nächstes?«, »Wo ist der Ball?«, »Hast du so etwas auch schon einmal erlebt?«

Häufige Fragen zum Lernvermögen

FRAGEN AUS DEM ALLTAG

▶ Meine vierjährige Tochter interessiert sich nicht für Bücher, Zahlen oder andere intellektuelle Beschäftigungen. Wenn Ihr Kind in bestimmten Bereichen auffallende Schwächen hat, wenden Sie sich an den Kinderarzt. Er kann entsprechende Tests vornehmen. Denken Sie jedoch auch daran, dass viele Kinder Spätzünder sind und die verzögerte kognitive Entwicklung meist rasch aufholen. So sprechen z. B. manche Kinder bis beinahe drei Jahre kaum, im Alter von vier Jahren aber in vollständigen Sätzen und lesen dann schon früh. Viele Störungen können in der Kindergartenzeit erkannt werden, und bei frühzeitiger Diagnose und Therapie gibt es später weniger Probleme.

▶ Mein Sohn hat Probleme mit der Konzentration. Hat er vielleicht ADHS, was soll ich tun? Zur Aufmerksamkeitsdefizitstörung zählen eine Reihe von Symptomen. Mehr Jungen als Mädchen sind betroffen. ADHS ist eine neurologische Störung mit starker genetischer Komponente. Meist wirken verschiedene Faktoren zusammen. Es gibt keinen eindeutigen alleinigen Diagnosetest. Ihr Kind hat vielleicht ADHS, wenn es viel Schlaf benötigt, hibbelig ist, von einer Aktivität zur anderen springt, schlecht bei einer Geschichte zuhören kann, sehr aktiv und wild ist und eine schwache soziale Kompetenz hat. Ein sensibler, konsequenter Umgang hilft ihm, kann ADHS aber nicht heilen. Wenden Sie sich frühzeitig an einen Spezialisten. Oft bleibt ADHS lebenslang bestehen, die Kinder haben meist Probleme in der Schule, doch mit der richtigen Unterstützung kann Ihr Kind sein Potenzial entfalten.

Sprech- und Sprachprobleme

Kinder erlernen ihre Muttersprache in unterschiedlichem Tempo. Jungen und Zwillinge sind öfter Spätentwickler in diesem Bereich. Eine Verzögerung im Spracherwerb muss nicht in jedem Fall auf ein tieferes Problem zurückgehen; oft holen die Kinder auf. Manche jedoch haben tatsächlich eine Sprachstörung, die behandelt werden muss. Ihr Vierjähriges hat eventuell ein Sprachproblem, wenn es:

- ★ öfter verwirrt schaut oder Sie nicht versteht,
- ★ Konsonanten vertauscht oder weglässt,
- ★ stottert oder stammelt,
- ★ im Vergleich mit Gleichaltrigen wenig spricht.

Als Erstes sollten Sie unverzüglich einen Kinderarzt oder Logopäden aufsuchen. Vielleicht liegt der Sprachstörung auch ein Hörproblem zugrunde.

▶ Regen Sie Ihr Kind an, selbst zum Erzähler zu werden, die Geschichte weiterzuspinnen und zu hinterfragen.

▶ Kinder lieben es, immer wieder die gleiche Geschichte zu hören bzw. das gleiche Bilderbuch zu betrachten. Dadurch prägt sich die Geschichte ein, das Gedächtnis wird gefördert, und zudem geben Wiederholungen dem Kind Sicherheit.

▶ Lesen Sie Ihrem Kind Märchen und Erzählungen vor. Diese literarischen Texte vermitteln dem Kind, dass es auch eine nicht-situative, eine sich von der Alltagssprache abhebende Sprache gibt. Diese Sprache hat ein hohes Sprachniveau, vielfältige Wörter und abwechslungsreiche Formulierungen.

»In diesem Alter sollte Ihr Kind einfach Spaß mit Büchern haben – sie dürfen keine Pflicht sein.«

Eine Bücherei besuchen

Ihr vierjähriges Kind findet in der Bücherei sicher eine Menge interessanter Bücher; gehen Sie oft hin. Auch für Sie ist dies eine angenehme Unternehmung. In der Kinderbuchabteilung kann Ihr Kind nach Herzenslust schmökern. Vielleicht gibt es auch Lesungen für Kinder. Seien Sie auch offen für Buchthemen, die Sie beide bisher nicht weiter interessiert haben.

In der Bücherei trifft Ihr Kind auf andere Kinder, die gern lesen. Lassen Sie ihm einen eigenen Ausweis ausstellen. Es wird eine besondere Wertschätzung für die Bücher entwickeln, wenn Sie ihm erklären, dass nach ihm andere Kinder sie ausleihen werden.

LIEBE UND SICHERHEIT
Wenn sich Ihr Kind Ihrer Liebe sicher ist, hat es das Vertrauen, dass andere sich auch um es sorgen. Das ist ein wichtiger Teil seiner emotionalen Entwicklung.

Gefühle und Persönlichkeit

Sie als Eltern bleiben das Zentrum der Welt Ihres Vierjährigen, aber es baut nun auch andere wichtige Beziehungen außerhalb der Familie auf. So entsteht ein weiteres Netzwerk. Doch erst die starke Bindung an Sie erlaubt ihm, konstruktive Beziehungen zu anderen einzugehen.

Ihr Kind trennt sich nun meistens ohne oder mit wenig Theater von Ihnen. Vermutlich geht es sehr gern in den Kindergarten, um dort seine Freunde zu treffen. Diese Phase der Entwicklung von Beziehungen außerhalb der Familie und die stressfreie Trennung geben Ihnen vielleicht das Gefühl, nicht mehr so wichtig zu sein. Doch keine Sorge: Ihre Zuwendung, Ihr Lob und Ihre bedingungslose Liebe haben weiterhin den größten Einfluss auf Ihr Kind.

Freundschaften schließen

Sobald Ihr Kind ein oder zwei Freunde hat, auf die es sich freut, wird es auch mit ihnen gemeinsam spielen. Freundschaften bilden sich nach klarem Muster – zu den Kindern, die das Kind am häufigsten sieht und mit denen es seine Interessen wie Toben, Basteln oder Malen teilen kann. Mit vier Jahren ist es wichtig, Freunde zu haben; es beeinflusst auch die Art des Spiels. Wenn Ihr Kind statt mit einem fremden Kind mit einem Freund spielt, wird die Aktivität komplexer; es werden mehr Ideen ausgetauscht, um das Spiel fortzuführen. Etwa zwei Drittel der Vierjährigen wählen gleichgeschlechtliche Freunde. Um die Freundschaften Ihres Kindes zu stärken, laden Sie seine Freunde auch nach Hause zum Spielen ein.

Die Eigenschaften, die einen guten Freund auszeichnen, entwickeln sich bei Vierjährigen gerade erst. Dazu gehören: gut zuhören können, die Gefühle anderer achten, teilen. Diese Fähigkeiten machen Ihr Kind noch beliebter.

So helfen Sie Ihrem Kind, diese Fähigkeiten zu entwickeln:

- Lehren Sie Ihr Kind zuzuhören, indem Sie ihm einfache Botschaften geben, die es an ein anderes Familienmitglied übermitteln soll.
- Machen Sie Gefühle bewusst, indem Sie alltägliche Empfindungen thematisieren und benennen, wie »langweilig«, »glücklich«, »eifersüchtig«.

- Üben Sie das Teilen, indem Sie Ihr Kind loben, wenn es mit seinen Spielsachen großzügig umgeht, und machen Sie Spiele wie *Schnipp Schnapp*.

Formen des Spiels

Seine Einbildungskraft bestimmt das Spiel Ihres Vierjährigen, wenn es nun verschiedene Rollen und Szenen spielt – z. B. »Papa« oder »Erzieherin«. Untersuchungen zeigen, dass Mädchen eher häusliche Szenen spielen, während Jungen häufiger Helden aus Büchern, Fernsehen oder Filmen nachspielen. Dieses Fantasiespiel macht Spaß und hilft Ihrem Kind, die Rollen und Beziehungen in seiner Umwelt zu verstehen. Ebenso wie es nachmacht, was Sie tun, stellen Sie auch fest, dass es Dinge, die Sie gesagt haben, wiedergibt; sein exaktes Nachplappern Ihrer Lieblingsphrasen mag Sie manchmal erschrecken. Sie können das Fantasiespiel fördern, indem Sie Requisiten – Kleidungsstücke, Puppenküche oder Kaufladen – zur Verfügung stellen und Ihr Kind an Orte mitnehmen, an denen es Menschen in verschiedenen Funktionen sieht, z. B. auf einem Bauernhof oder in einer Arztpraxis.

SCHÖN SPIELEN
Das gemeinsame Spiel entwickelt sich besonders dann, wenn Ihr Kind mit Kindern spielt, die ihm bereits vertraut sind.

Ihr Vierjähriges lässt sich stärker auf klar strukturierte Bewegungsspiele ein. Dank seiner fortschreitenden Koordination und der Fähigkeit, zu werfen und zu kicken (s. S. 51), mag es erste sportliche Aktivitäten. Diese sind gut für seine Gesundheit, Teamfähigkeit und Koordination. Übung ist entscheidend für all diese Fertigkeiten, daher ergänzen Gelegenheiten zum körperlichen Spiel die Lernprozesse im Kindergarten. Diese Aktivitäten halten natürlich auch Sie in Form.

Imaginäre Freunde

Jetzt oder schon früher hat Ihr Kind vielleicht einen imaginären Freund. Bei Jungen sind diese meist sehr kompetent und ein Vorbild, dem nachgeeifert wird. Bei Mädchen sind sie eher hilfsbedürftig; die Mädchen können durch ihre

»Imaginäre Freunde sind Ausdruck der sich entwickelnden Fantasie, sie kommen ins Spiel, wenn sich Fantasie und Realität vermischen.«

Fürsorge ihr eigenes Selbstvertrauen stärken. Forschungen zufolge haben jedoch mehr Mädchen als Jungen und mehr erstgeborene Kinder einen imaginären Freund.

Sie müssen sich keineswegs Sorgen machen, wenn Ihr Kind einen imaginären Freund hat, solange es auch mit »echten« Freunden spielt und seine alltäglichen Aktivitäten nicht einschränkt. Der imaginäre Spielkamerad hilft Ihrem Kind vielleicht gerade durch eine schwierige Zeit – vielleicht ist ein Freund oder Angehöriger weggezogen oder Veränderungen zu Hause haben es verunsichert. Der Trost durch den imaginären Freund bietet dann genau das, was Ihr Kind für kurze Zeit benötigt. Die meisten Kinder lassen ihren imaginären Freund ziehen, sobald sie ihn nicht mehr brauchen.

Wenn Ihr vierjähriges Kind jedoch nur wenige Freunde hat und zu stark von seinem imaginären Freund abhängig ist, braucht es vielleicht Ihre Hilfe, um neue Freundschaften einzugehen. Laden Sie andere Kinder zum Spielen ein oder treffen Sie öfter Verwandte oder Freunde mit gleichaltrigen Kindern.

Teilen lernen

Ihr Kind lernt das Teilen gerade erst, und obgleich es mit vier Jahren versteht, dass nicht alles ihm gehört, wird es darüber nicht immer glücklich sein. Es reagiert oft impulsiv. Allmählich begreift es das Prinzip von Geben und Nehmen und versteht, dass es ihm nutzt, wenn es teilen lernt. Kommen andere Kinder zu Besuch, erleichtern Sie ihm die Situation, indem Sie Ihr Kind seine kostbarsten Besitztümer wegräumen lassen und nur das zum Spielen anbieten, was es bereitwillig mit einem anderen teilt.

Familienregeln

Ihr Vierjähriges versteht allmählich, was von ihm erwartet wird. Sie können Ihr Familienleben mit einigen klaren, einfachen Regeln, die jeder kennt und versteht, erleichtern. Durch das Aufstellen solcher Regeln helfen Sie Ihrem Kind auch, sich auswärts gut zu benehmen. Regeln vermitteln ein Gefühl der Sicherheit: Ihr Vierjähriges muss wissen, was es erwartet und wo es steht. Einfache Regeln bedeuten für Sie als Eltern, dass Sie konsequent sein können. Gelten die Regeln für alle, können Sie und ältere Geschwister ein gutes Vorbild sein. Formulieren Sie Ihre Regeln positiv: Drücken Sie aus, was Sie erwarten, anstatt Verbote zu formulieren.

Einige nützliche Regeln sind:

★ Wir sprechen leise.
★ Wir räumen unsere Sachen auf.
★ Wir fassen uns sanft an.

Denken Sie daran:

- Teilen ist eine Fähigkeit, die sich erst entwickelt, daher wird Ihr Kind manchmal problemlos teilen und es ein anderes Mal gar nicht können.
- Es hilft Ihrem Kind wenig, wenn Sie sagen, dass es »in fünf Minuten« damit spielen kann. Es besitzt noch wenig Zeitverständnis; überbrücken Sie die Wartezeit, indem Sie laut zählen oder den Zeiger auf der Uhr beobachten.

SEIN EIGENTUM
Teilen ist schwerer, wenn mit seinen Sachen gespielt wird. Haben Sie dafür Verständnis, aber bringen Sie es ihm bei.

Erwünschtes Verhalten verstärken

Ihr Vierjähriges besitzt ansatzweise ein Verständnis von Richtig und Falsch, basierend auf dem Verhalten, das Sie anerkennen und dem Verhalten, das Sie sanktionieren. Sein Denken ist noch sehr konkret – für das Kind ist es schlimmer, wenn ein großes als ein kleines Spielzeug kaputtgeht, selbst wenn ein kleineres wertvoller ist.

Mit vier Jahren kann ein Kind verstehen, dass Verhaltensweisen, die andere schmerzen können, wie schlagen, schlimmer sind als das Nicht-Befolgen von Familienregeln, z.B. wenn es seine Spielsachen nicht wegräumt oder seinen Mantel nicht aufhängt. Seine Motivation, sich gut zu benehmen, ist der Wunsch, von Ihnen gelobt und nicht geschimpft zu werden. Daher ist dies der ideale Zeitpunkt, um Werte zu vermitteln. Ermutigen Sie Ihr Kind, einzugestehen, wenn etwas schiefgegangen ist. Zeigen Sie Ihre Freude, wenn es sich um andere kümmert. An Ihren Reaktionen sieht es, welches Verhalten richtig ist, und kann diesem nachkommen.

Ihr Kind wird verunsichert, welches Verhalten richtig oder falsch ist, wenn Sie als Eltern Ihre Entscheidungen nicht gemeinsam tragen. Dann gewöhnt es sich an, erst den einen Elternteil zu fragen, ob es etwas Süßes bekommt, und wenn der verneint, zum anderen zu gehen.

Damit Sie keine widersprüchlichen Botschaften geben:

- Versichern Sie sich immer bei Ihrem Partner, ob bereits eine Entscheidung getroffen worden ist. Ist das nicht möglich, warten Sie mit Ihrer Antwort ab, bis Sie mit ihm sprechen konnten. Auf diese Weise erkennt Ihr Kind, dass Sie als Eltern ein Team sind und sich gegenseitig unterstützen.

»Ein vierjähriges Kind lacht etwa 300-mal am Tag, Erwachsene im Schnitt nur 17-mal.«

- Wenn Sie nicht gleicher Meinung sind – und das ist zwangsläufig manchmal so: Diskutieren Sie nicht im Beisein Ihres Kindes, sondern lassen Sie es danach Ihre Entscheidung wissen.
- Konsequenz ist das Wichtigste bei der Verhaltenslenkung Ihres Kindes. Eine klare Botschaft oder Grenze gibt ihm Sicherheit.

Sinn für Humor

Der Sinn für Humor bildet sich mit den rapide entwickelnden sprachlichen Fertigkeiten aus. Ihr Kind kann nun eine einfache Geschichte erzählen und besitzt ein besseres Verständnis von Wörtern und Reimen. Vierjährige können kleine Reime und Wortspiele erfinden; sie verändern Wörter, damit sie sich reimen. Das macht ihnen viel Spaß.

Ihr Vierjähriges kennt nun auch Manieren und weiß, was tabu ist; daher bringen es Wörter wie Pupsen, Popo oder Stuhlgang zum Kichern. Es findet es enorm lustig, ein »unanständiges« Wort zu sagen, nicht zuletzt, weil dies immer eine Reaktion auslöst. Tut es dies in der Öffentlichkeit, lenken Sie es besser mit etwas ab, statt weiter darauf einzugehen.

Chefgehabe: laut und fordernd

Viele Vierjährige sind ziemlich laut und fordernd. Sie müssen herausfinden, wie sie bekommen, was sie wollen. Viele versuchen es einfach damit, andere herumzukommandieren oder zu fordern. Das wirkt unverschämt und endet oft in Maulerei oder Wutanfällen, wenn ihren Befehlen nicht nachgekommen wird. Ihre Reaktion formt die künftige soziale Kompetenz Ihres Kindes.

Empathie entwickeln

Ihr Vierjähriges beginnt, seine Gefühle zu verstehen und die anderer Menschen. Es bemerkt, wenn jemand traurig wirkt, und will ihn trösten. Im Beisein anderer Kinder kann das in einer Stunde fünf- oder sechsmal vorkommen; es tröstet Jungen wie Mädchen in gleicher Weise. Die emotionale Verfassung anderer Menschen zu erkennen und zu verstehen ist eine wichtige soziale Kompetenz. Fördern Sie Empathie, indem Sie auf die Emotionalität Ihres Kindes reagieren. Sprechen Sie darüber und helfen Sie ihm, seine Gefühle zu benennen. Erklären Sie Ihrem Kind, wie sich sein Handeln auf andere auswirkt. Das funktioniert besser, als wenn Sie Ihr Kind schimpfen, wenn es sich nicht um andere kümmert.

Denken Sie daran:

- Wenn Sie seinen Willen befolgen, lernt Ihr Kind, dass herrisches Verhalten wirkt, und setzt es öfter ein.
- Wenn Sie Ihrem Kind aber nahelegen, höflich zu fragen, helfen Sie ihm, eine Fähigkeit zu entwickeln, die zu Hause und anderswo hilfreich ist. Es sollte eine Regel sein, dass Kinder das Zauberwort »Bitte« sagen, bevor sie etwas bekommen, und dass sie danach »Danke« sagen.
- Seien Sie immer ein gutes Vorbild, indem Sie auch »Bitte« und »Danke« sagen, wenn Sie von Ihrem Kind und anderen Menschen etwas wollen.

Häufige Verhaltensprobleme

FRAGEN AUS DEM ALLTAG

▶ Wie gehe ich mit den häufigen Wutanfällen meiner Tochter um?
Mit vier Jahren sollte der Wortschatz Ihrer Tochter groß genug sein, um Gefühle ausdrücken zu können. Ignorieren Sie die Wutanfälle, machen Sie deutlich, dass Sie bereit sind, ihre Klagen oder Sorgen anzuhören, wenn sie ruhig spricht und z.B. erklärt: »Ich bin wütend«, und es begründet. Sie sollte einige Entscheidungen im Alltag selbst treffen können, z. B. beim Anziehen. Dann hat sie das Gefühl, auch über ihr Leben bestimmen zu können.

▶ Ich habe festgestellt, dass mein kleiner Sohn Lügengeschichten erzählt. Ist das schlimm?
Ihr Sohn muss in diesem Alter noch lernen, zwischen Fantasie und Wirklichkeit zu unterscheiden. So glaubt er, dass er brav war, wenn er sagt, brav gewesen zu sein. Und er leugnet Fehlverhalten, selbst wenn er in flagranti erwischt wird. Er will keinen Ärger bekommen und lügt wegen Kleinigkeiten, z. B. bei einem kaputten Spielzeug, nur um nicht gescholten zu werden – nicht, um Sie zu hintergehen. Verzichten Sie deshalb auf Anschuldigungen und belohnen Sie Ehrlichkeit. Bleiben Sie ruhig, wenn Ihr Kind nicht die Wahrheit sagt. Seien Sie auch ein gutes Vorbild – Ihr Sohn ist verunsichert, wenn er Sie lügen hört, auch wenn es eine Höflichkeitslüge ist.

▶ Mein Sohn wacht nachts weinend auf. Ist das möglicherweise ein Nachtschreck?
Ja. Der Nachtschreck ist durch plötzliches Erwachen und intensive Angst gekennzeichnet. Ihr Kind weint und scheint extrem verstört. Sie meinen, es sei wach, aber das ist es nicht. Der Zustand kann einige Minuten anhalten. Gewöhnlich tritt der Nachtschreck im ersten Drittel der Nacht auf – plötzlich aus dem Tiefschlaf heraus. Manchmal kann er durch beängstigende Geschichten oder TV-Konsum verursacht werden. Andere Kinder leiden an tiefer sitzenden Ängsten, die aufgedeckt und analysiert werden müssen.

Versuchen Sie, die Ängste Ihres Kindes herauszufinden. Tritt der Nachtschreck häufiger auf, wenden Sie sich an den Kinderarzt. Bleiben Sie während einer solchen Angstattacke ruhig, denn Ihre Sicherheit gibt dem Kind Geborgenheit. Manche Experten empfehlen, das Kind etwa 15 Minuten vor dem üblichen Auftreten des Nachtschrecks zu wecken. Trösten Sie Ihr Kind, und bleiben Sie einige Minuten bei ihm, bis es wieder einschläft. Das durchbricht meist den Kreislauf. Tritt der Nachtschreck wieder auf, ist er meist nicht mehr so dramatisch.

Das Leben Ihres Kindes

Ihr Kind ist nun schon ziemlich »groß« und hat einen abwechslungsreichen Alltag. Im Kindergarten trifft es seine Freunde und macht vielerlei Erfahrungen. Zu Hause spielt es kreativ und immer länger auch allein. Und mit Ihnen erlebt es gemeinsame Unternehmungen, ist aber nicht immer Ihrer Meinung!

Lernprozesse im Kindergarten

Der Kindergarten ist für Ihr Kind nun so selbstverständlich, dass es sich dort bestimmt auch wohlfühlt. Es kennt sich mit den Gepflogenheiten und Rhythmen aus und hat einige feste Freunde gefunden. Im Rahmen der frühkindlichen Bildung wird im Kindergarten heute nicht mehr nur gespielt, sondern es findet eine Förderung in allen Entwicklungsbereichen statt, von der Ihr Kind sicher profitiert. Vielfältige Angebote aus dem künstlerisch-ästhetischen Bereich, der Bewegungserziehung, vor allem aber auch dem mathematisch-naturwissenschaftlichen Bereich geben Ihrem Kind immer wieder neue Impulse. Ausdrücklich unterstützt werden das Forschen und Erkunden, wozu es viele Angebote und Experimente gibt. Das macht Ihrem Kind bestimmt viel Freude und das eine oder andere Experiment will es Ihnen sicher auch zu Hause vorführen. Darüber hinaus wird bei Vierjährigen sehr auf die sprachliche Entwicklung geachtet. Hat Ihr Kind hier noch Probleme, wird es im Kindergarten besonders gefördert.

»Gehen Sie auf Ihr Kind ein, geben Sie ihm auch zu Hause Gelegenheit zum Forschen und Experimentieren.«

Diese frühkindliche Bildung ist jedoch nicht mit vorgezogener Vermittlung von schulischem Wissen gleichzusetzen, die infolge der besonderen Art des Erfahrungslernens bei Kindern bis sechs Jahren sowieso keine langfristige Wirkung hätte. Die Effekte, die von Angeboten, die es heute außerhalb des Kindergartens in Form von Kursen gibt, erzielt werden, sind höchst umstritten. Solche zusätzlichen Termine sind keineswegs notwendig. Wenn Vierjährige im Kindergarten singen und reimen, dann fördert das später das Lesenlernen in ausreichender Weise. Und wenn Sie über das breit gefächerte Angebot im Kindergarten hinaus zu Hause viel mit Ihrem Kind reden, auf seine Fragen eingehen, ihm vorlesen, seine Neugier befriedigen, dann kann es sein Potenzial in bester Weise entfalten.

»Sprechen Sie mit Ihrem Kind über seinen Alltag.«

Im Kindergarten werden zudem im Zusammensein mit anderen Kindern und durch gezielte Projekte die emotionale ebenso wie die soziale Kompetenz gestärkt – wichtige Eigenschaften für ein glückliches Leben. Sprechen Sie zu Hause mit Ihrem Kind über seinen Tag im Kindergarten, achten Sie darauf, ob es sich wohlfühlt, und wenden Sie sich bei Fragen an die Erzieherin.

Wichtige Fähigkeiten fördern

Ihr Kind entwickelt sich in seinem eigenen Tempo, doch Sie können seine Selbstständigkeit fördern, indem Sie es zum Erwerb bestimmter Fähigkeiten anleiten und es ermutigen:

Ihr Kind sollte nun Folgendes können:

- Anweisungen aufnehmen und sich konzentrieren.
- Auch einmal still sitzen.
- Selbstständig zur Toilette gehen und danach zuverlässig spülen und sich die Hände gründlich waschen.
- Mit einem Stift umgehen.
- Eine Frage beantworten und stellen.
- Teilen.
- Ohne Aggression ein Problem lösen, wenn es wütend oder frustriert ist.
- Einfache Aufgaben selbst erledigen, z.B. seine Sachen packen.
- Ein leichtes Puzzle legen.
- Mit einer Schere ausschneiden.
- Rennen, springen und klettern.
- Seine Jacke und seine Schuhe (mit Klettverschluss) anziehen.
- Seinen Vor- und Nachnamen und vielleicht sein Alter nennen.
- Einige Lieder singen und Verse aufsagen.
- Eine bekannte Geschichte erzählen.

Wenn Ihr Kind mehrere dieser Fähigkeiten noch nicht besitzt, können Sie diese regelmäßig, aber ohne Druck, mit ihm üben.

Fördern Sie Selbstständigkeit Nehmen Sie Alltagstätigkeiten zum Anlass für Lernprozesse, z. B. gemeinsam Schuhe anziehen.

Bringen Sie ihm seine persönlichen Daten, wie Name und Alter, bei.

Achten Sie darauf, dass es Freunde hat Das Spiel mit anderen Kindern fördert die Ausbildung von Bindungen, lehrt Teilen und Verhandeln.

Bringen Sie ihm bei, auch einmal ruhig und konzentriert zu sitzen – z. B.

im Bus, im Wartezimmer des Arztes, beim Essen oder wenn es sich am Küchentisch beschäftigt.

Basteln Sie gemeinsam – schneiden Sie aus, kneten und zeichnen Sie, damit es seine Feinmotorik schult.

Vorurteilsfrei denken

Ihr Kind kommt im Kindergarten und anderswo mit Kindern verschiedener Kulturen, Religionen oder Familienstrukturen zusammen. Daher ist es extrem wichtig, ihm Toleranz beizubringen – ihm zu erklären, dass Unterschiede gut sind und geachtet werden müssen. Erklären Sie, warum Menschen eine unterschiedliche Hautfarbe haben, warum sie verschiedene Kleidung tragen und unterschiedlich sprechen. Sprechen Sie über die Kulturen der Menschen und wie diese Vielfalt das Leben bereichert. Wenn Sie chinesisch, italienisch usw. essen, bietet dies einen guten Anlass.

Von Anfang an ist es wichtig, Ihrem Kind deutlich zu machen, dass alle Menschen gleich sind, egal wie sie aussehen oder sprechen. Dieser Respekt muss einem Kind von klein auf beigebracht werden. Nutzen Sie Gelegenheiten, solche Unterschiede, aber auch Ähnlichkeiten zu diskutieren. Wenn Sie mit Vorurteilen konfrontiert werden, begegnen Sie ihnen frühzeitig. Lassen Sie nicht zu, dass sich Vorurteile in Ihre eigenen Äußerungen oder Ihren Umgang mit anderen einschleichen.

Ein gesundes Pausenbrot

Das Pausenbrot für Ihr Kind sollte gesund, abwechslungsreich und attraktiv angerichtet sein. Vierjährige haben wenig Geduld, und wenn sie Obst schälen, Joghurtzubereitungen mischen oder mit einem dicken Sandwich umgehen sollen, ist ihnen das schnell zu kompliziert. Füllen Sie die Pausenbrotdose nicht mit ungesunden Sachen, wie Schokoriegeln, Kuchen oder dicken Wurstbroten, denn Stimmung und Leistungsvermögen Ihres Kindes werden von Lebensmitteln, die viele Zusatzstoffe, Zucker und gesättigte Fette enthalten, beeinträchtigt.

Ein leckeres Pausenbrot besteht aus kleinen belegten Broten, mundgerechten Obststücken (mit Zitronensaft beträufelt, damit sie nicht braun werden), einem Joghurt, Rosinen und anderem Trockenobst, Reiswaffeln, Käsewürfeln und Mineralwasser.

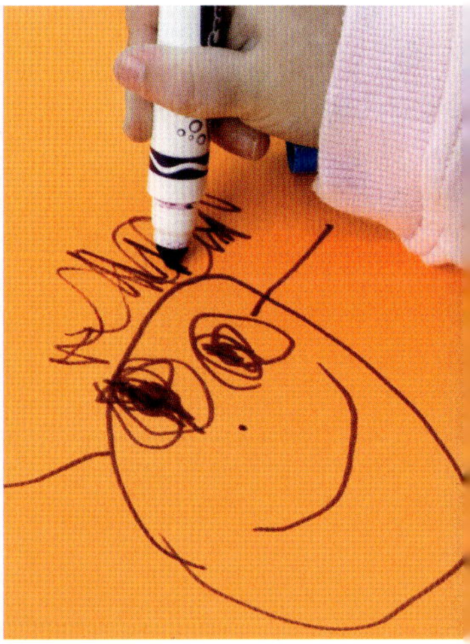

LERNPROZESSE ZU HAUSE
Leiten Sie Ihr Kind auch zu Hause zu einfachen Beschäftigungen an, wie beispielsweise Zeichnen mit Blei- oder Buntstiften. Das fördert seine Feinmotorik.

»Gemeinsame Aktivitäten vermitteln Ihrem Kind ein Zugehörigkeitsgefühl. Das braucht es, wenn es nun Freundschaften außerhalb der Familie eingeht.«

Familienleben

Wenn Sie als Familie gemeinsam Spaß haben, erlebt Ihr Kind gute Zeiten, die ihm ein Gefühl für seine eigene Identität als Teil der Familie vermitteln. Gehen Sie nicht nur gemeinsam auf den Spielplatz oder in den Park, sondern auch einmal schwimmen, und unternehmen Sie andere Aktivitäten im Freien.

Natürlich beschäftigen Sie sich auch drinnen miteinander: Es gibt eine Vielzahl an Brett- und Kartenspielen für Vierjährige, die Ihr Kind liebend gern spielt. Es mag Spannung und überraschende Wendungen. Denken Sie daran, dass die Aufmerksamkeitsspanne Ihres Kindes bei diesen Spielen noch kurz ist – bis zu zehn Minuten. Seien Sie also nicht enttäuscht, wenn es etwas anderes machen will, noch bevor das Spiel beendet ist.

Gemeinsame Mahlzeiten sind wichtig

Das Familienleben besteht aus täglichen Ritualen, die uns helfen, miteinander zu kommunizieren und am Leben der anderen teilzuhaben. Ein wichtiger Treffpunkt der Familie sind die gemeinsamen Mahlzeiten. Rund 80 Prozent der Familien essen mindestens viermal in der Woche gemeinsam.

Die Vorteile gemeinsamer Mahlzeiten:

- Ihr Kind isst eher gesund und ausgewogen.
- Familienbande werden fester, wenn man die Ereignisse des Tages austauscht. Ihr Kind lernt gute Tischmanieren und erweitert seinen Wortschatz, wenn es den Gesprächen zuhört und daran teilnimmt.
- Bei den gemeinsamen Mahlzeiten kann Ihr Kind viel Lob für sein Geschick im Umgang mit dem Besteck und für sein gutes Benehmen erhalten.

Guter Kontakt zur Tagesmutter

Vielleicht geht Ihr Kind nach dem Kindergarten zu einer Tagesmutter, weil Sie noch arbeiten. Konnte sich Ihr Kind dort langsam eingewöhnen und ist die Tagesmutter mit seinen Gewohnheiten vertraut, dann fühlt es sich auch dort wohl. Stellen Sie sicher, dass es seine normale Routine beibehalten und frei und ungezwungen seine Bedürfnisse äußern kann. Seien Sie nicht überrascht, wenn es sich widersetzt oder beklagt; die meisten Kinder sind lieber mit den Eltern als mit anderen Menschen zusammen. Wenn Sie von Ihrer Wahl überzeugt sind, bleiben Sie konsequent. Eine gute Tagesmutter ist in der Lage, in Ihrer Abwesenheit auf das Kind einzugehen und es sinnvoll zu beschäftigen – darauf sollten Sie vertrauen.

Im Haushalt helfen

Mit vier Jahren kann sich Ihr Kind an Haushaltspflichten beteiligen, z.B. selber aufräumen und Ihnen bei einfachen Aufgaben helfen. Sie können erwarten, dass es seine Spielsachen in eine Kiste oder den Schrank räumt. Es braucht noch Ihre Hilfe, wenn es viel aufzuräumen gibt, tut das aber gern mit Ihnen zusammen. Fördern Sie seinen Sinn für Ordnung durch leicht zugängliche Regale in Kinderhöhe.

Es kann auch einige kleine Aufgaben ausführen, z. B. nach dem Essen Tasse und Teller in die Küche tragen oder beim Füttern eines Haustiers helfen. Natürlich wird es noch keine Aufgabenliste allein abarbeiten, aber es hilft oft gern, überlassen Sie ihm auch die Initiative.

IN EIGENER VERANTWORTUNG *Mit dem Übertragen einfacher Aufgaben fördern sie die Hilfsbereitschaft.*

Am besten ist es für Ihr Kind, wenn feste Essenszeiten Teil seines normalen Tagesablaufs sind. Es sollte dabei keine Ablenkungen wie Fernsehen oder Spiele geben, denn sie verhindern, dass Gespräche in Gang kommen. Manchmal werden Mahlzeiten eher zum Machtkampf statt zum Vergnügen, wenn das Kind stur nur bestimmte Speisen oder gar nichts essen oder nicht still sitzen will. Es bleibt länger sitzen – ohne Panscherei –, wenn Sie ebenfalls ruhig bei ihm am Tisch sitzen. Zwingen Sie es aber nicht zum Essen.

Bis jetzt war Ihr Kind noch vorrangig damit beschäftigt, richtig mit dem Besteck umzugehen. Doch wenn es dies jetzt beherrscht, können Sie ihm weitere Tischmanieren beibringen. Vierjährige lernen am schnellsten, wenn ältere Kinder und Erwachsene ein gutes Vorbild sind.

Wenn es sieht, wie Sie mit Messer und Gabel umgehen, anderen die Speisen reichen und langsam essen, leitet das Ihr Kind an. Es ist motiviert, sich gut zu benehmen, wenn es für sein ordentliches Essen und seine Hilfsbereitschaft von Ihnen gelobt wird. Natürlich gibt es Phasen, in denen Sie alle lachen müssen, wenn z.B. ein Bäuerchen entweicht, oder das Essen unbeabsichtigt durch die Gegend fliegt. Während Sie spontan lachen, wenn solche Dinge unbeabsichtigt passieren, lassen Sie Ihr Kind aber auch wissen, dass sich dieses Verhalten nicht jeden Tag bei den Mahlzeiten wiederholen, es also keineswegs zur Gewohnheit werden darf.

»Intensive Gefühle haben bei den Mahlzeiten nichts zu suchen; sie können Ihr Kind verunsichern, und das beeinträchtigt seinen Appetit.«

DA SEIN Ihre Zuwendung, Liebe und Anerkennung geben Ihrem Kind das Selbstvertrauen, das es für seine Entwicklung und für Lernprozesse braucht.

DETAILS WAHRNEHMEN Die verbesserte Konzentration in Verbindung mit größerer Geschicklichkeit befähigt Ihr Kind, präzisere Tätigkeiten auszuführen.

NEUE INTERESSEN Es zeigt nun vielleicht eine Vorliebe für bestimmte Aktivitäten.

»Es erwirbt immer neue Fertigkeiten, wird so geschickter und selbstständiger.«

Fünf Jahre

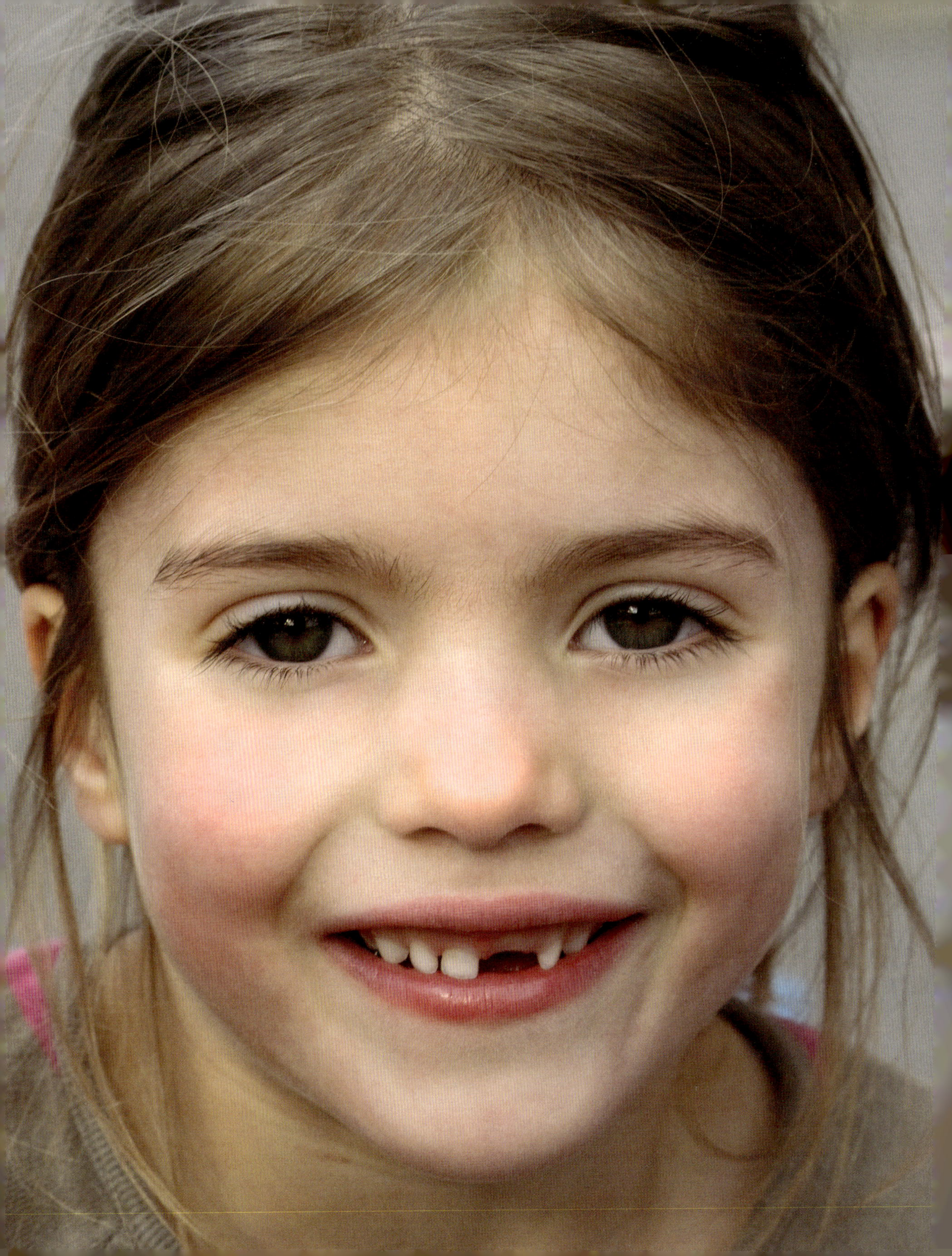

Wachstum und Entwicklung

Ein Meilenstein ist erreicht, wenn der erste Zahn ausfällt. Ihr Kind nimmt weiterhin langsam und stetig an Größe und Gewicht zu. Das Gesicht wird vermutlich schmaler, weil Fettpölsterchen durch Muskeln ersetzt werden; bei vielen Kindern verändert es sich bis zur Pubertät dann kaum noch.

Zahnwechsel

Die Milchzähne (s. S. 27) fallen aus, wenn die bleibenden Zähne durchbrechen. Ein Wackelzahn ist für Ihr Kind aufregend, weil es ein Zeichen für sein Wachstum ist. Vielleicht leidet es aber auch darunter, weil ein lockerer Zahn auch Schmerzen und Zahnfleischbluten verursachen kann. Der Prozess kann andauern und der Zahn tagelang an einem »Faden« hängen. Wenn Eltern erlebt haben, wie ihr Kind beim Ausfallen des ersten Zahns gelitten hat, ziehen sie weitere Zähne oft, sobald sie stark wackeln. Wenn ein Zahn an einem Fädchen hängt und Sie nicht wollen, dass er beim Schlafen herausgeht, umwickeln Sie ihn mit einem Papiertuch und ziehen fest daran. Es ist kaum Kraftaufwand erforderlich. Bewahren Sie ihn gut auf – er ist der Stolz Ihres Kindes.

KRAFTVOLL *Die Muskelkraft nimmt zu; dadurch entwickelt Ihr Kind seine motorischen Fähigkeiten, wie Rennen und Klettern, rasch weiter.*

Bleibende Zähne

Während Milchzähne gewöhnlich perlweiß sind und in einer Reihe stehen, haben die bleibenden Zähne oft einen dunkleren Schmelz, der im Vergleich zu den Milchzähnen gelblich wirken kann. Das ist normal. Auch normal ist, dass bleibende Zähne schief durchbrechen können. Manchmal bricht ein Zahn auch durch, bevor der Milchzahn ausgefallen ist. Meistens dauert es nach dem Ausfallen des Milchzahns jedoch ziemlich lange, bis der zweite Zahn kommt. Beruhigend ist, dass die Zähne sich normalerweise von selbst in eine Reihe ausrichten. Egal, wie krumm der neue Zahn wirkt, es besteht eine gute Chance, dass Ihr Kind nicht jahrelang eine kieferorthopädische Behandlung braucht.

Achten Sie gut auf die neuen Zähne Ihres Kindes – es sollte sie zweimal täglich unter Ihrer Aufsicht putzen.

»Wenn Ihr Kind isst wie ein Spatz, überdenken Sie, ob es genügend Eisen und Vitamine bekommt.«

Eisenmangel

Eine Eisenmangelanämie ist bei kleinen Kindern verbreitet und kann Probleme, wie schlechtes Verhalten, verzögertes Wachstum, Müdigkeit und Infektionsanfälligkeit, verursachen. Kinder, die ihren Kalorienbedarf vor allem über Milch und stärkehaltige Nahrungsmittel stillen und weder Fleisch noch grünes Gemüse essen, leiden häufiger an Eisenmangel. Wenn Ihr Kind blass ist und oft müde wirkt, hat es vielleicht eine Anämie. Dann sollten Sie zum Kinderarzt gehen. Eisenmangel wird durch einen Bluttest festgestellt, kann aber auch an der Farbe der Fingernägel und den blassroten Augenringen erkannt werden. Ein Eisenpräparat muss dann in der verordneten Dosis gegeben werden; eine Überdosierung kann zu einer Vergiftung führen.

Wenn Sie vermuten, dass Ihr Kind einseitig isst (s. S. 17), geben Sie ihm vorsichtshalber ein für Kinder geeignetes Vitaminpräparat, das auch Eisen enthält. Vitamin C ist besonders wichtig, weil es die Eisenaufnahme durch den Körper unterstützt. Gute Eisenlieferanten sind dunkles Fleisch, grünes Gemüse und angereicherte Frühstücksflocken. Vitamin C kommt in vielen Früchten und Gemüse vor, besonders in Zitrusfrüchten und Tomaten.

Der Kalorienbedarf für ein gesundes Wachstum

Kalorien sind eine Maßeinheit für den Energiegehalt von Nahrungsmitteln. Ein Kind braucht aufgrund seines Wachstums ein wenig mehr Kalorien, als es durch Bewegung verbraucht. Bei Erwachsenen muss die Kalorienzufuhr

Kalorienbedarf

Mit fortschreitendem Wachstum steigt der Kalorienbedarf Ihres Kindes. Es ist aber selten hilfreich, darüber nachzudenken, wie viel es genau isst. Wenn Ihr Kind gesund ist und viel Bewegung hat, isst es so viel, wie es braucht. Stellen Sie sicher, dass es sich ausgewogen ernährt und aktiv ist. Diese Tabelle zeigt die empfohlene Kalorienzufuhr für Jungen und Mädchen.

Alter	Jungen	Mädchen
1–3 Jahre	1100	1100
4–6 Jahre	1500	1400
7–10 Jahre	1900	1700
11–14 Jahre	etwa 2300	etwa 2000
15–18 Jahre	2700	2300
Erwachsene	2400-2900	1600-2000

Der genaue Bedarf ist natürlich abhängig von der körperlichen Aktivität.

genau dem Verbrauch entsprechen, sonst kommt es zur Gewichtszunahme. Übergewicht bei Kindern ist eine einfache Folge einer zu hohen Kalorienzufuhr bei zu geringem Kalorienverbrauch. Führen Sie Ihr Kind an eine ausgewogene Kost aus Kohlenhydraten, Obst, Gemüse und Fett heran; beschränken Sie Junkfood, das »leere Kalorien« enthält, auf ein Minimum.

BALLSPIELE *Dank seiner verbesserten Augen-Hand-Koordination kann ein Fünfjähriger einen großen Ball fangen und werfen.*

Entwicklung der Grobmotorik

Mit fünf Jahren kann Ihr Kind vermutlich mit Stützrädern Fahrrad fahren sowie mit einem Tretauto, denn die größere Muskelkraft, gepaart mit einer zunehmend besseren Koordination, lassen es viele körperliche Fähigkeiten beherrschen, wie auf einem Bein stehen oder Seilspringen.

Nun ist ein guter Zeitpunkt, um es zu einem Sportkurs, wie Schwimmen, Eislaufen oder Tanzen, anzumelden. Hüten Sie sich als Eltern jedoch vor übertriebenem Ehrgeiz. Es reicht völlig aus, wenn Ihr Kind nur ein oder zwei zusätzliche Termine in der Woche hat, auch wenn Freunde vier oder mehr Kurse besuchen.

Denken Sie daran:

- Bei der Wahl der Aktivitäten lassen Sie sich von Ihrem Kind und seinen Bedürfnissen leiten; vergessen Sie nicht, dass mit fünf Jahren ein langer Kindergartentag anstrengend genug ist. Ein oder vielleicht zwei zusätzliche Kurse unter der Woche oder am Wochenende sind genug.
- Jedes Hobby sollte aus Spaß betrieben werden. Melden Sie Ihr Kind also nur an, wenn es diese Aktivität wirklich machen will und Freude an der Ausübung hat (eine Ausnahme kann das Schwimmen sein (s. S. 80).

Entwicklung der Feinmotorik

In diesem Alter reift die Feinmotorik weiter aus; die Augen-Hand-Koordination ist nun so gut, dass Ihr Fünfjähriges vielleicht schon ausdauernd zeichnet, ausmalt oder puzzelt. Auch wenn die »Händigkeit« bei den meisten Kindern ab etwa 18 Monaten deutlich erkennbar ist, verwenden sie nun zum Malen eindeutig die bevorzugte Hand (s. S. 80). Vielen Kindern fällt das Schuhebinden noch schwer, daher sind Klettverschlüsse sehr empfehlenswert.

Auch in diesem Alter entwickelt sich ein breites Spektrum an Fähigkeiten: Wenn Ihr Kind ein einfaches Puzzle noch nicht legen kann, macht es ihm einfach keinen Spaß oder es braucht noch Übung. Kinder profitieren

»Linkshändigkeit ist normal; es gibt keinen Grund für Ihr Kind, sich anders zu fühlen. Veranlassen Sie es nicht, die rechte Hand zu verwenden.«

sehr vom gemeinsamen Spiel mit Erwachsenen und älteren Kindern. Wenn Ihrem Kind eine Tätigkeit schwerfällt, zeigen Sie sie ihm geduldig immer wieder und loben es für seine Anstrengungen. Hat es in einem bestimmten Entwicklungsbereich Probleme, wird Sie die Erzieherin darüber informieren.

So unterstützen Sie Ihr linkshändiges Kind

Die Feststellung, dass Ihr Kind Linkshänder ist, mag eine Überraschung sein in einer Familie mit ausschließlich Rechtshändern. Wer nicht Linkshänder ist, dem ist nicht bewusst, wie sehr die Welt auf Rechtshänder ausgerichtet ist. Scheren z. B. sind für Rechtshänder gemacht; es gibt aber auch Modelle für Linkshänder. Einen Stift zu halten bereitet vermutlich die größte Schwierigkeit. Mit einem Bleistift mag das noch gut gehen; wechselt Ihr Kind dann zu einem Füller, kann die Tinte ständig verwischen. Doch auch hier gibt es Modelle für Linkshänder.

Die meisten Kinder finden ihren eigenen Schreibstil, wobei sie die Hand beim Schreiben entweder über oder unter die Wörter halten. Und sollte Ihr Kind mal verzweifelt sein, machen Sie ihm damit Mut, dass es ganz offensichtlich mehr linkshändige als rechtshändige Genies gibt.

Schwimmen lernen

Kinder, die früh schwimmen lernen, sind weniger gefährdet zu ertrinken. Es ist also für die Sicherheit des Kindes wichtig, dass es schwimmen lernt. Beim Schwimmen werden der gesamte Körper gestärkt und viele Muskelgruppen trainiert, ohne sie dabei zu belasten. Zudem fördert es die Koordination, Ausdauer und Kraft. Schwimmen erlernt man in jungen Jahren viel leichter.

Melden Sie Ihr Kind im örtlichen Schwimmbad zu einem Kurs an und besuchen Sie diesen, bis es ein sicherer Schwimmer ist. Am Kurs sollten jedoch nicht mehr als sechs Kinder teilnehmen, und er sollte in einem warmen Becken stattfinden. Bleiben Sie beharrlich, auch wenn Ihr Kind sich zunächst wehrt. Ist die Teilnahme an einem Kurs nicht möglich, bringen Sie Ihrem Kind das Schwimmen selber bei.

WIE EIN FISCH *Je früher Sie mit Ihrem Kind schwimmen gehen, umso sicherer und wohler wird es sich im Wasser fühlen.*

Häufige körperliche Probleme

▶ Mein Fünfjähriger nässt tagsüber plötzlich wieder ein. Was sollte ich am besten tun?

Ihr Sohn könnte eine Harnwegsinfektion haben; stellen Sie ihn daher dem Kinder- oder Hausarzt vor. Vielleicht hindert ihn auch irgendwas daran, die Toilette aufzusuchen. Vielleicht gab es im Kindergarten einen Vorfall oder die Toiletten sind nicht sauber. Auch ein aufwühlendes Ereignis oder ein Trauma, wie ein Umzug, die Trennung der Eltern oder Streit, ein neues Baby oder Mobbing im Kindergarten, könnte ein Grund sein.

Sie kennen Ihr Kind und seine Situation und sollten daher eine Vorstellung davon gewinnen können, was es bekümmern und wie man das Problem angehen könnte. Wenn nicht, sprechen Sie mit dem Arzt oder auch der Erzieherin, um herauszufinden, wie es dem Kind im Kindergarten geht. Seien Sie vor allem einfühlsam und lieb zu Ihrem Kind. Für das Einnässen trägt selten, wenn überhaupt jemals, das Kind die Schuld.

▶ Meine Tochter klagt oft über Bauchweh. Wie weiß ich, ob sie wirklich krank ist?

Ihre Tochter kann z. B. Bauchschmerzen vorgeben, wenn sie nicht in den Kindergarten gehen will. Das sollten Sie nicht ignorieren. Wenn sie erbricht, Fieber hat oder krank aussieht, wenden Sie sich immer an den Kinder- oder Hausarzt, zumindest bis geklärt ist, dass Ihr Kind nicht wirklich erkrankt ist. Immer wieder auftretende Bauchschmerzen sind oft ein schwieriges Problem. Sind körperliche Probleme jedoch ausgeschlossen, können emotionale Gründe besser ins Blickfeld rücken. Ihre Tochter vertraut sich Ihnen vielleicht an und sagt z. B., dass der Bauch wehtut, wenn sie im Kindergarten etwas vormachen soll. Nehmen Sie ihre Sorgen ernst, und schenken Sie ihr Geborgenheit, damit sie ihre Ängste überwindet.

▶ Ich glaube, dass mein Sohn zu pummelig ist.

Ohne Zweifel werden aus dicken Kindern oft dicke Erwachsene. Aber auch Magersucht und andere Essstörungen sind eine Gefahr, vor allem bei Kindern über sieben. Bieten Sie Ihrem Sohn eine gesunde Auswahl an Nahrungsmitteln an. Wenn er zu pummelig wird, verkleinern Sie den Nachtisch und geben, wenn möglich, fettarme Produkte (mit fünf Jahren kann er z.B. fettarme Milch trinken). Die Ernährung darf aber nicht zu einem zentralen Thema werden; Ihr Sohn sollte eine gesunde Einstellung zum Essen entwickeln. Der Kinderarzt kann Sie entsprechend beraten und den BMI Ihres Sohnes berechnen (s. S. 52). Schließen Sie ohne ärztliche Rücksprache niemals ganze Nahrungsmittelgruppen aus oder setzen Ihr Kind auf Diät.

BAUCHSCHMERZEN *Wenn ein Kind vor etwas Angst hat, sagt es oft, dass ihm der Bauch wehtut. Nehmen Sie seine Klagen aber immer ernst.*

▶ Wie kann ich meiner fünfjährigen Tochter sicheres Verhalten im Verkehr beibringen?

Ihr Kind sollte sich bereits der Gefährdung durch Autos bewusst sein und eine instinktive Angst davor besitzen. Bringen Sie ihr bei, auf dem Bürgersteig zu bleiben, stehen zu bleiben, vor dem Überqueren nach links und rechts zu sehen und zu hören. Seien Sie ein gutes Vorbild: Nutzen Sie den Zebrastreifen und gehen Sie niemals bei Rot über eine Fußgängerampel.

In diesem Alter sollten Sie Ihr Kind beim Überqueren der Straße noch an der Hand halten. Verkehrssicheres Verhalten entwickelt sich im Laufe von Jahren. Viele Kinder sind, bis sie zehn sind, bei starkem Verkehr nicht verlässlich, also erwarten Sie nicht zu früh zu viel.

Gesundheit

Mit fünf Jahren strotzt Ihr Kind sicher vor Gesundheit und Vitalität, meistens zumindest. Es fängt natürlich immer noch leicht Infektionen ein, vor allem, wenn es viel mit anderen Kindern zusammen ist. Als Eltern entwickeln Sie ein gutes Gefühl dafür, wenn etwas mit Ihrem Kind nicht stimmt.

»Wachstumsschmerzen scheint es wirklich zu geben, aber die genaue Ursache oder warum nur manche Kinder davon betroffen sind, ist ungeklärt.«

Wachstumsschmerzen

Zwischen fünf und zehn Jahren sind sogenannte »Wachstumsschmerzen« häufig. Ihr Kind klagt über wiederkehrende Bein- oder Armschmerzen, oft in der Nacht. Massieren Sie den schmerzenden Bereich und trösten Sie es. Zwar halten viele Kinderärzte das Wachstum für schmerzlos, dennoch können schnell wachsende Knochenfugen (s. S. 22) Schmerzen verursachen.

Doch auch Stress, kleinere Verletzungen, Infektionen und sogar jugendliche Arthritis können Gliederschmerzen verursachen. Einige wenige Kinder haben Gelenkschmerzen, weil sie besonders gelenkig sind (Hypermobilität). Sehr selten sind nächtliche Schmerzen an nur einer Stelle Symptom eines Knochentumors. Bleiben die Symptome bestehen, wenden Sie sich an den Kinderarzt, der Sie, wenn nötig, an einen Facharzt überweist.

Großer Durst

Wenn Ihr Kind sehr aktiv ist, besteht die Gefahr der Dehydrierung; es muss viel trinken. Durst ist ein normaler Mechanismus des Körpers, manchmal aber auch Anzeichen von Diabetes, einer Krankheit, die bei Kindern zunimmt. In den letzten zehn Jahren hat sich der Anteil der unter 15-Jährigen mit Typ-1-Diabetes annähernd verdoppelt. Auch Typ-2-Diabetes nimmt zu. Symptome können sich im Laufe weniger Wochen oder sogar Tage entwickeln. Das Kind trinkt viel, fühlt sich oft schlecht und ist lethargisch; es kann Bauchschmerzen haben, abnehmen und muss viel Urin lassen.

Wenn Ihr Kind an sich wohlauf ist und viel trinkt, aber nicht sehr häufig Wasser lässt, hat es vermutlich keinen Diabetes. Es ersetzt nur die Flüssigkeit, die es braucht. Wenn Sie sich Sorgen machen, wenden Sie sich aber an den Kinderarzt, der den Blutzuckergehalt im Urin kontrollieren kann.

Hörverlust

Manchmal bestehen nicht diagnostizierte Hörprobleme als Folge von wiederholten Ohrinfektionen oder ohne naheliegenden Grund. Sie sind oft schwer zu erkennen, weil die Hörfähigkeit von Tag zu Tag schwanken kann. Eine Diagnose ist aber wichtig, da diese Phase für kindliche Lernprozesse so entscheidend ist. Hörprobleme müssen auch diagnostiziert werden, damit Ihr Kind Kontakte eingehen und sich vor Gefahren schützen kann. Achten Sie auf mögliche Symptome, z.B. Lautstärke beim Fernsehen, scheinbare Unaufmerksamkeit, Schwierigkeiten in der Kommunikation, sehr lautes Sprechen oder falsche Aussprache von Wörtern. Bei Verdacht auf ein Hörproblem wenden Sie sich an den Kinderarzt.

Eine Krankheit diagnostizieren

Oft weiß man nicht, ob man sein Kind vom Kindergarten zu Hause behalten soll – manchmal fühlt es sich morgens zwar nicht wohl, erholt sich aber schnell. Symptome wie Fieber oder Erbrechen sind in diesem Alter häufig und können stündlich schwanken. Wenn Ihr Kind krank wirkt, überlegen Sie:

Hat es Fieber? Oder hatte es vergangene Nacht Fieber? Wenn ja, sollten Sie es nicht in den Kindergarten schicken.

Isst und trinkt es nicht? Wenn ein Kind krank gewesen ist, kann es immer noch appetitlos sein, sollte aber mindestens trinken und ein wenig essen. Hat es nicht gefrühstückt, ist es vermutlich nicht fit für den Kindergarten.

Leidet es unter Durchfall oder Erbrechen? Wenn es sich in der Nacht erbrochen hat oder morgens Durchfall hatte, sollte es zu Hause bleiben. Ihr Kind ist nicht nur ansteckend, sondern es besteht auch die Gefahr der Dehydrierung.

Hat es eine Bindehautentzündung? Infektionen der Augenlider und Bindehäute können sehr ansteckend sein. Auch wenn es sich gut fühlt, sollten Sie es erst in den Kindergarten schicken, wenn das Auge behandelt worden ist. Sobald es Augentropfen bekommt, geht die Ansteckungsgefahr schnell zurück.

IST ES KRANK?
Sie kennen Ihr Kind gut und sollten beurteilen können, wann es ihm wirklich schlecht geht. Folgen Sie immer Ihrem Gefühl und scheuen Sie sich nie davor, ärztlichen Rat einzuholen.

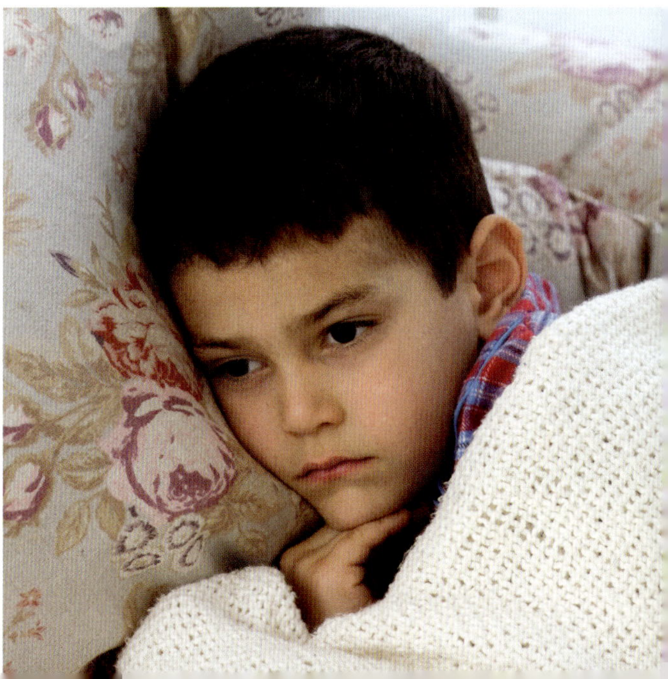

Äußerst wichtig: Kalzium

Kalzium ist einer der wichtigsten Mineralstoffe; er macht etwa 1,5 Prozent der Körpermasse aus. Etwa 99 Prozent davon findet sich in Knochen und Zähnen. Kalzium ist neben der Bewegung unerlässlich für starke Knochen und zur Vorbeugung von Osteoporose ab dem mittleren Alter. Kalzium braucht man zudem für ein gesundes Herz, Muskelkraft und sogar zur Blutgerinnung. Das Kochen in Aluminiumtöpfen kann die Kalziumresorption beeinträchtigen. Mit fünf Jahren braucht Ihr Kind 800 mg Kalzium am Tag. Geben Sie ihm:

★ Milch und Milchprodukte, einschließlich Joghurt.
★ Nüsse, Vollkornprodukte und Kichererbsen.
★ Grünes Gemüse wie Brokkoli
★ Trockenobst, z. B. Feigen und Aprikosen.
★ Tofu und Soja.
★ Fleisch, Geflügel und Eier.
★ Sardinen und andere Fische, bei denen die kleinen Gräten mitgegessen werden.
★ Mit Kalzium angereicherte Frühstücksflocken – auch die dazu gereichte Milch enthält natürlich Kalzium.

Limonadengetränke
Reduzieren Sie den Genuss von Limonade, am besten auf null. Diese enthalten Phosphate, die einen Kalziumverlust der Knochen verursachen.

NAHRHAFTE MILCH *Für eine gute Kalziumzufuhr geben Sie Ihrem Kind regelmäßig Milch zu trinken, zusätzlich zu der Milch im Müsli.*

Hat es einen nicht diagnostizierten Ausschlag? Ausschläge treten häufig auf und sind manchmal Symptom einer ernsten Krankheit wie Masern. Andere Ausschläge, z. B. Röteln und Windpocken, können für andere Menschen ein Risiko sein. Lassen Sie Ihr Kind nicht in den Kindergarten, wenn es einen großflächigen Ausschlag hat, sondern bringen Sie es zum Kinderarzt. Ein kleiner roter oder schuppiger Ausschlag ist wahrscheinlich harmlos, vor allem, wenn Ihr Kind wohlauf zu sein scheint.
Grindflechte (s. S. 115) oder Gürtelrose können für andere ein Risiko sein, sind aber weniger ansteckend, wenn der Ausschlag klein und von Kleidung bedeckt ist. In diesem Fall können Sie Ihr Kind vielleicht morgens in den Kindergarten schicken und nachmittags mit ihm zum Arzt gehen.
Ist es sehr anhänglich? Achten Sie nicht nur auf die Symptome, sondern verlassen Sie sich auch auf Ihr Gefühl, wenn Ihr Kind anhänglich ist. Wenn Sie es in den Kindergarten schicken, sollte die Erzieherin Sie gut erreichen können, falls sich der Zustand Ihres Kindes verschlechtert.

Geistige Fähigkeiten

Mit dem vierjährigen Kind ist Ihr Fünfjähriges kaum mehr vergleichbar. In vielen Bereichen macht es auf einmal »Klick« und plötzlich kann es Farben unterscheiden, kann gegenständlich malen und schon zählen. Es lernt im Kindergarten viel, doch Sie können es zu Hause ebenfalls fördern.

Mit fünf Jahren ist Ihr Kind eine wahre Informationsquelle und teilt sich gern mit. Seine Erfahrungen bestimmen sein Weltbild und lehren es mehr als jedes Buch. Lassen Sie es seine Umwelt frei erkunden. Gehen Sie mit ihm hinaus, halten Sie inne, entdecken und lernen Sie gemeinsam. Geben Sie ihm vielfältig verwendbare Spielsachen und Spiele, z. B. Bauklötze, Perlenkästen und Anziehpuppen. So kann es seine eigene imaginäre Welt schaffen.

Malen und Vorstellungsvermögen

Lassen Sie sich von Ihrem Kind erklären, was es gezeichnet hat; fragen Sie nach den Details. So leiten Sie es an, die Wörter zur Beschreibung seiner Arbeiten zu finden. Geben Sie ihm viele Materialien, damit es seine Meister-

BILDER MALEN *Das Malen wird detailreicher – das Haus hat z. B. einen Kamin und eine Tür, und die »Menschen« haben Kopf und Gliedmaßen.*

»Kinder drücken sich in Bildern und kreativem Tun selbst aus.«

werke schaffen kann. Ermutigen Sie es, seine Gefühle in seinen Kunstwerken auszudrücken. Ein fünfjähriges Kind verfügt über einen guten Wortschatz und über eine gewisse emotionale Intelligenz; es wird sich zunehmend der Gefühle und Sorgen anderer Menschen bewusst. Wenn Sie z. B. gestresst sind, weiß Ihr Kind intuitiv, dass nun keine gute Gelegenheit für ein Gespräch ist, und hält seinen Kummer oft zurück. So ermöglicht das Malen nicht nur einen Ausdruck der Fantasie, sondern auch der Gefühle.

Spiel und Spaß

Es gibt nun viel mehr Spiele, die Sie mit Ihrem Kind machen können, nicht zuletzt, weil es Anleitungen verstehen und Regeln respektieren kann.

Brettspiele Diese fördern Reflexion, Teamfähigkeit, Taktik und Konzentration, was die kognitive Entwicklung unterstützt.

Gedächtnisspiele Ihr Kind kann nun wahrscheinlich seinen Vor- und Nachnamen, Adresse und Telefonnummer nennen. Fördern sie solche Lernprozesse durch Gedächtnisspiele wie Kofferpacken (s. S. 58).

Rollenspiel Nachahmung ist in diesem Alter ein ganz wichtiges Thema; seien Sie deshalb ein gutes Vorbild. Kaufen Sie Kinderkochtöpfe, Gartenwerkzeuge oder Baugeräte. Machen Sie ihm handwerkliche Tätigkeiten vor. Es imitiert Sie gerne. Und es liebt Rollenspiele. Hören Sie gemeinsam ein Hörbuch. Danach verwandeln Sie ein paar abgetragene Kleidungsstücke in »Kostüme« für Ihr Fünfjähriges, damit es eben diese Welt spielen kann.

Ihr Kind – ein Individuum

Je nach Art des Kindergartens, den Anregungen, die es zu Hause oder im Kindergarten bekommt, und seiner Anlagen und Persönlichkeit erreicht Ihr Kind manche Meilensteine der Entwicklung früher oder später. Manche Kinder (vor allem Mädchen) machen mit fünf einen großen kognitiven Schritt und scheinen, weil ihre Feinmotorik (s. S. 24) besser ist, weiter entwickelt zu sein als gleichaltrige Jungen. Diese scheinen weniger weit zu sein, zum Teil weil die körperliche Entwicklung weniger ins Gewicht fällt, aber auch weil sie nicht so an vorschulischen Aktivitäten interessiert sind.

Ihr fünfjähriges Mädchen kann vielleicht die Namen aller ihrer Lieblingsfiguren im Fernsehen aufsagen, verliert aber beim Bücherbetrachten schnell die Lust. Verzweifeln Sie nicht! Die meisten für das Lesen und Schreiben und die Sozialisation erforderlichen Fähigkeiten werden erst im Alter von sechs oder sieben Jahren gelegt. Wenn Sie sich aber wegen der Entwicklung Ihres Kindes sorgen, fragen Sie Ihren Kinderarzt.

Körperbetonte Spiele Suchen Sie immer nach Möglichkeiten, Ihr Kind körperlich aktiv zu halten, z. B. indem Sie sicherstellen, dass es Sportgeräte, wie Ball und Hüpfseil oder sogar ein Trampolin, hat.

Sprache und Sprechen

Mit fünf Jahren ist der Spracherwerb weitgehend abgeschlossen; der Wortschatz entwickelt sich jedoch stetig weiter. Das Kind kann gut argumentieren und verhandeln. Es hat eigene Erfahrungen außerhalb der Familie gemacht – auf dem Spielplatz, im Kindergarten oder bei einer Tagesmutter – und Sie stellen vielleicht fest, dass sich seine Interessen verändern und es der Welt mit einer natürlichen Neugier begegnet – genährt aus den verschiedenen Erfahrungen und Menschen, die ihm begegnen.

Ihr Fünfjähriges:

- Hat einen Wortschatz von etwa 2000 Wörtern und spricht deutlich.
- Kann eine Unterhaltung führen, Ereignisse und Erfahrungen beschreiben, nach der Bedeutung von Wörtern fragen und einen Witz wiedergeben.
- Verwendet öfter das Wort »weil«, da es nun Reflexionsvermögen und Diskussions- sowie Verhandlungsgeschick zu entwickeln beginnt.
- Behält verlässlich persönliche Daten (s. links) und ist in der Lage, sich an vorgelesene Geschichten zu erinnern und sie nachzuerzählen.

Ihr Fünfjähriges ist begeistert von Geschichten; es weiß, dass diese Anfang, Mitte und Ende haben. Die Förderung dieses Prozesses entfacht

BEWEGUNG MACHT SPASS *Beim Spiel mit Freunden lernt Ihr Kind aktiv zu werden.*

Die Uhr lesen lernen

Die meisten Fünfjährigen haben eine Vorstellung von Zeit, verstehen die Funktionsweise einer Uhr aber nicht. Wenn sich Ihr Kind schon für die Uhr interessiert, können Sie es damit vertraut machen:

★ Erstellen Sie eine Tabelle mit den Zahlen 1 bis 12 in einer Spalte und daneben die Abbildung einer Uhr mit dem entsprechenden Zeigerstand. Ihr Kind versteht vermutlich Stunden und halbe Stunden; später können Sie ihm auch Viertelstunden und noch kleinere Einheiten beibringen.

★ Leiten Sie es an, die Uhrzeit zu nennen, indem Sie ihm zeigen, wann ein Ereignis stattfinden wird. Zeigen Sie ihm, wo die Zeiger stehen werden, wenn Sie es rufen werden. Bei einer Digitaluhr nennen Sie die darauffolgenden drei oder vier Angaben. Wenn z. B. um 19.35 Badezeit ist, erklären Sie, dass es um 19.36 und 19.37 schon zu spät ist.

★ Vielleicht lernt Ihr Kind schon bis 24 zählen, damit es auch eine Digitaluhr lesen kann.

★ Nennen Sie im Tagesablauf die Uhrzeiten, z. B.: »Um 7 Uhr wecke ich dich, um 7.30 frühstücken wir.«

die Kreativität und trägt zur Ausbildung von Verständnis bei. Unterbrechen Sie z. B. eine Geschichte vor dem Ende und fragen Sie: »Was glaubst du, passiert als Nächstes?« Alles, was das Vorstellungsvermögen anregt und das Erzählen übt, fördert die kognitive Entwicklung. Bitten Sie Ihr Kind, eigene Geschichten zu erzählen. Loben Sie es häufig, nicht nur für gute Leistungen, sondern auch für seine Anstrengungen. Manche Kinder lernen in diesem Alter schon selber lesen und es macht ihnen große Freude, das Gelernte anderen »beizubringen«. Forschungen zufolge festigt das eigene Erklären Wissen viel stärker als jede andere Form des Lernens. Also ermutigen Sie Ihr Kind, Ihnen zu erklären, was es tut, und zu beschreiben, wie etwas funktioniert und warum.

AUS BÜCHERN LERNEN
Je mehr Bücher es betrachtet und vorgelesen bekommt, umso mehr lernt und versteht es und umso größer wird sein Wortschatz.

Seine Aufmerksamkeitsspanne wird größer, und Sie können sich nun schon länger gemeinsam mit Büchern beschäftigen. Je mehr Zeit Sie mit Sprechen und Erklären zubringen, umso mehr wird Wissensdurst und Sprachvermögen angeregt. Auch das darstellende Spiel ist in diesem Alter wichtig. Geben Sie Ihrem Kind Wörter oder kleine »Drehbücher« vor, nach denen es spielen kann. Machen Sie Witze und spielen Sie Wortspiele – thematisieren Sie Buchstaben und ihren Klang.

Regelmäßige Kommunikation ist unerlässlich für die Entwicklung von Sprache und Sprechen; wenn Ihr Kind nicht spricht und zuhört, lernt es auch nichts. Je mehr Sie sich mit Ihrem Kind beschäftigen, umso besser. Selbst wenn Gespräche belanglos scheinen, fördern sie Lernprozesse.

Wörter lesen

Wenn Ihr Kind jetzt schon lesen lernen will, sollten Sie es nicht bremsen. Unterstützen Sie diesen Prozess behutsam, drängen Sie es aber nicht.

So unterstützen Sie Ihr Kind:

- Pinnen Sie Wörter an entsprechende Gegenstände in der Wohnung (z. B. »Tisch« an den Tisch und »Stuhl« an den Stuhl).

- Spielen Sie Leselotto mit Ihrem Kind – wenn es das will. Später können Sie versuchen, mit den Karten Sätze zu bilden.
- Zeigen Sie beim Vorlesen auf Buchstaben und Wörter – und auch wenn Sie unterwegs sind, z.B. auf Aufschriften und im Supermarkt.
- Lassen Sie es mit einem Bleistift in einem Lieblingsbuch bekannte Wörter einkreisen und sprechen Sie gemeinsam über diese.

Sprechen und Beschreiben

Nutzen Sie jede Gelegenheit, um Ihr Kind die Art seiner Gefühle und auch seiner Sinneseindrücke beschreiben zu lassen. Sprechen Sie z. B. über die Farben der Busse, Autos und Züge, die Auslagen der Schaufenster, darüber, wie sich ein Stück Sandpapier anfühlt und wie eine Blume duftet. Ermutigen Sie Ihr Kind, Wörter zu finden, die beschreiben, was es sieht, fühlt, hört und denkt, und Vergleiche anzustellen – z. B. diese Rose riecht wie Honig; die Wut, die ich gerade habe, fühlt sich an wie ein Vulkan; der kleine Junge hat das Mädchen sehr glücklich gemacht, als er sagte, er wolle mit ihr spielen.

Je besser Ihr Kind schon in diesem frühen Alter lernt, seine Umwelt und seine Erfahrungen sprachlich zu durchdringen, umso besser wird es seine Gefühle ausdrücken können und dabei sein Sprachvermögen erweitern – ebenso wie seine emotionale Intelligenz.

Ist Ihr Kind schon bereit, lesen zu lernen?

Lesen lernt ein Kind normalerweise in der Schule. Doch es gibt Kinder, die es schon vorher aus eigenem Interesse lernen. Ob Ihr Kind schon bereit ist, lesen zu lernen, erkennen Sie an folgenden Anzeichen:

★ Es kann ein Buch richtig halten und die Seiten umblättern.
★ Es kennt Buchstaben und die Laute, für die sie stehen.
★ Es erkennt Geschichten wieder und kann sagen, wie es weitergeht.
★ Es kann ganze Satzteile von mindestens acht Wörtern wiederholen.
★ Es kennt Kinderverse, Kinderlieder oder Geschichten auswendig.
★ Es erkennt seinen eigenen geschriebenen Namen und vielleicht andere Wörter.
★ Es kann die Bedeutung von Wörtern aus Geschichten erklären.

Kindgerecht unterstützen

Wenn Ihr Kind die genannten Voraussetzungen erfüllt, können Sie es fördern, indem Sie ihm einfache Wörter beibringen, die Verbindung von Lauten/Buchstaben bewusst machen und es spielerisch mit Buchstaben experimentieren lassen. Bedenken Sie dabei aber, dass es auf die korrekte Rechtschreibung zu diesem Zeitpunkt noch nicht ankommt!

Gefühle und Persönlichkeit

Womöglich stellen Sie in letzter Zeit eine Veränderung bei Ihrem Kind fest und bestimmte Aspekte seiner Persönlichkeit werden deutlicher. Sein Verhalten verändert sich; es will sich durchsetzen. Es hat einen besseren Zugang zu seinen Gefühlen und braucht Ihre Hilfe, um sie zu bewältigen.

»Was als wildes Spiel beginnt, kann manchmal in Aggression umschlagen, wobei sich vielleicht sogar ein Kind verletzt.«

Ihr Kind lernt nun sehr viel über seine eigenen Gefühle und die anderer Menschen. Es erkennt viele Empfindungen und kann die Verbindung zwischen einem Ereignis und dem entsprechenden Gefühl herstellen. Wenn Sie ihm z.B. eine Geschichte erzählen, in der jemand eine Belohnung bekommt, weiß Ihr schon im Voraus, dass diese Person glücklich oder aufgeregt sein wird. Unterstützen Sie diesen emotionalen Lernprozess, indem Sie seine Gefühle benennen und diese mit den entsprechenden körperlichen Empfindungen verbinden. Bei Aufregung können Sie z. B. sagen: »Spürst du ein Kribbeln in deinem Bauch? Vielleicht bist du aufgeregt.« So lernt Ihr Kind, seine Gefühle den entsprechenden körperlichen Empfindungen zuzuordnen.

Aggressives Verhalten

Viele Fünfjährige zeigen ein gewisses Maß an Aggressivität. Das ist normal, weil das Kind den Unterschied zwischen Durchsetzungsvermögen, wobei man einen Wunsch deutlich, aber höflich artikuliert, und Aggressivität, indem man einfach nimmt, was man will, erst noch lernt. Es kann auch schwer mit Enttäuschungen umgehen und reagiert darauf auch körperlich mit Schlagen oder Destruktivität.

Wenn Ihr fünfjähriges Kind sehr aggressiv ist:

- Beaufsichtigen Sie sein Spiel. Beteiligen Sie sich auch daran, damit Sie es zum Teilen und zu gemäßigten Reaktionen anleiten können.
- Haben Sie ein wachsames Auge, aber loben Sie Ihr Kind auch oft, wenn es kooperativ spielt oder Enttäuschung konstruktiv bewältigt. Sagen Sie z. B.: »Das Puzzle hast du gut gemacht« oder »Danke, dass ihr so schön miteinander gespielt habt.«
- Wenn eine Situation in Aggression eskaliert, greifen Sie sofort ein, um

sie zu entschärfen. Dazu können Sie die Kinder auch trennen, wenn sie einander wehtun. Haben sich die Gemüter abgekühlt, lassen Sie jedes Kind erzählen, was geschehen ist. Erklären Sie ihnen, wie sie anders hätten reagieren können – bringen Sie ihnen z. B. bei, sich verbal auszudrücken, statt handgreiflich zu werden. Oder, wenn das Problem so nicht gelöst werden kann, einen Erwachsenen um Hilfe zu bitten.

Mit Ängsten umgehen

Wenngleich Ihr Kind noch immer eine lebhafte Fantasie hat, kennt es doch allmählich den Unterschied zwischen Fantasie und Realität. Seine Ängste sind daher konkreter geworden. Häufige Ängste von Fünfjährigen beziehen sich auf Tiere, wie Hunde oder Schlangen, und auf Naturkatastrophen, wie Gewitter und Feuer. Ihr Fünfjähriges bekommt durch die Nachrichten auch zunehmend mit, was in der Welt passiert, und hat vielleicht Angst vor Überschwemmungen, Krankheiten und Seuchen.

Ängste sind in diesem Alter nichts Außergewöhnliches und meist nicht stark ausgeprägt und beeinträchtigen daher den Alltag wenig. Sehr selten entwickelt ein kleines Kind eine so starke Angst, dass eine Behandlung erforderlich wird. Mädchen haben, die Gründe sind bislang nicht bekannt, tendenziell mehr Ängste als Jungen.

ÄNGSTLICH *Was Ihr Kind ängstigt, kann für Sie harmlos sein. Respektieren Sie, dass Ihr Kind anders empfindet, ignorieren Sie seine Angst nicht.*

Reagieren Sie gelassen auf die Ängste Ihres Kindes und trösten sie es. Gelegentlich führen diese Ängste auch zu Irritationen, wenn es z. B. aus Angst vor Hunden nicht mehr in den Park will. Gehen Sie behutsam vor. Es kann eine Weile dauern, bis Sie Ihr Kind so weit ermutigt haben, dass es sich dem Angstauslöser stellt. Bringen Sie es jedoch mit einem Hund in Kontakt, bevor es sich das selbst zutraut, kann dies die Angst sogar verstärken. Denken Sie daran, dass manche Ängste durchaus eine wichtige Funktion haben: Hunde z. B. können für Kinder gefährlich sein, und eine sinnvolle Regel lautet, dass Ihr Kind sich einem unbekannten Hund nicht nähern und ihn nicht streicheln darf (s. S. 38).

»Egal, ob es wegen Süßigkeiten quengelt, nicht ins Bett oder Freunde einladen will, Sie werden überrascht sein, wie hartnäckig Ihr fünfjähriges Kind sein kann.«

Kleine Nervensäge

Inzwischen kann Ihr Kind Sie manchmal ziemlich nerven. Sie zu drängen ist auch eine wirksame Taktik, um seinen Willen durchzusetzen. Will Ihr Kind etwas sofort haben, dann quengelt es. Viele Eltern wollen zwar konsequent bleiben, geben dann aber doch nach, um ihre Ruhe zu haben. Funktioniert diese Strategie, lernen Kinder, dass sie ihren Willen schon durchsetzen, wenn sie nur lange und lautstark genug nerven.

Es ist möglich, diese Quengelei zu beenden bzw. unter Kontrolle zu bekommen. Bei einer vernünftigen Bitte Ihres Kindes können Sie das Quengeln verhindern, indem Sie sich gleich einverstanden erklären. So lernt Ihr Kind, dass Sie seine Wünsche bedenken und ernst nehmen. Es ist z. B. schön, gelegentlich eine kleine Nascherei oder im Sommer im Park ein Eis zu bekommen oder nach einer langen Einkaufstour eine kleine Belohnung für gutes Benehmen. Wenn Sie jedoch meinen, dass der Wunsch Ihres Fünfjährigen nicht angebracht ist, seien Sie willensstark. Geben Sie nicht nach, egal wie sehr Ihr Kind bettelt. Sie können Ihre Entscheidung in monotoner Tonlage bei jedem Quengeln wiederholen.

Anfangs wird Ihre Konsequenz zu verstärktem Nörgeln führen, da Ihr Kind herausfinden will, ob Sie es wirklich ernst meinen. Sie können Ihre Entscheidung kurz begründen, lassen Sie sich aber auf keine Diskussion ein. Wenn Sie ruhig bleiben und nicht nachgeben, dann lernt Ihr Kind bereits in diesem Alter, dass Quengeln kein Weg ist, um seinen Willen durchzusetzen.

Wie Ihr Kind spielt

Mit fünf Jahren spielt Ihr Kind gern Spiele mit Regeln; es ist dabei ganz aufgeregt, weil es natürlich gewinnen will. Gelingt das nicht, kann ihm das sehr zu schaffen machen. Dann können Familienspiele leicht in Stress ausarten, da Sie die Reaktion Ihres Kindes beim Verlieren fürchten.

So können Sie Ihrem Kind helfen:

- Es ist klug, das Kind häufig, aber nicht immer gewinnen zu lassen. Es muss lernen, sich einerseits ohne Schadenfreude über einen Sieg zu freuen, und andererseits zu verlieren, ohne zu schmollen oder wütend zu werden.
- Erklären Sie Ihrem Kind, dass jeder bei einem Spiel möglichst gut sein will, dass aber auch andere die Chance bekommen, zu gewinnen.
- Es dauert, bis Ihr Kind hinnehmen kann, nicht immer zu gewinnen;

spielen Sie trotzdem weiter. In diesem Alter ist Verlieren nicht leicht.

Kinder sind verschieden, die einen gesellig, andere eher zurückhaltend. Mit fünf Jahren sind jedoch die meisten Kinder selten allein; selbst wenn sie allein spielen, tun sie dies im Wohnzimmer oder der Küche bei anderen. Sie gedeihen dank Gesellschaft und Zuwendung, daher ist das gemeinsame Spiel so wertvoll. Nach einer aufregenden Beschäftigung oder um vor dem Schlafengehen zur Ruhe zu finden, ist Ihr Kind vielleicht gern ein wenig allein. Ein beliebter ruhiger Zeitvertreib ist das Betrachten von Büchern oder das Sortieren der Spielsachen.

IM WETTSTREIT *Ihr Kind will beim Spielen gewinnen. Helfen Sie ihm, seine Gefühle zu kontrollieren, egal ob es gewinnt oder verliert. Erklären Sie, dass alles nur ein Spiel ist!*

Ein kleiner Angeber ...

Ihr Fünfjähriges kennt nun seine Fähigkeiten ziemlich genau und sagt Ihnen vor allem, was es gut kann. In diesem Alter verkündet es Ihnen gern voller Stolz sein Können, weil es Ihre Anerkennung sucht. Das Kind empfindet dies nicht als Prahlerei, sondern einfach als eine Feststellung von Tatsachen. Ermutigen Sie es, seine Leistungen wahrzunehmen, aber lehren Sie es, anderen gegenüber sensibel zu sein. Wenn es z. B. im Kindergarten für eine Leistung gelobt worden ist, sollte es damit nicht vor seinen Freunden angeben.

Anerkennung suchen

Ihr Kind sucht nicht nur Ihre Aufmerksamkeit – es will Ihre Anerkennung. Dazu gehört, gelobt und angenommen zu werden und Vertrauen zu erfahren. Es ruft häufig: »Guck mal«, »Schau mir zu!« Oft ist das zeitlich schwierig, denn Ihr Kind will, dass Sie es sofort beachten. Verzichten Sie möglichst auf Verzögerungstaktiken wie: »Ich habe gerade zu tun, warte eine Minute.« Denn oft dehnt sich die Minute so in die Länge, dass die Gelegenheit vorübergeht. Unterbrechen Sie daher Ihre Tätigkeit, wenn möglich, und folgen Sie der Bitte Ihres Kindes, ihm Ihre ungeteilte Aufmerksamkeit zu schenken.

Nutzen Sie doch den Umstand, dass Ihr Kind so sehr Ihre Anerkennung

KOSTBARE MOMENTE
Unterbrechen Sie Ihre Tätigkeit, wenn Ihr Kind Sie bittet, ihm zuzuschauen. Reagieren Sie, wenn es kuscheln will.

sucht, zur Verhaltenslenkung. Es benimmt sich viel eher gut, wenn Sie dafür eine Belohnung in Aussicht gestellt haben, statt eine Strafe für schlechtes Benehmen anzudrohen. Bedeutet die Belohnung gemeinsame Zeit mit Ihnen, ist sie sehr wirksam – z.B. eine zusätzliche Geschichte vor dem Einschlafen. Manchmal scheint Ihr Kind völlig aufzudrehen, damit Sie es beachten. Natürlich mag es am liebsten Ihre positive Zuwendung, wenn es sich gut benimmt. Doch lieber bekommt es Aufmerksamkeit durch Fehlverhalten als gar keine.

Wenn Sie feststellen, dass Sie Ihr fünfjähriges Kind ständig schimpfen, ist es Zeit, die Strategie zu ändern. Zeigen Sie mehr Aufmerksamkeit, wenn es hilfsbereit ist, schön spielt und ruhig spricht. Das schenkt ihm die besondere positive Beachtung, die es braucht, und erinnert es daran, welches Verhalten Sie wünschen. Schlechtes Benehmen wird so überflüssig.

Ihr Energiebündel

Ihr Fünfjähriges braucht jeden Tag körperliche Betätigung. Hat es dazu nicht ausreichend Gelegenheit, wird es unruhig, reizbar und baut seine Energie drinnen ab, z. B. indem es auf Möbel klettert. Die Lösung für ausreichend Bewegung lautet: Schaffen Sie jeden Tag die Möglichkeit zu Aktivitäten im Freien und überlegen Sie sich auch sinnvolle Bewegungsideen für drinnen, z.B. zu Musik tanzen, kleine Musicals nachspielen oder andere Bewegungsspiele. Spielen Sie mit, gefällt es Ihrem Kind umso besser.

Wenn Sie meinen, dass Ihr Kind ständig überaktiv ist, egal wie sehr Sie es beschäftigt und ausgepowert haben, dann wenden Sie sich an den Kinderarzt oder einen Kinderpsychologen, um das Problem zu besprechen.

Lachen und Witze erzählen

Sie scheinen nun mit einem echten Witzbold zu leben. Ihr Kind will Sie z. B. erschrecken, wenn es als Monster auf Sie kriecht, oder es vertauscht beim Essen die Teller, um zu sehen, ob Sie es merken. Gossenhumor findet es weiterhin sehr lustig; es kann endlos kichern, wenn jemand aufstößt. Es versteht einfache Wortwitze, will sie selber lernen und wird sie anschließend immer wieder zum Besten geben. Sehr beliebt sind auch Bücher mit Quatschgeschichten.

Dieser Humor sollte zwar durchaus gefördert werden, doch Sie erklären Sie Ihrem Kind auch, dass Späße und Witze nicht in jeder Situation angebracht sind, und dass es im Kindergarten nicht den Kasper spielen sollte.

Das Leben Ihres Kindes

Nun ist Ihr Kind im Vorschulalter und gehört im Kindergarten zu den »Großen«. Auch wenn es in Deutschland keine spezielle Vorschule gibt, so wird es im Kindergarten durch besondere Angebote auf die Schule vorbereitet. Zu Hause kann Geschwisterstreit nun manchmal sehr heftig sein.

Das letzte Kindergartenjahr

Die meisten Kinder werden in Deutschland mit sechs Jahren eingeschult. Bestimmt freut sich Ihr Kind schon darauf und ist stolz, im Kindergarten zu den »Großen« zu gehören. Durch spezielle Lernangebote wird es nun gezielt auf den Schulbesuch vorbereitet. Zudem werden die Kinder dank der vielfältigen Bildungsangebote während ihrer gesamten Kindergartenzeit gut auf das Lernen in der Schule vorbereitet, ohne dass konkret schulisches Wissen vermittelt wird. Im Kindergarten steht das selbstbestimmte, handelnde Lernen im Vordergrund. Die Kinder sollen mit allen Sinnen ihre Umgebung erforschen und erkunden und Lernlust, Forscherdrang und Neugierde ausbilden. Dabei erwerben sie auch Selbstständigkeit und Selbstbewusstsein – beides wichtige Voraussetzungen für den erfolgreichen Schulbesuch. Ihr Kind sollte sich frei äußern können, auch vor anderen, und natürlich ein gut entwickeltes Sozialverhalten besitzen.

»Eine feste Routine ist wichtig. So weiß Ihr Kind, wer sich wann um es kümmert, und dass Sie jeden Tag zur gleichen Zeit zu Hause sein werden.«

Ist mein Kind schulreif?

Kinder können auch um ein Jahr vom Schulbesuch zurückgestellt werden, wenn sie noch nicht schulreif sind. Während das früher gerne gemacht wurde, geht heute der Trend eher zur frühzeitigen Einschulung mit fünf Jahren. Im Gespräch mit der Erzieherin im Kindergarten können Sie klären, wie weit Ihr Kind ist.

Wichtig für einen erfolgreichen Schulbesuch:

Körperliche Entwicklung Kann Ihr Kind auf einem Bein hüpfen, rückwärts laufen, auf einem Balken balancieren, einen Ball werfen und fangen? Kann es sich ohne Hilfe an- und ausziehen? Kann es mit einer Schere einfache Formen ausschneiden? Kann es Bilder genau ausmalen?

Geistige Entwicklung Kann Ihr Kind flüssig sprechen und versteht es sprachliche Anweisungen? Kann es sich Liedtexte oder Verse merken und eine kurze Geschichte in eigenen Worten wiedergeben? Kann es bis zehn zählen, einfache Mengen erkennen und Gegenstände nach Größe und Form ordnen? Beherrscht es Spiele wie Memory und Puzzle? Kann es sich längere Zeit konzentrieren? Bringt es Aufgaben selbstständig zu Ende?

Soziale und emotionale Entwicklung Hat Ihr Kind Freude am Spiel in der Gruppe? Knüpft es leicht Kontakte? Kann es sich einfügen und Regeln akzeptieren? Kann es seine eigenen Bedürfnisse wahrnehmen und äußern, aber auch zurückstellen? Hat es gelernt, mit Konflikten umzugehen? Ist es fähig, Kompromisse zu schließen?

So fördern Sie die Schulreife Ihres Kindes:

- Loben Sie es, wenn es einfache Anweisungen befolgt.
- Bringen Sie ihm gute Umgangsformen bei – seien Sie vor allem Vorbild.
- Ermuntern Sie Ihr Kind eine eigene Meinung zu äußern.
- Bitten Sie es, an einem Tisch im Kinderzimmer selbstständig kleine Aufgaben zu erledigen. Loben Sie es, wenn es konzentriert bei der Sache bleibt.
- Bieten Sie ihm immer wieder körperliche und geistige Anregungen, z. B. auf unbekannten Spielplätzen oder beim Besuch in der Bücherei.

Frühes Mobbing

Im Alter von fünf Jahren drückt sich Mobbing vor allem in körperlichen Übergriffen aus, wie Schubsen, Stoßen und das Wegnehmen von Sachen – z. B. die Trinkflasche. Das Mobbing geht auch eher von einem einzelnen Kind und weniger von einer Gruppe aus.

Mobbing kann in jeder Umgebung stattfinden: im Kindergarten, zu Hause durch Geschwister oder im Hort. Wenn Sie bemerken, dass Ihr Kind nicht mehr so gerne in den Kindergarten geht, wenn es wochentags über Bauch- oder Kopfschmerzen klagt oder kein Selbstvertrauen mehr hat, dann könnte Mobbing der Grund sein. Wenn Sie sich Sorgen machen, sprechen Sie die Erzieherinnen darauf an. Arbeiten Sie zusammen, um das Mobbing zu beenden.

DIE ANZEICHEN ERKENNEN *Ein so junges Kind kann nicht immer ausdrücken, was geschieht, wenn es gemobbt wird. Achten Sie auf Signale, z. B. Zurückgezogenheit.*

Verantwortung und Organisation

Mit fünf Jahren kann Ihr Kind für kleinere Dinge selbst Verantwortung übernehmen, z. B. seine Kleidung aussuchen, sich morgens anziehen und die Schmutzwäsche in den Wäschekorb werfen. Zuverlässig wird es das aber nicht jeden Tag machen; hilfreich ist daher ein wenig elterliche Unterstützung. Erleichtern Sie ihm die Organisation z.B. durch leicht zu öffnende Schubladen und Schränke in kindgerechter Höhe. Das Aufräumen fällt Ihrem Kind sehr viel leichter, wenn Sie auf Kisten Bilder anbringen, die zeigen, was hineingehört. Solche visuellen »Erkennungszeichen« sind für Fünfjährige äußerst hilfreich.

- Übertragen Sie Ihrem Kind Verantwortung für kleinere Aufgaben im Haushalt, z.B. den Tisch decken.

Respekt lehren

Mit fünf Jahren weiß Ihr Kind, was persönliches Eigentum ist, und dass Dinge wie Spielsachen und Bücher immer einen Besitzer haben. Sein Eigentum betreffend vermag es sehr besitzergreifend sein, und dennoch davon ausgehen, dass andere mit ihm teilen. Lehren Sie es Rücksichtnahme. Bringen Sie ihm bei zu fragen, bevor es etwas nimmt. Fünfjährige meinen oft, es reiche aus zu fragen, ohne auf ein »Ja« oder »Nein« zu warten. Erklären Sie ihm, dass es einen Gegenstand nicht nehmen darf, wenn der Besitzer »Nein« gesagt hat. Nimmt sich Ihr Kind etwas unerlaubt, sorgen Sie dafür, dass es den Gegenstand zurückgibt. Es lernt sonst, dass das Fragen keine Bedeutung hat.

Gelegentlich wird Ihr Kind ungeschickt oder unbedacht sein und etwas beschädigen oder zerbrechen. Machen Sie es zur Familienregel, dass jeder eingesteht, wenn etwas kaputtgegangen ist, und es nach Möglichkeit ersetzt. Respekt und gute Manieren lernt Ihr Kind am besten durch Ihr vorbildliches Verhalten im Umgang mit den Mitmenschen. Wenn Sie respektvoll von anderen sprechen und sie so behandeln, auch wenn sie anderer Meinung sind, eine andere Religion haben oder aus einer anderen Kultur stammen, dann wird auch Ihr Kind allen Menschen gegenüber Respekt entwickeln.

BALD EIN SCHULKIND
In der Schule wird Ihr Kind sich auf Aufgaben konzentrieren müssen. Das abendliche Vorlesen ist eine gute Übung dafür.

Geschwisterrivalität

Es ist kein Wunder, dass Ihr fünfjähriges Kind mit seinen Geschwistern in Konflikt gerät, schließlich stehen Kinder im Wettstreit um die kostbarste

Sache der Welt: die Liebe und Zuwendung der Eltern. Wenn sie nicht im Kindergarten oder der Schule sind, verbringen Geschwister die meiste Zeit in nächster Nähe, teilen sich vielleicht sogar ein Zimmer und streiten gewiss um Spielsachen und das Fernsehprogramm.

Solche Konflikte sind normal. Die meisten Streitigkeiten zwischen Geschwistern sind die üblichen Begleiterscheinungen der Entwicklung, wodurch Ihr Fünfjähriges die Chance erhält, den Umgang mit Konflikten zu üben. Das hilft ihm, Missstimmigkeiten außerhalb der Familie zu meistern. Jeder Streit ermöglicht Lernprozesse. Geben Sie Ihrem Kind zunächst die Chance, das Problem selbst zu lösen. Sie werden immer wieder positiv überrascht sein, wie kreativ seine Lösungen sind.

ALLTÄGLICHE KONFLIKTE
Geschwister müssen Konflikte zunächst selber austragen. Behalten Sie sie dabei aber im Auge und stellen Sie sicher, dass kein Kind das andere schikaniert.

Falls Sie eingreifen müssen:

- Behalten Sie die Kinder beieinander, wenn Sie die Situation klären.
- Bleiben Sie ruhig, statt zu schimpfen. Ihre Kinder spiegeln Ihre Haltung und Ihren Tonfall in ihren Antworten wider.
- Jedes Kind soll das Problem beschreiben und eine Lösungsmöglichkeit anbieten. Machen Sie Vorschläge, wenn dies nötig ist. Wenn es beispielweise ums das häufige Streitthema Teilen geht, sollte Ihr fünfjähriges Kind konstruktive Vorschläge machen, wie: »Kann ich die Tanzmatte haben, und nachher tauschen wir?«
- Setzen Sie die »Stopp«-Methode ein: Wenn die Kinder z.B. beim Autofahren zanken, halten Sie, wenn möglich, an und sagen nichts. Allein durch das Anhalten können die Kinder ihr Verhalten erkennen und sich beruhigen.

Wird viel gestritten, beaufsichtigen Sie das Spiel Ihrer Kinder und geben positive Aufmerksamkeit, wenn sie miteinander spielen und gut auskommen. Stellen Sie sicher, dass alle Kinder gleich viel Liebe und Zuwendung bekommen. Seien Sie möglichst gerecht und bevorzugen Sie keines.

Vergleichen Sie hingegen die Kinder miteinander, verstärken Sie die Geschwisterrivalität. Ihr Fünfjähriges entwickelt sein Selbstbild gerade erst und Vergleiche wie »Warum kannst du dich nicht so gut benehmen wie dein Bruder?« oder »Als deine Schwester so alt war wie du, ist sie nicht ständig zu mir gelaufen« sind für das Selbstwertgefühl Ihres Kindes nicht förderlich und schaffen Groll zwischen den Geschwistern. Vermeiden Sie und andere Erwachsene, z.B. die Großeltern, daher solche Vergleiche.

Verwandtschaftsbeziehungen

Es erfordert mehr als eine Mutter oder einen Vater, um ein Kind großzuziehen! Ihr Fünfjähriges ist sicher sehr neugierig darauf, wer zu seiner Verwandtschaft gehört und wie alle miteinander in Beziehung stehen. Es erforscht die Welt außerhalb der Familie und entwickelt seine Identität im Geflecht der verwandtschaftlichen Beziehungen und der Gemeinde, in der es lebt. Es will möglichst viel über die Familienbande wissen.

Großeltern spielen für das Verständnis der Familienstrukturen eine spezielle Rolle. Vielleicht kommen Sie gut mit den Großeltern Ihres Kindes aus, vielleicht sind Sie aber auch öfter unterschiedlicher Meinung – egal, wie Ihre Beziehung ist, lassen Sie Ihr Verhältnis nicht die Beziehung zum Enkel beeinträchtigen. Das Gleiche gilt natürlich auch für andere Familienmitglieder. Selbst wenn Sie kein enges Verhältnis miteinander haben,

»Die Verwandtschaft ist sehr wichtig. Die Familienbande zu verstehen und Verwandte zu kennen, trägt zum Identitäts- und Zugehörigkeitsgefühl Ihres Kindes bei.«

können sie für Ihr Kind wichtig sein. Heute lebt die Verwandtschaft jedoch oft weit auseinander.

Versuchen Sie die Generationen zu besonderen Anlässen zu versammeln: ein besonderes Essen, ein Ausflug, ein Familientreffen können bewegend sein und eine schöne Erfahrung für Ihr Kind. Wohnen Verwandte weit entfernt, kann ein Telefonanruf, eine E-Mail, Postkarte oder auch ein Video aus dem Familienleben Nähe herstellen. Nutzen Sie zu Hause Fotos von Angehörigen zum Erzählen von Geschichten, um so die gleichermaßen abwesenden wie wichtigen Familienmitglieder mit Leben zu erfüllen.

6–8 Jahre

»Wenn Freunde wichtiger und einflussreicher werden, wird Ihr Kind geselliger und extrovertierter.«

GESUND LEBEN *Leiten Sie Ihr Kind zu Bewegung und gesunder Ernährung an. Zwang stößt allerdings nur auf Widerstand.*

Wichtige Grundlagen

Mit wachsender Selbstständigkeit entwickelt Ihr Kind eigene Vorstellungen darüber, was es essen, wann es ins Bett gehen und was es tun will. Das Kind auf dem richtigen Weg zu halten ist nicht immer einfach – und dennoch ist es wichtig, ihm eine gesunde Lebensweise zu vermitteln.

Andere Kinder werden ein wichtiger Teil seines Lebens, und damit übernimmt Ihr Kind auch andere, neue Gewohnheiten, Vorlieben und Abneigungen. Ist die Lebensweise seiner Freunde nicht besonders gesund, führt das zu Konflikten. Vielleicht will Ihr Kind Junkfood essen oder nach dem Kindergarten fernsehen, wenn seine Freunde das dürfen.

Gute Ernährung

Ihr Kind wächst und entwickelt sich stark; seine Ernährung ist für seine Gesundheit und sein Wohlbefinden entscheidend. Manche Freunde bekommen wohl auch Geld, um sich Süßigkeiten zu kaufen, oder sie haben ein ungesundes Pausenbrot dabei. Lassen Sie sich davon nicht unter Druck setzen. Halten Sie an Ihrem Ziel einer gesunden Ernährung fest.

Es gibt zwei unverzichtbare Nährstoffe, die Ihr Kind in dieser Entwicklungsphase braucht – Kalzium und Eisen. Kalzium ist der Baustein für Knochen und Zähne – wichtig in einer Phase, in der sich beides entwickelt. Kalzium beeinflusst auch viele andere Körperfunktionen und sogar Stimmung und Schlaf. Geben Sie Ihrem Kind als Kalziumquelle Milchprodukte, viel grünes Blattgemüse, das Sie in Suppen pürieren sowie Nudelsaucen und Eintöpfen zugeben und in Lasagne schichten können.

Eisen wird für den Energiehaushalt sowie den Transport und die Bildung roter, Sauerstoff transportierender Blutkörperchen benötigt, beeinflusst aber auch das Zellwachstum – und damit das Wachstum Ihres Kindes. Es kommt in Rind-, Schweine- und Hähnchenfleisch vor; am meisten aber enthält dunkles Fleisch. Auch Trockenobst, Bohnen, Sojaprodukte, manche Vollkornsorten, dunkles Blattgemüse und sogar Hafermehl und Haferflocken enthalten Eisen.

So fördern Sie gesunde Essgewohnheiten:

- Servieren Sie weiterhin die gleichen Gerichte wie früher (s. S. 17); wenn Ihr Kind sie ablehnt oder nach ungesunden Speisen verlangt, erklären Sie ihm, warum gesunde Ernährung so wichtig ist. Kinder sind sehr interessiert an Fakten; wenn Sie ihm sagen, dass es viel bessere Chancen hat, der nächste Tennisstar oder Olympiasieger zu werden oder die beste Schülerin, wenn es bei guter Gesundheit ist, wird es das durchaus zur Kenntnis nehmen.
- Nehmen Sie Ihr Kind mit zum Einkaufen. Erklären Sie ihm, welche Lebensmittel frisch sind, was gesund ist und was nicht.
- Beteiligen Sie Ihr Kind an der Planung gesunder Mahlzeiten, die drei Gemüsesorten enthalten, eine Eiweißquelle und zwei Sorten Kohlenhydrate. Das Auswählen von Rezepten aus einem Kochbuch und das gemeinsame Einkaufen der Zutaten machen oft Lust auf neue Gerichte.
- Beteiligen Sie es an der Zubereitung der Speisen; lassen Sie es Salate kreieren, die Zutaten klein schneiden und passende Kräuter und Gewürze aussuchen. Stellen Sie Fragen, z. B. wie man eine Zucchini oder Rote Bete zubereiten könnte. Würden die Linsen mit Käse und Reis oder mit Salsa besser schmecken? Je mehr Ihr Kind über gute Ernährung nachdenkt und beim Kochen hilft, umso eher wird es gesunde Gerichte essen.
- Wenn Ihr Kind ein schwieriger Esser ist, laden Sie Kinder mit gutem Appetit ein. Wenn die Freunde ein unbekanntes Gericht probieren, ist es selber auch experimentierfreudiger.
- Bleiben Sie Ihrer Haltung gegenüber Junkfood treu. Ein gelegentlicher Burger außer Haus schadet niemandem, aber Junkfood sollte immer die Ausnahme und nicht die tägliche Kost sein.
- Machen Sie Ihr Kind mit internationalen Speisen, Zubereitungsmethoden und Zutaten vertraut. Freuen Sie sich, wenn Sie ein neues Gericht kosten, und wenn Ihr Kind das auch tut.
- Isst Ihr Kind nicht, was sich auf seinem Teller befindet, machen Sie kein Aufhebens, sonst

DIE RICHTIGE WAHL

Wenn Sie von Anfang an gesunde und ausgewogene Mahlzeiten servieren, ist Ihr Kind daran gewöhnt und isst sie gern.

entsteht eine angespannte Atmosphäre. Wichtiger ist, dass Sie ihm nichts anderes kochen, denn sonst kochen Sie bald bei jeder Mahlzeit für jeden etwas anderes. Dann wird Ihr Kind beim Essen letztlich noch wählerischer, und Sie haben nur Stress.

»Das Zu-Bett-Gehen fällt oft schwer; ein festes Einschlafritual bleibt genauso wichtig für die Gesundheit und Entwicklung wie in der Kleinkindzeit.«

Gesunder Schlaf

Der Tag im Kindergarten – und bald in der Schule – macht Ihr Kind müde und quengelig, nicht nur, weil es so viel erlebt und sich in die Gemeinschaft einfügen muss, sondern auch, weil es wächst und sich entwickelt. All das kostet viel Energie. In diesem Alter brauchen Kinder mindestens zehn Stunden Schlaf. Tagsüber wird es nicht regelmäßig schlafen, doch wenn es mittags oder am Wochenende müde ist, lassen Sie es schlafen. Der Körper bestimmt die Menge Schlaf, die er braucht. Halten Sie an einer regelmäßigen Schlafenszeit und einem Ritual fest. Bleiben Sie konsequent, wenn Ihr Kind sich widersetzt. Wenn es behauptet, dass seine Freunde bis 22 Uhr aufbleiben dürfen, sagen Sie ihm, dass es, wenn es um 20 Uhr ins Bett geht, eine Geschichte vorgelesen bekommt und mit Ihnen kuscheln darf. Vermutlich ist es eingeschlafen, bevor es weiter diskutieren kann.

FERNSEHEN *Es schadet Ihrem Kind nicht, wenn es seine Lieblingssendung sieht, solange es genug Bewegung und Anregung durch andere Aktivitäten hat.*

Bewegung und Freizeit

Viele Kinder entwickeln eine Faszination für elektronische Unterhaltung und sind kaum noch vom Fernseher oder der Playstation wegzubekommen. Während das gelegentliche Computerspiel oder eine Fernsehsendung keinen Schaden anrichten, wird es bei mehr als einer Stunde pro Tag problematisch. Hoher Medienkonsum wird mit Schlafproblemen und Konzentrationsmangel in Verbindung gebracht, ganz zu schweigen vom gestörten Familienleben.

Setzen Sie unbedingt Prioritäten. Ihr Kind muss mindestens eine Stunde Bewegung am Tag haben, vorzugsweise draußen. Dazu kommt etwa zwei- oder dreimal wöchentlich eine organisierte Aktivität – dann bleibt Ihr Kind gesund. Wenn Ihr Kind in die Schule kommt, sollte es sich nachmittags nach den Hausaufgaben oder dem Hort noch im Freien bewegen. Abends gibt es ein gesundes Abendessen und dann können Sie Ihr Kind maximal eine Stunde fernsehen oder Playstation spielen lassen – aber nie direkt vor der Schlafenszeit. Stellen Sie einen Wecker, damit Sie beide die Kontrolle haben.

Die Einschulung

Mit sechs oder spätestens mit sieben Jahren kommt Ihr Kind in die Schule. Die Einschulung ist ein ganz besonderer Tag, auf den Sie Ihr Kind gut vorbereiten sollten. Bestimmt freut es sich auf die Schule. Erhalten Sie ihm diese Freude. Bereiten Sie es auch darauf vor, dass der Schultag anders verlaufen wird als der Alltag im Kindergarten. Es muss morgens aufstehen, auch wenn es noch müde ist, und kann keinen »Faulenzertag« mehr einlegen. Eine kleine Feier, ein besonderes Essen mit Verwandten ist an diesem Tag sicherlich angebracht. Fragen Sie Ihr Kind, was es sich zur Feier des Tages wünscht.

Aktion »Sicherer Schulweg«

Vielleicht will Ihr Kind bald alleine zur Schule gehen. Anfangs sollten Sie es jedoch immer begleiten – selbstverständlich sowohl auf dem Hin- wie auch auf dem Rückweg, denn Kinder im Einschulalter sind besonders unfallgefährdet. Sie können z. B. die Richtung, aus der Geräusche kommen, noch nicht orten und Entfernungen kaum richtig einschätzen. Schulen haben oft einen sogenannten Schulwegplan, den Sie mit Ihrem Kind am besten schon Monate vorher üben. Die wichtigsten Richtlinien:

- ★ Bereiten Sie Ihr Kind langsam auf den Straßenverkehr vor. Erklären Sie die Unterschiede zwischen Gehweg, Radweg und Fahrbahn.
- ★ Nehmen Sie Ihr Kind zunächst auf der Fahrbahn abgewandten Seite an die Hand.
- ★ Befestigen Sie an der Kleidung Ihres Schulkindes reflektierende Materialien (Klettbänder).
- ★ Wenden Sie sich mit der Bitte um einen Schulwegplan, der Ihnen den sichersten Weg aufzeigt, an die Schule Ihres Kindes.
- ★ Seien Sie selbst stets ein Vorbild! Selbst Kinder, die mit öffentlichen Verkehrsmitteln zur Schule fahren, brauchen ein gezieltes Training.
- ★ Fahren Sie mit Ihrem Kind auch zu sehr betriebsamen Zeiten die Strecke, und besprechen Sie mit ihm, wie es sich im Gedränge am besten verhält.

LOSLASSEN *Selbstständigkeit ist gut für Ihr Kind. Hört es verlässlich auf Ihre Anweisungen und hält sich an Regeln, bekommt es mehr Freiheit.*

Sechs Jahre

»Es weiß, was von ihm erwartet wird und wie man sich benimmt – wenn es will!«

NEUE FÄHIGKEITEN Sie bemerken eine enorme Verbesserung seiner Augen-Hand-Koordination; dadurch kann es zielgerichteter und geschickter spielen.

AUSWÄHLEN Ihr Kind hat nun eine klare Meinung zu Dingen des Alltags, z. B. was es anziehen und was es essen will.

FREIGEBIG Ihr Kind ist gern in Gesellschaft anderer Kinder und ist eher zum Teilen bereit.

Wachstum und Entwicklung

In diesen Jahren findet Ihr Kind dank seines Wachstums und seiner Entwicklung immer mehr Möglichkeiten zum selbstständigen Spiel, besonders im Sport. Es kann auch feinere Arbeiten ausführen, z. B. beim Basteln. Die zweiten Zähne brechen vermutlich durch – es wird groß!

Wachstumsrate

Bis zur Pubertät (die in unterschiedlichem Alter einsetzt) nehmen Körpergröße und -gewicht nun stetig zu. Es kommt dabei vor allem auf die Größe an. Bleibt Ihr Kind in diesem Alter auf seiner Perzentilenkurve (s. S. 22) zurück, sprechen Sie mit dem Kinderarzt. Es könnte eine Hormonstörung oder eine selten auftretende chronische Krankheit zugrunde liegen.

Das Wachstum erfolgt oft schubweise; insgesamt sollte es aber etwa vier bis sechs Zentimeter pro Jahr betragen. Das Gewicht kann stärker schwanken – eine Krankheit führt z. B. oft zu einem vorübergehenden Gewichtsverlust, während das Kind in einer Phase überwiegend sitzender Beschäftigung mit viel Essen, z. B. in den Ferien, kurzzeitig zunehmen kann.

Entwicklung der Grobmotorik

Ihr Kind baut seine körperlichen Fähigkeiten aus; womöglich beginnt es mit einer Mannschaftssportart wie Fußball oder Handball. Das Ballgefühl verbessert sich, und es kann auch kleine Bälle fangen – alles eine Frage der Übung. Sechsjährige können sich in ihrer Sportlichkeit stark unterscheiden.

Es ist nicht überraschend, dass sportliche Eltern oft sportliche Kinder haben. Vermutlich gibt es dabei eine genetische Komponente, doch eine entscheidende Rolle spielen Übung und Motivation der Kinder. Wenn Sie wenig sportlich sind, es aber gern hätten, dass Ihr Kind bewegungsfreudig wird, liegt es an Ihnen, sich aufzuraffen und mit ihm z. B. Fußball zu spielen oder schwimmen zu gehen. Motivieren Sie Ihr Kind, indem Sie die Begeisterung für Sport vorleben, selbst wenn Sie lieber fernsehen als Sport treiben würden. Sie können Ihr Kind auch im örtlichen Fußball- oder Sportverein anmelden. Mannschaftssportarten bieten eine wunderbare Gelegenheit,

»Beim Mannschaftssport finden Kinder Freunde, er baut ihr Selbstwertgefühl auf und lehrt sie zu kooperieren.«

Sport zu treiben sowie Feinmotorik und Koordination (s. S. 24) zu schulen. Sie stärken auch das Selbstbewusstsein. Kinder, die sich in der Schule schwer eingewöhnen, blühen auf dem Fußballfeld oft auf. Und selbst wenn nicht: Man kann nicht früh genug lernen, ein guter Verlierer zu sein!

Haben Sie den Eindruck, dass Ihr Kind eine schlechte Koordination hat, tollpatschig ist oder ihm alterstypische Aktivitäten schwerfallen, sprechen Sie mit dem Kinderarzt. Eine Dyspraxie (s. S. 53) kommt besonders bei Jungen häufiger vor.

Entwicklung der Feinmotorik

Ihr Sechsjähriges kann sicherlich geschickt mit einer Schere (geben Sie Ihrem linkshändigen Kind eine Schere für Linkshänder) und mit kleinem Werkzeug umgehen. Es malt selbstbewusst, mit der richtigen Stifthaltung und kann vielleicht schon Buchstaben und Zahlen schreiben. Es ist normal, wenn es manche anfangs seitenverkehrt schreibt. Diese Verbesserung der Feinmotorik lässt Ihr Kind besser mit einem Messer schneiden und beim Essen selbstständiger werden.

AUSMALEN
Die Fähigkeit zur Konzentration und genauen Stifthaltung erlaubt Ihrem Kind, exakt zu zeichnen und auszumalen.

Fahrradfahren lernen

Sechs Jahre ist ein angemessenes Alter, um Fahrradfahren zu lernen. Dazu braucht Ihr Kind ein Fahrrad in der richtigen Größe. Sie können Stützräder verwenden oder alternativ wie folgt vorgehen.

So bringen Sie es Ihrem Kind bei:

★ Entfernen Sie zunächst die Pedale. Setzen Sie es auf den Sattel und lassen es das Gleichgewicht finden.

★ Stellen Sie das Rad an einen leichten Hang. Fordern Sie es auf, die Füße anzuheben und das Rad rollen zu lassen, wohl wissend, dass es jederzeit die Füße auf den Boden stellen kann, sollte es das Gleichgewicht verlieren.

★ Wenn es sicher anhalten kann, ohne hinzufallen, bringen Sie die Pedale wieder an; nun soll es treten, während Sie es am Sattel festhalten.

★ Bald wird es ein sicherer Radfahrer sein, ohne monatelange quietschende Stützräder.

Sicherheit ist oberstes Gebot

Beim Radfahren muss Ihr Kind einen Helm und helle Kleidung tragen. Bei diffusem Licht braucht es auch Reflektoren. Achten Sie auf den Zustand und die Passform des Helms, da der Kopf Ihres Kindes wächst. Seien Sie ein Vorbild und tragen beim Radfahren selber einen Helm.

Bringen Sie Ihrem Kind verkehrssicheres Verhalten bei. Machen Sie ihm klar, dass Kinder auf Fahrrädern nicht gut zu sehen sind. Bringen Sie eine Fahrradglocke oder Hupe an und lehren es, wann man sie benutzt. Das ist besonders wichtig, wenn es noch etwas unsicher fährt.

Bleibende Zähne

Nach dem Ausfallen der Milchzähne (s. S. 77) brechen die zweiten Zähne durch. Dieser Prozess setzt in unterschiedlichem Alter ein. Einige wenige Sechsjährige haben bereits mehrere bleibende Zähne, bei manchen Achtjährigen dagegen sind die Milchzähne noch nicht ausgefallen. Mit 14 Jahren haben die meisten Kinder 28 zweite Zähne (acht Zähne mehr als Milchzähne). Weitere vier Zähne, die Weisheitszähne, brechen erst mit etwa 18 Jahren durch.

Fluoridhaltige Zahnpasta hat zu einer bedeutenden Verbesserung der Zahngesundheit beigetragen; es gibt aber immer noch zu viele Kinder, denen infolge schlechter Ernährung oder Zahnpflege mehrere Milchzähne unter Narkose gezogen werden müssen.

Es ist wichtig, dass Ihr Kind zweimal täglich die Zähne putzt. Viele Kinder sind in diesem Alter zwar willig, aber oft nicht in der Lage, die Zähne rundum gründlich zu putzen; hier müssen Sie vielleicht ein wenig »nachbessern«. Eine gute Zahnpflege heute verringert das Risiko, dass später Karies entsteht. Zuckerhaltige Speisen und Getränke sind die Hauptursache für Karies.

Gesundheit

In diesem Alter sind Kinder aktiv und voller Energie. Nachteilige Lebensumstände, wie Über- oder Fehlernährung, können allerdings Gesundheit und Entwicklung beeinträchtigen. Gute Ernährung bleibt wichtig, besonders jetzt, da verstärkt äußere Einflüsse auf Ihr Kind einwirken.

Das Gewicht im Auge behalten

Jetzt, da Ihr Kind – vielleicht sogar ganztags – in der Schule ist, vergleichen Sie es eher mit Gleichaltrigen. Denken Sie daran, dass sich Sechsjährige in Größe und Gestalt sehr unterscheiden; manche sind sehr dünn, andere wirken etwas übergewichtig. Geringes Übergewicht ist meist harmlos, aber wenn sich das Kind auch eindeutig wenig bewegt oder viel nascht, versuchen Sie es zu mehr Aktivität anzuhalten und es gesünder zu ernähren. Etwa seit 1980 hat sich die Anzahl übergewichtiger Kinder in den Industrieländern erhöht. In Deutschland ist etwa jedes fünfte Kind übergewichtig. Sieben bis acht Prozent sind sogar stark übergewichtig.

Anzeichen für Übergewicht bei Ihrem Kind:

- Kurzatmigkeit bei Anstrengung.
- Watschelnder Gang.

Die Entwicklung überprüfen

Die letzte Vorsorgeuntersuchung, die U 9, wurde mit fünf bis fünfeinhalb Jahren durchgeführt. Sie ist die letzte Untersuchung vor der Einschulung. Nun gibt es bis zur J1 im Alter von 12 bis 15 Jahren keine Routineuntersuchung mehr. Behalten Sie die Entwicklung Ihres Kindes deshalb selbst im Auge.

Als grobe Richtlinie können Sie von Ihrem Sechsjährigen erwarten:

★ Es hat einen lebhaften, neugierigen Geist.
★ Es kann seine Gedanken und Gefühle mitteilen.
★ Es kann sich konzentrieren.
★ Es ist gesellig.
★ Es sieht und hört so gut wie Sie.
★ Es versucht zu lesen und schreiben.
★ Es ist körperlich aktiv.
★ Es besitzt eine gute Koordination.
★ Es hat gesunden Appetit, zumindest auf das, was es mag.
★ Es ist tagsüber und nachts trocken (trotz gelegentlicher »Unfälle«).

Bei Bedenken wenden Sie sich an den Kinderarzt.

EIN GUTER START *Vom Frühstück profitiert Ihr Kind körperlich und geistig. Es sollte ihm von klein an zur Gewohnheit werden.*

- Die Knie schmerzen.
- Es nascht ständig oder isst gierig.
- Es ist ohnehin bereits das schwerste Kind in der Klasse.

Am besten können Sie einschätzen, ob Ihr Kind übergewichtig ist, wenn Sie es genau messen und wiegen und seinen BMI (Body-Mass-Index; s. S. 52) ausrechnen. Auch eine gewisse ethnische Komponente muss berücksichtigt werden; hier gelten unterschiedliche Wachstumsverläufe.

Bei ernsthaftem Übergewicht lassen Sie sich von einer Ernährungsberaterin beraten. Bei mäßigem Übergewicht genügen oft schon gesündere Essgewohnheiten und eine regelmäßige Gewichts- und Größenkontrolle durch den Kinderarzt. Als Eltern ignoriert man Gewichtsprobleme beim Kind gern, vor allem, wenn man selber und der Partner ebenfalls zu viele Pfunde mit sich herumträgt. Doch tatenloses Zuschauen kommt dem Kind nicht zugute; es wird zu einem dicken Erwachsenen und ist körperlich, sozial und emotional beeinträchtigt, vor allem, wenn es gemobbt wird.

Frühstücken ist wichtig

Ein gutes Frühstück liefert Brennstoff fürs Wachstum, Kohlenhydrate für anhaltende Energie und Aufmerksamkeit, die fürs Lernen unverzichtbar sind. Lehrer merken meistens, wenn Kinder nicht gefrühstückt haben, weil sie weniger wach sind, sich schlechter konzentrieren können und weniger mitmachen. Das Frühstück trägt auch zu einem gesunden Körpergewicht bei, weil es den Stoffwechsel stabilisiert und Heißhunger vorbeugt.

Denken Sie daran:

- Ein kleines Frühstück ist besser als gar keines.
- Wenn Sie selbst nicht frühstücken, sieht Ihr Kind nicht ein, warum es selbst etwas essen soll.

Versuchen Sie ihm Appetit zu machen mit:

- Rührei oder Pfannkuchen, wenn Sie Zeit haben.
- Haferbrei, mit etwas Zucker oder Zimt bestreut.
- Wechselnde Müsli- oder Getreideflockensorten. Achten Sie auf wenig zugesetzten Zucker.
- Ein neuer Brotbelag, z. B. Hefeextrakt, Nussmus oder kalter Braten.
- Frisches Obst als Obstsalat oder Smoothie. Ihr Kind kann bei der Zubereitung helfen.

Die Haut Ihres Kindes

Es gibt einige Hautprobleme, die bei kleinen Kindern häufiger auftreten.

Trockene Haut und rissige Lippen
Das kommt im Winter häufig vor. Cremen Sie Ihrem Kind im Winter das Gesicht ein oder tragen Sie etwas Lippenbalsam auf.

Sonnenbrand
Sonnenlicht enthält ultraviolette Strahlung, die die Haut dauerhaft schädigen kann. Auch die der winterlichen Witterung ausgesetzte Haut braucht einen Schutz. UVA-Strahlen lassen die Haut altern, UVB-Strahlen verursachen Sonnenbrand. Ihr Kind muss vor beidem geschützt werden; lesen Sie die Angaben auf den jeweiligen Sonnenschutzprodukten.

Ekzem/Neurodermitis
Diese Erkrankung tritt oft familiär gehäuft auf. Kratzen verschlimmert den Zustand, die Haut wird rissig, was eine bakterielle Infektion mit einer nässenden Entzündung begünstigen kann.

Die Neigung zu Ekzemen liegt in den Genen, lässt allerdings mit dem Alter nach.

Einem Ausbruch vorbeugen:
★ Kleiden Sie Ihr Kind immer in Baumwolle und nicht in Wolle oder Synthetik.
★ Verwenden Sie hypoallergenes Waschmittel.
★ Verwenden Sie Seifensyndet.
★ Verwenden Sie spezielle Neurodermitisprodukte zum Baden. Ihr Kind soll sich trocken tupfen, statt sich mit einem Handtuch abzurubbeln.
★ Tragen Sie einige Tage lang Kortisonsalbe auf gerötete, schuppende Stellen auf, damit sie abheilen.
★ Wenden Sie sich bei stark geröteter, verkrusteter (gelblicher) oder nässender Haut an den Kinderarzt; es kann eine Infektion bestehen.

Zur Behandlung eines Ausschlags:
★ Tragen Sie mindestens zweimal wöchentlich rückfettende Cremes auf die trockene Haut auf.

Herpes
Es handelt sich um eine sehr ansteckende und in den meisten Fällen wiederholt auftretende Infektion der Lippen (manchmal auch der Nasenlöcher) mit Herpes-simplex-Viren. Ein Schub kann durch kalte Witterung, Verletzung, Kratzen, Infektion oder starke Sonneneinstrahlung ausgelöst werden.

Das erste Symptom ist ein Kribbeln, auf das einige Stunden später eine große oder mehrere kleine Bläschen folgen.

Bei frühzeitiger Behandlung mit antiviral wirkender Aciclovir-Salbe oder auch mit einem auf die kribbelnde Stelle aufgelegten Eiswürfel können Sie den Ausbruch verhindern.

Achten Sie darauf, dass Ihr Kind seinen Herpes nicht berührt. Geben Sie ihm eigene Handtücher sowie auch eigenes Besteck.

Wenden Sie sich an den Arzt, wenn:
★ sich die Bläschen flächig ausbreiten oder der Herpes an mehreren Stellen oder am Auge auftritt.
★ Ihr Kind sich insgesamt unwohl fühlt, z. B. nicht essen oder trinken will (Herpesbläschen können auch Mund und Rachen befallen).

HAUTSCHUTZ *Die Haut Ihres Kindes ist zart und wird von UV-Strahlen geschädigt. Verwenden Sie immer konsequent Sonnencreme, vor allem im Sommer. Schützen Sie den Kopf des Kindes mit einem Hut.*

Grindflechte (Impetigo)
Diese bakterielle Hautinfektion verursacht einen rötlich-gelben, krustigen Ausschlag. Sie kommt bei Schulkindern häufig vor und wird über schmutzige Hände und Nägel übertragen. Hygiene ist wichtig, um eine weitere Verbreitung zu verhindern, wie bei Darminfektionen und Wurmerkrankungen. Ihr Kind sollte den Ausschlag nicht berühren, tragen Sie die ihm verschriebene Salbe auf.

Geistige Fähigkeiten

Ihr sechsjähriges Kind hat vermutlich ein gutes Konzentrationsvermögen, besonders bei Dingen, die es gern macht. Zwar ist es immer noch sehr fantasievoll, doch es wird auch überlegter, verständnisvoller und will gelegentlich in Ruhe nachdenken.

Zahlen und Mathematik

LOGISCH DENKEN *Das Verständnis der Funktionsweise ermöglicht ihm, mit komplizierten Spielsachen zu spielen. Gern tut es das gemeinsam mit Freunden.*

Ihr Kind macht noch Fehler, hat aber ein besseres Zahlenverständnis und kann vielleicht schon bis 20 – oder darüber hinaus – zählen. Helfen Sie ihm, in Zehner- und Einerschritten zu denken. Zeigen Sie ihm z. B. zwei Stapel mit je zehn Bauklötzen und sieben einzelne und benennen Sie die Menge 27. An Münzen lernt es Prägungen und Größen unterscheiden, und Sie können ihm die entsprechenden Werte beibringen. Überrascht stellt es fest, dass kleinere Münzen nicht unbedingt weniger wert sind als größere.

Vielleicht kann es schon einfache Summen bilden; allerdings sind mathematische Basisbegriffe wie Addition und Subtraktion nicht leicht

zu verstehen. Fördern Sie dieses Verständnis, indem Sie Mengen, z. B. aus Knöpfen oder Bauklötzen, bilden oder teilen. Kritisieren Sie es bei Fehlern nicht, zeigen Sie es einfach noch mal.

Die Uhr lesen erfordert mathematische Kenntnisse. Vielleicht stellen Sie eine einfache Uhr ins Kinderzimmer, dann kann es die Tageszeiten mit seinen verschiedenen Aktivitäten in Verbindung bringen.

DIE UHR LESEN
Ein fortgeschrittenes Zahlenverständnis ist Voraussetzung, um den Begriff der Zeit zu verstehen und die Uhr zu lesen können.

Kreativ sein

Ihr sechsjähriges Kind mag kreative Beschäftigungen wie Zeichnen und Malen. Seine Bilder werden gegenständlicher; keine Sorge, wenn es weniger detailliert malt als andere Kinder. Sie können ihm verschiedene Materialien zum Werken geben, z.B. Kreide oder Ton. So fördern Sie Experimentierfreude und Kreativität. Ton oder Knete fördern die Kreativität in besonderer Weise, weil Ihr Kind zum Formen beide Hände einsetzt. Das ist gut für die Gehirnentwicklung, weil beide Gehirnhälften gleichzeitig gefordert sind. Es erwirbt dabei auch Grundlagen der Physik, z.B. den Erhalt der Masse; egal, welche Form man gestaltet, es bleibt immer dieselbe Menge Ton.

Individuelle Interessen und Fähigkeiten

Die Schule stellt zwar an alle Kinder die gleichen Anforderungen, doch mit sechs Jahren unterscheiden sich Kinder stark in ihren Interessen und ihren Stärken. Manche Kinder lieben z. B. Bücher, während andere von Autos fasziniert sind (und sie vielleicht sogar am Motorengeräusch unterscheiden können). Schätzen und fördern Sie die Interessen Ihres Kindes und versuchen Sie es nicht zu oft mit anderen Kindern zu vergleichen.

Logik und Problemlösekompetenz

Ihr Sechsjähriges lernt genauso viel von Ihnen wie in der Schule. Fördern Sie sein logisches Denken, indem Sie Dinge, die es bisher als selbstverständlich betrachtet hat, hinterfragen.

Unterhalten Sie sich doch über Folgendes:

- Wie wird Kleidung hergestellt (aus Stoff und Wolle)?
- Wie funktioniert eine Toilette (die Toilette wird gespült, wenn sich das Wasser aus dem Tank in die Schüssel ergießt)?
- Wie wird Geld verdient und wofür ausgegeben?

Ursache und Folge

Ihr Kind versteht den Zusammenhang von Ursache und Wirkung. Es weiß z. B., dass es dem Hund wehtut, wenn man auf seine Pfote tritt. Es gibt so viele Beispiele aus dem täglichen Leben, dass Sie nicht lange suchen müssen. Nutzen Sie einfach Alltagserfahrungen als Möglichkeit, das Wissen Ihres Kindes zu erweitern. Vergrößern Sie z. B. seine naturwissenschaftlichen Kenntnisse, indem Sie erklären, warum es nach Sonnenuntergang kühler oder warum das Pflaster bei Regen rutschig ist. Mit dem Wissen über Ursache und Wirkung versteht Ihr Kind auch, wie sein Benehmen auf andere wirkt und denkt hoffentlich nun zweimal nach, bevor es sich schlecht benimmt. Es versteht dann auch, dass schlechtes Benehmen eine Strafe zur Folge hat.

MISSGESCHICK *Es gibt immer wieder kleine Missgeschicke, wie verschüttete Milch, aber Ihr Kind weiß, ob es etwas absichtlich oder unabsichtlich tut.*

- Was kann man tun, wenn es sehr kalt ist?
- Wie kommen bei Feuer die Menschen im Dachgeschoss in Sicherheit?
- Wie bekommt man all die Einkäufe ins Auto oder den Bus?
- Wie passt ein Haufen Kieselsteine oder Muscheln in ein Glas? (Am besten die großen Kiesel zuerst einfüllen, damit die kleinen die Lücken füllen!)

Manche Probleme erfordern eine kreative Lösung – fragen Sie Ihr Kind z. B., wie es aus einer großen Schachtel eine Garage bauen würde. Im Alltag gibt es ständig Probleme, die Sie gemeinsam durchdenken können. Auf diese Weise entdeckt und verbessert Ihr Kind Fähigkeiten, die ihm als Problemlösekompetenzen im Leben wertvolle Dienste leisten werden.

Absicht und eigene Meinung

Mit sechs Jahren hat Ihr Kind bestimmt schon eine Menge Dinge fallen gelassen, aber es ist alt genug zu wissen, dass es dies nicht absichtlich tun darf. Ihm wird nun auch bewusst, dass es unterschiedliche Standpunkte und Meinungen gibt; damit wird es in der Schule immer häufiger konfrontiert. Es weiß z. B., dass sein Freund Max Schokoeis mag, Leila aber Erdbeereis. Leiten Sie es an, über die Meinung der Mitmenschen nachzudenken. Fragen Sie es, was seiner Meinung nach andere denken oder fühlen.

Sprechen und Sprache

Im siebten Lebensjahr erweitern sich der aktive und der passive Wortschatz beträchtlich. Infolge seiner längeren Aufmerksamkeitsspanne (meist etwa 15 Minuten) und seiner Neugierde stellt Ihr Kind Fragen und erfragt die

Bedeutung von Wörtern. Das ergänzt sich mit der verbesserten Problemlösekompetenz (s. S. 117). Viele Sechsjährige versuchen mit Begeisterung, Dinge selbst herauszufinden, und interessieren sich daher für Bücher, Zeitschriften, Wissenssendungen und ihre Umwelt. Fördern Sie dieses Interesse, wann immer Sie können.

Mit sechs Jahren spricht ein Kind in der Regel sehr deutlich und Sie sollten alles verstehen. Grammatikfehler können noch auftreten. Da es Ihre Sprechweise imitiert, ist es wichtig, dass Sie immer korrekt sprechen. Auch wenn sich das Sprachvermögen rasch entwickelt, bleibt die Schriftsprache doch weit dahinter zurück. Wir wünschen uns meist, dass unsere Kinder möglichst früh lesen lernen. Doch die kognitiven Veränderungen, die für den Leselernprozess Voraussetzung sind, vollziehen sich irgendwann zwischen sechs und sechseinhalb; in diesem Alter können Kinder lesen lernen.

Denken Sie daran:

- Sechsjährige vertauschen häufig Wörter und/oder Buchstaben – die visuelle Unterscheidungsfähigkeit ist nicht immer weit genug fortgeschritten. Das muss kein Anzeichen von Legasthenie (s. S. 121) sein.
- Der Versuch, ein widerwilliges Kind zum Lesen zu zwingen, obwohl es noch nicht reif dazu ist (s. S. 89), schadet mehr, als dass er nutzt.

»Lesen sollte immer Spaß machen, also bitte kein Druck. Bald wird es auch allein lesen wollen.«

Lesen lernen

Kinder brauchen bis zu zwei Jahren, bis sie flüssig lesen lernen. Oft ist der Leselernprozess sehr mühsam, und dann verlieren die Kinder leicht die Freude am Lesen und Schreiben. Durch Ihr Interesse und spielerisches Üben können Sie Ihr Kind beim Lesenlernen unterstützen. Kinder lernen das Lesen in der Schule über die Lautfolge, nicht über den alphabetischen Buchstaben. Daher ist anfangs die Rechtschreibung nicht von großer Bedeutung. Üben Sie anhand des Lesebuchs Ihres Kindes die jeweils gelernten Buchstaben und Wörter.

Auch so können Sie den Leselernprozess unterstützen:

★ Schenken Sie Ihrem Kind Magnetbuchstaben, aus denen es Wörter und Sätze bilden kann. Nehmen Sie Buchstaben weg und bitten Sie es, sie wieder einzusetzen und das Wort zu vervollständigen.

★ Geben Sie Ihrem Kind eine Liste mit Wörtern, die es in einem Bilderbuch finden soll. Dann versuchen Sie dasselbe mündlich – es muss also aus dem gesprochenen Wort das richtige Schriftbild ableiten.

★ Spielen Sie Wortspiele, bei denen man Reimwörter finden muss. Bitten Sie Ihr Kind durch Veränderung einzelner Buchstaben das richtige Wort zu finden, beispielsweise »Haus« auf »Maus«. Ermuntern Sie Ihr Kind, möglichst viele Wortkombinationen mit denselben Anfangs- und Endbuchstaben zu finden.

SCHREIBFERTIGKEIT *Das Schreibenlernen macht Spaß mit Aktivitäten, bei denen Ihr Kind etwas über Wörter und die Form der Buchstaben lernt.*

Den Lese- und Schreibprozess fördern

Wenn Sie die Freude Ihres Kindes am Lesen und Schreiben wecken können, erwirbt es auch die Fähigkeiten, die es in der Schule braucht, und es wird viele frohe Stunden erleben, wenn es sich in Bücher vertieft und lernt, sich selbst schriftlich auszudrücken. Der beste Weg, die Liebe zum Lesen und Schreiben anzufachen, besteht darin, täglich mit dem Kind zu lesen und Beschäftigungen anzubieten, die diese Fähigkeit spielerisch fördern.

So fördern Sie Ihr Kind:

- Bitten Sie Ihr Kind, Ihnen beim Erstellen der Einkaufsliste zu helfen
- Lassen Sie es eigene Posten hinzufügen und lesen Sie die fertige Liste gemeinsam vollständig durch.
- Benennen Sie Menschen und Gegenstände auf den Bildern Ihres Kindes – z. B. »Haus«, »Mädchen«, »Hund«, »Baum«.
- Legen Sie ein Sammelalbum mit Bildern an und lassen Sie es Ihr Kind beschriften. Wenn Ihr Kind mit Buchstaben und Lauten vertraut ist, verlieren sie ihren »Schrecken«.
- Lassen Sie sich von Ihrem Kind eine Geschichte diktieren. Weisen Sie auf die Schlüsselwörter hin.
- Halten Sie Stifte, Papier und Buntstifte für Ihr Kind jederzeit zugänglich.
- Helfen Sie Ihrem Kind, ein Bilder-/Wörtermagazin anzulegen.
- Hören Sie am Ende eines spannenden Kapitels auf zu lesen. Ihr Kind will wissen, was als Nächstes passiert, und wird versuchen, selber zu lesen. Helfen Sie ihm natürlich, wenn es Mühe hat.
- Suchen Sie nach Büchern, die Ihnen beiden gefallen. Nehmen Sie sich Zeit für die Bücherei oder die Buchhandlung. Lesen Sie Bücher aus einer Buchreihe, schlagen Sie Bücher als Geburtstagsgeschenk vor.
- Denken Sie daran, dass das Lesevermögen sich von seiner Fähigkeit, zuzuhören, unterscheidet. Bei einfachen Büchern werden Leseanfänger bald mitlesen. Schwierigere Bücher werden erst vorgelesen; dann motivieren Sie Ihr Kind, sie selber zu lesen.
- Fördern Sie das zielgerichtete Schreiben. Bitten Sie Ihr Kind, einen kurzen Brief an einen Freund oder Angehörigen zu schreiben, und schicken Sie ihn ab. Bitten Sie um eine Antwort; so wird Ihr Kind bald in einen Briefwechsel verwickelt sein! Nach einem Geburtstag bitten Sie es, sich kurz schriftlich für die Geschenke zu bedanken.

Dyslexie/Legasthenie (Lese-Rechtschreibschwäche)

Unter Dyslexie versteht man Probleme mit dem Lesen und Verstehen von Wörtern oder Texten bei Menschen mit normalem Seh- und Hörvermögen. Gebräuchlicher sind die Begriffe Legasthenie oder Lese-Rechtschreibschwäche, die sich aber vor allem auf die Lese- und Schreibprobleme beziehen und üblicherweise erst ab dem Schulalter verwendet werden. Bei einer Dyslexie können aber außer dem Lesen, Buchstabieren und Schreiben auch das Gedächtnis, manchmal die mathematischen Fähigkeiten, Musik und Fremdsprachen und Selbstorganisation beeinträchtigt sein. Legasthenie wird als Lernstörung bezeichnet, kommt familiär gehäuft vor und kann lebenslang bestehen. Sie ist bei etwa 5 bis 17 Prozent der Gesamtbevölkerung anzutreffen, in verschiedenen Formen und Ausprägungsgraden. Betroffene haben oft viele kreative und praktische Fähigkeiten und können sehr klug sein, was die Schwäche noch frustrierender macht. Es gibt verschiedene Möglichkeiten, diese Schwäche in verschiedenem Alter zu diagnostizieren.

Achten Sie bei kleinen Kindern auf:

★ Familiäre Vorbelastung.

★ Deutlich verzögerter Spracherwerb.

★ Grammatikfehler, z. B. Vertauschen von Satzteilen.

★ Probleme bei der Benennung bekannter Gegenstände.

★ Lispeln oder allgemeine Artikulationsschwäche.

★ Verwechseln von Richtungswörtern, z. B: »unter/auf«.

★ Häufiges Stolpern, Anstoßen und Hinfallen ohne sichtbaren Grund.

★ Ein Geschick für Konstruktions- und Technikspielzeug wie Bauklötze und Puzzles.

★ Mangelndes Interesse an Buchstaben oder Wörtern trotz Freude am Vorlesen von Geschichten.

★ Probleme, Kinderverse zu lernen.

★ Schwierigkeiten mit Reimwörtern, wie Haus, Maus, raus.

★ Im Babyalter statt Krabbeln eher Po-Rutschen. Etwa 70 Prozent der Kinder mit Dyslexie krabbeln nicht, wobei manche Forscher meinen, das Krabbeln sei für die Entwicklung korrekter Reflexe erforderlich.

★ Probleme mit Abfolgen – z. B. aus bunten Perlen.

★ Das Kind wirkt besonders klug.

Wenn Sie meinen, Ihr sechsjähriges Kind könnte an Dyslexie leiden, sprechen Sie mit dem Kinderarzt. Er kann einen Test veranlassen.

GUT MALEN KÖNNEN *Zwar haben Kinder mit Legasthenie Probleme mit dem Lesen und der Aussprache von Wörtern, doch sie sind oft künstlerisch sehr begabt, weil ihre rechte Hirnhälfte besonders groß ist.*

So helfen Sie Ihrem Kind mit Dyslexie:

★ Wenn Ihr Kind links und rechts nur schwer unterscheiden kann, binden Sie ein blaues Band an seine rechte Hand und ein rotes an die linke.

★ Bringen Sie ihm Kinderverse bei, die es oft wiederholen soll. Sie fördern das Verständnis von Rhythmus, Reim und Wiederholung.

★ Bringen Sie ihm Lieder mit Wiederholungen bei, wie »Wer will fleißige Handwerker sehen«. Verändern Sie gelegentlich ein Wort, um zu sehen, ob Ihr Kind es bemerkt.

★ Lesen Sie möglichst oft vor. Wenn Kinder mit Wort- und Satzfolgen und dem Aufbau von Geschichten vertraut werden, können sie diese selber besser anwenden.

★ Das Befolgen von Anweisungen und genaues Zuhören sind wichtig, da viele Kinder mit Dyslexie Probleme mit der Konzentration haben. Spiele, wie »Ich sehe was, was du nicht siehst«, sind hilfreich.

★ Der Computer kann das Lesenlernen und Zahlenverständnis unterstützen. Wählen Sie spezielle Spiele, die Spaß machen und nicht die Leistung in den Vordergrund stellen. Ermutigen Sie Ihr Kind, Zahlen und Buchstaben einzutippen und zu beobachten, wie sie auf dem Monitor erscheinen.

Bitten Sie es, eine Einkaufsliste auswendig zu lernen oder eine Abfolge von Orientierungspunkten.

Gefühle und Persönlichkeit

Ihr Kind beginnt sich durchzusetzen; es entwickelt Vorlieben und Abneigungen und tut sie deutlich kund. Es ist nicht mehr mit all Ihren Plänen einverstanden und kann sich vehement widersetzen. Wenn es Ihnen deutlich sagt, was es denkt, streiten Sie vielleicht zum ersten Mal mit ihm.

Worte können verletzen, und Ihr Sechsjähriges kann hart urteilen, wenn es wütend ist. Wird ihm etwas verboten, oder soll es etwas tun, was es nicht will, kann es schon einmal mit einem schneidenden »Ich hasse dich« reagieren. Betrachten Sie solche Äußerungen unbedingt als Ausdruck seiner Wut. Ihr Kind meint es nicht so. Es weiß, dass diese Worte verletzen, ihm ist aber nicht bewusst, wie massiv das Wort »hassen« ist. Es will Ihnen nur seinen Widerwillen zeigen und meint es nicht persönlich.

Die beste Antwort ist: »Das ist nicht schön, aber ich liebe dich trotzdem.« Verkneifen Sie sich eine Revanche, wie »Gut, ich mag dich auch nicht mehr.« So sollte ein besonnener Erwachsener nicht reagieren. Außerdem könnte es Ihr Kind ernst nehmen und fürchten, dauerhaft Ihre Liebe verloren zu haben. In diesem Alter beherrscht Ihr Kind auch noch keineswegs alle gesellschaftlichen Konventionen. Wenn es auf Besuch ist, sagt es vielleicht: »Ich will nach Hause. Es ist langweilig hier.« Ihnen ist das peinlich, ihm nicht. Es hat noch nicht gelernt, seine Gedanken für sich zu behalten.

BOCKIG *Es bringt klar zum Ausdruck, wann es anderer Meinung ist; meistens sollte es aber einlenken.*

Ihr launisches Kind

Mit sechs ist Ihr Kind unberechenbar. Das Essen kann zum Machtkampf werden, da sein Geschmack jeden Tag anders ist. An einem Tag verschlingt es Würstchen, das nächste Mal verweigert es sie. Wenn es ein Süßschnabel ist, bettelt es oft um Süßigkeiten. Es beginnt auch zu verhandeln, feilscht um Süßigkeiten, verspricht vielleicht, zu Hause brav zu sein, um sie schon vorher zu bekommen. Ihr Kind kann durchaus gelegentlich eine Belohnung bekommen – Aufkleber und Lob –, aber erst nachdem es das gewünschte Verhalten gezeigt hat. Wenn Sie es im Voraus belohnen, wird es sein Versprechen nicht unbedingt halten.

Keine Bevorzugung

Ihr Kind hat einen starken Gerechtigkeitssinn und will wie seine Geschwister behandelt werden. Es ist nicht einfach, Liebe und Aufmerksamkeit gleichmäßig zwischen allen Kindern zu verteilen. Bemühen Sie sich dennoch darum, damit zwischen den Geschwistern keine Eifersucht entsteht. Hat Ihr Sechsjähriges das Gefühl, man würde ständig auf ihm herumhacken und es mit einem Geschwister vergleichen, reagiert es mit Boshaftigkeit und Fehlverhalten, nur um Aufmerksamkeit zu erlangen. Problematisch ist es, wenn ein Elternteil gegen den anderen für ein Kind Partei ergreift.

Nicht jeder Vergleich ist schädlich; manche sind realistisch und hilfreich. Wenn Sie z.B. beim Elternabend waren, ist es vernünftig, als Familie über die Stärken und Probleme jedes Kindes zu sprechen. Zum Beispiel: »Leo ist gut in Mathe, muss aber in Sachkunde mehr tun. Marie, du bist in Deutsch gut und wir helfen dir jetzt in Mathe.« Auf diese Weise werden die Leistungen aller Kinder anerkannt. Nicht hilfreiche Vergleiche können ein Kind jedoch entmutigen. Wenn Sie z.B. sagen: »Kannst du nicht so ordentlich sein wie deine Schwester?«, dann wird ein Kind gegen das andere

»Es will gerecht behandelt werden und spürt genau, wie Sie es im Vergleich zu seinen Geschwistern behandeln.«

Dem Kind zuhören

Sie sind die wichtigsten Vertrauten Ihres Kindes und daher ist es darauf angewiesen, dass Sie seine Bedürfnisse erkennen und befriedigen. Gut zuhören kann jeder lernen, auch wenn es ihm nicht von Natur gegeben ist. Wenn Ihr Kind mit Ihnen sprechen will, unterbrechen Sie Ihre Tätigkeit, stellen Blickkontakt her und setzen sich, damit Sie auf gleicher Höhe sind. Schenken Sie ihm Ihre ganze Aufmerksamkeit; schweifen Sie gedanklich nicht ab.

Wie es kommuniziert

Ihr Kind kommuniziert durch Worte, Tonfall und Körpersprache; stellen Sie sich darauf ein. Wenn es z. B. sagt, es sei glücklich, dabei aber traurig aussieht, geben Sie ihm Zeit, mehr zu sagen. Ermutigen Sie es zum Sprechen, machen Sie deutlich, dass Sie zuhören, indem Sie sich ihm ganz zuwenden und immer wieder »Ja« sagen. Unterbrechen Sie es nicht.

Ihr Kind will vor allem, dass Sie ihm zuhören, an seiner Welt teilhaben und stolz auf es sind. Das fördert eine starke Beziehung zwischen Ihnen beiden.

ausgespielt. Es fühlt sich zurückgesetzt und ist kaum motiviert, es besser zu machen. Bevorzugung wird auch vermieden, wenn zu Hause für alle die gleichen Regeln gelten. Wird Ihr Kind gerecht behandelt, ist es auch kooperativ. Wenn es meint, Sie seien mit ihm strenger, rebelliert es. Man kann nicht immer gerecht sein, sollte es aber versuchen.

Strafen bei sechsjährigen Kindern

Mit sechs weiß Ihr Kind, welches Verhalten von ihm erwartet wird. Es kennt die Regeln – freundlich und höflich sein, teilen und auf Spielsachen und Sauberkeit achten. Dennoch kann es auch noch recht impulsiv sein und ist dann unfähig, seine Gefühle zu zügeln; daher wird es sich nicht immer an diese Regeln halten können. Am meisten erreichen Sie, wenn Sie auf Fehlverhalten konsequent und ruhig reagieren. Durch wütendes Brüllen eskaliert ein Problem eher, als dass es sich löst.

»Langwierige Konsequenzen erzeugen Unmut und geben dem Kind keine Chance, besseres Verhalten zu zeigen.«

Denken Sie daran:

- Positive Aufmerksamkeit zu schenken ist für viele Eltern der wirksamste Weg, gutes Verhalten zu lehren.
- Reagieren Sie auf Fehlverhalten sofort durch eine logische Folge. Wenn Ihr Kind z. B. die Wand bemalt hat, muss es Ihnen beim Saubermachen helfen. Sie können ihm auch die Stifte fünf Minuten lang wegnehmen.
- Verzichten Sie auf langwierige Konsequenzen, wie stundenlanges Schimpfen oder ein stundenlanges Verbot von Computerspielen. Diese Konsequenzen zeigen keine Wirkung, weil Ihr Kind schnell vergisst, warum es die Strafe ursprünglich bekommen hat.

Kinder werden nicht gern gescholten und reagieren empfindlich darauf, wenn sie bei schlechtem Benehmen ausgeschlossen werden. Um dies zu verhindern, sind sie motiviert, Anweisungen nachzukommen. Ein Kind darf aber nicht häufiger getadelt als gelobt werden. Dann wird Fehlverhalten zu einem Verhaltensmuster und Strafen werden als normal hingenommen. Wenn Sie das Gefühl haben, Ihr Kind gerät in einen solchen Teufelskreis, auch in der Schule, handeln Sie sofort. Sprechen Sie mit der Lehrerin und überlegen Sie gemeinsam, wie Ihr Kind seine Kooperationsbereitschaft zeigen kann – vielleicht durch die Übernahme kleiner Aufgaben. So erfährt es, dass die Erwachsenen an es glauben und ihm die Chance geben, sich gut zu benehmen und dafür gelobt zu werden.

Seelische Gesundheit

Resilienz bezeichnet die Fähigkeit Ihres Kindes, sich in seiner Haut wohlzufühlen und sich von Rückschlägen zu erholen. Solch ein Kind hat ein gutes Selbstbewusstsein, das Gefühl, Einfluss auf sein Leben zu haben und kann Probleme lösen. Diese Kinder passen sich besser an und erholen sich schneller von Widrigkeiten. Wenn Sie Ihrem Kind helfen, alltägliche Probleme selbst zu lösen, stärken Sie seine Resilienz. Leiten Sie es an, etwas selbst zu probieren, bevor Sie eingreifen. Hat es bei den Hausaufgaben Schwierigkeiten, fragen Sie z. B.: »Wo könntest du eine Antwort finden?«, statt gleich die Information zu liefern.

Wichtig ist eine positive, aber realistische Einstellung. Ihr Kind wird Zeiten erleben, in denen nicht alles nach Plan läuft. Vielleicht wird es nicht wie erhofft Mannschaftsführer. Hilfreich ist jedoch die Einstellung, dass jeder Versuch lohnt, auch wenn sich dadurch die eigenen Ziele verändern können. Wenn es nicht Kapitän sein kann, ist es vielleicht ein super Torwart. Auf diese Weise kann es Enttäuschungen verkraften und sie durch Erfolge ausgleichen.

Ein Gefühl der Zufriedenheit

Ob schulisches Projekt oder Bastelei zu Hause – Ihr Kind möchte seine Werke auch präsentieren. Kommen Sie diesem Wunsch nach, indem Sie Materialien, Raum und Unterstützung zur Verfügung stellen.

So wichtig ist Lob

Mit sechs ist sich Ihr Kind seiner Leistungen bewusst und empfindet Stolz, wenn seine Werke gezeigt werden. Es wird glücklich strahlen, wenn Sie seine Arbeiten bei Elternabenden bewundern oder sie zu Hause Besuchern zeigen. Lenken Sie Ihren Blick auf das Positive, wenn Sie sein Werk kommentieren. Es ist die Anstrengung, die die Leistung ausmacht, denn sie zählt mehr als das perfekte Detail. Sagen Sie beispielsweise: »Toll, wie leuchtend du die Farben hingebracht hast«, statt: »Warum hast du das nicht richtig ausgemalt?«

Übertreiben Sie es aber nicht mit dem Lob, weil es sonst nicht mehr aufrichtig klingt.

KREATIVITÄT FÖRDERN *Beim Malen kann Ihr Kind nach Herzenslust kreativ sein. Kommentieren Sie seine Bildideen und seine Farbwahl positiv und präsentieren Sie seine Kunstwerke zu Hause.*

Die seelische Gesundheit Ihres Kindes wird durch Ihre Reaktionen und die anderer Erwachsener, auch der Lehrer, beeinflusst. Es nimmt Kommentare über seine Fähigkeiten, auch einfach dahingesagte, ernst. Hört ein sechsjähriges Kind, dass es etwas nicht gut kann, betrachtet es dies als Tatsache, an der es nichts mehr ändern kann. Daher müssen Bemerkungen wie »Sport ist nichts für dich« unbedingt vermieden werden, da das Kind seine sportlichen Bemühungen sonst vielleicht gänzlich einstellt.

Spielen und Freundschaften

Das Kind liebt nun Spiele mit Regeln, da es wissen will, wo es steht. Und es will, dass jeder fair spielt. Auf diese Weise entwickelt sich sein Bedürfnis nach Sicherheit und Vorhersehbarkeit weiter. Jungen verbringen ihre Freizeit bevorzugt in einer größeren Gruppe mit sportlichen Aktivitäten. Ihre Spiele sind meist auf Wettbewerb ausgerichtet. Mädchen sind in ihrem Spiel weniger ehrgeizig und haben meist eine oder zwei enge Freundinnen. Mit etwa sechs Jahren beginnen Jungen, sich damit zu necken, wie ein Mädchen zu sein. Ihr Sohn wird sich sehr anstrengen, nicht mädchenhaft zu wirken.

MÄDCHEN UNTER SICH
In diesem Alter haben Kinder überwiegend gleichgeschlechtliche Freunde. Mädchen haben meist eine oder zwei enge Freundinnen.

Häufige Verhaltensprobleme

▶ Mein sechsjähriger Sohn kommandiert alle herum, auch mich. Wie soll ich damit umgehen?
Ihrem Sohn könnte es an Sozialkompetenz fehlen. Erklären Sie ihm, dass es nicht angenehm ist, angemeckert zu werden. Finden Sie mit ihm heraus, wie er sich fühlen würde, wenn andere mit ihm so sprechen würden, wie er oft mit ihnen spricht. Seien Sie wie immer ein gutes Vorbild und sagen Sie freundlich »Bitte« und »Danke«. Natürlich müssen Sie Ihrem Kind gelegentlich sagen, was es zu tun hat, aber gehen Sie dabei einfühlsam vor.

Vielleicht will er auch einfach mehr Mitsprache. Geben Sie ihm Wahlmöglichkeiten, z. B.: »Soll ich dir deine Gute-Nacht-Geschichte jetzt oder in fünf Minuten vorlesen?« Loben Sie ihn für gutes Verhalten und sagen Sie ihm, wenn er Ihnen eine Hilfe gewesen ist.

▶ Meine sechsjährige Tochter ist sehr anhänglich. Wie kann ich ihr mehr Selbstsicherheit vermitteln?
Viele sechsjährige Kinder wirken unsicher, andere dagegen strotzen vor Selbstbewusstsein. Wenn ein Kind klammert, braucht es die elterliche Sicherheit. Seien Sie für Ihre Tochter da. Wimmeln Sie sie nicht ab, machen Sie sich nicht über sie lustig. Manchmal müssen Sie sich jedoch auch trennen. Achten Sie dabei immer darauf, dass Sie sich verabschieden und zur vereinbarten Zeit zurückkommen. Es ist meist besser, wenn das Kind von den Eltern weggeht, als wenn die Eltern es stehen lassen. Am Schultor warten Sie, bis Ihre Tochter hineingeht, statt sie nur abzuliefern und zur Arbeit zu eilen.

Sollte Ihre Tochter etwas beunruhigen, wie ein Baby oder ein Todesfall in der Familie oder ein Umzug, ist Ihnen das sicher bereits bewusst. Finden Sie jedoch auch heraus, ob in der Schule etwas nicht stimmt. Fragen Sie sie, ob sie Ängste hat oder traurig ist.

▶ Mein Sohn will dieselben Spielsachen wie seine Freunde haben. Wie kann ich ihm helfen, dem Gruppendruck standzuhalten?
Das ist eine harte, aber wichtige Lektion für ein junges Kind. Wenn Ihr Kind z. B. genauso viel Taschengeld will, denselben Haarschnitt oder dasselbe T-Shirt wie seine Freunde, erklären Sie ihm, dass nicht alle Familien das Gleiche tun oder haben. Wenn vertretbar, bieten Sie ihm Alternativen. Vielleicht kann es den gewünschten neuen Schreibtisch bekommen, aber nicht auch ein neues Fahrrad.

Weisen Sie es darauf hin, dass es manche Dinge hat, die nicht alle Freunde haben. Vielleicht eine Oma, die Italienisch spricht. Oder Ihre Katze hat gerade Junge bekommen – denken Sie vielseitig! Geben Sie dem Gruppenzwang nicht nach und seien Sie sich bewusst, dass manches, was Ihr Kind über seine Freunde sagt, nicht unbedingt stimmen muss.

▶ Wie gehe ich mit den häufigen Stimmungswechseln meines Sohnes um?
Stellen Sie sicher, dass er genug Schlaf bekommt und nicht aus Hunger oder Durst aggressiv wird. Stimmungsausbrüche erfolgen oft, wenn der Blutzucker absinkt, z. B. direkt nach der Schule. Dann hilft ein Getränk oder Snack. Loben Sie ihn, wenn er in guter Gemütsverfassung ist. Ist er niedergeschlagen oder hat einen Wutanfall, reagieren Sie nicht zu heftig. Versuchen Sie ruhig herauszufinden, warum er sich so verhält, ohne wiederholt zu fragen, was nicht in Ordnung ist. Bleiben Sie im Gespräch: Das wird im Hinblick auf die Höhen und Tiefen der Pubertät immer wichtiger.

LAUNEN *Die Stimmung Ihres Kindes kann plötzlich umschlagen; meist gibt es aber einen Grund dafür. Je besser Sie miteinander reden können, umso leichter können Sie ihm helfen.*

Das Leben Ihres Kindes

Wenn Ihr Kind nun zunehmend sein eigenes Leben führt, mit Freundschaften und Aktivitäten, wird der Alltag hektischer. Von einer festen Routine profitieren alle in der Familie. Nun kann Ihr Kind auch wirklich seinen Teil dazu beitragen, dass der Haushalt reibungslos läuft.

Freundschaften schließen

Ihr Kind hat in der Schule und Nachbarschaft stabile Freundschaften entwickelt. Gelegentlich geht eine auseinander – das ist normal. In diesem Alter hängt die Intensität einer Freundschaft stark von gemeinsamen Aktivitäten und viel gemeinsam verbrachter Zeit ab. Um den Freundeskreis Ihres Kindes zu vergrößern, können Sie es an außerschulischen Aktivitäten teilnehmen lassen, wo es Kinder mit ähnlichen Interessen trifft, und Spielkameraden zu Ihnen nach Hause einladen.

Fällt es Ihrem Kind schwer, Freunde zu finden, bitten Sie die Lehrer, auch in der Schule Freundschaften zu fördern. Es können z. B. bestimmte Kinder in ein gemeinsames Projekt eingeteilt werden.

AUFMERKSAMKEIT FÖRDERN
Bei Spielen lernt Ihr Kind eine Sache zu Ende zu bringen – eine wichtige Fähigkeit für den Schulerfolg.

Konzentration schulen

Sechsjährige unterscheiden sich stark in ihrem Konzentrationsvermögen; dabei spielen auch Temperament und Motivation eine Rolle. In einigen Situationen haben Sechsjährige meist Probleme mit der Aufmerksamkeit, da sie noch sehr unruhig und impulsiv sind. Ihr Kind konzentriert sich am besten, wenn es ein Thema interessiert, das weder zu schwierig noch zu einfach ist.

Beurteilen Sie das Konzentrationsvermögen Ihres Kindes nicht nach seiner Ausdauer beim Fernsehen – wenn es 30 Minuten lang gebannt eine Sendung anschaut, heißt das nicht, dass es sich auch in der Schule 30 Minuten konzentrieren kann. Manchmal ist die Konzentration durch eine gesundheitliche Störung oder Kummer beeinträchtigt. Hat ein Kind plötzlich Konzentrationsprobleme, ist es vielleicht krank oder emotional belastet. Kinder mit einer Aufmerksamkeitsdefizit-Hyperaktivitätsstörung (ADHS; s. S. 60) haben eine kurze Aufmerksamkeitsspanne und können kaum still sitzen.

So fördern Sie das Konzentrationsvermögen Ihres Kindes:

- Spielen Sie einfache Spiele mit ihm, wie die Unterschiede zwischen zwei ähnlichen Bildern suchen –, dabei lernt es auf Details zu achten. Lassen Sie es auf dem einen Bild einen Gegenstand genau ansehen und danach die Unterschiede im entsprechenden Objekt des anderen Bildes finden.
- Legen Sie Puzzles. Diese Beschäftigung erfordert Aufmerksamkeit für Details, Ausdauer zum Fertigstellen der Aufgabe und vermittelt ein Erfolgserlebnis. Am besten wählen Sie ein Motiv, das Ihrem Kind gefällt, z. B. Tiere. Das Puzzle darf nicht zu schwer sein, sonst gibt Ihr Kind auf.

Kooperation und Teamarbeit

Ihr Kind erwirbt wichtige Lebenskompetenzen, wenn es gemeinsam mit Ihnen im Haushalt arbeitet und andere Aufgaben erledigt. Dabei sollten alle mitmachen. Jedes Familienmitglied hat bestimmte Ziele, die es in einer Woche machen oder erreichen will. Ihr Kind will vielleicht einen bestimmten Film sehen, einen Freund zum Spielen einladen oder schwimmen gehen. Auch Sie und die anderen haben Vorstellungen, wie Sie Ihre Zeit verbringen wollen. Es erleichtert das Leben, wenn man sich abspricht und alle Vorhaben an einem Schwarzen Brett auflistet. Wenn es gelingt, dass jeder seine Vorhaben umsetzen kann, dann ist es an der Zeit, auch die Haushaltspflichten zu teilen.

»Zu den wichtigsten Elementen eines erfolgreichen Familienlebens gehört die Entwicklung von Teamgeist.«

Erste Übernachtungen außer Haus

Ihr Kind will nun vielleicht zum ersten Mal bei einem Freund übernachten oder es ist bereits schon über Nacht bei Verwandten gewesen.

Damit die Übernachtung ein Erfolg wird:

★ Sprechen Sie mit den Eltern des gastgebenden Kindes, ob es bei ihnen zu Hause bestimmte Dinge zu beachten gibt, reden sie eventuell auch über besondere Gewohnheiten Ihres Kindes.

★ Packen Sie gemeinsam seine Übernachtungssachen – auch ein Spiel, Bilderbuch und sein Kuscheltier.

★ Möglicherweise will es abends noch mit Ihnen telefonieren.

★ Wenn Ihr Kind oft ängstlich ist, geben Sie den Gastgebern Tipps, wie sie in dieser Situation mit Ihrem Kind am besten umgehen.

Ferien ohne Eltern:

Mit sechs Jahren machen nur wenige Kinder schon ohne Eltern Ferien. Doch es gibt durchaus Ferien- oder Sportcamps für Grundschulkinder. Wenn Ihr Kind z. B. fest in einer Sportgruppe integriert ist, von der viele an einem Ferientraining mitmachen, will es vielleicht auch dabei sein. In diesem Fall muss eine absolut vertrauenswürdige und verantwortungsbewusste Betreuung sichergestellt sein ,– und Sie sollten, wenn nötig, schnell zu Ihrem Kind gelangen können.

Ein sechsjähriges Kind kann regelmäßig bei bestimmten Pflichten helfen (s. unten). Wenn all dies in freundlicher Atmosphäre geschieht, fühlt sich Ihr Kind in der Familie integriert und geachtet. Zeigen Sie ihm, dass Sie es als Teammitglied schätzen, und loben Sie es für seine Mitarbeit.

Wenn Teamwork in Ihrer Familie selbstverständlich wird, wächst Ihr Kind auch ganz selbstverständlich in die Haushaltsführung hinein. Machen Sie deutlich, dass Sie seine Freizeit ebenso respektieren, wie es die Ihrige respektieren sollte. Wenn Sie z. B. telefonieren, erwarten Sie, dass es dabei nicht stört. Das hat mit gegen-seitigem Respekt zu tun. Dieser Respekt wächst, wenn Sie Ihr Sechsjähriges ebenfalls respektvoll behandeln.

Taschengeld und Jobs

Einerseits wollen Sie Ihrem Kind nun kleine Aufgaben im Haushalt übertragen, doch andererseits haben Sie das Gefühl, dass es noch nicht so weit ist. Dann warten Sie einfach ab. Bei manchen Dingen braucht es vielleicht Ihre Hilfe. Ein kleiner Anreiz kann auch Taschengeld sein. Sechsjährige kaufen sich gern kleine Spielsachen oder eine Nascherei oder sparen, um sich einen Wunsch zu erfüllen. Im Umgang mit eigenem Geld lernen sie den Wert der Dinge. In manchen Familien gibt es einen Grundbetrag an Taschengeld als Gegenleistung für bestimmte Aufgaben, die regelmäßig übernommen werden. Seien Sie bei Ihrem Sechsjährigen aber nicht zu streng. Sehen Sie das Taschengeld als Belohnung für eine ordentlich erledigte Aufgabe und als positive Verstärkung der Rolle Ihres Kindes im Haushalt.

KLEINER GEHILFE
Ihr Kind übernimmt in diesem Alter gern kleine Aufgaben. Loben Sie es für seine Hilfsbereitschaft und gute Arbeit.

Lassen Sie Ihr Kind zwischen folgenden Tätigkeiten auswählen:

- Wäsche sortieren und nach dem Waschen in die Schränke einräumen.
- Bei der Essenszubereitung helfen, z. B. Gemüse schneiden und Käse reiben. Beaufsichtigen Sie Ihr Kind immer, wenn es mit einem Messer hantiert.

- Beim Tischdecken helfen.
- Sein Bett selber machen.
- Spielsachen und andere persönliche Sachen in Ordnung halten.
- Das Haustier füttern.
- Blätter zusammenrechen und beim Jäten und Pflanzen helfen.

»Loben Sie Ihr Kind für seine Ehrlichkeit und Fürsorge für andere, dann eignet es sich wichtige Werte an.«

Moralische Entwicklung

Mit sechs Jahren versteht Ihr Kind die Regeln, die zu Hause, in der Schule und im weiteren Umfeld gelten. Es kennt den Grundsatz von Richtig und Falsch. So weiß es z. B., dass man andere nicht verletzen darf und nichts absichtlich zerstören. Es betrachtet diese Regeln als von Autoritäten festgesetzt, z. B. von der Polizei, und geht davon aus, dass sie nicht verändert werden können. Später wird es allmählich verstehen, dass Regeln von Menschen festgelegt und somit diskutiert und verändert werden können.

Mit sechs Jahren verhält es sich konform, um eine Strafe zu vermeiden, weniger aus Höflichkeit oder Großherzigkeit. Aus der Befürchtung heraus, sonst bestraft zu werden, gibt es z. B. Geld, das es findet, einem Erwachsenen. Die elterliche Wertschätzung motiviert das Kind ebenso wie die Bewunderung durch Freunde. Es kennt den Unterschied zwischen Regeln, die der Alltag erfordert, wie »Häng immer deine Jacke auf« und moralisch fundierten Regeln, z. B. nicht stehlen. Wenn Ihre Familie anderen Menschen mit Großzügigkeit und Toleranz begegnet und das Gesetz respektiert, wird Ihr Kind selbst auch diese Werte entwickeln.

Körperbild

Ihr Kind empfindet seinem Körper gegenüber eine ebenso natürliche Neugierde wie für die Unterschiede zwischen Mann und Frau. Es wird ganz offen Fragen stellen, wie: »Warum hast du keinen Pipimann, Mama?« Sprechen Sie über die körperlichen Veränderungen Ihres Kindes und all die Unterschiede. Nehmen Sie dazu Bücher und Zeitschriftenartikel zu Hilfe. Zeigen Sie in körperlichen Belangen möglichst keine Scham und scheuen Sie sich nicht, die korrekten Bezeichnungen wie »Penis« und »Scheide« zu benutzen. Bei allen Gesprächen sollte immer deutlich werden, dass jeder Körper schön ist, unabhängig von der Figur oder Größe.

Das Körperbild entwickelt sich früh; ein Kind verinnerlicht rasch und unbewusst abwertende Bemerkungen, selbst wenn sie spaßhaft gemeint waren.

Sieben Jahre

»Allmählich entwickelt Ihr Kind ganz spezielle Interessen und Hobbys und weiß, was es will.«

LIEBE ZU BÜCHERN Ihr Kind kann nun selber lesen, mag es aber weiterhin, wenn Sie ihm vorlesen.

FIT BLEIBEN Möglichkeiten, seine grenzenlose Energie auszuleben, sind wichtig für die Gesundheit und körperliche Entwicklung Ihres Kindes.

FREUNDSCHAFTEN »Beste Freunde« sind für dieses Alter typisch – manchmal werden auch welche fallen gelassen!

Wachstum und Entwicklung

Mit sieben ist Ihr Kind ein wahres Energiebündel; es braucht eine gesunde Lebensweise – eine ausgewogene Kost, viel Bewegung und einen festen Rhythmus. Kinder entwickeln sich in unterschiedlichem Tempo, Mädchen schneller als Jungen, also vergleichen Sie Ihr Kind nicht mit anderen.

Körperliche Entwicklung

Siebenjährige sind extrem körperbetont und wollen ihre Kraft und Beweglichkeit in vielerlei Hinsicht erproben. Klettern ist ein natürliches Bedürfnis, birgt aber auch Verletzungsgefahr. Leider gehören Knochenbrüche zur Kindheit dazu (s. S. 188).

Dank der größeren Kraft und besseren Augen-Hand-Koordination kann Ihr Kind Bälle gezielt werfen und seine Schrift wird endlich leserlich – besonders bei Mädchen. Spiegelverkehrt geschriebene Buchstaben werden seltener. Wenn Sie feststellen, dass andere Kinder beim Lesen und Schreiben schneller Fortschritte machen, während Ihres noch mit Buchstaben und Zahlen kämpft, sprechen Sie mit der Lehrerin. Es ist wichtig, zwischen Lernproblemen und Legasthenie (s. S. 121) zu unterscheiden.

HERANWACHSEN *Ihre Tochter wächst schnell und wird sich ihres Körpers bewusst. Nehmen Sie ihr Aussehen wohlwollend wahr.*

Verfrühte Pubertät

Auch wenn Ihr Kind noch »klein« ist, sollten alle über die Pubertät informiert sein, denn sie kann früh einsetzen. Als Pubertät bezeichnet man die körperlichen Veränderungen, die die Fortpflanzung ermöglichen. Wann dieser Prozess beginnt und endet, und wie lange er dauert, ist von Kind zu Kind verschieden. Es ist kein einmaliges Ereignis; zu den körperlichen Veränderungen gehören rasches Wachstum ebenso wie eine Zunahme der Kraft und Ausdauer. Heute setzt die Pubertät früher ein, wohl auch weil Kinder schneller wachsen als zuvor. Gelegentlich kommen schon sehr junge Kinder in die Pubertät. Normalerweise beginnt die Pubertät bei Mädchen mit neun Jahren. Setzt sie davor ein, spricht man von verfrühter Pubertät; dies muss medizinisch kontrolliert werden. Bei Jungen wird eine vor dem zehnten Geburtstag einsetzende Pubertät als verfrüht bezeichnet.

»Manche ›großen‹ Kinder bleiben letztlich kleiner als ihre kleinen Freunde, die nicht zu früh in die Pubertät gekommen sind.«

Hoden und Penis des Jungen vergrößern sich in der Pubertät und das Schamhaar wächst. Die Stimme wird tiefer; manche Jungen bekommen Akne (s. S. 274). Bei Mädchen mit verfrühter Pubertät wachsen Brüste und Schamhaar. Auch die Menstruation kann einsetzen – in der Regel allerdings als letzte Veränderung. Wenn Sie vermuten, dass Ihr Kind zu früh in die Pubertät kommt, wenden Sie sich möglichst bald an den Kinderarzt. Setzt die Pubertät etwa ein Jahr zu früh ein, besteht normalerweise kein Grund zu größerer Sorge, außer wenn ein Mädchen viel größer ist als Gleichaltrige. Zu frühe Pubertätsmerkmale können auch psychisch belastend sein.

Oft besteht die Sorge, dass ein Mädchen mit früher Pubertät eine geringere Endgröße erreicht, weil es insgesamt weniger Zeit für sein Wachstum hat. Es ist nach dem ersten Wachstumsschub zwar eine Zeit lang größer als seine Freundinnen, hört aber früher zu wachsen auf. Setzt die Pubertät in diesem Lebensjahr ein, muss Ihre Tochter von einem Arzt untersucht werden, um die Ursachen festzustellen. Eine verfrühte Pubertät erfordert eine fachärztliche Behandlung zur Verlangsamung des Prozesses. Wenden Sie sich daher an den Kinderarzt, der Sie ggf. an einen Frauenarzt überweisen kann.

Wenden Sie sich an den Arzt, wenn:

- Ihr Kind Pubertätszeichen aufweist (s. oben), wenn es jünger als acht Jahre (Mädchen) bzw. als neun Jahre (Junge) ist.
- Sie befürchten, dass Ihr Kind zu langsam oder zu schnell wächst.
- Sie befürchten, dass Ihr Kind bedeutend untergewichtig oder übergewichtig ist (s. S. 52).

Gefährlich: zu viel Sport

Manche Kinder in diesem Alter sind wahre Sportenthusiasten. Bewegung ist gesund, sie trägt zur Kräftigung von Muskeln und Knochen bei, fördert das Herz-Kreislaufsystem und unterstützt ein gesundes Gewicht. Kinder können aber auch zu viel Sport treiben. Sportarten wie Gymnastik können Gelenke und Muskeln überlasten; das kann zu Schädigungen und Gelenkschmerzen führen.

Manche Kinder treiben fanatisch Sport, um schlank zu bleiben. Dann besteht eine sogenannte Essstörung (s. S. 138); in der Folge kann die pubertäre Entwicklung verzögert werden oder sogar ausbleiben. Wenn Sie glauben, dass Ihr Kind zu viel Sport treibt – in diesem Alter oder später –, wirken Sie sanft auf es ein, dass es das Maß reduziert und sich in der Freizeit nicht nur körperlich betätigt. Wenn nötig, wenden Sie sich an den Arzt.

Die Lebensweise Ihres Kindes

Wenn Sie auf die nächsten Jahre vorbereitet sein wollen, müssen Sie neben der Ernährung auch den Schlaf im Blick haben – auf das rasche Wachstum in den nächsten Jahren und die körperlichen Veränderungen muss Rücksicht genommen werden. Schlafmangel führt zu Müdigkeit und Konzentrationsproblemen. Jedes Kind ist anders, im Durchschnitt brauchen Siebenjährige jedoch etwa elf Stunden Schlaf. Geht das Kind regelmäßig zu spät ins Bett, wird das negative Folgen haben.

Vegetarische Ernährung

Manche Kinder wachsen in einer vegetarisch lebenden Familie auf. Andere werden selbst zum Vegetarier, oft mit etwa sieben Jahren, wenn ihnen bewusst wird, wie Fleisch produziert wird, und sie es deshalb nicht mehr essen wollen.

Ein Kind kann mit vegetarischer Kost gesund und fit heranwachsen; schwieriger ist es bei veganer Kost, weil Milchprodukte viele wertvolle Nährstoffe enthalten wie Eisen, Vitamin B12 und Kalzium. Die vegetarische Ernährung kann auf lange Sicht gesund sein, besonders für Herz und Blutdruck. Nehmen Sie Ihr Kind ernst, zwingen Sie es nicht, Fleisch zu essen.

Achten Sie bei der Ernährung Ihres vegetarischen Kindes auf:

- Abwechslungsreiche Mahlzeiten, auch wenn diese etwas mehr Planung und Vorbereitung erfordern. Füllen Sie den Teller Ihres Kindes nicht einfach mit Brot, Kartoffeln und anderen stärkehaltigen Lebensmitteln statt mit Fleisch.
- Eiweißquellen wie Hülsenfrüchte, Nüsse, Tofu, Käse und Eier. Eiweiße müssen kombiniert werden, da ein einzelnes pflanzliches Nahrungsmittel nicht alle Aminosäuren enthält, die Ihr Kind braucht. Bei der Kombination entsteht vollwertiges Eiweiß. Mahlzeiten mit komplementärem Eiweiß lassen sich leicht zusammenstellen – z. B. Eier auf Toast oder Bohnen und Reis.
- Hefeextrakt als Brotaufstrich. Er ist reich an Vitamin B12 und Vitaminen, die Eisenmangel vorbeugen und wichtig für Gehirn und Nerven sind.

ZUR RUHE FINDEN
Beim Lesen kann Ihr Kind abschalten. Routine ist wichtig, damit Ihr Kind rechtzeitig ins Bett kommt und genug Schlaf hat.

Gesundheit

Behalten Sie das Gewicht Ihres Kindes im Auge, und sorgen Sie weiterhin für nährstoffreiche Kost und gesunde Zwischenmahlzeiten. Zwar treten Essstörungen häufiger bei älteren Kindern auf, doch der Keim kann in diesem Alter gelegt werden. Bettnässen kann ebenfalls noch ein Thema sein.

Essstörungen

Essstörungen wie Magersucht und Bulimie (s. S. 297) kommen häufiger bei älteren Kindern vor. Doch bereits mit sieben Jahren empfinden viele Kinder den Druck, dünn sein zu müssen und beginnen, sich wegen ihres Gewichts zu sorgen und über Diäten zu sprechen. Diese Generation wird schon in sehr jungen Jahren mit Vorstellungen bombardiert, wie sie aussehen und sich benehmen sollte. Viele davon bedingen auch eine frühe Sexualisierung.

Damit das Thema Gewicht nicht vorrangig wird, sollten Sie:

- Eine aktive Lebensweise fördern.
- Abwechslungsreiche, gesunde Mahlzeiten zubereiten.
- Möglichst immer als Familie gemeinsam essen.
- Emotionale Themen nicht beim Essen besprechen.
- Ihr eigenes Gewicht diskret kontrollieren. Am besten kommt das Kind mit den Themen Diäten und Diät halten nicht in Berührung.

Wenn Sie sich wegen des Essverhaltens Ihres Kindes sorgen, wenden Sie sich unverzüglich an den Kinderarzt. Selbst wenn die Essstörung noch keine ernste Gefährdung ist, kann sie langwierige Auswirkungen haben, bis hin zu lebenslangen Essproblemen, späteren Problemen mit der Fruchtbarkeit (problematisch bei stark über- und stark untergewichtigen Frauen) und Osteoporose.

»Mädchen sind anfälliger für eine Essstörung, Jungen aber keineswegs immun dagegen.«

Zu den Warnsignalen einer Essstörung gehören:

- Reizbarkeit wegen Hunger und niedrigem Blutzuckerspiegel.
- Vorrangige Beschäftigung mit Essen und Kalorien.
- Gestörte Vorstellung über die eigenen Körpermaße und des Gewichts.
- Gewichtsverlust oder Gewichtszunahme.
- Häufiges Wiegen.

- Heimliches Naschen.
- Spielen mit dem Essen bei den Mahlzeiten.
- Anderen beim Essen zusehen, bevor es selber isst.

Gesunde Zwischenmahlzeiten

Zwischenmahlzeiten verhindern bei aktiven Kindern, dass der Blutzuckerspiegel stark abfällt, besonders, wenn die Mahlzeiten weit auseinanderliegen. Ein nahrhafter Snack kann verhindern, dass das Kind nach der Schule mürrisch oder lustlos wird. Ein Snack zur rechten Zeit kann auch verhindern, dass es bei der nächsten Mahlzeit zu viel isst. Ihr Kind hilft bestimmt gern bei der Zubereitung einer Zwischenmahlzeit. Geeignete Zwischenmahlzeiten sind Getreideflocken, Obst, ein Teller Suppe, Cracker, Käse, ein belegtes Brot, Sellerie- oder Karottenstücke, Joghurt, ein hart gekochtes Ei, ein Milchshake oder Smoothie.

Was tun bei Bettnässen?

Mindestens ein bis zwei Prozent der Siebenjährigen nässen nachts ein; Jungen häufiger als Mädchen. Manchmal tritt Bettnässen familiär gehäuft auf, und ein oder beide Elternteile sind nachts später trocken geworden als andere Kinder. Manche Kinder schlafen einfach so tief, dass sie die Anzeichen einer vollen Blase nicht wahrnehmen. Was auch immer der Grund sein mag – in diesem Alter ist das Bettnässen vermutlich für Sie wie auch für Ihr Kind ein Problem.

So helfen Sie Ihrem Kind:

- Reduzieren Sie Limonade und koffeinhaltige Getränke. Sie reizen die Blase, und das Kind muss Urin lassen, obwohl die Blase nicht voll ist.
- War Ihr Kind nachts bereits trocken, nässt nun aber wieder ein, stellen Sie es dem Kinderarzt vor, um eine Harnwegsinfektion auszuschließen.
- Seien Sie nicht wütend, da Stress die Sache noch schlimmer macht.
- Verwenden Sie eine wasserdichte Betteinlage und pflegeleichte Betttücher.
- Eine Klingelhose oder -matratze hilft in manchen Fällen.
- Vielleicht nutzen Belohnungssysteme, z. B. eine Sternchentabelle, die Anzahl der trockenen Nächte zu erhöhen.
- Es gibt verschiedene rezeptpflichtige Medikamente. Sie bringen selten »Heilung«, können aber kurzfristig helfen, wenn Ihr Kind z. B. woanders schlafen möchte.

VIEL TRINKEN
Geben Sie Ihrem Kind tagsüber viel Wasser zu trinken. So lernt es auf das Gefühl einer vollen Blase zu reagieren.

Geistige Fähigkeiten

Ihr Siebenjähriges hat im vergangenen Jahr viel dazugelernt, kann sich nun länger konzentrieren und logischer denken. Diese Fähigkeiten ermöglichen ihm, auch schon recht komplexe Probleme zu lösen. Fördern Sie seinen Lerneifer durch gemeinsame Aktivitäten.

Handelndes Lernen bleibt für Ihr Kind besonders wichtig, doch es setzt auch zunehmend seinen Intellekt ein, um über abstraktere Dinge nachzudenken. Es geht nun systematischer vor und arbeitet z. B. gerne Ähnlichkeiten und Unterschiede zwischen Dingen heraus. Zu Hause oder in der Schule hat es bestimmt Zugang zu einem Computer, den es für Spiele nutzt. Vielleicht kann es im Internet mit Ihrer Hilfe auch recherchieren.

Manche Kinder, meist Jungen, besitzen allerdings von Natur aus wenig Reflexionsvermögen und müssen angeleitet werden, innezuhalten und über Probleme nachzudenken, statt sich Hals über Kopf in etwas hineinzustürzen.

MATHEMATIK *Ihr Kind kann einfache Summen bilden; am besten fördern Sie die Rechenfertigkeit durch lustige, alltagsrelevante Aufgaben.*

Zahlenverständnis

Ihr Kind besitzt ein immer besseres Zahlenverständnis; es kann sicher zählen und beherrscht bereits einige grundlegende Additions- und Subtraktionsaufgaben. Vielleicht multipliziert und dividiert es sogar schon. Es erwirbt nach und nach komplexere mathematische Vorstellungen, z. B. aus der Geometrie. Auch hier können Sie es fördern: Wenn es einen viereckigen Bauklotz in ein rundes Glas steckt, ist das angewandte Geometrie. Helfen Sie ihm, Dinge zu messen und zu vergleichen. Leiten Sie es an, in Alltagsobjekten ähnliche Formen und wiederkehrende Muster zu finden. Bauen Sie Zahloperationen in den Alltag ein: Erstellen Sie z. B. gemeinsam einen Schatzplan. Es muss z. B. »10 Schritte nach links« gehen, um einen Hinweis zu finden. Oder geben Sie ihm eine Schale mit Gummibärchen, die es gleichmäßig an vier Personen verteilen soll. So lernt es Dividieren. Mit sieben sollten Kinder noch keinen Taschenrechner benutzen, sondern zuerst die Grundlagen der Arithmetik erlernen. Später werden Taschenrechner meist von den Kindern am intelligentesten genutzt, die gut in Mathematik sind.

Sachen sammeln

Siebenjährige sind oft leidenschaftliche Sammler. Vermutlich bringen sie auf diese Weise Sinn und Ordnung in ihre Welt. In diesem Alter sammeln Kinder alles Mögliche: Sticker, Briefmarken, Münzen, Radiergummis, Muscheln, Modellflugzeuge oder Spielzeugschweinchen – im Kinderzimmer sammelt sich so einiges an.

Am besten lassen Sie Ihr Kind sammeln, was es will – solange es einigermaßen hygienisch ist und nicht zu viel kostet. Ihr Kind wird es Ihnen kaum verzeihen, wenn Sie etwas wegwerfen. Aber es nimmt vielleicht gern Ihre Hilfe beim Anordnen oder sicheren Verwahren seiner Schätze an. Stellen Sie gemeinsam eine Kiste mit verschiedenen Unterteilungen her.

TAUSCHEN *Kinder kommen beim Sammeln und Tauschen von z. B. Fußballbildern in Kontakt und lernen, miteinander zu verhandeln.*

Lernen durch Forschen

In der Schule lernt Ihr Kind viel, doch das praktische Lernen zu Hause und bei Alltagserfahrungen ist weiterhin das Beste für Ihr siebenjähriges Kind. Also bringen Sie ihm, wann immer möglich, etwas bei, und führen Sie Gespräche darüber. Erweitern Sie seinen Horizont, indem Sie es bei Ausflügen an verschiedene Orte mitnehmen und ganz unterschiedliche Urlaubsziele wählen.

Es macht nichts, wenn Aktivitäten, die Sie zu Hause unternehmen, auch in der Schule stattfinden. Wenn Ihr Kind z. B. in der Schule bereits Kresse gesät hat, zeigt es Ihnen eifrig, wie das geht. Lassen Sie sich doch von ihm demonstrieren, wie es vorgehen würde – oder es sich zumindest erklären.

Fördern Sie ein Verständnis für die Natur, indem Sie:

- In den Zoo gehen oder einen Bauernhof besuchen.
- Blätter sammeln und Drucke von Blättern machen.
- Fußspuren von Vögeln oder Tieren im Garten suchen.
- Eicheln oder Steine sammeln.
- Dieselben Orte zu verschiedenen Jahreszeiten besuchen und dabei Fotos machen, damit Sie besprechen können, was sich verändert hat.
- Pflanzen ziehen und kultivieren – es gibt Saatgut speziell für Kinder.

»Leiten Sie Ihr Kind an, seine Gedanken zu durchdenken, und beachten Sie bei Diskussionen in der Familie seinen Standpunkt.«

DIE KUNST DES KOCHENS
Beim Abmessen von Zutaten erwirbt Ihr Kind sogenannte Vorläuferfähigkeiten für Mathematik und Naturwissenschaften.

- Unternehmen Sie Spaziergänge auf dem Land. Nehmen Sie sich Zeit, die Umwelt zu beobachten.

Fördern Sie wissenschaftliches Verständnis, indem Sie:

- Mit einem Maßband die Größe von Räumen oder Gegenständen vergleichen.
- Es bei Heimwerkertätigkeiten und hauswirtschaftlichen Tätigkeiten helfen oder zuschauen lassen. Lassen Sie es unter Ihrer Aufsicht einfache Aufgaben verrichten.
- Lassen Sie es beim Aufpumpen der Fahrradreifen oder Wechseln der Autoreifen zusehen.
- Leiten Sie es an, selbst Dinge zu bauen, z. B. aus Holz und Kleber. Oder lassen Sie es aus Toilettenpapierrollen eine Murmelbahn bauen.
- Bringen Sie ihm einfache Näharbeiten bei – dabei lernt es wunderbar das Messen und Schätzen von Größen.
- Bereiten Sie gemeinsam Speisen zu. Lassen Sie es beim Kochen zuschauen – dabei lernt es auch eine Menge über Ernährung und Biologie.
- Zu Hause den Müll trennen und vielleicht den Wertstoffhof besichtigen.

Sprechen und Sprache

Zwischen sechs und sieben Jahren machen Sprechweise und Wortschatz einen enormen Fortschritt. Viele Siebenjährige können sicher lesen, egal, wann sie es gelernt haben. Vielleicht stellen Sie eine deutlichere Aussprache fest: Verschwunden sind die babyhaften Konsonantenverwischungen wie Appel statt Apfel. Ihr Kind erschließt sich Bedeutungen; es sucht Wörter, um Unterschiede und Gegenteile zu erklären, z. B. »stumpf« und »spitz« oder »süß« und »sauer«. Es versteht auch Begriffe wie »gleich«, »verschieden«, »Anfang« und »Ende« – und verwendet sie regelmäßig. Fördern Sie dies, indem Sie sich erklären lassen, was es fühlt, und ihm helfen, beschreibende Wörter zu finden. Wenn es z. B. eine Speise nicht mag, fragen Sie es, warum – ist sie zu salzig, zu stark gewürzt oder zu grob? Adjektive bereichern seinen Wortschatz; fördern Sie diese sprachliche Differenzierung,

Was das Fernsehen bewirkt

Eine Stunde Fernsehen pro Tag schadet Ihrem Kind nicht. Am besten ist es, wenn Sie mit ihm schauen und mit ihm über die Sendung diskutieren können. Auf diese Weise lernt es etwas daraus. Das Fernsehen kann in diesem Alter die Sprachkompetenz verbessern und kritisches Denken und Verstehen anregen. Wissenssendungen sind lehrreich, Unterhaltungssendungen können informieren und moralische Werte vermitteln.

Das Problem liegt in zu hohem Fernsehkonsum, da dann andere Interessen zu kurz kommen. Vielseher haben eine schlechtere Bildung und geringeres Leseverständnis. Studien belegen, dass in Familien mit hohem Fernsehkonsum die Kommunikation zwischen Eltern und Kind gering ist, es wenige Bücher gibt und dem Kind grundlegende Kompetenzen fehlen, die es bei der Einschulung benötigt.

indem Sie selbst möglichst viele Adjektive verwenden. Verwenden Sie immer wieder neue Wörter, da dies der beste Weg zur Erweiterung des Wortschatzes ist. Nehmen Sie sich Zeit, die Bedeutung zu erklären.

Während sich der Wortschatz Ihres Siebenjährigen erweitert, stellen Sie vielleicht überrascht fest, dass es häufiger Grammatikfehler macht. Wenn es mit den Zeiten vertraut wird, mit dem Plural und der Konjugation von Verben, wird die Sprache komplizierter, und Fehler sind schnell gemacht. Ihr Kind verwechselt vielleicht Zeiten und übernimmt Sprechmuster von anderen. Machen Sie ihm keine Vorhaltungen. Wiederholen Sie den Satz einfach korrekt. Seien Sie ein gutes Sprachvorbild. Kinder erwerben die Regeln der Grammatik, ohne dass man sie ihnen explizit beibringt.

»Fördern Sie die natürliche Neugierde Ihres Kindes und liefern Sie ihm die Wörter, die es braucht, um seine Wahrnehmungen zu beschreiben.«

Die Liebe zum Lesen

Kinder, denen regelmäßig vorgelesen wird und die Zugang zu Büchern haben, entwickeln meist eine Liebe zum Lesen. Liest Ihr Kind nicht gerne, dann suchen Sie Bücher, die ihm gefallen könnten. Seien Sie dabei erfinderisch. Manche Kinder lesen mit Begeisterung Reportagen über ihre Fußballmannschaft, aber keine Kindergeschichten. Zur Leseförderung ist es entscheidend, dem Kind das »Lesefutter« zu geben, das es anspricht.

Sie können einen Schritt weitergehen und nach Kindergeschichten suchen, die die Interessen Ihres Kindes beinhalten, z. B. für ballettbegeisterte Mädchen Geschichten über Tanz, für Ihren fußballverrückten Sohn Geschichten über einen Jungen, der Spielführer wurde. Seien Sie beim Lesen ein Vorbild, indem Sie selbst viel und gern lesen, zu Hause viele Bücher haben und indem Sie über das sprechen, was Sie gelesen haben. Viele Kinder, vor allem Jungen, haben wenig Interesse am Lesen; doch Beharrlichkeit lohnt sich – lesen Sie weiterhin die Gute-Nacht-Geschichte vor (als Alternative eine Hörkassette) und sprechen Sie darüber, was ihm am besten gefallen hat.

Ein Musikinstrument lernen

Wenn Ihr Kind sich für ein Musikinstrument interessiert, bieten Sie ihm an, es zu erlernen. Damit erwirbt es eine Fähigkeit, die es sein Leben lang begleitet. Hat es allerdings überhaupt kein Interesse, würde Zwang für die ganze Familie eine Belastung bedeuten. Wählen Sie ein Instrument nicht nur danach aus, wie es klingt, sondern berücksichtigen Sie auch, ob es leicht zu transportieren ist. Leihen Sie erst einmal ein Instrument, bis Sie sicher sind, dass Ihr Kind mit dem Unterricht fortfahren wird. Es führt jedoch kein Weg daran vorbei – Sie werden beim Üben anfangs bei ihm sitzen müssen, in diesem Alter etwa zehn Minuten am Tag, wenn es Fortschritte erzielen will.

Die Fragen des Kindes beantworten

Die ständigen Fragen Ihres Kindes können ziemlich anstrengend sein, aber unterschätzen Sie nicht, wie wichtig Ihre Antworten sind.

Laut Dr. Robert Sternberg, Professor für Psychologie und Erziehung an der Yale Universität, können Antworten in sieben Kategorien eingeteilt werden, entsprechend der Förderung eines höheren Reflexionsniveaus. Sternberg meint, ein Kind erwerbe ein umso besseres kritisches Denken, je höher die Antwortkategorie der Eltern ist. Am wichtigsten ist es, dass Eltern die Frage so umfassend wie möglich beantworten und das Weiterdenken anregen. Je stärker das Kind zum Denken angeregt wird, umso stärker profitiert es.

★ **Stufe 1** – Die Frage zurückweisen (»Weil ich es so gesagt habe. Lass mich in Ruhe!«)

★ **Stufe 2** – Die Frage zurückgeben (»Warum du dein Gemüse essen sollst? Weil du es sollst.«)

★ **Stufe 3** – Nichtwissen zugeben oder Information liefern (»Ich weiß es nicht, aber das ist eine gute Frage« oder die richtige Antwort geben)

★ **Stufe 4** – Nach einer Antwort bei einer weiteren Instanz suchen (»Lass es uns nachschlagen« oder »Wer meinst du könnte die Antwort darauf kennen?«).

★ **Stufe 5** – Brainstorming anregen und alternative Erklärungen anbieten (»Warum hat unser Hund ein Fell? Hat er eine empfindliche Haut oder braucht er Wärme?«)

★ **Stufe 6** – Alternative Erklärungen anbieten und abwägen. Erwägen Sie Ihre Antworten und überprüfen Sie sie in einem Buch oder im Internet.

★ **Stufe 7** – Die Evaluationen zu Ende bringen. Informationen gemeinsam nachschlagen, mögliche Antworten durchsprechen und gemeinsam entscheiden, welche am meisten Sinn ergibt.

Gefühle und Persönlichkeit

Ihr Kind versteht seine Gefühle immer besser, kann sie auch besser kontrollieren und nutzt sie zunehmend, um seinen Willen durchzusetzen. Es ist nun eindeutig selbstständiger, aber lassen Sie sich von seinen Prahlereien nicht täuschen – es braucht Sie mehr denn je.

Wie Sie mit der Sensibilität Ihres Kindes umgehen

Ihr Kind braucht nun auch seine Privatsphäre. Sein erhöhtes Körperbewusstsein führt dazu, dass es alleine baden und sich anziehen will. Vielleicht stellen Sie auch gelegentlich fest, dass ihm Ihr Verhalten peinlich ist, vor allem im Beisein von Freunden. Es will von den Gleichaltrigen akzeptiert werden und reagiert sehr empfindlich auf Ihr Äußeres und Ihr Verhalten. Es mag keine öffentlichen Bekundungen Ihrer Liebe und bittet Sie vielleicht, bestimmte Kleidung nicht zu tragen, nicht »so laut« zu sein und auf keinen Fall »peinlich«. Es ist Ihre Entscheidung, ob Sie sich hier zurücknehmen. Seien Sie sich bewusst, dass seine Gefühle echt sind; also stellen Sie sein Bedürfnis nach Konformität nicht infrage. Diese Ablehnung in der Öffentlichkeit kompensiert es, indem es zu Hause viel Zuwendung fordert. Nicht selten sind negative Kommentare über ein Elternteil in diesem Alter die schlimmste verbale Form des Mobbings unter Kindern.

PRIVATSPHÄRE *Kinderzimmer und persönliche Dinge werden für Ihr Kind wichtiger, wenn es mehr Privatsphäre braucht.*

Gefühle verstehen, Selbstkontrolle erwerben

Ihr Siebenjähriges verfügt nun über ein reiches Vokabular und kennt auch Begriffe für die häufigsten ebenso wie manche vielschichtigen Gefühle. Es kann z. B. Eifersucht beschreiben, ebenso wie Freude und Wut. Es kann seine Gefühle auch verstecken. Es tut z. B. so, als mache es ihm nichts aus, wenn Sie als Strafe für Fehlverhalten ein Spielzeug wegschließen. Das soll Ihnen zeigen, dass die Strafe nicht wirkt, und Sie veranlassen, nachzugeben. Ihr Siebenjähriges kann nicht alle seine Gefühle beherrschen. Von intensiven Gefühlen wird es weiterhin oft überwältigt, besonders von Wut und Kummer.

Die Fähigkeit, über eigene Gefühle und die der Mitmenschen nachzudenken und manche Gedanken für sich zu behalten, entwickelt sich bei

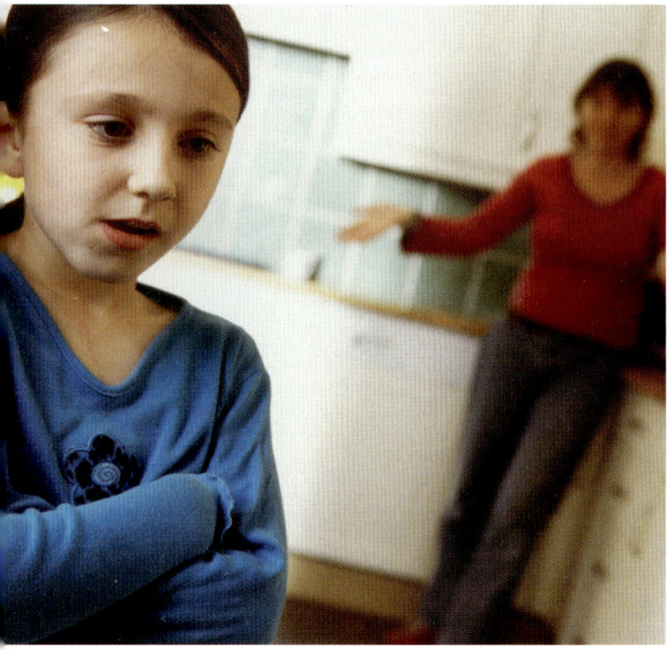

PROVOZIEREN *Lassen Sie sich nicht in Streit verwickeln, aber bleiben Sie konsequent. Mit der Zeit wird Ihr Kind nur diskutieren, wenn ihm etwas wichtig ist.*

Ihrem Kind nun recht schnell. Es ist nicht mehr allen Gefühlen ausgeliefert und reine Gefühlsausbrüche können besser beherrscht werden.

Ein Machtkampf

Verhandeln und feilschen sind das kommunikative Handwerkszeug Ihres Siebenjährigen. Seine verbalen Kompetenzen entwickeln sich rasch; es kann einen Standpunkt begründen, besonders, wenn es darum geht, seine Wünsche durchzusetzen. Es geht dabei pragmatisch vor. Zunächst bittet es Sie, in der Hoffnung, dass Sie nachgeben, und diskutiert das Thema dann, als würde ihm eine Verweigerung das Herz brechen.

Seine Argumentationsfähigkeit ist Teil der fortschreitenden sozialen und sprachlichen Entwicklung; es kann aber ziemlich anstrengend sein, wenn jede Bitte hinterfragt wird. Ermutigen Sie Ihr Kind, seinen Standpunkt darzulegen, und lassen es einfache Entscheidungen selbst treffen. Bei den meisten Fragen im Alltag müssen Sie jedoch die letzte Entscheidung fällen. Sie wissen, was für Ihr Kind am besten ist. Vermeiden Sie Streit, indem Sie klar festlegen, wann es mitsprechen darf und wann Sie entscheiden, z. B.: »Du darfst dir dein Frühstück aussuchen, aber danach musst du die Zähne putzen.«

Das Kind verwöhnen

Den richtigen Weg zu finden zwischen Nachgeben und Konsequent-Bleiben gleicht oft einer Gratwanderung. Viele Eltern befürchten, ihr Kind zu verwöhnen, wenn es zu viel Spielzeug bekommt oder zu wenig Verantwortung trägt. Eine angemessene Auswahl an verschiedenen Spielsachen ist für Ihr Kind förderlich, das Schenken von Spielsachen darf aber keine Kompensation für andere Bedürfnisse sein, wie z. B. Zeit mit den Eltern.

Kinder werden verwöhnt, wenn sie immer bekommen, was sie wollen. Geben Sie dem Drängen Ihres Kindes nach materiellen Dingen nicht immer nach. Erklären Sie ihm, dass man auf etwas spart. Wenn es auf die Erfüllung eines Wunsches wartet, lernt es, mit Geld und Ungeduld umzugehen.

»Sie verwöhnen Ihr Kind nicht, wenn Sie ihm Zuwendung und Aufmerksamkeit schenken. Kinder gedeihen, wenn sie wissen, dass sie aufrichtig geliebt werden.«

Entscheidungsvermögen stärken

Es ist sehr unterschiedlich, wie wichtig einem Siebenjährigen die Dinge des Alltags sind. Je nach ihrer Persönlichkeit haben manche Kinder ihre Lieblingskleider, -speisen und -getränke, während andere mit dem Strom schwimmen und das anziehen, was griffbereit ist, und essen, was ihnen vorgesetzt wird.

Ihr Kind sollte nun überlegte Entscheidungen treffen können, da es mit sieben Jahren zu Hause und in der Schule häufiger vor Entscheidungen gestellt wird. Oft ist die Entscheidung einfach, z. B. welches Buch es lesen oder welchen Brotbelag es möchte. Doch jede Entscheidung bietet die Chance, das Urteilsvermögen zu trainieren. Unterstützen Sie Ihr Kind, indem Sie mit ihm üben und darüber sprechen, wie es zu Entscheidungen kommt. Bitten Sie es z. B., ein Ziel für einen Familienausflug zu suchen. Geben Sie ihm drei Orte zur Auswahl und

Rollenmodelle

Den stärksten Einfluss auf ein Kind haben die Eltern. Es lernt von Ihrem Verhalten mehr als aus dem, was Sie ihm sagen. Seien Sie sich daher bewusst, wie Ihr Handeln auf Ihr Kind wirkt.

Ihre Beziehung zu Ihrem Partner ist eine Art Blaupause für seine eigenen Beziehungen später. Ihr Kommunikationsstil beeinflusst es. Es wird Ihre Problemlösungstechniken übernehmen, z. B. lernen, Einvernehmen durch ruhiges Verhandeln oder durch Wutausbrüche zu erzielen. Ihre Wertvorstellungen bilden die Basis seines Wertgefüges. Schätzen Sie also Bildung und Leistungsbereitschaft hoch, dann wird es dies auch tun. Doch auch wenn Ihr Kind zu Ihnen aufschaut, heißt das nicht, dass Sie immer perfekt sein müssen.

ELTERLICHE ROLLENVORBILDER
Jungen ahmen gewöhnlich ihren Vater und Mädchen die Mutter nach – Ausnahmen sind möglich!

sprechen Sie dann über die Vor- und Nachteile jedes Ziels. Zum Schluss soll es eine Entscheidung treffen, an die Sie sich dann halten. Eine Aufgabe der Eltern ist es, das Kind zu größtmöglicher Selbstständigkeit anzuleiten.

Denken Sie daran:

- Wenn Sie sich als Diener Ihres Siebenjährigen fühlen, dann tun Sie zu viel, und Ihr Kind übt nicht die Fähigkeiten, die es braucht, um ein gut organisiertes und eigenständiges Individuum zu werden.

Selbstkritisch sein

Der Wunsch, immer der Erste, der Beste zu sein und alles richtig zu machen, ist bei Siebenjährigen stark ausgeprägt und kann zu hoher Selbstkritik führen. Das Kind will gut sein und hat dabei nur den Erfolg, nicht seine bestmögliche Anstrengung im Blick. Durch Ihre Reaktionen lernt Ihr Kind verstehen, dass der Versuch zählt, auch wenn es nicht immer der »Beste« ist. Wenn Sie anerkennen, wie sehr es sich bemüht hat, und z. B. die Sorgfalt, mit der es eine Geschichte erfunden hat, würdigen, wird es vor Stolz strahlen. Oft sind Siebenjährige traurig, wenn sie nicht so gut sind wie erhofft. In diesen Situationen brauchen sie Trost und die Versicherung, dass kein Mensch immer Erfolg hat. Erinnern Sie Ihr Kind an seine anderen Leistungen. Auf diese Weise entsteht Resilienz, Widerstandskraft. Das Kind lernt, Enttäuschungen und Erfolg zu verarbeiten und in größerem Zusammenhang zu sehen.

Partys feiern

Wenn Ihr Siebenjähriges ein Fest veranstalten darf, ist es so aufgeregt, dass es leicht überdreht und vielleicht sogar wütend wird, wenn nicht alles nach seinen Vorstellungen geht.

Wenn Sie merken, dass es überreizt ist, nehmen Sie es beiseite und in den Arm. Oder Sie lenken es ab, indem Sie sich bei einer Tätigkeit helfen lassen. Benimmt es sich schlecht, nehmen Sie es beiseite und sagen ihm, dass sein Verhalten nicht akzeptabel ist. Schimpfen Sie es nicht vor seinen Freunden; das ist beschämend und führt zu Trotz statt zu besserem Benehmen.

Sorgfältige Planung

Egal, ob Sie zu Hause oder auswärts ein Fest veranstalten, Ihr Kind ist alt genug, um gemeinsam mit Ihnen zu planen. In diesem Alter können etwa acht bis zehn Kinder, unter Aufsicht von zwei Erwachsenen, eingeladen werden. Setzen Sie etwa zwei Stunden an. Das reicht für Spiele und Essen, ohne dass die Kinder überreizt werden.

Bereiten Sie viele Aktivitäten vor, und lassen Sie Ihr Kind einige Geschenke erst nach der Party auspacken, wenn es sie richtig würdigen kann.

Häufige Verhaltensprobleme

▶ **Was kann ich tun, wenn mein Siebenjähriger darauf besteht, sich wie seine Klassenkameraden anzuziehen und alles so zu machen wie sie?**
Seien Sie jetzt, da Ihr Kind feste Freunde hat, nicht überrascht, wenn es plötzlich wie seine Freunde aussehen und sein will. Kinder wollen nicht »anders« sein; es ist wirklich wichtig für sie, so auszusehen und zu sein wie ihre Freunde.

Wenn es ohne Aufwand möglich ist, dass Ihr Kind sich ähnlich kleidet wie die Klassenkameraden, dann erlauben Sie es. Wenn es aber zu auffallend oder zu teuer ist, handeln Sie nach Ihrem Ermessen. Stärken Sie sein Selbstwertgefühl als Individuum. Es muss verstehen, dass es in Ordnung ist, anders zu sein und anders auszusehen. Kinder quengeln nun mal (s. S. 92), aber als Eltern haben Sie das letzte Wort. Sie müssen daher keine Schuldgefühle haben, wenn Sie auch mal »Nein« sagen.

▶ **Meine Tochter ist manchmal so frustriert. Wie kann ich diese negativen Gefühle abmildern?**
Siebenjährige haben sehr genaue Vorstellungen von dem, was sie wollen, können es aus berechtigtem Grund aber manchmal nicht bekommen. Dann entsteht Enttäuschung und das Temperament kann mit Ihrem Kind durchgehen.

Bitten Sie Ihre Tochter, ihre Gefühle zu benennen und Ihnen mitzuteilen. Lenken Sie ihre Aufmerksamkeit auf eine Aufgabe, die sie erfolgreich erfüllen kann; dann unterstützen Sie sie bei der Bewältigung der schwierigen. Bei hoher Frustration bekommt Ihre Tochter durch körperliche Aktivität oder einen Spaziergang an der frischen Luft einen klaren Kopf und baut Spannung ab.

▶ **Meine Tochter hat »beste Freundinnen«, aber manche Freundschaften dauern nur kurz. Sie leidet, wenn eine Freundin nicht mehr mit ihr spielen möchte. Wie kann ich ihr helfen?**
Kinder sind sehr traurig, wenn eine Freundschaft auseinandergeht. In der Regel ist es nicht klug, dem Kind zu sagen, es solle sich nicht so anstellen, oder darauf hinzuweisen, was es falsch gemacht hat. Nun muss sein verletztes Selbstwertgefühl gestärkt werden. Sagen und zeigen Sie ihm, dass Sie es für einen besonderen Menschen halten.

ZERBRECHLICHE FREUNDSCHAFTEN
Freunde sind für Ihr Kind wichtig. Nehmen Sie die Streits, die es mit ihnen hat, ernst, auch wenn Ihnen die Angelegenheit banal erscheint.

Manchmal schenkt ein Bezug auf die eigenen Erfahrungen mit Freundschaften Trost und Hoffnung. Denken Sie daran, dass der Kummer über eine zerbrochene Freundschaft in diesem Alter meist rasch vorübergeht.

▶ **Mein Siebenjähriger ist ein Rebell und macht oft genau das Gegenteil von dem, was ich gesagt habe. Warum tut er das?**
Trotziges Verhalten ist typisch für Siebenjährige, wenn sie sich durchsetzen wollen. Formulieren Sie Ihre Aufforderungen positiv statt negativ, und seien Sie konsequent, ohne wütend zu werden. Dann hat Ihr Kind weniger Anlass zu rebellieren. Es ist z. B. wirksamer zu sagen: »Es ist sicherer, auf dem Bürgersteig zu gehen«, statt: »Dass ich dich ja nicht wieder auf der Straße erwische!« Wenn sich Ihr Sohn schlecht benimmt, zeigen Sie Enttäuschung statt Ärger.

Geben Sie ihm klare Anweisungen und einfache Begründungen. Loben Sie Ihren Sohn für seine Mitarbeit. Tut er es nicht, reagiert er vielleicht auf eine logische Folge, das heißt auf eine Konsequenz, die sich aus seinem Handeln ergibt.

Das Leben Ihres Kindes

Siebenjährige sind meist viel beschäftigte Menschen! Außer Schule und Hausaufgaben müssen Musik- oder Sportkurse, Familienunternehmungen und Spielzeit eingeplant werden. Auch Sie haben bestimmt viel zu tun, also helfen Sie Ihrem Kind, seine Zeit zu planen und eigenständiger zu werden.

SELBSTSTÄNDIGKEIT
Ihr Kind sollte sich nun im Wesentlichen selbst für die Schule und für Ausflüge herrichten können und wissen, zu welcher Zeit es was machen muss.

Setzen Sie sich am Wochenende mit Ihrem Kind zusammen und schauen seine Verpflichtungen durch. Schreiben Sie auf, was getan werden muss, damit es sieht, was es zu leisten hat, und lernt, Prioritäten zu setzen. Auch wenn Sie manchmal versucht sind, einzuspringen und etwas für Ihr Kind zu erledigen – es muss lernen, Eigenverantwortung zu übernehmen.

So unterstützen Sie Ihr Kind:

- Machen Sie es zur Gewohnheit, dass Ihr Kind seine Kleidung für den nächsten Tag herrichtet und die Hausaufgaben zu einer festen Zeit macht.
- Schreiben Sie eine Liste mit den Dingen, die in seine Tasche gehören. Kleben Sie diese in seine Tasche und leiten es an, dies zu kontrollieren, bevor es geht und wenn es zurückkommt. Kann es noch nicht so gut lesen, verwenden Sie eine Kombination aus Bildern und Wörtern.

Erste Klassenarbeiten

Schon in den ersten Klassen werden kleine Tests geschrieben und Ihr Kind fühlt sich vielleicht unter Druck. Damit lässt sich auf verschiedene Weise umgehen. Machen Sie vor allem selbst kein großes Aufheben um solche Tests. In den ersten Klassen dienen sie vor allem dazu, den Stand der Kinder zu kontrollieren und Schwächen und Stärken zu erkennen. Zwar mag es anfangs sinnvoll erscheinen, mit dem Kind zu üben, doch auf lange Sicht tun Sie Ihrem Kind damit keinen Gefallen. Es gewöhnt sich schnell an elterliche Nachhilfe und lernt nicht, selbstständig zu arbeiten.

Wird ein Test angekündigt, stellen Sie keine Erwartungen. Machen Sie deutlich, dass Sie zufrieden sind, wenn es sich anstrengt. Ermöglichen Sie zu Hause spielerisches Lernen. Je weniger Druck Sie ausüben, umso besser wird Ihr Kind in Zukunft Leistungsnachweise bewältigen.

Geschwisterstreit schlichten

Wenn Ihr Kind erst einmal sieben ist, achtet es sehr auf seinen Besitz und will nicht, dass seine Geschwister seine Spielsachen berühren oder ausleihen oder sein Zimmer betreten.

So helfen Sie Ihrem Kind, sein Eigentum zu hüten:

- Ermöglichen Sie Ihrem Siebenjährigen, seinen kostbarsten Besitz in Sicherheit zu verwahren. Das kann bedeuten, dass sein Zimmer für Geschwister nicht zugänglich ist, oder es eine abschließbare Spielzeugkommode hat.
- Legen Sie als Familienregel fest: »Jeder fragt um Erlaubnis, bevor er etwas ausleiht, was einem anderen gehört.«
- Helfen Sie Ihren Kindern, sich an die Regeln zu halten, indem Sie sie daran erinnern. Loben Sie sie, wenn sie zuerst fragen.

Hochbegabte Kinder

Manche Kinder haben ein sehr gutes Gedächtnis und interessieren sich schon früh für Mathematik, Naturwissenschaften und sozialwissenschaftliche Fragen.

Hochbegabte Kinder können:

★ Ein umfassendes Interesse an einem bestimmten Thema entwickeln.
★ Über einen fortgeschrittenen Wortschatz verfügen.
★ Aufmerksam und neugierig sein.
★ Viele Informationen behalten.
★ Hoch konzentriert sein.
★ Komplexe Vorstellungen verstehen, Beziehungen erkenne und abstrakt denken.
★ Ein breites und fortschreitendes Interessenspektrum besitzen.
★ Kritisch, auch selbstkritisch sein.
★ Im Säuglingsalter ungewöhnlich wach sein.

Wenn obiges zutrifft und Ihr Kind Gleichaltrigen weit voraus zu sein scheint, sprechen Sie mit seinem Lehrer darüber. Gemeinsam mit einem Psychologen kann eine optimale Förderung festgelegt werden. Ermöglichen Sie Ihrem Kind, seinen Interessen nachzugehen.

Ein hochbegabtes Kind kann Anpassungsprobleme in der Schule haben. Es soll deshalb weiterhin an Aktivitäten mit anderen teilnehmen, vielleicht in Bereichen, in denen es nicht so herausragend ist. So erweitern sich auch seine Interessen. Auf keinen Fall dürfen sich Obsession und Perfektionismus einstellen. Helfen Sie ihm, realistische Erwartungen zu entwickeln. Lassen Sie nicht zu, dass es sich nur noch mit bestimmten Interessen beschäftigt.

BESONDERES TALENT *Hochbegabte Kinder zeigen ihre Begabungen gewöhnlich früher als andere Kinder; dies gilt in besonderer Weise für den musischen Bereich.*

▸ Legen Sie die Konsequenzen fest, wenn Regeln nicht eingehalten werden. Geht etwas kaputt, können die Geschwister etwas vom Taschengeld beitragen, um es zu ersetzen. Das meiste geht aber unabsichtlich kaputt. Wird etwas ohne zu fragen weggenommen, muss es sofort zurückgegeben werden.

Höflichkeit und Manieren

Gute Manieren erleichtern Ihrem Kind das Leben. Die Mitmenschen reagieren positiv, wenn es freundlich und höflich ist. Es ahmt Ihre guten Manieren bereits nach und sagt »Bitte« und »Danke«. Mit sieben kann es sein gutes Benehmen auch in weiteren Bereichen zeigen, z. B. wenn es im Bus seinen Platz einer älteren Person anbietet oder anderen zuerst die Speisen reicht. Sie müssen diese Formen der Selbstlosigkeit aktiv lehren. Nehmen Sie sich die Zeit zu erklären, warum Manieren ein Ausdruck des Respekts für andere sind. Erklären Sie zuerst, was Ihr Kind seinerseits davon hat. Mit zunehmender Sozialkompetenz versteht es dann auch, dass Takt und Rücksichtnahme bedeuten, zu anderen achtsam zu sein, ohne Erwartung eines direkten Gewinns.

KRIEG IM KINDERZIMMER
Beenden Sie Kämpfe zwischen den Kindern schnell und trennen Sie die Kinder, bis sie sich wieder beruhigt haben.

Moralische Werte vermitteln

Ihr Siebenjähriges erwirbt nun schon geraume Zeit Werte und moralische Einstellungen, weil Sie ihm ein Vorbild sind – ohne dass Ihnen dies immer bewusst war. Es weiß bereits seit Jahren, dass es ganz verschiedene Arten von Regeln gibt. Jetzt erkennt es aber auch die Logik, die hinter den Regeln steht, und kann diese selbst anwenden, z. B. bei Diskussionen, die Sie miteinander über persönliche Grenzen, Moral und Werte führen.

Mit sieben sollte es z. B. klar sein, dass man niemanden töten darf. Sinnvoll ist auch, ihm explizit beizubringen, dass man nicht lügen und stehlen darf. Als generelle Richtlinie könnte gelten: »Was du nicht willst, das man dir antut, das füge auch keinem anderen zu.« Diese Maxime liegt den ethischen Werten der meisten Kulturen zugrunde. Sie ist für Ihr Kind ein hilfreicher und einfacher Moralkompass auch in neuen Situationen.

Irgendwann wird Ihr Kind erkennen, dass Erwachsene lügen, oft aus sozialer Rücksichtnahme. Das ist für ein Kind schwer zu verstehen, doch es kann ihm erklärt werden: »Vielleicht habe ich ein wenig gelogen, als ich Tante Maria sagte, wie super sie aussieht, aber wer will schon hören, dass er schlecht aussieht?« Auch hier gilt: Mache es so, wie du gern behandelt werden würdest.

Über den Tod sprechen

Sprechen Sie bei einem Todesfall im familiären Umfeld mit Ihrem Kind offen und ehrlich darüber. Es ist nun in der Lage zu verstehen, dass der Tod etwas Endgültiges ist, und es diesen Menschen nicht mehr sehen wird. Es profitiert von klaren, besonnenen Aussagen wie »Peter ist tot« statt »Peter hat uns verlassen« oder »Peter hat seinen Frieden gefunden«. Es ist problematisch, einem Kind zu sagen, dass jemand gestorben ist, weil er krank war. Es könnte folgern, dass alle kranken Menschen sterben. Wenn Sie für das Sterben Euphemismen verwenden, wie »Sie ist entschlafen«, bekommt Ihr Kind vielleicht Angst vor dem Schlafen. Siebenjährige haben Angst, dass auch die Eltern sterben könnten, also seien Sie auf diese Frage gefasst. Eine Antwort wie »Ja, aber noch lange nicht« reduziert Ängste. Wenn es Ihr Glaube zulässt, lassen Sie Ihr Kind an einer Beerdigung teilnehmen, damit es am Trauerprozess teilhaben und seine Gefühle offen zeigen kann.

»Ihr Kind besitzt eine natürliche Neugierde, was Leben und Tod anbelangt; es braucht eine Erklärung, wenn jemand gestorben ist.«

Rassismus

Kinder können sehr rassistisch sein. Manche haben die Haltung von den Eltern übernommen; bei anderen rührt sie daher, dass die Eltern nicht über Unterschiede reden. Kinder teilen Menschen gern in Kategorien ein; sie müssen erst verstehen, dass Unterschiedlichkeit kein Mangel ist.

Bewahren Sie Ihr Kind vor rassistischem Denken, indem Sie:

★ Entsprechende Themen erklären.

★ Bücher und Fernsehsendungen auswählen, die den Horizont Ihres Kindes für andere Kulturen erweitern. Das ist besonders wichtig, wenn seine Freunde weitgehend den gleichen Hintergrund haben.

Verschiedene Kulturen

Kinder mit Eltern aus verschiedenen Kulturen haben es oft schwer, weil sie von beiden Seiten ausgegrenzt werden. Sie können sich zwischen zwei Kulturen wie zerrissen fühlen. Eine Diskriminierung ist grausam und gesetzeswidrig.

Wenn Ihr Kind Opfer von Rassismus geworden ist:

★ Machen Sie deutlich, dass die anderen das Problem sind und nicht es selbst.

★ Besprechen Sie mit der Schulleitung die Probleme Ihres Kindes. Bitten Sie um klare Regelungen und Haltungen bei Diskriminierung.

Acht Jahre

»Ihr Kind wirkt nun eindeutig reifer und selbstzufriedener.«

DAMPF ABLASSEN Ermöglichen Sie Ihrem Kind, sich auszutoben; das beugt Langeweile und Fehlverhalten vor.

SCHULISCHE LEISTUNGEN Viele Kinder zeigen nun individuelle Interessen und Neigungen.

DER GRÖSSTE SEIN Ihr Kind vergleicht sich nun auch mit Klassenkameraden. Dabei ist auch die Körpergröße ein Thema.

Wachstum und Entwicklung

Der Appetit Ihres Achtjährigen nimmt ebenso zu wie sein Ehrgeiz, und Bewegung kommt ihm sehr zugute. Die Körpergröße unterscheidet sich in diesem Alter stark, da Wachstumsschübe zu unterschiedlichen Zeiten erfolgen. Die Schuhe allerdings sind allen Kindern ständig zu klein!

Körpergewicht und Figur

Vor dem pubertären Wachstumsschub, der individuell erfolgt, setzen manche bisher schlanken Kinder ein wenig »Babyspeck« an. Das ist ganz normal und kein Anlass zur Sorge. Lenken Sie keinesfalls die Aufmerksamkeit darauf, vor allem nicht bei Mädchen, denn eine unsensible Bemerkung kann bei einem empfindsamen Mädchen zum Auslöser einer Essstörung (s. S. 297) werden. Schon achtjährige Mädchen halten sich für zu »pummelig« und manche beginnen, sehr wenig zu essen oder exzessiv Sport zu treiben (s. S. 136), um ihre kindliche Figur zu erhalten.

Kommt Ihr Kind sehr früh in die Pubertät (s. S. 186), bilden sich bereits jetzt Brüste und Hüften aus. Egal wann die Pubertät einsetzt – wichtig ist, dem jungen Mädchen im Hinblick auf seine nun aufkeimende Weiblichkeit Sicherheit und Selbstvertrauen zu geben.

INDIVIDUELLES WACHSTUM *Keine Sorge, wenn Ihre Tochter viel kleiner ist als ihre Klassenkameradinnen; in der Pubertät holt sie das auf.*

Nährstoffreiche Kost

Gute Ernährung ist unabdingbar, damit das Kind all die Veränderungen, die sich in den kommenden Jahren in seinem Körper vollziehen werden, meistern kann. Ernähren Sie sich als Familie gesund; füllen Sie Ihre Schränke nicht mit kalorienreichen Naschereien. Beklagen Eltern sich, dass ihre Kinder ständig Chips und Kekse essen, lässt sich dies leicht unterbinden, indem sie diese Produkte nicht mehr kaufen.

Sehr schnell gerät ein Kind in eine sitzende Lebensweise. Achten Sie darauf, wie viel Sport Ihr Kind treibt; es sollten mindestens 30 Minuten, besser eine Stunde am Tag sein – mit unterschiedlichen Sportarten wie Schwimmen, Fußball, Spaziergängen oder Tanz. Wenn Sie meinen, Ihr Kind sei übergewichtig, fragen Sie den Arzt um Rat. Größe und Gewicht Ihres

Kindes werden auf einer Perzentilenkurve (s. S. 22) aufgezeichnet. Ursachen für starkes Übergewicht können gesundheitliche Probleme, Kummer oder eine Essstörung (s. S. 297) sein. Sollten Sie eines davon in Betracht ziehen, lassen Sie Ihr Kind vom Kinderarzt gründlich untersuchen.

Doch auch bei deutlichem Übergewicht besteht nur selten eine medizinische Ursache; eine kinderärztliche Untersuchung kann jedoch endokrine Störungen, wie eine Unterfunktion der Schilddrüse oder eine Überproduktion des körpereigenen Kortisons Kortisol, ausschließen. Sie können mit dem Arzt auch besprechen, wie Sie Ihrem Kind zu einem gesunden Ausgleich zwischen Essen und Aktivität verhelfen können.

Bessere Handschrift

In diesem Alter verbessert sich die Handschrift meist deutlich; Ihr Kind schreibt bestimmt schon mit Füller. Manchmal wird in diesem Alter eine Legasthenie festgestellt (s. S. 121). Schreibt es Buchstaben spiegelverkehrt bzw. hat es beim Lesen und Schreiben Probleme, sollte nach Rücksprache mit der Lehrerin eventuell ein entsprechender Test vorgenommen werden.

Eine Brille tragen

Nicht immer bemerkt man es sofort, wenn ein Kind kurz- oder weitsichtig ist. Manchmal stellt eine Lehrerin fest, dass ein Kind hinten im Klassenzimmer die Tafel nicht ablesen kann. Oder die Eltern bemerken, dass es sich beim Fernsehen sehr anstrengt. Bei Verdacht auf eine Sehschwäche bzw. bei Sehstörungen in der Familie lassen Sie mindestens einmal im Jahr einen Sehtest vornehmen, ggf. häufiger, wenn es der Augenarzt empfiehlt. Der Augenarzt führt den Sehtest kostenlos durch. Wenn ein Kind eine Brille tragen muss, braucht es die Unterstützung der Eltern, um sich daran zu gewöhnen. Es gibt attraktive, preiswerte Modelle für Kinder. Sie werden sicher ein Brillengestell finden, das Ihrem Kind gefällt. Wenn die anderen Familienmitglieder ihm sagen, wie cool es aussieht, wird es die Brille auch tragen.

POSITIVE EINSTELLUNG *Eine Brille kann sehr attraktiv aussehen. Ihr Kind muss ein positives Selbstbild haben, damit es sie selbstbewusst trägt – vor allem in der Schule.*

Elektronische Spiele

Welche Einstellung die Eltern auch zu elektronischen und Computerspielen haben mögen – sie gehören heute zur Freizeitgestaltung vieler Kinder. Es mag beruhigend sein zu hören, dass sie die Feinmotorik des Kindes verbessern können (s. S. 24); doch es liegt an Ihnen, für ein vernünftiges Gleichgewicht zwischen Bewegungs- und Computerspielen zu sorgen. Ihr Kind verfügt in diesem Alter über eine Menge Energie und braucht unbedingt reichlich Gelegenheit, diese abzubauen. Ein wenig regelmäßige Bewegung ist bereits sichergestellt, wenn es, sofern das möglich ist, täglich zu Fuß in die Schule geht (s. S. 105).

Das Gehirn Ihres Kindes

Zwar ist das Gehirn Ihres Kindes mit acht Jahren weitgehend ausgewachsen, doch werden weiterhin »Bahnen« (s. S. 21) gebildet, die als Gedächtnisbahnen dauerhaft werden. Manche Fachleute vergleichen das Gehirn in diesem Alter mit einem Schwamm – Kinder erlernen Neues schnell, so auch Sprachen. Dieses Potenzial sollte man nutzen.

So fördern Sie Ihr Kind:

- Bringen Sie ihm Brettspiele bei, die logisches Denken und Entscheidungsvermögen fordern. Spielen Sie sie mit ihm und lassen Sie es die Problemstellungen selbst lösen.
- Führen Sie es an wettbewerbsfreie, konstruktive Teamarbeit heran, z. B. gemeinsam ein Puzzle legen oder ein Modell bauen.
- Üben Sie Aktivitäten, die Genauigkeit, Geduld und Augen-Hand-Koordination erfordern, wie Nähen, Stricken, Sticken und genaues Ausschneiden.
- Kochen Sie gemeinsam. Lassen Sie es Rezepte aussuchen, die es ausprobieren will. Lesen Sie sie gemeinsam und wiegen Sie die Zutaten ab.
- Leiten Sie es zum Schreiben an, indem Sie ein Album oder eine Art Tagebuch erstellen, und zum Lesen, indem Sie ihm viele Bücher geben.
- Sprechen Sie mit ihm. Fragen Sie es, wie Dinge funktionieren. Helfen Sie ihm immer, Antworten zu finden, wenn es etwas nicht weiß.

TECHNOLOGIE-KOMPETENZ
Elektronische Spiele in Maßen können bestimmte Entwicklungsbereiche Ihres Kindes fördern z.B. das Reaktionsvermögen.

Gesundheit

Ihr Kind ist zunehmend äußeren Einflüssen ausgesetzt; vielleicht treten dabei Ängste auf. Dann müssen Sie etwas unternehmen, damit seine Gesundheit keinen Schaden nimmt. Sorgen Sie weiterhin für ausreichend Schlaf und Körperpflege – es kann z. B. beim Zähneputzen nachlässig sein.

»Seien Sie Ihrem Kind ein gutes Vorbild in Sachen Mundhygiene, dann wird es Ihrem Beispiel folgen.«

Zähne und Zahnfleisch

Ihr Kind bekommt durchschnittlich vier neue Zähne pro Jahr. Mit acht Jahren hat es zwölf bleibende Zähne (die Backenzähne sind erst mit zwölf vollständig und die Weisheitszähne brechen meist erst mit 18 oder später durch). Es sollte seine Zähne selbstständig putzen, mindestens zweimal täglich. Viele Kids sind beim Zähneputzen ziemlich schlampig oder vergessen es ganz. Doch diese zweiten Zähne sind wichtig und müssen noch weit mehr gepflegt werden als die Milchzähne.

So helfen Sie Ihrem Kind, Zähne und Zahnfleisch gesund zu erhalten:

- Putzen Sie möglichst oft die Zähne gemeinsam. So stellen Sie sicher, dass Ihr Kind die richtige Zahnputztechnik erwirbt.
- Geben Sie Ihrem Kind Färbetabletten. Diese Kautabletten bestehen aus pflanzlicher Farbe und machen Zahnbeläge sichtbar, sodass das Kind erkennt, welche Stellen es noch besser putzen muss.
- Geben Sie Ihrem Kind mindestens alle drei bis vier Monate eine neue Zahnbürste, da die Borsten schnell kaputtgehen.
- Eine Elektrozahnbürste kann einen zusätzlichen Anreiz darstellen. Der Bürstenkopf muss regelmäßig ersetzt werden.
- Gehen Sie mit Ihrem Kind regelmäßig zur Zahnvorsorge – alle sechs Monate bzw. öfter, wenn dies der Zahnarzt empfiehlt.
- Gehen Sie immer unverzüglich mit Ihrem Kind zum Zahnarzt, wenn es Zahnschmerzen oder Zahnfleischbluten hat. Ein gesundes Zahnfleisch ist für die Zahngesundheit und die Gesundheit insgesamt entscheidend wichtig, da Bakterien aus dem entzündeten Zahnfleisch in den Körper gelangen können.
- Eine schlechte Zahnstellung muss kieferorthopädisch behandelt werden, oft erst in späterem Alter, sprechen Sie gegebenenfalls mit dem Zahnarzt darüber.

Vollkornprodukte essen

Ihr Achtjähriges nascht gern, deshalb sollten die Nahrungsmittel zu Hause gesund sein. Geben Sie ihm neben viel Obst und Gemüse auch Vollkornprodukte. Das Verdauungssystem Ihres Kindes kann nun die zusätzlichen Ballaststoffe in Vollkornprodukten gut verarbeiten. Vollkorn enthält auch B-Vitamine sowie die Spurenelemente Eisen und Magnesium, verschiedene Antioxidantien, wie Vitamin E, und den Mineralstoff Selen. Sie sind reich an Kohlenhydraten, geben lang anhaltende Energie und unterstützen das Wachstum. Zu den gesundheitlichen Vorteilen von Vollkornprodukten gehören ein niedriger Cholesterinspiegel und ein geringes Risiko für Übergewicht und Diabetes.

»Vollkorn« bedeutet, dass beim Getreide (z. B. Weizen, Mais, Roggen, Hafer, Reis) das ganze Korn verarbeitet wird. Ernährungsphysiologisch gesehen gehört dazu die äußere Kleieschicht sowie der innere Keim und das Endosperm (das den Keim nährt). Vollkornprodukte können verarbeitet werden, z. B. zu Brot, Getreideflocken und sogar Popcorn; es gibt also viele Leckereien für Ihr Kind.

LEICHT UND LECKER
Zwischenmahlzeiten sollten nahrhaft, aber nicht zu sättigend sein, damit Ihr Kind bei der nächsten Mahlzeit noch Hunger hat.

Körperliche Folgen von Angst und Kummer

Kinder besitzen zwar nicht so viel Verantwortung wie Erwachsene, aber sie haben keineswegs immer eine sorgenfreie Existenz. Ihr Achtjähriges ist vielleicht wegen Freundschaften bekümmert, macht sich Sorgen wegen Schule und Tests und lebt womöglich zu Hause in Unruhe wegen eines Umzugs oder Konflikts der Eltern. Angst und Sorgen können körperliche Symptome hervorrufen, meist als Folge der Aktivierung des körpereigenen Stressmechanismus. Dann setzen die Adrenalindrüsen Hormone wie Adrenalin (Epinephrine) und Kortisol frei.

Häufige stressbedingte Beschwerden sind:

- Kopfschmerzen.
- Andere Schmerzen und Beschwerden, vor allem Bauchschmerzen.

STRESSSYMPTOME *Ein Kind zieht sich bei Kummer oft zurück. Es ist wichtig, dass es sich öffnet. Nur durch Gespräche kann es auch die körperlichen Symptome überwinden.*

- Appetitlosigkeit.
- Übelkeit und Erbrechen.
- Durchfall.
- Schlafprobleme.
- Zähneknirschen.
- Nervöse Ticks und Krämpfe, z. B. häufiges Blinzeln.

Viele dieser Symptome können auch andere Ursachen haben. Halten die Symptome an, gehen Sie mit Ihrem Kind zum Kinder- oder Hausarzt.

Schlafstörungen

Achtjährige schlafen nicht immer so gut wie jüngere Kinder. Manchmal halten Ängste ein Kind wach, häufig ist es schlicht Aufregung oder der Wunsch, länger fernzusehen, zu spielen oder bei Ihnen zu sein. Nach einem umtriebigen Tag braucht Ihr achtjähriges Kind etwa zehn bis elf Stunden Schlaf. Bald drängt es auf eine spätere Schlafenszeit und behauptet, dass alle seine Freunde länger aufbleiben dürfen. Bleiben Sie standhaft. Es liegt in Ihrer Verantwortung, die Schlafenszeit Ihres Kindes auf sein Alter abzustimmen und sicherzustellen, dass es genügend Schlaf bekommt. Das abendliche Ritual wird sich verändern, da Ihr Kind selbstständiger wird und vielleicht noch im Bett lesen will. Sie können es nicht zum Schlafen zwingen, aber Sie können vereinbaren, dass Ihr Kind in seinem Zimmer ist, zu einer festgelegten Zeit im Bett liegt und zu einer bestimmten Uhrzeit das Licht löscht. Geht Ihr Kind z. B. um 20.15 Uhr ins Bett, darf es eine halbe Stunde lesen, bevor um 20.45 Uhr das Licht ausgemacht wird. Steht es morgens um 7 Uhr auf, bekommt es so genügend Schlaf. Sie sind die Eltern, und es ist Ihre Sache, über das Einschlafritual Ihres Kindes zu entscheiden und daran festzuhalten.

Manche Kinder wachen morgens sehr früh auf. Dagegen können Sie nicht viel tun. Machen Sie Ihrem Kind in diesem Fall aber klar, dass es ruhig sein und sich selbst beschäftigen muss. Wenn es schon selbst Frühstück machen kann, können Sie am Wochenende trotzdem länger schlafen.

»Wenn Ihr Achtjähriges nicht genügend schläft, wird es missmutig, kann sich in der Schule schlecht konzentrieren und benimmt sich öfter daneben.«

Asthma

Asthma ist eine chronische Lungenerkrankung mit Hustenanfällen, Giemen (Keuchen) und/oder Atemnot. Es kann in jedem Alter einsetzen. Oft ist der Verlauf leicht; Asthma kann aber auch ernst sein und muss behandelt werden. Eine Behandlung ist unabdingbar für die Gesundheit, das Wachstum und auch das Lernvermögen – nach Nächten mit Atemnot ist das Kind am nächsten Tag müde.

Symptome und Auslöser

Alle Symptome gehen auf die Verengung der Luftwege zurück. Bei Asthma sind die Luftwege besonders empfindlich und entzünden sich infolge verschiedenster Auslöser, wie kalte Luft, Infektionen, Pollen, Hausstaubmilben, Federn und Tierhaaren. Manchmal kann sogar Lachen einen Anfall auslösen. Es gibt einen Zusammenhang zwischen Asthma, Heuschnupfen und Neurodermitis (s. S. 115); Asthma kann aber auch allein auftreten.

Ein Verdacht auf Asthma besteht, wenn das Kind wiederholt hustet, vor allem nachts, wenn Erkältungen oft »auf die Brust« gehen, oder es nach sportlichen Aktivitäten keucht, insbesondere bei kalter Witterung. Manchmal besteht nur ein Husten ohne Giemen. Die Symptome verschlimmern sich oft nachts.

Eine »moderne« Krankheit

Asthma tritt heutzutage viel häufiger auf. Heute leiden etwa 10 bis 15 Prozent der Kinder darunter. Der Anstieg geht vor allem darauf zurück, dass Ärzte es schneller diagnostizieren, auch die leichten Fälle. Es besteht jedoch kein Zweifel, dass es auch einen absoluten Anstieg gegeben hat, ebenso wie dies für alle Allergien gilt. Auch die Luftqualität spielt eine Rolle; ein großer Risikofaktor ist Passivrauchen. Darüber hinaus spielen die Gene eine Rolle, Asthma tritt also oft familiär gehäuft auf.

Asthma diagnostizieren

Zur Diagnose wird die Lunge abgehört und es wird eine Peak-Flow-Messung durchgeführt; dabei wird die Geschwindigkeit des Luftstroms in Litern pro Minute zu Beginn des Ausatmens gemessen. Liegt der gemessene Wert unter dem Normwert, wird ein Bronchospasmolysetest durchgeführt.

ASTHMAANFÄLLEN VORBEUGEN
Sie können Asthmaanfällen Ihres Kindes vorbeugen, indem Sie bekannte Auslöser entfernen, z. B. Federkissen und Hausstaubmilben.

Vorbeugung und Behandlung

Asthma kann nicht geheilt, aber die Symptome können stark gemildert werden, und meist kann das Kind ein völlig normales Leben führen. Zunächst sollten die bekannten Auslösefaktoren (s. links) gemieden werden. Eine Grippeimpfung ist im Winter oft angeraten.

Die Behandlung erfolgt meist über Mittel zum Inhalieren. Manche lindern die Symptome, andere haben eine entzündungshemmende Wirkung, die Anfälle verhindern soll. Es gibt auch Mittel, die oral eingenommen werden und die Luftwege schützen, und so die Anzahl der Anfälle verringern können. Ein betroffenes Kind sollte in der Schule immer ein Inhaliergerät griffbereit haben. Vor Bewegung braucht es vielleicht eine zusätzliche Inhalationsdosis.

Bei einem akuten Anfall muss die Dosis des Inhaliermittels evtl. erhöht werden. Antibiotika helfen selten, weil bakterielle Infektionen nur selten einen Anfall auslösen. Holen Sie immer unverzüglich ärztliche Hilfe, wenn das Kind aus Atemnot nicht mehr sprechen kann oder blau anläuft.

Bei etwa der Hälfte der Kinder verliert sich das Asthma. Bestehen mit 14 Jahren allerdings immer noch Symptome, bleibt oft eine lebenslange Anfälligkeit bestehen.

Geistige Fähigkeiten

Ihr Achtjähriges wirkt reif und überlegter. Es besitzt ein gutes Weltwissen und weiß, wie vieles zusammenhängt. Es will den Dingen auf den Grund gehen. Zwar braucht es noch Informationen und Anhaltspunkte von Ihnen, doch es ist gerüstet, Dinge selbst zu durchdenken.

Die Interessen Ihres Kindes

Auf keinen Fall darf man alle Kinder nach den gleichen Maßstäben beurteilen. Mit acht Jahren kann die individuelle Begabung im kreativen Schreiben, im künstlerischen Gestalten, in Theater oder Musik, den Naturwissenschaften, Mathematik oder im Sport liegen. Oft lassen sich die Stärken eines Kindes erst erkennen, wenn es entsprechende Aktivitäten ausprobiert hat. Dies gilt für schulische Themen ebenso wie für Freizeitaktivitäten. Manche Themen und Aktivitäten greift es gerne auf, für andere zeigt es wenig Begeisterung oder Begabung, wiederum andere können eine lebenslange Leidenschaft werden.

So helfen Sie Ihrem Kind:

- Fördern Sie Ihr Kind in Bereichen, die ihm entsprechen, nicht nur in Aktivitäten, die Ihnen wichtig sind. Bedenken Sie, dass Ihr Kind nicht die glei-

Problemlösekompetenz durch Spiele und Puzzles

Viele Spiele, Puzzles und Aktivitäten machen Ihrem Kind großen Spaß und fördern gleichzeitig seine Problemlösekompetenz.

Probieren Sie folgende Spiele aus:

★ Tic Tac Toe.
★ Dame.
★ Halma.
★ Abalone.

Zu den Strategiespielen gehören Schach und Backgammon, die interessierten Kindern sehr viel Freude bereiten können. Vielleicht ist Ihr Kind aber noch nicht reif genug, ein Spiel zu Ende zu bringen oder mit anderen Kindern zu spielen, vor allem, wenn es dabei viele Spielfiguren verliert.

Sicher gefallen Kartenspiele Ihrem Kind. Auch viele lustige Gesellschaftsspiele erfordern Problemlösekompetenz, wie beispielsweise *Das verrückte Labyrinth* oder *Scotland Yard*. Es gibt auch verschiedene Versionen von *Sudoku*, das Logikspiel mit Zahlenrätsel, und Schwierigkeitsgrade speziell für Kinder.

chen Neigungen haben muss wie Sie, seine Geschwister oder Freunde. Jeder Mensch ist einzigartig.

- Lassen Sie Ihr Kind verschiedene Hobbys ausprobieren. In Nachmittags- oder Ferienkursen kann es z. B. Theater, Schach oder Tennis kennenlernen.
- Loben Sie Ihr Kind, wenn es etwas gut macht.
- Vermitteln Sie Ihrem Kind, dass man nicht in allem gut sein kann.

Versagensängste können auftreten und in eine Abwärtsspirale führen, wenn niemand einschreitet. Ihr Kind darf keine negative Selbsteinschätzung entwickeln, weil es meint, seinen (oder Ihren) Erwartungen nicht gerecht zu werden. Es ist ihm wichtig, was Sie denken. Es sieht nur sein Versagen. Wenn seine Mannschaft verloren hat, sagt es z. B.: »Ich kann nicht Fußball spielen.« Leiten Sie es zu einer distanzierten Sichtweise an.

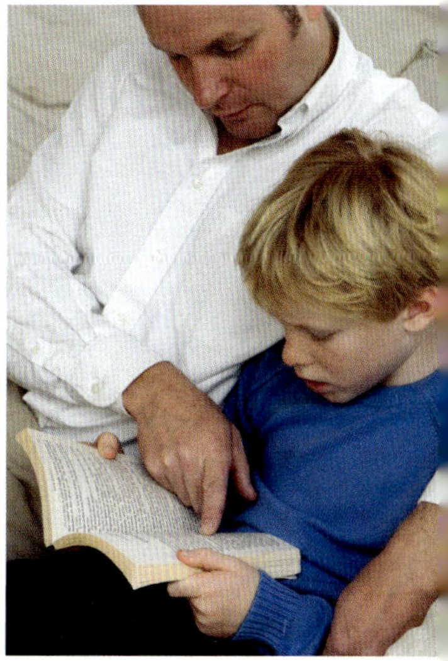

DINGE HINTERFRAGEN
Fragen Sie Ihr Kind beim Lesen, warum eine Figur sich gerade so verhält, oder wie die Geschichte anders verlaufen könnte.

Selbstständiges Denken fördern

Ihr Achtjähriges ist gern Teil einer Gruppe und will vieles genauso machen wie seine Freunde; leiten Sie es aber auch zu eigenständigem Denken an.

So fördern Sie spontanes, eigenständiges Denken:

- Bitten Sie Ihr Kind, sich neue Verwendungsmöglichkeiten, z. B. für eine Schuhschachtel, zu überlegen.
- Loben Sie es, wenn es Ihnen als Geschenk etwas bastelt.
- Stellen Sie »Was wäre, wenn-«-Fragen, z. B.: »Was würden wir tun, wenn der Herd kaputtginge?« Oder: »Was würden wir machen, wenn der Strom ausfiele?«
- Lassen Sie es eine Maschine entwerfen oder malen, die zwei verschiedene Dinge kann, z. B. Frühstück machen und gleichzeitig den Boden wischen.
- Lassen Sie es aus bestimmten Zutaten ein Rezept kreieren.

Unterstützung in Mathematik

Ihr Kind kann nun sicherlich addieren und subtrahieren, vielleicht schon »behalten« und »übertragen« und damit Zahlenreihen addieren. Vielleicht kann es bereits ein wenig multiplizieren und dividieren und versteht einfache Brüche und Torten- und Balkendiagramme. Es hat eine Vorstellung von Geometrie; diese hilft ihm im Alltag z. B. dabei, Bücher aufs Bücherregal zu stellen oder Spielzeug in die Kiste zu räumen. Geometrie wirkt in viele Lebensbereiche hinein und ist nicht nur ein mathematisches Thema.

NEUGIERIG
Ihr Kind denkt mittlerweile logischer und erweitert ständig seinen Wortschatz; somit stellt es auch »intelligentere« Fragen.

Zeigen Sie Ihrem Kind die Bedeutung der Mathematik in seiner täglichen Umwelt auf. Betrachten Sie dieses Thema unter verschiedenen Aspekten – das vertieft sein Verständnis.

Sie können Ihr Kind zu Folgendem anleiten:

- Beim gemeinsamen Einkaufen Preise addieren.
- Beim Kochen oder Heimwerken Maße erklären.
- Ausrechnen, wie viele Briefmarken auf eine Postsendung gehören.
- Die Zahlen der Autokennzeichen addieren.
- Überlegen, welche Haus- oder Busnummern z. B. durch zwei oder fünf teilbar sind. Solche Aufgaben machen Ihrem Kind mit Sicherheit Spaß.

Wenn Sie nicht genau wissen, wie Ihr Kind in der Schule Mathematik lernt, fragen Sie die Lehrerin. Schauen Sie sich seine Schulbücher und Arbeitsblätter genau an, um sich selbst die richtigen Methoden anzueignen.

Sprechen und Sprache

Mit acht Jahren und einiger Schulerfahrung hat Ihr Kind gewiss einen enormen Entwicklungsschritt gemacht; es unterhält sich nun schon fast auf Erwachsenenniveau und korrigiert sich bei falschem Grammatikgebrauch selbst. Es will Wörter kreativ nutzen, Geschichten erzählen, Theaterstücke spielen, Reime bilden und nimmt das Ende von Geschichten vorweg.

Viele Achtjährige sind selbstsicher und extrovertiert, glauben an sich und ihre Fähigkeiten. Sie wollen nicht korrigiert werden und stellen hohe Ansprüche an sich. Das Denken ist strukturierter und damit werden die Fragen klarer. Viele Achtjährige haben großes Interesse am Lesen, vor allem, da sie altersgemäße Bücher nun spielend bewältigen. All das führt dazu, dass die aktive und passive Sprache sich deutlich verbessert. Ihr Kind fragt bestimmt nach der Bedeutung von Wörtern. Fördern Sie den Wortschatz durch Wortspiele und Gespräche – es lernt von ihnen neue Wörter und eine gewählte Ausdrucksweise.

Kreatives Schreiben

Ihr Kind besitzt eine reiche Einbildungskraft. Fantasie und Realität werden dabei nicht immer getrennt. In diesem Alter bedeutet das kein vorsätzliches Lügen – eher Wunschdenken! Eine gute Methode, um sinnvoll mit den Fähigkeiten umzugehen, ist, den erblühenden Wortschatz, die Sprachkompetenz und lebhafte Fantasie in kreatives Schreiben zu kanalisieren. Wenn Ihr Kind nicht gerne schreibt, lassen Sie es zunächst Geschichten erzählen.

So unterstützen Sie Ihr Kind:

- Bitten Sie es, sich neue Abenteuer für seine Lieblingshelden auszudenken.
- Lesen Sie ihm einfache Gedichte vor, die es um eine Zeile ergänzen soll.
- Bitten Sie es, für sein Lieblingsspielzeug einen »Lebenshintergrund« zu erfinden – eine Familie, ein Zuhause und Interessen.
- Bitten Sie es, etwas zu beschreiben, das es draußen sieht.
- Helfen Sie ihm, Synonyme und Wortfamilien oder Zusammenhänge zu finden – z. B. kann »heiß« mit Schwitzen, Durst, Fieber verbunden werden.

Schreibschrift lernen

Nach der Druckschrift lernen die Kinder eine Schreibschrift, deren Buchstabenformen und -verbindungen im Lehrplan festgelegt sind. Sie ist die Ausgangsschrift für die eigene Handschrift. Es gibt drei verschiedene Schreibschriften als Ausgangsschriften: die Schulausgangsschrift, die Lateinische und die Vereinfachte Ausgangsschrift, Letztere wird heute in den meisten Schulen gelehrt. Für Eltern sieht sie oft ungelenk aus, aber sie ermöglicht, dass man im Schreibfluss Pausen machen und jederzeit an das Wortende noch einen Buchstaben setzen kann. Üben Sie zu Hause mit Ihrem Kind das Schreiben, indem Sie es z. B. Einkaufslisten schreiben lassen.

Jugendsprache bitte nur in Maßen

Wenn Kinder stärker unter Gruppenzwang geraten und »dazugehören« wollen, übernehmen sie oft die Sprache ihrer Freunde – nicht immer zur Freude der Eltern.

Fragen Sie Ihr Kind immer nach der Bedeutung von Slang-Begriffen. Weiß es, was es da sagt? Suchen Sie gemeinsam nach Alternativen, die in einer anderen Umgebung passender sind. Sie können die Art, wie Ihr Kind mit seinen Freunden spricht, nicht ändern, aber Sie können deutlich machen, dass man zu Hause klar, flüssig und korrekt kommuniziert. Erklären Sie, dass Slang-Ausdrücke oft diskriminierend und für Außenstehende auch schwer verständlich sind. Umgangssprache hat in bestimmten Situationen ihre Berechtigung, aber Ihr Kind muss auch lernen, den gesellschaftlichen Regeln entsprechend in Standardsprache zu kommunizieren. Korrigieren Sie Ihr Kind (ruhig und freundlich), sobald es Jugendsprache benutzt.

Statt Ihr Kind zu kritisieren, vermitteln Sie alternative Formulierungen, die es in entsprechenden Situationen verwenden kann. Dabei entwickelt es ein Verständnis für situationsgerechten Ausdruck, Wortschatz und Grammatik.

Gefühle und Persönlichkeit

Die Beziehung zu den Eltern ist die wichtigste im Leben eines Achtjährigen. Sie hat sieben Mal mehr Einfluss als die Beziehung zu den Freunden. Auch wenn es selbstständiger ist, sind sein Glück und sein Selbstwertgefühl jeden Tag aufs Neue von der Liebe, Zuwendung und Zuversicht der Eltern abhängig.

»Loben Sie Ihr Kind nicht über den grünen Klee, das wäre ihm peinlich.«

Mit acht Jahren zeigt sich die Persönlichkeit deutlich. Manche Kinder gehen aus sich heraus, sprechen mit vielen Menschen, andere sind ruhig und weniger kommunikativ. Manche Kinder sind leicht zu führen, andere haben eine eher provozierende Art und stellen alles infrage. Die meisten Achtjährigen können nun aber vorausplanen, Dinge herausfinden und sich klarer als bisher ausdrücken, da sich ihre kognitiven und verbalen Fähigkeiten sprunghaft entwickeln. Das Kind kann kompliziertere Gespräche führen und interessiert sich nicht mehr nur für Fakten, sondern auch für Motive, z. B. warum Menschen auf eine bestimmte Weise handeln.

Lob bleibt für das Selbstwertgefühl Ihres Kindes wichtig, doch Sie müssen es gezielt einsetzen. Es will nicht mehr überschwänglich gelobt werden, freut sich aber über ehrliches Lob, wenn Sie eine Leistung anerkennen.

Ungeduld zügeln

Ihr Achtjähriges kann nachdenken und planen, und seine Ungeduld ist nicht mehr so unbändig wie beim Kleinkind, doch Abwarten fällt ihm nach wie vor schwer. Es kann mit einer Fülle von Fragen kommen: »Wann gibt es Essen?«, »Machst du den Computer an?«, »Wo sind meine Fußballschuhe?« – noch bevor Sie auf eine antworten können. Ihr Kind denkt schnell und hat immer die nächsten Vorhaben im Kopf. Es hat vielleicht ausgerechnet, dass es, wenn es jetzt gleich Essen gibt, danach noch 30 Minuten Zeit für den PC hat, bevor es zum Fußball muss. Es zeigt wenig Einsicht, wenn Sie ihm freundlich sagen, dass Sie nicht allen seinen Forderungen gleichzeitig nachkommen können. Es wird auch kaum erklären können, wie es plant und empfindet. Fragen Sie es einfach, was es tun will, und finden Sie dann eine Lösung, die allen passt. Ihre ruhige Reaktion hilft ihm, seine Ungeduld zu zügeln.

Das Bedürfnis nach Selbstständigkeit

Mit acht Jahren kann Ihr Kind die meisten Bereiche der Körperpflege selbstständig erledigen, wie Waschen und Anziehen; vielleicht müssen Sie es noch erinnern, auch Seife zu benutzen. Es hat den Drang, Dinge außerhalb des Hauses ohne Sie zu tun, z.B. Besorgungen machen oder Freunde besuchen. Nur Sie können entscheiden, wann Sie es unbedenklich ziehen lassen können. Berücksichtigen Sie dabei sowohl die Reife Ihres Kindes wie die Wohnumgebung. Wenn Ihr Kind reif und gefahrenbewusst ist, geben Sie ihm mehr Freiheit. Wenn es eher impulsiv ist und Gefahren nicht erkennt, dann braucht es mehr Grenzen. Auch die Wohnlage, z. B. an einer Hauptverkehrsstraße oder in Geschäftsnähe, beeinflusst Ihre Entscheidung.

Wenn Ihr Kind nun allein weggehen will, geben Sie ihm kleine Aufträge, z. B. im nahe gelegenen Laden Milch kaufen oder den Nachbarn etwas bringen; so kann es seine Selbstständigkeit erproben, ohne zu weit wegzugehen. Mit jedem Erfolg verstärkt sich Ihr Vertrauen in Ihr Kind und damit sein Selbstvertrauen. Denken Sie daran, dass Sie immer wissen müssen, wohin Ihr Achtjähriges geht, wer bei ihm ist und wann es zu Hause sein wird.

FREIHEITEN GEBEN *Viele Aktivitäten unternimmt Ihr Kind draußen, lassen Sie ihm dabei ein wenig Freiheit.*

Furcht und Ängste

Mit acht Jahren hat Ihr Kind wohl keine Angst mehr vor Gespenstern und Monstern, macht sich dafür aber mehr Sorgen, falsch zu handeln oder zu versagen – z. B. in der Schule oder beim Sport. Diese Ängste spiegeln das

Sexualisiertes Verhalten

Sexuelle Neugierde ist in diesem Alter normal, daher berichten etwa 40 Prozent der Kinder zwischen sechs und neun von sexuellem Erkunden der Körper. Zwischen Gleichaltrigen kommt es häufig zu Küssen und Umarmungen, Zeigen, Vergleichen oder Berühren der eigenen oder der Geschlechtsteile der Freunde. Die meisten Kinder finden diese Experimente interessant; einige haben dabei jedoch ein schlechtes Gefühl. Dann sollten sie sich unbedingt trauen, Nein zu sagen, wegzugehen und sich einem Erwachsenen anzuvertrauen.

Sexualisiertes Verhalten ist dann ein Grund zur Sorge, wenn es nicht altersgemäß scheint, wenn Ältere involviert sind und wenn ein Kind bedrängt, verängstigt oder dazu gezwungen wird. Wenn Sie sich wegen des sexuellen Verhaltens Ihres Kindes Sorgen machen, wenden Sie sich unverzüglich an den Kinderarzt, einen Kinderpsychologen oder eine Beratungsstelle.

Bewusstsein, ein Individuum zu sein, sowie das Bedürfnis nach sozialer Anerkennung wider. Am besten kann man dem Kind beistehen, indem man auf diese Ängste vorbereitet ist. Stellen Sie z. B. vor Tests einen Übungsplan auf. Sprechen Sie über Angst erzeugende Situationen, sodass es seine Befürchtungen aussprechen kann.

Neben diesen praktischen Maßnahmen muss Ihr Kind aber auch wissen, dass Sie zwar stolz sind, wenn es Erfolg hat, aber dass es für Sie das Wichtigste ist, dass es sich bemüht – nicht ob es gewinnt oder verliert.

Jungen und Mädchen beim Spiel

Mit acht Jahren haben Mädchen meist eine oder zwei beste Freundinnen und verbringen ihre Zeit in kleineren Kindergruppen beim Spiel. Jungen sind eher in größeren Gruppen zusammen, bilden Mannschaften und treten in Wettbewerb. Sie sind in ihren Spielen eher laut, während Mädchen weniger ausgelassen sind.

Ihr Kind spielt jetzt mehr denn je hauptsächlich mit gleichgeschlechtlichen Kindern; mehr als drei Viertel der Spielzeit sind Jungen mit Jungen und Mädchen mit Mädchen beisammen. Mädchen sind dabei in ihrem Spiel weniger an Wettbewerb und stärker an Partizipation orientiert.

MÄDCHEN *Mädchen hängen oft aneinander; auch wenn sie sich von den Jungen in ihrer Klasse fernhalten, sprechen und kichern sie doch über sie.*

Kritik und Selbstvertrauen

Ihr Kind weiß nun, was Leistung und Misserfolg bedeuten; es ist schnell entmutigt oder in seinem Stolz verletzt, wenn es keinen Erfolg hat. Viele seiner Sorgen erscheinen banal, sind aber für das Kind allbeherrschend und belastend.

So helfen Sie Ihrem Kind:

- Wenn Sie gut zuhören, ruhig reagieren und das Thema ernst nehmen, kann sich auch Ihr Kind beruhigen. Wenn Sie das Problem abtun, wird es sich in Zukunft Ihnen gegenüber kaum mehr öffnen. Wenn es seine Sorgen für sich behält, wird das Problem noch viel schlimmer.
- Seien Sie realistisch, wenn Sie sein Selbstvertrauen fördern. Sprechen Sie mit ihm über seine Interessen, Stärken und Begabungen, ebenso wie über seine Schwierigkeiten. Erarbeiten Sie einen Plan, um Bereiche anzugehen, in denen es wenig Selbstsicherheit besitzt. Nachhilfe oder Üben können helfen.
- Loben Sie Ihr Kind nicht unbegründet, im Versuch, es zu stärken. Loben Sie das, was es gut macht, und die Anstrengung, die es darauf verwendet. Machen Sie ihm klar, dass es nicht in allem glänzen kann.

»Nehmen Sie die Sorgen Ihres Kindes immer ernst – sie sind für das Kind höchst real –, sagen Sie nicht, es sei dumm.«

Schüchternheit überwinden

Ihr Kind ist vielleicht infolge seines ruhigen Naturells schüchtern, womöglich fehlt ihm Selbstsicherheit, oder es spiegelt Ihre eigene Zurückhaltung wider.

So helfen Sie Ihrem schüchternen Kind:

- Fördern Sie Kontakte zu anderen. Suchen Sie Vereine oder Kurse, die Ihrem Kind gefallen, und wo es Kinder mit gleichen Interessen trifft. Besonders geeignet sind kooperative Aktivitäten im Team, z. B. bei den Pfadfindern, im Sport und beim Theaterspielen.
- Stärken Sie sein Selbstvertrauen, indem Sie soziale Erfolge loben. Erkennt Ihr Kind, dass seine Ängste unbegründet sind, wagt es sich eher an Neues.
- Lange Phasen des Alleinseins verstärken Ängste im Umgang mit Menschen. Beschränken Sie daher die Zeiten, in denen es sich allein beschäftigt, z. B. mit Fernsehen oder Computerspielen in seinem Zimmer.
- Fordern Sie es nach der Schule und am Wochenende auf, mit Freunden oder Familienmitgliedern zu spielen und sich mit anderen zu treffen.
- Wenden Sie sich an einen Fachmann, wenn die Schüchternheit sich verstärkt oder die Bewältigung des Alltags beeinträchtigt.

Häufige Sorgen

▶ **Ich glaube, mein Sohn wird in der Schule gemobbt. Wie kann ich ihm helfen?**
Fragen Sie Ihr Kind, was genau vor sich geht, damit Sie sich ein Bild von der Situation machen können. Lassen Sie es wissen, dass Sie mit der Schule Kontakt aufnehmen, um das Problem zu besprechen. Es ist Pflicht der Schule, Ihr Kind zu schützen. Besprechen Sie sich mit Klassenlehrerin und Schulleitung, um erforderliche Schritte festzulegen.

Risikozeiten für Mobbing sind Pausen und der Schulweg. Stellen Sie sicher, dass Ihr Kind in dieser Zeit immer beaufsichtigt wird. Leiten Sie Ihren Sohn an, offensiv zu reagieren. Er kann z. B. laut sagen: »Hört auf, lasst das, ich sage es einem Lehrer.« Raten Sie Ihrem Sohn keinesfalls dazu, zurückzuschlagen, da dies zu einer Eskalation führen kann.

Leider werden manche Kinder leicht zur Zielscheibe von Übergriffen, z. B. weil sie schüchtern sind, wenig Selbstvertrauen haben oder schwer Freundschaften schließen. In diesem Fall fördern Sie das Selbstwertgefühl Ihres Sohnes und helfen ihm, Freunde zu finden.

▶ **Meine Tochter wirkt ständig bekümmert. Was kann ich tun?**
Manche Kinder machen sich viele Sorgen, vielleicht genauso wie ihre Eltern. Es gibt aber auch grüblerische Kinder, deren Eltern sehr offen sind. Versuchen Sie herauszufinden, worüber sich Ihr Kind Sorgen macht. Ist es eine bevorstehende Situation, z. B. ein Test, oder ein eher unwahrscheinliches, aber dennoch denkbares Ereignis, wie eine Umweltkatastrophe? Kinder können emotional stark beeinflusst werden von Dingen, die sie in den Nachrichten sehen. Indem Sie mit Ihrem Kind mögliche Handlungsschritte und Folgen durchsprechen, können sich seine Ängste reduzieren.

Sagen Sie Ihrer Tochter, dass Sie immer für sie da sind, egal was geschieht. Nicht immer lassen sich alle Ängste eines Kindes zerstreuen; trotz Ihrer Rückversicherung kann sie vielleicht aus Sorge manchmal nicht schlafen. Sprechen Sie tagsüber mit ihr über ihre Sorgen. Auch ein alberner Spruch kann Entlastung bringen und einem Kind eine einfache Hilfe sein, z. B.: »Erst ziehe ich meine Kleider und meine Sorgen aus. Dann lege ich mich auf den Rücken, damit ich die Nase nicht anstoße.«

▶ **Ich habe mein Kind beim Mogeln erwischt, als es mit einem anderen Kind ein Spiel gemacht hat. Ist das normal?**
Mit acht Jahren ist die moralische Entwicklung so weit fortgeschritten, dass ein Kind bewusst entscheiden kann, ob es eine Regel bricht oder nicht. Die Entscheidung ist auch davon abhängig, ob es glaubt, erwischt, bestraft und gerügt zu werden. Mit acht Jahren will es gewinnen, daher ist die Versuchung groß, zu mogeln. Um Fairness zu fördern, sprechen Sie über Ihre Werte. Betonen Sie, dass Erfolg auf Anstrengung – und manchmal auch Glück – basiert, und Leistungen, die durch Täuschung erbracht worden sind, wertlos sind.

Jedes Mal, wenn Sie sicher sind, dass Ihr Kind geschummelt hat, nehmen Sie es beiseite und lassen es wissen, dass Sie dieses Verhalten missbilligen. Wenn Sie nicht sicher sind, ob es gemogelt hat, bedrängen Sie es nicht, sondern sagen Sie ihm einfach, dass es, wenn es gemogelt hat, dies korrigieren sollte. Schon die Tatsache, dass Sie es thematisieren, macht das Mogeln in Zukunft unwahrscheinlicher.

▶ **Mein Sohn leidet darunter, dass er kleiner ist als seine Klassenkameraden. Wie kann ich ihm helfen, sein Körperbild zu verbessern?**
Leider sind Kinder oft schon früh sehr auf ihren Körper fixiert. Jungen vergleichen sich von Natur aus stark untereinander, auch im Hinblick auf ihre körperlichen Attribute. Erklären Sie ihm, dass es Menschen in jeder Gestalt und Größe gibt. Die ideale Gestalt, nach der er strebt, mag für ihn nicht realistisch sein. Sagen Sie ihm daher nicht, dass er später auch sehr groß sein wird – es stimmt vielleicht nicht. Finden Sie stattdessen erfolgreiche Vorbilder, wie Schauspieler oder Sportler, die klein sind, und sprechen Sie mit ihm über diese. Am wichtigsten ist es, dass Sie Ihrem Kind helfen, all die positiven Eigenschaften, die es besitzt, zu schätzen und sich damit wohlzufühlen.

Das Leben Ihres Kindes

Freunde werden immer wichtiger. Die Schule ist zugleich Bildungsort und Mittelpunkt des sozialen Lebens. Ihr Kind will aber auch in der Freizeit mit Freunden zusammen sein. Höhen und Tiefen von Freundschaften können ebenso wie Freizeitbeschäftigungen manchmal das Lernen behindern.

Beziehungen zu Freunden

Gelegentlich gibt es zwischen Freunden wegen trivialer Konflikte, z. B. abwertende Bemerkungen, Krach. Doch oft ist am nächsten Tag alles wieder vergessen. Wenn Ihr Kind mit dem Gefühl, abgelehnt zu werden, nach Hause kommt, trösten Sie es und geben ihm Rückhalt. Warten Sie ab, bevor Sie meinen eingreifen zu müssen, damit es neue Freunde findet. Manchmal könnten solche Streits unter Freunden auch ernster sein, z. B. wenn ein Kind aus einer Gruppe ausgeschlossen oder auf andere Weise gemobbt wird. Es ist normal, dass in einer Clique ein oder zwei Kinder den Ton angeben. Wird Ihr Kind wiederholt ausgeschlossen bzw. körperlich oder verbal von Einzelnen oder der Clique angegriffen, verletzt oder belastet, dann ist das eine Form des Mobbings, und es sollte so schnell wie möglich etwas dagegen getan werden (s. links).

DAZUGEHÖREN

Mit acht Jahren ist es Kindern wichtig, beliebt und Mitglied einer Clique zu sein. Sie brauchen dieses Zugehörigkeitsgefühl.

Leistungsprobleme

Es gibt viele mögliche Gründe, warum ein Kind in diesem Alter mit den schulischen Anforderungen zu kämpfen hat. Vielleicht hat es wegen einer Krankheit wichtigen Unterricht versäumt, die Aufgaben sind zu schwierig oder es hat spezielle Probleme, wie Legasthenie (s. S. 121). Bei manchen Kindern kann auch Mobbing, Depression oder anhaltender Kummer (s. S. 216) das Lernen behindern. Unternehmen Sie etwas, um Ihrem Kind zu helfen, wenn Sie negative Reaktionen auf die Schule wahrnehmen, z. B. Hausaufgabenverweigerung, schlampiges Arbeiten oder Berichte der Lehrer über mangelnde Konzentration, Rückzug oder störendes Verhalten.

So helfen Sie Ihrem Kind:

- Lassen Sie sich aus der Sicht des Kindes erklären, warum es in der Schule nicht zurechtkommt; es ist gut möglich, dass es das Problem darlegen kann.
- Vereinbaren Sie einen Termin mit dem Lehrer und bitten ihn um Hilfe zur Verbesserung der Situation. Situationsangepasste Maßnahmen, wie einfachere Aufgaben, Hilfe bei Mobbing oder Unterstützung bei den Hausaufgaben, können die Freude Ihres Kindes am Lernen wieder wecken.
- Sind solche Maßnahmen eingeleitet, kontrollieren Sie regelmäßig, ob sich die Leistungen verbessern. Ist das nicht oder kaum der Fall, bemühen Sie sich um eine Testung auf Lernschwächen.

»Schützen Sie Ihr Kind vor den Gefahren des Internets, indem Sie die Nutzung überwachen und selbst computerkompetent werden.«

Nutzen und Gefahren des Internets

Das Internet ist eine unerschöpfliche Informationsquelle. Ihr Kind wird den PC für Hausaufgaben, Computerspiele und zur Kommunikation nutzen. Doch mit der Nutzung sind auch Gefahren verbunden, wie Mobbing im Internet, Zugang zu Erwachsenen-Sites oder Kontaktaufnahme durch Fremde. Es dient der Sicherheit, wenn Sie selbst mit dem Internet umgehen, Kontrollen durchführen und die Suchfunktion einschränken können. Sie müssen Ihr Kind beaufsichtigen, also stellen Sie den Computer besser ins Wohnzimmer als in ein Kinder- oder wenig genutztes Arbeitszimmer.

In Chatrooms kann Ihr Kind mit Freunden Kontakt halten, ist aber auch erreichbar für Personen mit zweifelhaften Absichten. Überwachen Sie diese Form der Computernutzung genau, und erklären Sie nachdrücklich, dass Menschen auch dann noch Fremde bleiben, wenn man schon lange mit ihnen gechattet hat. Sie können ihre wahre Identität verbergen. Vereinbaren Sie mit Ihrem Kind die Regel, dass es Sie sofort informiert, wenn es von einem Unbekannten um persönliche Angaben oder ein Treffen gebeten wird.

Taschengeld

Auch wenn Sie meinen, Ihr Kind sei zu jung für Taschengeld, sollten Sie es in Erwägung ziehen. Ihr Kind profitiert davon, wenn es Entscheidungen treffen kann und feststellt, dass sich sparen lohnt. Es fördert sogar seine Rechenkünste. Schon eine kleine Summe gibt Ihrem Kind das Gefühl, dass Sie ihm vertrauen, und bedeutet einen Schritt in Richtung Unabhängigkeit. Das wichtigste Thema für Ihr Kind ist wohl, wie viel es bekommt. Die Summe muss für Sie erschwinglich sein und wird am besten wöchentlich ausbezahlt. Legen Sie fest, wo Ihr Kind sein Taschengeld aufbewahren soll. Will es sparen, ist die Einrichtung eines Bankkontos sinnvoll. Vielleicht möchten Sie Regeln festlegen, z. B. um den Kauf von Süßigkeiten einzuschränken oder sicherzustellen, dass etwas gespart wird. Machen Sie Ihrem Kind auf jeden Fall Ihren Standpunkt klar, damit es weiß, was Sie von ihm erwarten. Manche Eltern ahnden Fehlverhalten mit dem Entzug von Taschengeld. In diesem Fall sollten Sie nicht das ganze Geld einbehalten – das wäre genauso, als würde Ihnen Ihr gesamtes »Einkommen« entzogen.

Häufige Fragen

▶ Meine Tochter sucht oft Ausreden, um nicht zur Schule zu müssen. Was soll ich tun?
Durch Schulverweigerung drückt Ihr Kind aus, dass es Angst hat; dies kann sich in leichten körperlichen Symptomen, wie Bauchschmerzen (s. S. 81), äußern. Häufige Ursachen der Schulverweigerung sind Trennungsangst, Angst vor Mobbing (s. S. 172), Leistungsprobleme oder Angst vor einem Test oder Lehrer.

Um diese Ängste zu überwinden, arbeiten Sie mit den Lehrern zusammen. Es muss sichergestellt sein, dass Ihr Kind in keine Opferrolle gerät. Leistungsprobleme können durch zusätzliche Förderung gelöst werden, dazu gehört ein auf Ihr Kind zugeschnittener Lernplan. Es muss schnellstmöglich wieder zur Schule gehen, da die Ängste sich sonst verschlimmern. Einige wenige Kinder leiden unter einer Schulphobie, einer starken Reaktion mit tief sitzenden Ängsten und körperlichen Reaktionen. In diesem Fall ist fachliche Hilfe unerlässlich, z. B. durch einen Schulpsychologen.

▶ Mein Mann und ich werden uns trennen. Wie erkläre ich das unserem Sohn?
Ein Kind über eine bevorstehende Trennung zu informieren fällt immer schwer. Seien Sie ehrlich und sagen Sie ihm genau, was wann geschehen wird. Geben Sie ihm reichlich Gelegenheit, Fragen zu stellen und seine Gefühle auszudrücken. Erklären Sie deutlich, dass die Trennung nicht seine Schuld ist – das denkt es vielleicht, auch wenn es Ihnen das nicht so sagt. Während und nach der Trennung sollten seine anderen Lebensumstände nach Möglichkeit unverändert bleiben – kein Umzug, kein Schulwechsel, gleiche Freizeitaktivitäten.

Auch Sie müssen intensive Gefühle bewältigen. Es ist zwar schwer, doch ziehen Sie Ihren Sohn nicht in Ihre Gefühlswelt hinein. Ermöglichen Sie Erinnerungen an seinen Vater. Dies überbrückt die Zeit zwischen den Besuchszeiten und schenkt Trost. Selbst wenn die Trennung einvernehmlich erfolgt, fühlen sich Kinder in ihrer Loyalität gespalten. Helfen Sie Ihrem Kind, indem Sie direkt mit Ihrem Partner kommunizieren und es nicht als Nachrichtenträger einsetzen.

9–11 Jahre

»Neugierig begegnet Ihr Kind der Welt; es denkt und handelt selbstständiger. Die große Herausforderung besteht darin, ein Gleichgewicht zu finden zwischen seinem Bedürfnis nach Familie und seinem Wunsch nach Freiheit.«

SPORT TREIBEN
In der Schule hat Ihr Kind Sportunterricht; ermutigen Sie es, zusätzlich einem Verein beizutreten, um aktiv zu bleiben.

Wichtige Grundlagen

Diese Jahre markieren eine Periode intensiven Wachstums und rascher Entwicklung als Vorboten der Pubertät und Adoleszenz. Sie stellen vielleicht überrascht fest, dass Ihr Kind plötzlich viel mehr isst und schläft. Wie immer liegt es an Ihnen, dafür zu sorgen, dass alle Grundbedürfnisse befriedigt werden.

Gute Ernährung

Der Körper wächst nun schneller als in jeder anderen Phase seit der Säuglingszeit. Diese Entwicklung benötigt »Brennstoff«. Ihr bald zehnjähriges Kind erlebt wahrscheinlich den ersten pubertären Wachstumsschub. Es ist normal, dass Kinder nun zunehmen und in die Höhe schießen. Aus diesem Grund ist der Kalorienbedarf hoch; Produkte aus allen Nahrungsmittelgruppen (s. S. 17) sollten mindestens drei Mal am Tag verzehrt werden – sowie mehrere gesunde Zwischenmahlzeiten.

Wenn Ihr Kind aktiv ist, ist der gesteigerte Appetit kein Problem, solange es ausgewogen isst. Mit viel Obst und Gemüse und wenig fettreichem oder zuckerhaltigem Junkfood bleibt sein Gewicht stabil.
In diesem Alter brauchen Kinder:

Lebensmittel aus allen Nahrungsmittelgruppen – so wird sichergestellt, dass Ihr Kind alle benötigten Nährstoffe erhält. Die Nährstoffe sind nicht gleichmäßig auf alle Gruppen verteilt; eine Sorte enthält viel von dem einen Nährstoff, eine andere von einem anderen. Milchprodukte enthalten besonders viel Kalzium; Obst und Gemüse besonders viel Vitamin C.

Ein qualitativ hochwertiges Vitamin- und Mineralstoffpräparat – oft sind Kinder in diesem Alter heikle Esser; sie naschen lieber, als bei den Mahlzeiten gut zu essen. Ihre Menüwahl wird auch von Freunden beeinflusst. Für Mädchen gibt es Präparate mit besonders viel Kalzium und Eisen.

Viel Kalzium – 40 bis 45 Prozent des Skeletts des Erwachsenen wird in den Jahren vor und in der frühen Pubertät ausgebildet. Ihr Kind sollte 1200 mg Kalzium am Tag zu sich nehmen, das entspricht vier Gläsern Milch. Kinder, die keine Milch mögen, erhalten diese Menge aus Joghurt, Käse, Soja und angereicherten Säften oder Frühstücksflocken.

Eiweiß – ein unverzichtbarer Baustein für Wachstum und Entwicklung in allen Bereichen. Stellen Sie sicher, dass Ihr Kind eine gesunde Kombination aus tierischem und pflanzlichem Eiweiß verzehrt (s. S. 137).
Eisen – ein wichtiges Spurenelement, nicht nur für Mädchen, die bald ihre Regel bekommen. Jungen wie Mädchen benötigen für die mit dem Wachstum verbundene Vergrößerung der Blutmenge viel Eisen. Blattgemüse, Obst, Trockenobst und mageres Fleisch sind gute Eisenquellen.
Folsäure – Mädchen in diesem Alter leiden wegen der Menstruation eher an Anämie als Jungen. Dies verursacht einen Folsäure-Mangel, ein B-Vitamin, das für die Zellteilung benötigt wird. Dunkelgrünes Blattgemüse, Samenkerne, Bohnen und Orangensaft sind reich an Folsäure.

Schon jetzt kann es erste Hormonschwankungen geben. Die Stimmung bleibt ausgeglichener, wenn Ihr Kind wenig zuckerhaltige Lebensmittel mit Zusatzstoffen konsumiert.

Wenn Sie Ihr Kind zwingen, gesund zu essen, erzeugen sie bei ihm nur Widerstand. Füllen Sie aber den Vorratsschrank ausschließlich mit gesunden Lebensmitteln, begrenzen sie das Angebot ohne groß darüber zu diskutieren.

Viele Kinder, vor allem Mädchen, beschäftigen sich schon jetzt mit Diäten, was die Nährstoffaufnahme beeinträchtigen kann. Beobachten Sie das.

Gesunder Schlaf

Die meisten Kinder wollen in diesem Alter länger aufbleiben als bisher. Forschungen zufolge sind jedoch für gute Gesundheit, gesundes Wachstum und Entwicklung neun bis zehn Stunden Schlaf erforderlich. Computer, Fernsehen und Spielkonsole sollten mindestens eine Stunde vor der Schlafenszeit ausgeschaltet werden. Idealerweise gehören sie überhaupt nicht ins Kinderzimmer. Das Kinderzimmer sollte ein Rückzugsraum sein, der Entspannung und Schlaf fördert. Wenn laute Musik dröhnt, unerledigte Hausaufgaben und Kleidung herumliegen und der PC die ganze Zeit läuft, fördert das kaum Entspannung. Leiten Sie Ihr Kind an, sein Zimmer abends aufzuräumen.

GUT AUSGERUHT *Es besteht ein direkter Zusammenhang zwischen Schlaf und Wachstum. Hat Ihr Kind nicht genug Ruhephasen, beeinträchtigt dies sein Wohlbefinden.*

Bewegung und Freizeit

Weiterhin gilt: Eine Stunde Bewegung am Tag ist ideal. Wenn Ihr Kind unabhängiger wird, hat es eigene Vorstellungen darüber, wie es seine Freizeit verbringen will. Viele Kinder hängen am liebsten herum, gehen mit

Freunden in die Stadt, statt sportlich aktiv zu sein. Lassen Sie Ihr Kind die Stunden zusammenzählen, die es in der Schule und bei Hobbys Sport treibt oder zu Fuß geht. Finden Sie dann einen Mittelweg: Lassen Sie es manchmal »abhängen«, solange es auch Sport treibt.

Übertritt auf die weiterführende Schule

In diesem Alter steht der Übertritt in die weiterführende Schule an, denn nach wie vor entscheidet sich in Deutschland meist nach der vierten Klasse Grundschule, in welche weiterführende Schule ein Kind gehen soll. Der Schulwechsel bedeutet für das Kind eine neue Schule, einen neuen Schulweg, vielleicht sogar mit Bus oder Bahn, neue Freunde, neue Fächer und vielleicht neue Interessen. Dieser Übergang ist oft mit starker Belastung verbunden – ganz besonders, wenn die Eltern hohe Erwartungen an das Kind stellen und es unbedingt auf dem Gymnasium sehen wollen. Sie tun Ihrem Kind viel Gutes, wenn Sie keine zu hohen Erwartungen stellen, die Empfehlungen der Lehrer ernst nehmen und in der Übergangsphase viel Zeit für es haben.

»Wenn Ihr Kind Veränderungen erlebt, bleiben Sie im Gespräch; suchen Sie bei Problemen gemeinsam nach Lösungen. Kann es auf Ihre Unterstützung und Ihr Verständnis zählen, wendet es sich bei Problemen an Sie.«

So helfen Sie Ihrem Kind:

- Binden Sie es möglichst in Freizeit- und Ferienaktivitäten ein, bei denen es einen autonomen Freundeskreis aufbaut und damit beim Schulwechsel auch Kontinuität erlebt.
- Bereiten Sie es gut auf den ersten Tag in der neuen Schule vor, mit passender Kleidung und Schulmaterialien. Bereiten Sie es auch darauf vor, dass es vermutlich mehr für die Schule tun muss.
- Erarbeiten Sie Strategien, wie man neue Leute kennenlernt und mit dem »Unbekannten« umgeht (sich z.B. in einem Gebäude zurechtfindet); suchen Sie Wege, Ihr Kind in der neuen Schule zu integrieren (z. B. durch Sport-, Musik- oder Theater-AG); all dies erleichtert die Eingewöhnung.

Neun Jahre

»Freunde sind wichtig, aber Ihr Kind braucht auch die Muße, etwas allein zu tun.«

WILDE SPIELE Jungen spielen in diesem Alter oft laut und unbändig; aber auch Gerangel ist normalerweise harmlos.

DEN ELTERN VERTRAUEN Es hat nun kleine Geheimnisse, doch wenn Sie eine gute Beziehung haben, teilt es sich Ihnen bei Kummer mit.

DICKE FREUNDE Gern verbringt Ihre Tochter ihre Zeit mit engen Freundinnen und freut sich jeden Tag darauf, sie in der Schule zu treffen.

Wachstum und Entwicklung

Ihr Kind wächst heran; es interessiert sich zunehmend für seinen Körper und die Sexualität und wird sich des anderen Geschlechts bewusst. Manche Mädchen kommen bereits in die Pubertät und müssen auf die vielen bevorstehenden Veränderungen vorbereitet werden.

Sexualerziehung

In diesem Alter sind Kinder überwiegend mit Kindern des gleichen Geschlechts zusammen; sie trennen ziemlich strikt zwischen männlich und weiblich. Ihr Kind hat nun ein starkes Gefühl für seine eigene Person. Es ist sich der sozialen Merkmale und Tabus rund um die Sexualität bewusst. Wenn Ihnen als Eltern dieses Thema eher unangenehm ist, wird es kaum freimütig Fragen stellen. Falls Sie einen Auffrischungskurs in Biologie benötigen – es gibt viele gute Bücher zu diesem Thema, die sich auch unterstützend bei Ihrem Gespräch mit dem Kind einsetzen lassen.

Viele Kinder haben in diesem Alter eine recht genaue Vorstellung davon, woher die Babys kommen; sie befragen vielleicht Freunde und Freundinnen zur Sexualität, besonders wenn die Eltern sie nicht umfassend informiert haben. Eltern wissen oft nicht, wie viel sie ihren Kindern sagen sollen und wann der richtige Zeitpunkt gekommen ist. Eltern können zum Thema Sex auch unterschiedlicher Meinung sein. Einige sind für absolute Offenheit auch bei Themen wie sexuelle Neigungen und Schwangerschaftsabbruch, andere hingegen wollen ihre Kinder noch »schützen«. Sie müssen sich einig sein, wie Sie vorgehen wollen. Beantworten Sie möglichst alle Fragen Ihres Kindes ehrlich. Erklären Sie ihm die verschiedenen Familienkonstellationen, und betonen Sie, dass alle gleichwertig sind. Erklären Sie, dass die meisten Menschen Personen des anderen Geschlechts lieben, es aber ebenso normal ist, wenn man Gefühle für einen gleichgeschlechtlichen Partner hat.

SICH SCHMINKEN *Viele Mädchen wollen sich jetzt schminken; sagen Sie Ihrer Tochter, dass sie eine natürliche Schönheit besitzt.*

Auf die erste Regel vorbereitet sein

Vielleicht denken Sie, der neunte Geburtstag Ihrer Tochter sei zu früh, um an die Menstruation zu denken; doch die Menarche (das Einsetzen der Peri-

»Eine Frau zu werden, ist eine aufregende Zeit. Sprechen Sie sachlich, informativ und dennoch einfühlsam mit Ihrer Tochter.«

ode) kann jederzeit zwischen 10 und 16 stattfinden – bei manchen Mädchen sogar schon früher. Auf keinen Fall sollte ein Mädchen unvorbereitet seine erste Regel bekommen; das könnte traumatisch für es sein und ihm äußerst peinlich. Trotz des Aufklärungsunterrichts in der Schule, ist dies doch ein Thema, dass Sie als Eltern unbedingt mit Ihrer Tochter besprechen sollten. Gehen Sie zumindest auf den schulischen Unterricht ein, und beantworten Sie die Fragen Ihres Kindes. Vielen Eltern fällt es schwer, das Thema anzusprechen, aber es genügt bereits zu fragen: »Was weißt du schon über die Menstruation?« Manchmal ist es sinnvoll, der Tochter über einen gewissen Zeitraum hinweg häppchenweise Informationen zu geben.

Besprechen Sie folgende Punkte:

- Monatshygiene (s. rechts).
- Was tun, wenn Blutflecken sichtbar werden?
- Das unregelmäßige Auftreten der Periode in der ersten Zeit.
- Schmerzlinderung (s. S. 228), wenn erforderlich.
- Andere Symptome wie Schmerzen oder Prämenstruelles Syndrom.

Das frühe Einsetzen der Menarche und Pubertät (s. S. 187) kann familiär bedingt sein; hatte die Mutter bereits vor dem elften Lebensjahr ihre Periode, kann sie auch bei der Tochter etwa dann einsetzen. Im Durchschnitt setzt die Regel etwa zwei Jahre nach Beginn der Brustentwicklung ein. Armut und schlechte Ernährung können die Menstruation verzögern.

Stadien der Pubertät bei Mädchen

Der Prozess der Pubertät läuft bei Mädchen meist in folgender Reihenfolge ab:

★ Zuerst erscheinen winzige Brustknospen, die sich in den folgenden vier Jahren zur Brust der erwachsenen Frau entwickeln. Dieser Prozess kann schneller ablaufen (in nur eineinhalb Jahren) oder sich bis zu neun Jahre hinziehen.

★ Kurz nach Erscheinen der Brustknospen (manchmal früher) sprießen die ersten Schamhaare. Ihr Wachstum setzt sich in den nächsten zwei bis fünf Jahren fort, bis die komplette Schambehaarung erreicht ist.

★ Die Achselbehaarung tritt später auf, durchschnittlich mit zwölf Jahren; nach etwa 1,5 Jahren entspricht sie der des Erwachsenen.

★ Es gibt auch weniger angenehme Seiten der Pubertät, wie Körpergeruch und Pickel (s. S. 274).

Die vermehrte Ausschüttung des Hormons Östrogen bewirkt die Veränderungen sowie den Wachstumsschub. Ist ein Mädchen bisher vier bis sechs Zentimeter im Jahr gewachsen, sind es nun zwei bis drei Jahre lang rund acht Zentimeter.

Monatshygiene

Tampons sind weniger auffällig als Binden und ermöglichen größere Aktivität, vor allem im Sport. Mädchen können schon früh Tampons benutzen, haben anfangs aber meist Probleme mit dem Einführen. Erklären Sie Ihrer Tochter, wie wichtig es ist, Tampons häufig zu wechseln, um Infektionen vorzubeugen und der seltenen, aber lebensgefährlichen Komplikation eines toxisch-epidemischen Syndroms. In diesem Alter sind Binden oft einfacher handhabbar. Zeigen Sie Ihrer Tochter aber auch den Umgang mit Tampons, die sie vielleicht an aktiven Tagen verwenden will.

Ihre Tochter braucht Binden, die so saugfähig sind, dass sie eine unerwartet starke Blutung aufnehmen, aber so dünn, dass sie ihren körperlichen Proportionen entsprechen. Es gibt heute ein breites Angebot an Binden und Slipeinlagen. Wählen Sie gemeinsam zwei oder drei Produkte aus, die Ihre Tochter ausprobieren kann.

Zeigen Sie Ihrer Tochter, wie man benutzte Binden entsorgt. Stellen Sie sicher, dass sie immer eine diskret verpackte Binde in ihrer Schultasche hat und ggf. auch einen Slip, falls die Periode unerwartet einsetzt.

Fit bleiben

Ihr Kind wird im Springen, Werfen und Laufen immer besser. Da es heute so wichtig ist, Kinder an regelmäßige Bewegung heranzuführen, wäre es eine gute Idee, Ihr Kind in einem Sportverein mit einem breiten Angebot anzumelden, damit keine zu frühe Festlegung auf eine Sportart erfolgt.

Ihr Kind sollte zunächst von einem professionellen Trainer eingeschätzt werden, und eine Einführung in den Gebrauch der Sportgeräte erhalten. Das Trainingsprogramm sollte auf sein Alter und seine Fitness abgestimmt sein. Nicht geeignet sind Sportarten, die einzelne Gelenke oder Muskeln stark belasten. Neunjährige sollten ihre Kondition verbessern, keinen Muskelaufbau betreiben. In erster Linie aber sollten sie Spaß an der ausgewählten Sportart haben.

SPORT TREIBEN
Ihr Kind bleibt fit, wenn es eine Sportart findet, die ihm Spaß macht. Lassen Sie es verschiedene Sportarten ausprobieren.

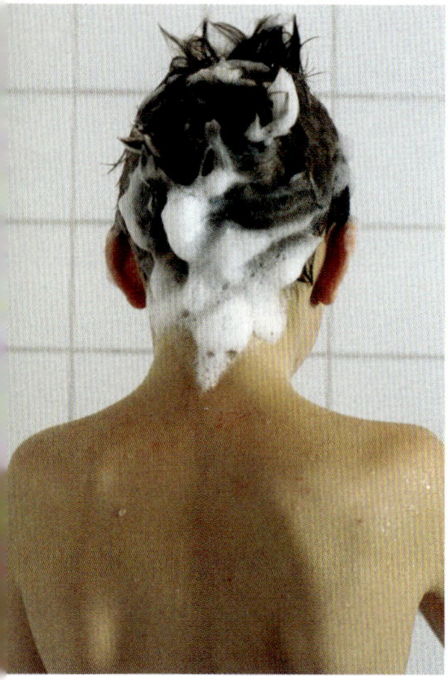

SAUBERKEIT *Ihr Kind kann in diesem Alter allein duschen und baden; aus Sicherheitsgründen sollte es die Badezimmertür nicht abschließen.*

Gesundheit

Ob Ihr Kind schon in die Pubertät kommt oder nicht – es lohnt sich, ihm nun gute Körperpflege beizubringen. Die Pubertät kann auch eine gewisse Tollpatschigkeit und kleinere Unfälle mit sich bringen, bis sich das Kind an seine veränderten Körperproportionen und seine Muskelkraft gewöhnt hat.

Körperpflege

Ihr Kind sollte nun seinen Körper selber sauber halten können; allerdings ist die Sorgfalt, mit der Kinder auf Waschen, Duschen und Zähneputzen bedacht sind, unterschiedlich. Hygiene wird mit Herannahen der Pubertät immer wichtiger, da die Haut fettiger wird und das Kind mehr schwitzt.

Sie fördern gute Hygiene, indem Sie:

- Saubere Handtücher bereitlegen.
- Ihr Kind Duschgel und Shampoo selbst auswählen lassen.
- Ihm vorschlagen, gemeinsam ein Deo zu kaufen (es gibt viele milde Produkte ohne Alkohol, die Kids mögen).
- Ihm eine elektrische Zahnbürste schenken.

Erhöhte Unfallgefahr

Der Körper Ihres Kindes verändert nun seine Gestalt; er wird muskulöser. Dadurch erbringt es in Sportarten, die Muskelkraft erfordern, bessere Leistungen. Doch die Nutzung jedes neuen Sportgeräts – sei es Einrad, Inliner oder Skateboard – bringt eine typische Verletzungsgefahr mit sich. Unfälle passieren häufiger während der Ferien, vermutlich weil die Kinder dann viel aktiver sind.

Wann Sie zum Arzt gehen oder ihn rufen sollten:

- Bei einer Verletzung, die genäht oder geklebt werden muss. Schnittwunden können oft schnell und schmerzlos geklebt statt genäht werden. Am besten gehen Sie möglichst schnell zum Arzt.
- Bei Verdacht auf einen Knochenbruch.
- Bei einer Verbrennung. Kühlen Sie die Verbrennung mindestens zehn Minuten mit kaltem Wasser, bevor Sie zur nächsten Klinik fahren.

- Wenn ein Stück Glas, Metall oder ein Steinchen in der Wunde sein könnte – zur Kontrolle kann eine Röntgenaufnahme notwendig sein.
- Bei einer Kopfverletzung mit Bewusstlosigkeit, Erbrechen oder Benommenheit oder anderen neurologischen Symptomen wie Sehstörungen.

» Irgendwann muss Ihr Kind zum Röntgen oder Versorgen einer Wunde sicher mal ins Krankenhaus.«

Gesundheitliche Folgen des Medienkonsums

Fernsehen und die Nutzung von Computer und Playstation erfolgen meist im Sitzen und können damit die Fitness Ihres Kindes beeinträchtigen und Übergewicht begünstigen (s. S. 112), besonders da viele Kinder beim Fernsehen auch naschen. Kinder sehen durchschnittlich drei Stunden am Tag fern; dabei zeigen Forschungen, dass bereits Kinder, die »nur« zwei Stunden schauen, als junge Erwachsene häufiger rauchen, übergewichtig sind und einen erhöhten Cholesterinspiegel haben.

Es ist auch durchaus möglich, dass Gewaltsendungen die Gewaltbereitschaft bei Kindern erhöhen. Obgleich das noch umstritten ist, lässt sich mit Sicherheit sagen, dass Gewaltsendungen und entsprechende Videospiele Beschäftigungen sind, von denen Kinder kaum positiven Nutzen haben.

Damit Ihr Kind weniger fernsieht:

- Planen Sie viele Aktivitäten für sich und Ihr Kind.
- Unterbrechen Sie keine körperlichen Aktivitäten, um fernzusehen. Nehmen Sie die Sendung ggf. auf. Ihr Kind denkt vielleicht gar nicht mehr daran.
- Reduzieren Sie die Fernsehdauer, indem Sie es zur Gewohnheit machen, gemeinsam fernzusehen.

Die kieferorthopädische Behandlung

Viele Kinder benötigen irgendwann eine kieferorthopädische Behandlung. Entweder werden schief gewachsene Zähne ausgerichtet oder es wird ein Über- oder Unterbiss behandelt (die obere und untere Zahnreihe passen nicht aufeinander), was Beißen und Kauen behindert. Eine kieferorthopädische Behandlung wird meist zwischen 9 und 14 Jahren durchgeführt und ist dann auch am erfolgreichsten. Mit neun Jahren wächst der Kiefer schnell; jetzt brauchen einige Kinder eine Behandlung zur Weitung des Kiefers und Formung des Mundes. Da jedoch noch weitere Zähne durchbrechen (s. S. 160), benötigen diese Kinder sowohl mit neun als auch mit 12 bis 14 Jahren oft eine Spange, wenn alle zweiten Zähne da sind. Andere Kinder brauchen nur eine Zahnspange, sobald die bleibenden Zähne durchgebrochen sind.

Geistige Fähigkeiten

Zwar ist Ihr Neunjähriges in vielen Dingen noch ein Kind, doch mit seinem Verstand müssen Sie zunehmend rechnen. Es klassifiziert Dinge gern in Kategorien und kann Nachschlagewerke immer besser benutzen. Das Internet nutzt es wahrscheinlich mindestens so schnell wie Sie, wenn nicht schneller.

DISKUTIEREN
Sagen Sie bei Diskussionen mit Ihrem Kind ruhig Ihre Meinung; seien Sie aber auch bereit, seinen Standpunkt anzuhören und zu respektieren.

Komplexes Denken

Mit neun Jahren verbessert sich das abstrakte Denken immer mehr, und Ihr Kind ist womöglich fasziniert von fundamentalen Themen, wie Leben, Tod und Religion. Oder es will wissen, wie die Erde entstanden ist, welches die größte Zahl ist oder warum es so viele verschiedene Länder gibt. Es macht sich Gedanken über Fragen wie Gerechtigkeit und Fairness und hat einen hohen moralischen Anspruch. Es versteht, dass es Regeln gibt, und weiß, dass man sie beachten muss. Manche Kinder sind von der Polizei, der Gerichtsbarkeit und sogar der Politik fasziniert. Ihr Kind ist nun sehr wissbegierig. Nicht immer haben Sie eine Antwort auf all seine Fragen, eine Diskussion hingegen ist immer möglich.

Sie können Ihrem Kind z. B. erklären, dass es verschiedene Nationen gibt als Folge von Geschehnissen, die sich vor langer Zeit ereignet haben. Sie können darüber sprechen, wie die Welt entstanden ist. Ihr eigener Hintergrund und Glaube drückt sich in Ihren Antworten aus. Geben Sie möglichst immer eine andere Antwort als »darum«. Die Art, wie Sie antworten, hat großen Einfluss darauf, wie Ihr Kind später Probleme angehen wird (s. S. 144).

Projekte umsetzen

Ihr Kind kann nun viel besser komplexe Schritt-für-Schritt-Anweisungen befolgen und findet daher vielleicht auch Gefallen an einem speziellen Hobby oder Projekt. Es lässt sich weniger durch Unterbrechungen und Störungen ablenken, was aber auch von der Persönlichkeit eines Kindes abhängt: Viele Neunjährige sind Perfektionisten, während andere eine lockere Einstellung haben. Sie können in ein Projekt vertieft sein und es plötzlich wegen einem neuen Interessensgebiet fallen lassen. In diesem Alter haben viele Kinder mehrere unvollendete Projekte.

Sprache und Auftreten

Neunjährige schreiben meist flüssig und treten in der Familie selbstbewusst auf, erstarren aber, wenn sie woanders etwas vor Publikum sagen sollen, und sei es nur in der Klasse. Freies Sprechen ist ein wichtiger Bestandteil der Sprachentwicklung. Es ist heute unerlässlich, eigenständig denken zu können, diskuieren, improvisieren und verhandeln zu können.

Sicheres Auftreten ist der Schlüssel zur erfolgreichen Kommunikation. Das Kind findet leichter die richtigen Wörter, um Gedanken klar zu formulieren. Das erweitert den Wortschatz und fördert das kognitive Denken.

So fördern Sie Ihr Kind:

- Ermuntern Sie es, einer Theatergruppe beizutreten.
- Zeigen Sie, dass Sie daran glauben, dass es in der Öffentlichkeit auftreten kann; lassen Sie es zu Hause Rollenspiele oder Gedichte vortragen.

Was tun bei Unehrlichkeit?

Manche Kinder lügen öfter als andere; sicher ist jedoch, dass auch Ihr Neunjähriges zumindest von Zeit zu Zeit mal lügt. Es kann absichtlich lügen oder einfach eine Sache übertreiben, um Eindruck zu machen. In jedem Fall ist es sich aber bewusst, dass es nicht die Wahrheit sagt.

Ein anderes Mal nimmt Ihr Kind vielleicht etwas, was ihm nicht gehört, z. B. ein paar Münzen, die auf dem Tisch liegen, und hält das nicht für verkehrt. Es muss aber lernen, dass sein Verhalten nicht richtig ist.

Etwas zugeben

Machen Sie es Ihrem Kind leicht, etwas zuzugeben. Ebenso wie bei anderem Fehlverhalten ist eine Verschonung vor Strafe in der Regel ein guter Anreiz zum Geständnis.

Wenn Ihr Kind Unehrlichkeit zugibt, erklären Sie, warum sein Handeln oder sein Lügen falsch war. Gewöhnlich reicht es aus, sich in die Lage des anderen zu versetzen, um ihm den richtigen Weg zu zeigen. Wenn Ihr Kind nicht zugeben will, gelogen oder gestohlen zu haben, fragen Sie es z. B.: »Waren deine Finger da irgendwie im Spiel?« Oder: »Ist das eine klitzekleine Lüge?« Natürlich müssen Sie ein gutes Vorbild sein, also selbst auch auf mehr oder weniger offensichtliche Unaufrichtigkeit verzichten.

»Beim Theaterspiel verliert ein schüchternes Kind seine Ängste, es öffnet sich, fühlt sich gut. Lebhafte Kinder finden hier ein Ventil für ihre Kreativität und Energie.«

- Lassen Sie sich regelmäßig laut vorlesen.
- Loben Sie immer sein Bemühen, und fördern Sie es so gut wie möglich in Ausdrucksweise und Vortrag.

Sprache und Lesekompetenz

Neunjährige besitzen bereits einige Gewohnheiten und bevorzugte Freizeitbeschäftigungen. Viele Kinder lesen sehr gerne. Ihr Kind kann nun nicht nur seine Bücher selbstständig auswählen und lesen, sondern es entwickelt auch Vorlieben für Autoren und Gattungen.

Geben Sie Ihrem Kind die Möglichkeit, die Bücherei oder einen Buchladen zu besuchen. Nutzen Sie diese wichtige Phase, um lebenslange Freude am Lesen zu fördern und seine Sprach- und Lesekompetenz zu verbessern. Ihr Kind hat vielleicht auch Interesse an Sach- und Anleitungsbüchern, was seine kognitive Entwicklung weiter fördert.

Sein Wortschatz wächst und es bildet nun komplexere Sätze. Vielleicht stellen Sie fest, wie Ihr Kind Sprechmuster von Ihnen oder den Lehrern übernimmt – das zeigt sich oftmals, wenn es wichtige Informationen wei-

Ist Nachhilfe sinnvoll?

Manche Kinder haben in bestimmten Fächern Probleme, manchmal weil sie die Grundlagen versäumt haben, andere Kinder wiederum leiden an Lernproblemen.

Legasthenie (s. S. 121) ist ein verhältnismäßig gut bekanntes Problem; weniger bekannt ist z. B. die Rechenschwäche (Dyskalkulie). Dabei besteht ein Problem mit Zahlen. Die Dysgraphie verursacht Probleme mit dem Schreiben. Bei einigen Kindern mit Lernproblemen hilft Nachhilfe, die ihnen das Wichtigste in einer stressfreien Umgebung lehrt. Andere Kinder brauchen einfach etwas Anleitung zum Üben, um sich zu verbessern.

Kein Druck!
Versuchen Sie nicht, Ihrem Kind Nachhilfe zu geben, damit es auch gewiss die Empfehlung fürs Gymnasium bekommt. Es muss lernen, selbstständig zu lernen. Mit Druck verliert es das Vertrauen in seine eigenen Fähigkeiten, und es wird immer Nachhilfe benötigen.

tergibt – oder, dass seine Aussprache deutlicher und sein Verständnis der Sprache sicherer wird. Grammatik und Rechtschreibung verbessern sich naturgemäß durch die Hausaufgaben, auch wenn es nach wie vor Fehler macht.

KINDERSACHBÜCHER
In seinem Wissensdurst ist Ihr Kind vielleicht von Sachbüchern fasziniert, zu Themen, die es besonders interessieren.

Keine Lust zu lesen

Nicht alle Neunjährigen lesen gern von sich aus. Manche Kinder brauchen nur etwas Anstoß. Suchen Sie nach Büchern, die die Interessen Ihres Kindes thematisieren – das könnten Biografien von Popstars, Autobiografien, Witzbücher, sogar Comics sein. Es erfordert nur ein oder zwei gute Bücher, damit ein Kind wenigstens ein gewisses Interesse gewinnt, auf dem sich aufbauen lässt.

Drängen Sie Ihr Kind nicht zu sehr. Wenn es überhaupt kein Interesse hat, stellen Sie ihm Bücher zur Verfügung und lesen ihm weiterhin vor, selbst wenn es nur Auszüge aus Quatschgeschichten sind. Kaufen Sie Hörbücher oder Kassetten für Autofahrten oder nehmen Sie es mit in den Buchladen und lassen es stöbern. Leider regt die Schullektüre viele Kinder nicht gerade zum Lesen an, und sie haben keine Vorstellung davon, welchen Reichtum an Büchern es gibt.

Unanständige Ausdrücke

Neunjährige kommen oft mit sehr bildhaften, provozierenden Formulierungen daher, die sie meist in der Schule, auf der Straße und im Fernsehen hören. Elterliche Überreaktionen sind wenig hilfreich, da das Kind dann nur den gewünschten Erfolg hat und diese Begriffe wiederholt. So verankern sie sich im Gehirn, statt schnell wieder vergessen zu werden.

Machen Sie deutlich, dass Sie von ihm Respekt erwarten und dass Fluchen und Gossensprache respektlos sind. In manchen Familien werden solche Begriffe mit einem kleinen Geldbetrag vom kostbaren Taschengeld geahndet. Seien Sie ihm ein Vorbild, auch im sprachlichen Ausdruck. Wenn Sie selber fluchen, können Sie Ihr Kind kaum dafür schelten.

Gefühle und Persönlichkeit

Dank seiner steigenden Sozialkompetenz ist Ihr Kind ein angenehmer Gefährte; allerdings müssen Sie seine Aufmerksamkeit mit seinen Freunden und seinen Lieblingsbeschäftigungen teilen. Das Verhalten Ihres Kindes ist in dieser Phase stark von Ihrer gegenseitigen Kommunikation geprägt.

NICHT VERRATEN!
Kleine Geheimnisse festigen eine Freundschaft. Dem Kind wird bewusst, dass es Gedanken vor anderen verheimlichen kann, und es zeigt Loyalität.

Feste Freundschaften

Für Neunjährige ist es sehr wichtig, eine beste Freundin oder eine Freundesclique zu haben. Gemeinsame Ideale und gegenseitige Anerkennung haben einen starken Einfluss auf das Kind. Freundschaften basieren auf gemeinsamen Interessen und gleichen Werten – auch zu Fragen wie Lügen, Fleiß usw. Mit neun Jahren ist sich Ihr Kind bereits eines ganzen Spektrums komplexer Gefühle bei anderen bewusst; es kann seine eigene Meinung höflichkeitshalber für sich behalten. Es kann z. B. abwarten, wenn Sie sich mit anderen Erwachsenen unterhalten, ohne über Langeweile zu klagen. Es versteht nun, dass seine negativen Kommentare verletzend sein können.

Kleine Geheimnisse

Mit neun Jahren genießt Ihr Kind die Macht, die es hat, wenn es ein Geheimnis kennt. Es gehört zum Großwerden dazu, manche Geheimnisse für sich zu behalten, doch es gibt andere, die immer mitgeteilt werden müssen. Lehren Sie Ihr Kind den Unterschied zwischen guten und schlechten Geheimnissen: Ein gutes Geheimnis ist es z.B., wenn Mama eine Geburtstagsparty für Papa organisiert. Das soll geheim bleiben, weil niemand darunter leidet und die Überraschung Freude bereitet. Ihr Kind muss aber wissen, dass es nie Geheimnisse bewahren darf, die ihm selbst oder anderen schaden könnten; sondern diese einem vertrauenswürdigen Erwachsenen mitteilen sollte. Das ist noch wichtiger, wenn ihm gedroht wird, falls es das Geheimnis verrät. Überdenken Sie Ihre Reaktionsweise, wenn Ihnen Geheimnisse anvertraut werden. Wenn Sie Ihr Kind bitten, Ihnen mögliche Übergriffe mitzuteilen, es dann aber behandeln, als würde es Märchen erzählen, wird es sich Ihnen wahrscheinlich nicht mehr anvertrauen.

TV- und Computerzeiten

Computer- und elektronische Spiele machen Ihrem Kind Spaß; es kann sie mit Freunden spielen und Herausforderungen bewältigen. Zu Konflikten kann es kommen, wenn das Kind sein Spiel beenden soll. Denken Sie daran, dass Computerspiele zur Sucht werden können. Auch Filme ansehen kann in diesem Alter zur Lieblingsbeschäftigung werden. Kontrolle ist notwendig, um sicherzustellen, dass Ihr Kind altersgerechte Inhalte konsumiert.

So helfen Sie Ihrem Kind:

- Erlauben Sie keine elektronischen Spiele vor dem Schulbesuch, denn diese schnellen Spiele sind keine gute Vorbereitung auf das langsamere Tempo des schulischen Lernens. Das Kind langweilt sich sonst in der Schule.
- Elektronische Spiele sollten ein bis zwei Stunden vor der Schlafenszeit beendet werden, damit Ihr Kind noch Zeit hat, abzuschalten und zur Ruhe zu kommen.
- Es ist ratsam, die Nutzungsdauer von Fernsehen, Computer und Playstation auf zwei Stunden am Tag zu begrenzen. Durch diese Regelung bleibt noch Zeit für andere Freizeitbeschäftigungen.

GRENZEN SETZEN
Elektronikspiele machen süchtig, sodass es mit zunehmenden Konsum immer schwerer fällt, sie auszuschalten. Setzen Sie Ihrem Kind deshalb Grenzen.

Die Kommunikation mit Ihrem Kind

Eine gute Kommunikation mit Ihrem Kind beginnt beim Zuhören. Versuchen Sie ihm jeden Tag einige Zeit Ihre volle Aufmerksamkeit zu schenken. Auf diese Weise erfahren Sie, was in seinem Leben vor sich geht, und Sie werden besser in der Lage sein, seine Denkweise zu verstehen. Die Kommunikation funktioniert am besten, wenn Sie sich mit Ihrem Kind hinsetzen, Blickkontakt herstellen und es aufmerksam, nicht abgelenkt, besorgt oder ärgerlich, anschauen. Vermeiden Sie Autoritätsgebaren, denn dann kann Ihr Kind Dinge mit Ihnen besprechen, statt gesagt zu bekommen, was es zu tun hat. So erfährt es, dass seine Ansichten in Betracht gezogen werden, auch wenn es letztlich nicht nach seinem Willen gehen kann.

»Stellen Sie sicher, dass Ihr Kind vielen Interessen nachgeht. Gibt es ein Hobby auf, hat es andere, auf denen es aufbauen kann.«

Resilienz stärken

Die Grundlagen der Resilienz Ihres Neunjährigen, also seiner seelischen Widerstandskraft, sind sicher schon gelegt. Dazu gehört eine feste Beziehung zu Ihnen, ein gutes Selbstwertgefühl und das Bewusstsein seiner Stärken und Schwächen. Eine Gefährdung der Resilienz bedeutet es, wenn es sich z. B. zu stark auf ein oder zwei Begabungen konzentriert und schwächere Bereiche vernachlässigt. Dann gibt es wenig, auf das es zurückgreifen kann, wenn dort Schwierigkeiten auftreten. Konzentriert es sich z. B. auf die Leichtathletik und kann aus körperlichen Gründen nicht weitermachen, fehlen ihm andere Wege, um ein Erfolgsgefühl zu erlangen. Sie sind auch hier sein Vorbild. Sind Ihnen Freude und Bemühen wichtiger als Gewinnen oder Verlieren, übernimmt Ihr Kind diese Einstellung.

Positives Denken vermitteln

Die schönen Seiten des Lebens zu sehen, ist eine Haltung, die Ihr Kind erlernen kann. Sie stärkt seine Resilienz und erleichtert es ihm, in schwierigen Situationen immer Auswege zu sehen. Ihr Kind erwirbt eine optimistische Lebenseinstellung. Am besten vermitteln Sie diese Haltung, indem Sie sie selbst bewusst einnehmen. Ist das Auto kaputt, sagt der Pessimist: »Das passiert immer, wenn wir es eilig haben.« Der Optimist sagt: »Gut, dass es nicht an einer gefährlichen Stelle passiert ist.« Lehren Sie Ihr Kind, bei Schwierigkeiten trotzdem das Positive zu sehen. In manchen ernsten Situationen, wie Krankheiten, ist solcher Optimismus nicht immer angebracht, aber in den meisten schwierigen Alltagssituationen hilft ein positiver Blick auf die Dinge.

Sich selbst beschäftigen

Zwar ist Ihr Kind gern mit Freunden zusammen, doch die Möglichkeit, abzuschalten und sich selbst zu beschäftigen, bietet eine willkommene, wichtige Abwechslung. Sich selbst beschäftigen zu können, ohne sich über »Langeweile« zu beklagen, ist sehr nützlich für Ihr Kind, denn es stärkt die Selbstzufriedenheit und mindert die Abhängigkeit von Ihnen.

Fördern Sie das Einzelspiel, indem Sie einen Bereich schaffen, in dem Ihr Kind ungestört spielen und nachdenken kann. Bitten Sie es Ablenkungen, wie Musik und Fernsehen, abzuschalten. Vielleicht will es einfach lesen oder einem Hobby nachgehen, wie Malen. Stellen Sie entsprechende Materialien zur Verfügung, auf die es selbstständig zugreifen kann.

Häufige Verhaltensprobleme

▸ **Mein neunjähriger Sohn ist seit Neuestem so rebellisch. Wie bekomme ich das in den Griff?**
Mit zunehmendem Alter ist trotzigem Verhalten immer schwerer zu begegnen, es z.B. in eine Auszeit zu schicken oder andere Strafen umzusetzen. Seien Sie konsequent, aber werden Sie nicht wütend oder laut. Wenn nötig, zählen Sie bis zehn, um sich zu beruhigen.

Es versteht sich von selbst, dass körperliche Strafen nichts nutzen, sondern schaden. Zudem sind sie gesetzlich verboten. Forschungen bestätigen, dass Kinder aus körperlicher Züchtigung nichts lernen.

Eine Strafe sollte immer auf das Vergehen abgestimmt sein. Bei schlechtem Benehmen können Sie Ihrem Sohn eine Sache oder Tätigkeit untersagen, die es mag, z. B. seinen Computer.

Stellen Sie immer sicher, dass Ihr Kind weiß, was von ihm erwartet wird und warum. Begründen Sie Ihr Verhalten, Ihr Kind ist nunmehr alt genug, um Begründungen aufzunehmen und zu verstehen. Loben Sie gutes Benehmen und hören Sie Ihrem Kind immer zu, wenn es mit Ihnen spricht.

Seien Sie versichert, dass Sie nicht jeden Konflikt oder jedes Vergehen aus Ihrer Familie fernhalten können. Zu Hause lernen Kinder, wie man sich benimmt, und sie lernen vieles durch Meinungsverschiedenheiten und die Art, wie Sie damit umgehen.

▸ **Meine Tochter ist ziemlich sensibel. Wie kann ich ihr helfen?**
Sei es Kritik in der Schule oder die Angst, ausgelacht zu werden – Ihr sensibles Kind nimmt sich alles zu Herzen und sucht bei Ihnen Trost. Nehmen Sie es in den Arm, hören Sie ihm zu, und zeigen Sie, dass Sie seine Gefühle verstehen. Sagen Sie z. B.: »Du wirkst sehr aufgebracht. Deine Freundinnen waren wohl ziemlich gemein.« Fördern Sie den emotionalen Wortschatz Ihres Kindes, indem Sie ihm helfen, jedes Gefühl zu benennen. Vielleicht ist es traurig, weil es ausgeschlossen worden ist, oder es empfindet verletzten Stolz. Das Benennen dieser Gefühle hilft ihm verstehen, dass sein Empfinden durch diesen Vorfall ausgelöst worden ist. Die Fähigkeit, Gefühle zu benennen und auszudrücken, bedeutet, dass es sie kaum in gehässigen Aktionen ausagiert.

Versuchen Sie Ihr Kind nicht einfach durch Scherze aus seiner Traurigkeit herauszuholen; das verschleiert seine Gefühle und vergibt die Gelegenheit, ihm adäquaten Selbstausdruck beizubringen.

VERSTÄNDNIS ZEIGEN *Es ist unrealistisch zu erwarten, dass Ihr Kind immer glücklich ist. Akzeptieren Sie, dass es wie Sie schlechte Zeiten hat. Helfen Sie ihm, seine Gefühle auszudrücken.*

▸ **Meine neunjährige Tochter und ihre Freundinnen reden ständig über andere, oft ziemlich gehässig. Ich fürchte, das tun sie in der Schule auch. Was kann ich machen?**
Klatsch und Tratsch sind unter Neunjährigen ziemlich verbreitet – stärker bei Mädchen, aber auch Jungen ziehen über andere her. Machen Sie Ihrer Tochter klar, dass das Klassenzimmer nicht der richtige Ort dafür ist (da sollte Ihr Kind im Unterricht aufpassen). Erklären Sie auch, dass diejenigen, die viel klatschen, zum Schluss selbst das Opfer übler Nachrede werden.

Natürlich sollten Sie als Eltern ein gutes Vorbild sein – ziehen Sie nicht über die neuen Nachbarn oder die schreckliche Frisur einer Freundin her, wenigstens nicht vor Ihrem Kind.

Sie können den Klatsch der Kinder nicht völlig unterbinden, und er hat auch einen gewissen Sinn – auch wenn er viel Zeit und Energie kostet. Ihr Kind lernt zumindest kommunizieren und seine Meinung ausdrücken!

Das Leben Ihres Kindes

Die meisten Neunjährigen fühlen sich in der Schule wohl und vertrauen mit zunehmender kognitiver Entwicklung immer stärker auf ihre Fähigkeiten. Ihre Interessen werden breiter; viele entwickeln Ehrgeiz und wollen ihr Bestes geben.

HAUSAUFGABEN MACHEN
Lassen Sie Ihr Kind seine Hausaufgaben zu einer festen Zeit und allein machen, aber seien Sie in der Nähe, falls es Hilfe braucht.

Ein gewisser Ehrgeiz ist gesund, doch manche Kinder entwickeln sich zu Perfektionisten und wollen immer die »Besten« sein. Das kann ihr soziales Leben beeinträchtigen und Ängste auslösen. Nicht alle Kinder sind intellektuell sehr begabt, dafür aber in anderen Bereichen gut. Unsere Kinder sollen die grundlegenden intellektuellen Fähigkeiten erwerben: Rechenverständnis, Lesekompetenz und Ausdrucksvermögen sowie Weltwissen. Manchen Kindern fällt das leicht und sie gedeihen in einem intellektuellen Umfeld; andere haben hier Probleme und brauchen anhaltende Unterstützung von zu Hause, um diesen Anforderungen zu genügen.

Sehen Sie Ihr Kind realistisch. Wenn es klug ist und immer beste Noten hat, freuen Sie sich. Ist es klug und erhält mittelmäßige Noten, überlegen Sie gemeinsam, wie es sich verbessern könnte. Hat Ihr Kind zu kämpfen, erzielt aber trotzdem vernünftige Noten, ist das auch ein Grund zur Freude. Jede Anstrengung ist eine gute Leistung.

Gute Arbeitsmethoden fördern

Bei den Hausaufgaben sollen die im Unterricht erworbenen Fähigkeiten in Mathematik, Sprachen, Lesen oder Sachkunde wiederholt und gefestigt werden.

Sehr förderlich ist eine feste Hausaufgabenroutine. Von einer guten Arbeitshaltung, die Ihr Kind jetzt entwickelt, wird es auch in den folgenden Jahren profitieren.

So unterstützen Sie Ihr Kind beim Lernen:

- Unterteilen Sie die Hausaufgaben in Etappen von 15 Minuten (entsprechend der Konzentrationsspanne eines Neunjährigen), mit jeweils fünf Minuten Pause dazwischen. Nach getaner Arbeit gibt es eine Belohnung.
- Helfen Sie Ihrem Kind, wenn nötig. Üben Sie mit ihm vor einem Test, wenn es dies für notwendig erachtet. Wenn nicht, arbeitet es besser allein.

Übung macht den Meister

Wenn Ihr Kind ein Musikinstrument erlernt, ist regelmäßiges Üben notwendig. Ihr Kind wird wahrscheinlich nicht begeistert sein, seine Freizeit nach der Schule noch mit weiterem »Lernen« zu verbringen; daher sollte das Üben fester Bestandteil des Tagesablaufs sein und kurz gehalten werden – 20 Minuten sind für Neunjährige genug. Vielleicht beharrt Ihr Kind darauf, dass es dies nicht tun »muss«; versuchen Sie es dann mit einem Belohnungssystem für regelmäßiges Üben zu motivieren. Manche Kinder wollen nicht gedrängt werden und üben eher, wenn die Eltern sich ganz heraushalten. Bei vielen Kindern genügt ein schwacher Auftritt vor anderen Menschen oder Tadel in der Musikstunde, um zu erkennen, dass Üben wichtig ist.

HOBBYS MACHEN SPASS
Die Blockflöte ist ein guter Einstieg in den Instrumentalunterricht. Später kann ein Kind ein schwierigeres Instrument erlernen.

Erziehungsstile

Es gibt nicht »den« besten Erziehungsstil. Sie selbst werden entscheiden, wie Sie Ihrem Kind Liebe und Disziplin vermitteln. Aber manche Erziehungsstile

Anzeichen von Mobbing

Kinder teilen es nicht immer mit, wenn sie gemobbt werden. Doch es gibt einige Anzeichen:

- ★ Unerklärliche Verletzungen bei der Heimkehr.
- ★ Kaputte oder fehlende Kleidungsstücke bei der Heimkehr.
- ★ Das Essensgeld wurde gestohlen, oder es kommt hungrig nach Hause.
- ★ Es will nicht in die Schule gehen.
- ★ Ihr Kind erbricht sich oft am Morgen vor der Schule.
- ★ Nachlassen der Schulleistungen.
- ★ Stimmungsschwankungen.
- ★ Schlechter Schlaf.

Wenn Sie den Eindruck haben, dass Ihr Kind gemobbt wird, haben Sie damit sehr wahrscheinlich recht.

Viele Kinder werden während der Schulzeit irgendwann getriezt, sei es verbal, körperlich, durch E-Mails oder Ähnliches. Sprechen Sie mit Ihrem Kind, dem Klassenlehrer und der Schulleitung. Die Schule hat die Pflicht, die Unversehrtheit des Kindes zu gewährleisten und gegen Mobbing vorzugehen.

sind wirksamer als andere. Ein warmer, anerkennender Stil vermittelt Ihrem Kind Zuwendung, klare Grenzen und eine berechenbare Elternreaktion. Die Eltern sind dabei warmherzig und liebevoll, geben einfache, faire Regeln vor und setzen diese konsequent um. Sie reagieren auf Fehlverhalten rasch und ruhig und lassen, wenn nötig, kleine, aber wirksame Konsequenzen folgen.

Ein wenig effektiver Erziehungsstil ist harsches Verhalten mit wenig Zuwendung und Lob; dabei wird auf Fehlverhalten mit Schimpfen, Abwertung, körperlicher Strafe oder schweren Konsequenzen, wie den tage- oder wochenlangen Entzug von Eigentum, reagiert. Bei diesem Vorgehen fühlt sich das Kind wertlos, verängstigt oder es begehrt auf.

Es ist auch wenig hilfreich, inkonsequent zu sein oder das Kind einfach gewähren zu lassen. Das hat zur Folge, dass Sie für das Kind nicht berechenbar sind: manchmal liebevoll, dann wieder schroff. Gleichzeitig bedeutet Ihr Verhalten, dass Sie sich manchmal wenig drum kümmern, wo Ihr Kind ist oder was es tut, oder auch Regeln aufstellen, sie aber nur manchmal einfordern – z.B. eine Zeit festlegen, zu der Ihr Kind zu Hause sein sollte, aber nicht immer reagieren, wenn es zu spät kommt. Dieser Erziehungsstil führt beim Kind zu Unsicherheit, da es nicht weiß, wann oder warum es das nächste Mal Zuwendung oder Strafe bekommt.

ZEITMANAGEMENT
Ihr Kind sollte nun eine Uhr tragen, damit es selbst Verantwortung für das rechtzeitige Erledigen seiner Aufgaben hat.

Verantwortung und Verlässlichkeit lehren

Eigenverantwortung zu übernehmen ist ein entscheidender Schritt auf dem Weg zur Selbstständigkeit. Sie lehren Ihr Kind bereits diese Kompetenz, indem Sie ihm regelmäßige Pflichten gegeben haben. Nun muss es weitere Selbstständigkeit erwerben, z.B. rechtzeitig fertig zu werden.

So fördern Sie Selbstständigkeit:

- Unterteilen Sie eine Aufgabe in kleinere Teile, z. B. wann es aufstehen soll, wann es zum Frühstück kommen und wann es das Haus verlassen muss.
- Planen Sie gemeinsam, was es tun muss; geben Sie ihm ein wenig Hilfe. Es braucht z. B. einen Wecker und eine Anleitung, wie er gestellt wird.

Jeder einzelne Schritt bedeutet für Ihr Kind ein Erfolgserlebnis. Nun muss es noch den Übergang schaffen: sich nicht mehr auf Sie zu verlassen, sondern sich selbst zu organisieren. Denken Sie daran, dass Ihr Kind nicht immer alles richtig machen wird. Greifen Sie ein, um ihm zu helfen, wenn es gelegentlich abgelenkt ist und nicht rechtzeitig fertig wird.

Häufige Fragen zur Lebensweise

▶ Meine Neunjährige hat immer gut gegessen, aber jetzt meckert sie plötzlich bei allem, was sie auf dem Teller hat. Warum das?
In diesem Alter kauft sich Ihre Tochter vielleicht Süßigkeiten oder isst mittags in der Schule. Dabei werden manche Kinder sehr mäkelig, schneiden z. B. alles sichtbare Fett vom Fleisch weg, essen nichts mit Mayonnaise oder entwickeln eine regelrechte Aversion gegen bestimmte Nahrungsmittel und beschweren sich empört: »Du weißt doch, dass ich keine Eier esse!«

Manchmal hängen solche Marotten mit dem Geschmack der Freunde zusammen, oft sind sie völlig unergründlich und für alle, außer dem Kind selbst, nicht nachvollziehbar. Isst Ihre Tochter dennoch einigermaßen ausgewogen, lassen Sie es gut sein. Ihre Eigenheiten beim Essen gehen vorüber. Versuchen Sie sie zu bewegen, ein wenig von dem zu essen, was alle anderen essen – nicht zuletzt, damit Sie nicht verschiedene Mahlzeiten kochen müssen. Bereiten Sie zudem gelegentlich und als Ausgleich ihre Lieblingsspeisen zu.

▶ Meine Neunjährige will Ohrlöcher. Ist sie nicht zu jung dafür?
Streng genommen ist Ihr Kind minderjährig und braucht daher Ihre Einwilligung für das Stechen von Ohrlöchern. Doch schon Neunjährige lassen es manchmal ohne Eltern machen. Andere stechen sie sich selbst oder gegenseitig im Freundeskreis. Gewiss ist es besser, ein Piercing fachmännisch und hygienisch durchführen zu lassen als heimlich im Badezimmer einer Freundin mit einer Nadel.

Sie sind die Eltern, und daher ist es allein Ihre Entscheidung, wie Sie damit umgehen. Viele Kinder haben in diesem Alter schon Ohrschmuck, und Ohrringe sind eine sehr dezente Form des Piercings. Vielleicht können Sie Ihr Kind überzeugen, noch einige Zeit abzuwarten. Erklären Sie ihm, dass es zu Entzündungen kommen kann und sich die Ohrläppchen bei schweren Ohrringen im Laufe der Zeit verlängern können, was nicht schön aussieht. Bieten Sie Ihrem Kind an, ihm z. B. zum 13. Geburtstag das Ohrlochstechen und schöne Ohrringe zu schenken.

OHRSCHMUCK *Wenn alle ihre Freundinnen Ohrlöcher haben, will Ihre Tochter vielleicht auch welche. Möchten Sie das nicht, könnten Sie ihr als Kompromiss hübsche Ohrclips kaufen.*

▶ Da mein Sohn uns wenig erzählt, habe ich keine Ahnung, was er jeden Tag in der Schule macht, und ob er gerne dort ist. Was kann ich tun, damit er mir mehr erzählt?
Als typischer Neunjähriger wird Ihr Sohn Ihnen vermutlich wenig über die Schule erzählen, vor allem, wenn er dort mit möglichst wenig Arbeit durchkommen will. Schauen Sie sich seinen Stundenplan an, und versuchen Sie, einen guten Kontakt zu seinen Lehrern herzustellen. Manchmal gibt es Mitteilungsbücher zwischen Lehrern und Eltern, in denen Nachrichten übermittelt werden können. Vielleicht sind die Lehrer auch bereit, über E-Mail zu kommunizieren. Halten Sie regelmäßig Kontakt und finden Sie heraus, ob Ihr Kind mit den Anforderungen zurechtkommt.

Besser als Ihren Sohn jeden Nachmittag zu befragen, was er in der Schule gemacht hat, ist, am Wochenende, z. B. bei einem Spaziergang oder einer Autofahrt, mit ihm ins Gespräch zu kommen. In dieser entspannten Situation öffnet er sich vielleicht. Versichern Sie ihm, dass Sie nicht ärgerlich sind, wenn er in einem Fach nicht gut ist. Fragen Sie in diesem Fall, was seiner Meinung nach verkehrt läuft, und ermutigen Sie ihn. Eine förderliche familiäre Umgebung trägt nachweislich zu besseren Leistungen und höheren Schulabschlüssen bei.

IM INTERNET SURFEN Ihr Kind kann gut mit dem Computer umgehen, doch Sie müssen die Nutzung überwachen.

Zehn Jahre

»Zehnjährige wollen ständig Neues lernen und trauen sich immer mehr zu.«

EINE FRAGE DES VERTRAUENS Ihr Kind ist nun alt genug für bestimmte Freiheiten. Sie sollten sich aber darauf verlassen können, dass es zu den vereinbarten Zeiten nach Hause kommt.

IM KLASSENZIMMER In der weiterführenden Schule wird immer mehr von Ihrem Kind verlangt.

Wachstum und Entwicklung

Ihr Kind wird körperlich immer geschickter, und selbst wenn es nicht so sportlich ist, genießt es das Aktiv-Sein und das Spielen im Freien. Bei Jungen hat die Pubertät noch kaum eingesetzt, doch man sollte vorbereitet sein auf die Veränderungen, die sich in den kommenden Jahren vollziehen werden.

Kraft und Ausdauer

Die Muskeln entwickeln sich mit fortschreitender Pubertät. Das gilt für Jungen und Mädchen, auch wenn es bei Jungen später geschieht. Das Wachstum der Muskeln führt gleichzeitig zu einem entsprechenden Kraftzuwachs. Ihre maximale Stärke erlangen Jungen mehr als ein Jahr nach dem maximalen Muskelwachstum – sobald das Wachstum stagniert. Kraft und Ausdauer nehmen noch bis Anfang 20 zu. Ein Junge sieht also erwachsen aus, bevor er die endgültige Kraft des Erwachsenen erlangt hat.

»Sprechen Sie mit Ihren Kindern offen darüber, wie sich ihr Körper in der Pubertät verändern wird. Wenn sie von sich aus keine Fragen stellen, beginnen Sie ein Gespräch.«

Jungen und Pubertät

Der Beginn der Pubertät bei Jungen ist abhängig von der Ausschüttung des Hormons Testosteron; dadurch verändert sich der Körper nicht nur in der Form, sondern auch Kraft und Ausdauer nehmen zu. Und er erlangt allmählich die volle Fortpflanzungsfähigkeit. Bei manchen Jungen geschieht das erst mit 14 Jahren.

Pubertätszeichen bei Jungen:

- Das erste Anzeichen ist gewöhnlich die Vergrößerung der Hoden, gefolgt von einem Wachstum des Penis (s. S. 251f.) mit weiterer Vergrößerung der Hoden und Veränderungen der Haut des Hodensacks.
- Das Schamhaar sprießt bald, nachdem dieser Prozess eingesetzt hat; Achsel- und Barthaare erscheinen viel später.
- Im Gegensatz zu Mädchen, deren Wachstumsschub zur gleichen Zeit erfolgt wie die frühe Brustentwicklung, setzt das pubertäre Wachstum erst ein, wenn die Pubertät voll im Gange ist, gewöhnlich zwischen 12 und 14 Jahren. Jungen wachsen bis dahin nur etwa vier bis sechs Zentimeter im Jahr, sodass Jungen in diesem Alter häufig kleiner sind als Mädchen.

Gesunde Knochen

Während eines Wachstumsschubs erfolgt eine rasche Zunahme der Knochenlänge, weshalb gute Ernährung und Bewegung unerlässlich für die Stabilität der Knochen Ihres Kindes sind – und gleichzeitig zur späteren Osteoporoseprävention beitragen.

Der Mineralstoff Kalzium ist besonders wichtig für die Knochenbildung; Vitamin D ist eines der Hormone, die diesen Prozess steuern. Die Ernährung muss unbedingt Vitamin D und Kalzium enthalten. Vitamin D wird bei Sonneneinstrahlung auch in der Haut gebildet. Menschen mit dunkler Haut und solche, die in Ländern mit wenig Sonnenschein leben oder ihre Haut immer bedecken, müssen besonders viel Vitamin D über die Ernährung aufnehmen. Gute Kalzium- und Vitamin D-Lieferanten sind Milch, Soja, fettreicher Fisch, Bohnen und grünes Gemüse. Kinder, die keine Milchprodukte essen, brauchen andere Kalziumquellen und viele auch ein Kalziumpräparat. Ein Mangel an Vitamin D und/oder Kalzium kann, wenn auch selten, zu Rachitis führen: die Knochen verformen sich.

KALZIUMZUFUHR *Halten Sie Ihr Kind an, Milchprodukte zu essen, z. B. Joghurt. Sie sind reich an Kalzium.*

»Das Gesicht Ihres Kindes verändert sich langsam und wirkt immer erwachsener.«

- Zeigen sich bei Ihrem Sohn vor dem neunten Lebensjahr Pubertätszeichen (verfrühte Pubertät, s. S. 135), wenden Sie sich an den Arzt.

Körperliche Veränderungen

Die meisten Kinder setzen ab etwa acht Jahren bis zur Adoleszenz Fett an (s. S. 157). Diese Zunahme verlangsamt sich, wenn der Wachstumsschub einsetzt, und stagniert nahezu, wenn das maximale Wachstum erreicht worden ist. Jungen verlieren dann sogar Fett. Im Gegensatz dazu ist die Zunahme an Muskelmasse in dieser Phase am größten.

Die Gliedmaßen werden bei Jungen während des Wachstumsschubs dünner, bei Mädchen dagegen rundlicher – in dieser Phase geschieht das allerdings langsamer als zuvor und danach. Mit anderen Worten, Jungen werden größer und dünner und Mädchen werden größer und bekommen mehr Figur.

Infolge der Entwicklung der Stirnhöhlen und der Augenpartie wächst auch die Stirn. Auch der Unterkiefer wächst, sodass das Kinn stärker hervortritt; der Oberkiefer schiebt sich nach vorne.

Gesundheit

Ihr Kind zeigt nun vielleicht die typische, schlaffe Haltung eines Teenagers – das mag ihm zwar cool vorkommen, schadet aber seiner körperlichen Gesundheit. Viele Kinder in diesem Alter schlafen nicht ausreichend und essen ungesund – auch das schadet ihrem Wohlbefinden.

Schlechte Haltung

Mit zehn Jahren hat die vorpubertäre Coolness beinahe alle Kinder erfasst – dazu gehört eine nachlässige Haltung. Sie dürfen durchaus darauf bestehen, dass Ihr Kind gerade sitzt, vor allem bei Tisch. Das ist auch zu begründen, denn eine schlechte Sitzposition schwächt die Muskeln rund um das Rückgrat, was zu langfristigen Problemen führen kann. Ständiges Meckern (in jeder Hinsicht) ist jedoch kaum hilfreich. Die schlechte Haltung hat in diesem Alter oft damit zu tun, dass Kinder lässig und cool wirken wollen oder sich in ihrem Körper nicht wohlfühlen – dies gilt besonders für Mädchen, wenn sich der Busen entwickelt. Gelegentlich bildet sich in diesem Alter eine Skoliose (Verkrümmung der Wirbelsäule). Diese Erkrankung tritt familiär gehäuft auf und lässt sich durch einfache Maßnahmen bessern. Gehen Sie zum Arzt, wenn die Wirbelsäule Ihres Kindes sichtbar gekrümmt ist oder es scheinbar nicht aufrecht sitzen oder stehen kann.

SCHWERE SCHULRANZEN
Ein zu schwerer Schulranzen führt zu Haltungsschäden. Kontrollieren Sie, was Ihr Kind alles einpackt.

Schlafverhalten

Nicht alle Zehnjährigen brauchen nachts neun Stunden Schlaf. Wenn Ihr Kind an Schultagen morgens problemlos aufwacht und schon rasch munter ist, schläft es wohl ausreichend. Wenn Ihr Kind nachts oft unruhig schläft, könnte es auch Asthma haben (s. S. 163).

So fördern Sie guten Schlaf:

- Sorgen Sie für ein gemütliches, einladendes Kinderzimmer, das weder zu warm noch zu kalt ist.
- Geben Sie abends keine koffeinhaltigen Getränke wie Tee, Kaffee, Cola oder Spezi.
- Beschränken Sie abends die Fernsehzeit (am besten hat das Kind keinen eigenen Fernseher in seinem Zimmer).
- Helfen Sie Ihrem Kind, mögliche Ängste zu bewältigen, die den Schlaf stören könnten.
- Sorgen Sie tagsüber für ausreichend körperliche Bewegung.
- Stellen Sie sicher, dass es abends Zeit zum Abschalten hat. Auch Kindern fällt es schwer, nach Aufregung oder hoher Aktivität gleich zu schlafen.

MÜDIGKEIT *Wenn Ihr Kind nachts nicht ausreichend schläft, fällt es ihm schwer, sich in der Schule zu konzentrieren und seine Hausaufgaben zu machen.*

Nächtlicher Samenerguss

Mit Herannahen der Pubertät kommt es bei Jungen zu nächtlichen Ejakulationen. Mit zehn ist das noch selten, kann aber vorkommen. Später legt sich dieses Problem. Der Samenerguss kann auf erotische Träume zurückgehen (sog. feuchte Träume) oder ohne ersichtlichen Grund erfolgen. Für den Jungen ist das oft erschreckend und beängstigend. Etwa gleichzeitig können tagsüber unwillkürliche Erektionen auftreten. Reagieren Sie auf nächtliche Samenergüsse ruhig und sachlich. Zeigen Sie Ihrem Sohn, wie er die Bettwäsche wechseln kann. Verwenden Sie helle Bettwäsche, auf der Flecken weniger sichtbar sind. Viele Jungs meinen, sie hätten ins Bett gemacht. Versichern Sie Ihrem Jungen, dass die Flüssigkeit kein Urin ist. Erklären Sie ihm, dass sie Samen enthält und dieser Vorgang normal ist.

Ein gesundes Gewicht halten

Der Sportunterricht in der Schule ist keine Garantie für sportliche Fitness. Behalten Sie in der Familie möglichst sportliche Aktivitäten bei, damit Ihr Kind einen gesunden Appetit hat und ein gutes Gewicht hält.

Kinder sind von Natur aus bewegungsfreudig, geraten aber allzu leicht in eine sitzende Lebensweise; daher sind die elterliche Begeisterung und das Mitmachen wirklich wichtig. Bleiben Sie selbst mit Freude aktiv, um diese Haltung bei Ihrem Kind zu fördern.

Sorgen Sie ohne viel Aufhebens für gesunde Mahlzeiten mit viel Eiweiß, Kohlenhydraten und Ballaststoffen sowie mäßig Fett. Das sollte eine angemessene Gewichtszunahme sicherstellen, die in der Frühpubertät besonders wichtig ist, wenn viele Kinder etwas zunehmen (s. S. 157).

Manchmal nehmen Kinder in diesem Alter auch ab, vor allem, wenn sie bewusst Mahlzeiten auslassen. Vor allem Mädchen können sehr figurbewusst werden, und zweifellos können Essstörungen (s. S. 297) jetzt ihren Anfang nehmen. Wenn Sie sich wegen des Gewichts oder Essverhaltens Ihres Kindes sorgen, sprechen Sie mit dem Kinderarzt.

Allergien

Allergien sind ein zunehmendes Problem bei Kindern. Manche »wachsen« sich aus, z. B. eine Kuhmilchallergie oft schon mit zwei Jahren. Eine Erdnussallergie dagegen bleibt meist ein lebenslanges Problem. Der Kinder- oder Facharzt kann entscheiden, ob Blut- und Hauttests angeraten sind. Kein Test ist 100%ig zuverlässig. Wenn Sie bei Ihrem Kind nach dem Verzehr eines bestimmten Nahrungsmittels eine Reaktion feststellen, obwohl der Test negativ war, meiden Sie das Nahrungsmittel, bis der Arzt unter sicheren Bedingungen einen Versuch vornehmen kann.

Nahrungsmittelallergien

Diese können lebensbedrohlich sein und einen anaphylaktischen Schock verursachen (eine sofortige Unverträglichkeitsreaktion, z. B. auf Erdnüsse, mit Anschwellen von Gesicht und Zunge, Atemnot und Schock). Eine weniger schwere Reaktion ist ein Ausschlag oder Durchfall.

Das Allergen muss unbedingt gemieden werden und, wenn die Allergie lebensgefährlich ist, muss das Kind immer ein EpiPen, eine Spritze mit Adrenalin zur Notfallversorgung, bei sich haben. Bei Neigung zu einem anaphylaktischen Schock muss ein Notfallplan bestehen. Dazu gehört neben dem EpiPen auch ein Inhaliergerät, ein Antihistaminikum und Kortison. Die Schule sollte den Plan ebenfalls haben und ein Lehrer in der Verabreichung des EpiPen geübt sein. Die Fälle des anaphylaktischen Schocks nehmen zwar zu, bei Kindern aber selten mit Todesfolge.

Inhalationsallergien

Pollen oder Hausstaubmilben können Keuchen/Giemen, allergische Rhinitis und/oder Heuschnupfen verursachen. Heuschnupfen wird mit Antihistaminika behandelt, Atemnot mit Inhaliermitteln und Kortison. Siehe auch »Asthma« auf Seite 163.

Hautreaktionen

Eine Allergie auf Substanzen bei Hautkontakt (Kontaktekzem) kann einen Ausschlag verursachen, oder, im Falle von Latex, einen anaphylaktischen Schock (s. links). Mögliche Auslöser sollten gemieden werden.

Geistige Fähigkeiten

Mit zehn vertrauen die meisten Kinder auf ihre Fähigkeiten und sind stolz, wenn sie etwas gut gemacht haben. Ihr Kind interessiert sich nun für sein persönliches Potenzial und denkt darüber nach. Es will immer neue Kompetenzen erwerben – vor allem, wenn ein Freund eine Sache besser kann.

»Ihr Kind konzentriert sich stärker auf seine Interessen, weiß deutlicher, was es will, macht nicht mehr bei allem nur mit.«

Eigenwahrnehmung

Kinder beginnen nun, sich mit anderen zu vergleichen. Es ist für das sich entwickelnde Selbstbewusstsein entscheidend, dass die Eltern die Eigenwahrnehmung fördern. Das bedeutet, das Kind in Folgendem zu unterstützen: seine Stärken und Schwächen erkennen, die richtigen Ziele setzen und angemessene Risiken eingehen, um diese Ziele zu erreichen, und aus Fehlern lernen. Wenn ein Kind sich selbst versteht, kann es seine Umwelt besser verstehen. Ein gesundes Selbstverständnis fördern Sie am besten, wenn Sie Ihr Kind auch Fehler machen lassen und ihm helfen, Lösungen zu finden. Dies stärkt die psychische Widerstandskraft und fördert die Entwicklung von Bewältigungsmechanismen bei Widrigkeiten.

Kinder müssen sich in ihrer Haut wohlfühlen. Ihr Zehnjähriges wird sich seines Körpers und Aussehens stärker bewusst und findet sich im Vergleich mit anderen vielleicht unattraktiv, insbesondere im Vergleich zu Vorbildern aus den Medien. Daher wird es immer wichtiger, dass Ihr Kind seine posi-

Reden, reden, reden

Viele Zehnjährige sind richtige Plaudertaschen und plappern und erzählen ohne Unterlass. Das Kind übt dabei sein Kommunikations- und Sprachvermögen sowie seine Sprechweise und testet seine Scherze, Witze und Ideen an einer willigen Zuhörerschaft aus – bei Ihnen! Schenken Sie ihm viel Zeit und geben Sie ihm Feedback.

Denken Sie daran:

★ Je mehr Sie sprechen, umso mehr wird Ihr Kind sprechen.

★ Je mehr Sie zuhören, umso besser lernt es selber zuhören. Und das ist die Kunst der Kommunikation.

Seien Sie offen für Diskussionen und Ideen, korrigieren oder hinterfragen Sie Denk- und Grammatikfehler nicht durch Erklärungen. Bringen Sie Ihr Kind dazu, selber zu denken.

tiven Seiten erkennt und darauf stolz ist, dass es sich in seinem Körper wohlfühlt, sich seiner Leistungen bewusst ist und ein gutes Selbstbild entwickelt hat. Nutzen Sie die Gelegenheit, um auf einige dieser Eigenschaften hinzuweisen, z. B.: »Du machst einen hervorragenden Salat. Machst du ihn für unsere Party am Sonntag?« Seien Sie aber ehrlich. Ihr Kind merkt es, wenn Lob nicht ehrlich gemeint ist und fühlt sich dann entwertet. Das betrifft nicht nur seine seelische Gesundheit, sondern auch sein intellektuelles Vermögen.

Ihr Kind als Teil der Gesellschaft

Ihr Kind kann nun logischer und differenzierter denken und besitzt bessere Problemlösekompetenzen; daher kann es mehr Freiheiten bekommen sowie zu Hause und in der Gemeinde kleine Aufgaben übernehmen. Es bekommt Verantwortung übertragen. Das ist wichtig, da es dabei Selbstvertrauen entwickelt, wertvolle Schlüsselkompetenzen erwirbt und sich der gesellschaftlichen Umwelt bewusst wird.

Ihr Kind kann mithelfen und Interesse dafür entwickeln, was vor der Wohnungstür geschieht, in seiner Nachbarschaft und selbst in seinem Land. Je früher Sie Ihr Kind in die Gemeinschaft und die Gemeinde einführen, umso größer wird sein gesellschaftliches Verständnis sein.

Es könnte mehr Verantwortung tragen, indem es:

- Menschen hilft, die Hilfe brauchen, beispieslweise kranken oder behinderten Menschen.
- Über die Erde und ihre Ressourcen nachdenkt. Ihr Kind kann z.B. die Verantwortung dafür übernehmen, in leer stehenden Räumen das Licht auszuschalten oder den Müll zu trennen.
- Sich um Menschen kümmert, die bestimmte Bedürfnisse haben. Es könnte sich z. B. für benachteiligte Kinder einsetzen, für sie Geld sammeln oder bei einer Wohltätigkeitsveranstaltung mitmachen, also aktiv werden.

Sprache und Lesekompetenz

Der Wortschatz Ihres Kindes vergrößert sich; Adjektive spielen eine große Rolle, es liebt dramatische Darstellungen. Seine Übertreibungen hält es für wahr, und Sie sollten es ernst nehmen. Es entwickelt einen ausgeprägten Sinn für Humor, erzählt gern Witze. Das hat durchaus Sinn. Auch wenn Reime und Wortspiele banal klingen, lernt Ihr Kind sprachlich viel daraus.

ANDEREN HELFEN
Einfache Aufgaben, z. B. einem Nachbarn bei der Gartenarbeit zu helfen, vermitteln Ihrem Kind Verantwortungsgefühl für Mitmenschen.

»Ihr Kind mag das Verhandlungsgeschick eines Autohändlers haben und bekommt, was es will, wenn es zur richtigen Zeit einhakt und die richtigen Argumente bringt.«

Verhandeln lernen

Sie haben sicher schon festgestellt, wie geschickt Ihr Kind ist, wenn es darum geht, das zu bekommen, was es will. Wird dieses Geschick sinnvoll kanalisiert, kann es ihm in der Zukunft gute Dienste leisten. Statt einem Wutanfall nachzugeben, machen Sie Ihrem Kind klar, dass Sie das Thema diskutieren werden, wenn es seine Position ruhig darlegt. Hören Sie aufmerksam zu, stimmen Sie zu oder nicht, aber erklären Sie Ihre Gründe, und ermöglichen Sie ihm eine Antwort. Seien Sie offen. Würdigen Sie es, wenn es einen wertvollen Beitrag liefert, und diskutieren Sie weiter. Es lernt dabei, dass Nachdenken, Diskutieren und Verhandeln hilfreiche Strategien sind.

Zeitgemäße Umgangsformen

Das Elektronikzeitalter hat die Schriftkultur und den kreativen Umgang mit der Sprache leider beeinträchtigt. Die meisten Kinder schreiben keine Briefe mehr. Doch noch ist nicht alles verloren. Die Traditionalisten mögen gegen die neuen Technologien wettern, die jedoch auch positiv eingesetzt werden können, zum Nutzen eines Kindes. Man kann sich durchaus per E-Mail bedanken. Solange Ihr Kind weiß, wie wichtig Höflichkeit und Dank sind, kann es sich dazu dieser technischen Möglichkeiten bedienen. Wichtig ist, das Kind anzuleiten, mehr als einfach »Danke« zu sagen und zu erklären, warum ihm ein Geschenk gefallen hat, und eine weitere Korrespondenz anzuregen.

Verstehen und Nachdenken

Ihr Kind lebt in einer Gesellschaft, in der kurzfristige Interessen rasch befriedigt werden. Es ist gewohnt, durch Fernsehprogramme und Internet zu zappen und entwickelt so nur eine kurze Aufmerksamkeitsspanne. Vielen fällt es heute schwer, sich in ein Buch zu vertiefen und das Gelesene zu verstehen. Sie können unterstützend wirken, indem Sie gemeinsam lesen und Fragen stellen, z. B.: »Was bedeutet dieses Wort? Warum meinst du, geht die Geschichte so aus?«

Man kann den Geist eines Kindes trainieren, sodass es auch querdenkt, reflektiert und Fragen stellt, wenn ihm etwas nicht klar ist. Das ist ein wichtiger Bereich des Verstehens. Viele von uns lesen Passagen nochmals, die wir beim ersten Lesen nicht verstanden haben. Kinder müssen angeleitet werden, es ebenso zu machen. Wenn Ihr Kind liest, bitten Sie es, Ihnen etwas zu erklären und, wenn nötig, nochmals zu lesen. Fordern Sie es vorsichtig heraus, wenn es etwas falsch aufgefasst hat, und führen Sie es zur richtigen Antwort. Wenn es nicht gerne liest, leiten Sie es an, aufmerksam Radio- oder Fernsehprogramme oder Hörbücher zu verfolgen.

Gefühle und Persönlichkeit

Ihr Zehnjähriges kennt seine persönlichen Werte und Begabungen, es besitzt ein Zugehörigkeitsgefühl zu Familie und Freunden. Auch seine Rolle unter den Gleichaltrigen bildet sich heraus – vielleicht ist es Anführer, einfaches Mitglied oder der Spaßvogel. Diese Rolle bildet einen Teil seiner Identität.

Gleichaltrige gewinnen zunehmenden Einfluss auf Ihr Kind, denn es sucht Akzeptanz durch gemeinsame Werte, Interessen und Äußerlichkeiten. Es will mehr Zeit mit den Freunden verbringen und weniger mit der Familie.

Zwar sind Jungen weiterhin vor allem mit Jungen befreundet und Mädchen mit Mädchen, doch es wächst das Interesse am anderen Geschlecht. Dies geht einher mit einem höheren Bewusstsein intimer Beziehungen und häufigen sexuellen Witzen sowie Anzüglichkeiten. In Gesprächen unter Gleichgeschlechtlichen geht es auch um Fragen zu Liebe und Verabredungen. Dieses Interesse ist noch meist harmlos, doch es können Spannungen auftreten, sobald Ihr Kind einen Schwarm hat (s. S. 214).

EIN HERZ UND EINE SEELE *Ihre Tochter erlebt viel Spaß mit ihren Freundinnen. Die stärksten Beziehungen basieren meist auf gemeinsamen Interessen und Erfahrungen.*

Unabhängigkeit und Freiheit

Ihr Kind strebt nach Freiheit, danach, sich außerhalb Ihres wachsamen Blicks zu bewegen und rüttelt an den gesetzten Grenzen. Sein Drang nach Unabhängigkeit ist in diesem Alter normal. Als Eltern sind Sie im Zwiespalt, einerseits seine Sicherheit zu gewährleisten und es andererseits nach und nach loszulassen. Geben Sie schrittweise mehr Freiheit; dann kann es seine Zuverlässigkeit beweisen. Stellen Sie es zunächst in seine Verantwortung, z. B. zu einer vereinbarten Zeit zu Hause zu sein. Es ist absolut vernünftig und unerlässlich für seine Sicherheit, dass Sie immer wissen, wo Ihr zehnjähriges Kind ist, mit wem es zusammen ist und wann es heimkommen wird.

Wutanfälle

Ausgewachsene Wutanfälle sind mit zehn selten, aber es kann Situationen geben, in denen Ihr Kind die Beherrschung verliert und stampft oder Türen zuschlägt. Es ist sich nun seiner Gefühle stärker bewusst und kann auch die Gefühle und Meinungen anderer Menschen in Betracht ziehen, aber es kann seine Reaktionen nicht immer kontrollieren. Es versucht, die Kontrolle zu behalten; vielleicht sehen Sie, wie es sein Gesicht verzieht, im Bemühen, nicht zu weinen oder Wut zu zeigen. Sprechen Sie in solchen Fällen seine Gefühle an. Wenn Sie z. B. eine abendliche Party verboten haben, können Sie hinzufügen: »Du bist sicher enttäuscht. Fühlst du dich so?« So weiß Ihr Kind, dass Sie seine Gefühle kennen und respektieren.

Denken Sie daran:

- Leiten Sie Ihr Kind an, über Gefühle zu sprechen. So kann es seine Emotionen verstehen und ausdrücken, ohne von ihnen überwältigt zu werden.

Der erste Schwarm und erste Dates

Zehnjährige interessieren sich durchaus fürs andere Geschlecht, allerdings sprechen Sie meist nur über dieses Thema und werden noch kaum aktiv. Viele Zehnjährige würden aber kilometerweit laufen, wenn das Objekt ihrer Neigung tatsächlich eine Verabredung eingehen würde. Diese ersten Annäherungen sind sehr ambivalent – die Kinder necken sich. Für manche geht es jedoch mehr um die Außenwirkung, sagen zu können, einen Freund oder eine Freundin zu haben. Kinder unterscheiden sich in diesem Alter auch stark in ihrer diesbezüglichen Reife.

Wenn sich Zehnjährige schon verabreden, dann ist das eher eine enge Form der Freundschaft; erstes Experimentieren mit Küssen und Schmusen kann aber dazugehören. Diese Beziehungen sind in der Regel völlig harmlos, Sie sollten aber dennoch ein Auge darauf haben, um sicherzugehen, dass keine zu große Intimität entsteht.

Sexuelle Neigungen

In dieser Zeit ist ein Kind auf der Suche nach seiner sexuellen Präferenz. Auch wenn Kinder das andere Geschlecht necken und Interesse zeigen, können sie anders empfinden. Es ist Teil der normalen Entwicklung, auch gleichgeschlechtliche Verliebtheit zu empfinden. Meist ist das vorübergehend, manchmal bleibt diese Neigung dominierend.

NUR REDEN *Beim Austausch mit Freundinnen über Dates, Sex oder das Verliebtsein kann Ihr Kind diese Themen erforschen, ohne bereits agieren zu müssen.*

Rückzug und Depression

Jeder ist manchmal ein bisschen traurig. Ihr Kind macht da keine Ausnahme. Meist ist es eine Reaktion auf ein Ereignis, z. B. familiäre Probleme oder Streit mit einer Freundin. Solche Traurigkeit ist begründet und geht vorüber.

Eine Depression ist ernster. Sie zeigt sich z. B. darin, dass ein Kind das Interesse an seinen Hobbys verliert, zu viel oder zu wenig schläft und möglicherweise über Tod oder Suizid spricht. Hält Niedergeschlagenheit oder Interesselosigkeit länger als zwei Wochen an, suchen Sie fachliche Hilfe. Sie können Ihr Kind nicht zwingen, fröhlich zu sein, aber Sie sollten es weiterhin am Familienleben beteiligen und es einladen, so viel oder wenig, wie es will, mitzumachen.

REUE ZEIGEN *Ihr Kind kennt den Unterschied zwischen Richtig und Falsch. Es sollte Reue zeigen und sich entschuldigen, wenn es sich schlecht benommen hat.*

Wenn ein Kind stiehlt

Sprechen Sie mit Ihrem Kind über Ehrlichkeit und Vertrauen. Zeigen Sie Ihre Freude, wenn es ehrlich ist, und lassen Sie schnell Konsequenzen folgen, wenn es wieder unehrlich war. Halten Sie keine Predigten, aber fragen Sie es, wie es sich fühlen würde, wenn seine Freunde sein Spiel oder Taschengeld wegnehmen würden. Wenn es sich in die Rolle der anderen versetzt, erkennt es eher, dass Stehlen verkehrt ist. Kleine Kinder stehlen aus verschiedenen Gründen. Manchmal wollen sie etwas unbedingt haben, oder sie stehlen als Mutprobe. Warnen Sie Ihr Kind, sich nicht von Freunden überreden zu lassen, als Mutprobe in einem Geschäft zu stehlen. Machen Sie ihm bewusst, warum es gesetzeswidrig ist, etwas »mitgehen« zu lassen; weisen Sie auf die familiären Werte hin.

Wenn Sie herausfinden, dass es etwas mitgenommen hat, muss es dies zurückgeben oder selbst bezahlen und sich bei der betroffenen Person entschuldigen. Diese Konsequenz zeigt ihm, dass man durch Stehlen nichts gewinnt und die Tat anderen Kummer verursacht. Drohen Sie nicht an, mit ihm zur Polizei zu gehen – das hat oft wenig abschreckende Wirkung.

Häufige Fragen

▶ Ist mein zehnjähriger Sohn noch zu jung, um alleine zu Hause zu bleiben?

Ab welchem Alter man Kinder allein lässt, ist kulturell verschieden. Zehnjährige unterscheiden sich zudem stark in ihrer Reife. Im Allgemeinen ist ein Zehnjähriger jedoch noch nicht ausreichend gefahrenbewusst bzw. kann in einem Notfall kaum selbstständig handeln und sollte daher nicht alleine zu Hause sein.

Sie können Ihr Kind jedoch allmählich darauf vorbereiten – indem Sie über Sicherheitsmaßnahmen sprechen, z. B. niemandem die Tür öffnen, keine warmen Speisen oder Getränke zubereiten oder drinnen bleiben. Sie sollten Ihren Zehnjährigen auch keine kleineren Kinder beaufsichtigen lassen, da er sich in einem Notfall kaum um andere kümmern kann.

▶ Mir gefällt es nicht, wie einige Freundinnen meiner Tochter sich anziehen. Wie soll ich damit umgehen?

Sie sorgen sich, dass Ihre Tochter in schlechter Gesellschaft ist oder geraten könnte. Urteilen Sie nicht zu früh, sondern laden Sie die Freundinnen zu sich nach Hause ein und unterhalten sich mit ihnen. Sind Sie dann immer noch beunruhigt, verbieten Sie Ihrer Tochter dennoch nicht den Umgang mit ihnen. Das könnte den gegenteiligen Effekt haben. Sprechen Sie über Ihre Bedenken; fragen Sie, wie sie diesen Freundinnen gegenüber empfindet. Es ist schwierig, den Kontakt mit Freunden einzuschränken, mit denen ein Kind in die Schule geht. Tauschen Sie sich mit der Lehrerin wegen Ihrer Bedenken aus. Fragen Sie sie, ob andere Kontakte Ihrer Tochter gefördert werden können, die einen besseren Einfluss auf sie haben. Wenn Sie berufstätig sind, stellen Sie sicher, dass Ihre Tochter außerhalb der Schulzeiten beaufsichtigt ist, indem Sie sie z. B. im Hort anmelden.

▶ Wir hatten ein enges Verhältnis, aber neuerdings erzählt mir mein Sohn nichts mehr.

Ihr Sohn tauscht seine Erlebnisse und Gedanken nun wohl mit seinen Freunden aus und Sie fühlen sich ausgeschlossen. Wenn Sie ihn nach der Schule nach seinen Erlebnissen fragen, gibt er kaum Auskunft und antwortet eher »Nichts« oder »Weiß nicht«. Diese Veränderung ist normal, da sich seine Energie zunehmend auf seine Freunde konzentriert statt auf die Familie. Das bedeutet keineswegs, dass Sie nicht mehr wichtig sind, nur eben ein bisschen »selbstverständlich« geworden.

Geben Sie die Kommunikationsversuche nicht auf. Wenn es abends einen ruhigen Moment gibt, wird Ihr Sohn Ihre Fragen sicherlich beantworten.

VERTRAUTHEIT *Ihr Kind öffnet sich Ihnen eher, wenn Sie ihm Zeit lassen, statt es direkt nach der Schule oder beim Essen zu befragen.*

▶ Ich war kürzlich wirklich wütend, als meine Tochter mir gegenüber das erste Mal ausfallend geworden ist. Sie sagte verletzende Dinge. Wie hätte ich reagieren sollen?

Wenn Ihr Kind beleidigend wird, Sie beschimpft oder schlechte Eltern nennt, bleiben Sie ruhig. Zählen Sie bis zehn, dann nochmals, atmen Sie tief durch und erinnern sich daran, dass Ihre Tochter noch vor fünf Minuten gern bei Ihnen gewesen ist. Können Sie sich nicht beherrschen, verlassen Sie das Zimmer, bis Sie Ihre Gefühle wieder unter Kontrolle haben.

Sobald der anfängliche Ärger Ihrer Tochter verflogen ist, bitten Sie sie, Ihnen ihre Gefühle mitzuteilen. Wenn Sie dann ruhig reagieren, wird sie kaum wütend bleiben, und Sie können anschließend konstruktiv miteinander sprechen.

Das Leben Ihres Kindes

Das Bedürfnis nach Privatsphäre wächst und das soziale Leben entwickelt sich – und Sie fühlen sich vielleicht ausgeschlossen aus dem Leben Ihres Kindes. Das ist schwer, bedeutet aber nur, dass es erwachsen wird. Trotz aller Unabhängigkeit braucht es aber immer wieder dringend Ihre Hilfe.

Schulische Projekte

In diesem Alter arbeiten Kinder häufig an schulischen Projekten oder in Arbeitsgemeinschaften. Das ist eine gute Möglichkeit, Forschungskompetenzen zu entwickeln, selbstständig und ohne Zeitdruck zu arbeiten, Antworten und Lösungen zu finden und Kreativität umzusetzen. Lassen Sie sich von Ihrem Kind berichten, wie es vorgeht und welche Erkenntnisse es gewinnt. Sie können ihm Vorschläge machen und es zu bestimmten Arbeitsmethoden anleiten. Helfen Sie aber nicht aktiv, das würde den Lerneffekt mindern. Ermutigen Sie es, bieten Sie Rat an, weisen Sie auf Informationsquellen hin, und stellen Sie sicher, dass es alles hat, was es braucht. Dann bleiben Sie im Hintergrund und beobachten den Lernprozess.

»Das Projekt Ihres Kindes muss nicht das Beste in der Klasse sein; erfahrene Lehrer wissen, welche selbstständig erarbeitet worden sind und welche nicht.«

Das Kinderzimmer

Zehnjährige brauchen ihr persönliches Reich; das Kinderzimmer ist der Ort, wo sich Ihr Kind selbst verwirklichen kann. Manche Kinder sind sehr ordentlich, andere phasenweise unordentlich, wieder andere können – oder wollen – einfach keine Ordnung herstellen oder halten. Wenn das Zimmer Ihres Kindes in einem desolaten Zustand ist, ignorieren Sie es möglichst. Sehen Sie es als den Ort an, wo es machen kann, was es will – natürlich solange es keine hygienischen Beanstandungen gibt, wie vergammelte Essensreste, Schmutzwäsche oder Müll, der das Hausaufgabenmachen behindert. Vereinbaren Sie, dass der Boden begehbar bleibt, alles Geschirr einmal am Tag in die Küche gebracht wird und Schmutzwäsche in den Wäschekorb kommt. Natürlich könnten Sie selbst das Zimmer aufräumen, doch es ist besser, das Kind dafür in die Verantwortung zu nehmen – es ist dazu alt genug. Gegebenenfalls können Sie Belohnungen ansetzen, wenn es Ordnung hält. Um ihm Freiraum zu lassen, verabreden Sie z. B., dass Sie sein Zimmer einmal in der Woche nach Ankündigung kontrollieren.

DAS EIGENE REICH IN ORDNUNG HALTEN
Leiten Sie Ihr Kind an, sein Zimmer ordentlich zu halten, aber übertreiben Sie es nicht.

Das Bedürfnis nach Privatsphäre

Der starke Wunsch nach Privatsphäre beeinflusst das Verhalten Ihres Kindes zu Hause. Es besitzt ein stärkeres Körperbewusstsein und will sich ohne Zuschauer waschen und anziehen. Es braucht auch Zeit für seine eigenen Gedanken und will vielleicht Tagebuch schreiben. Diesem Wunsch nach Privatsphäre kann man zu Hause leicht nachkommen, mithilfe von verschließbaren Badezimmertüren und Hinweisschildern fürs Kinderzimmer.

Während es für das Kind früher vielleicht selbstverständlich war, die Eltern nackt zu sehen, ist es jetzt peinlich berührt und möchte das nicht. Das ist Folge seines Bewusstseins der sexuellen und reproduktiven Funktionen des Körpers und seiner eigenen Entwicklung. Es ist eine ganz persönliche Entscheidung, wie man zu Hause mit Nacktheit umgeht, aber die Meinung und das Schamgefühl jedes Familienmitglieds sollten respektiert werden.

Gesunde Pausenbrote

Beteiligen Sie Ihr Kind an der Zubereitung seines Pausenbrots; dabei lernt es etwas über Ernährung. Lassen Sie es innerhalb einer bestimmten Auswahl selbst entscheiden, was es mitnehmen will. Salziges, Süßes und Speisen, die viele Zusatzstoffe enthalten, sind ungeeignet. Geben Sie Ihrem Kind auch etwas Obst, Rosinen, ein Vollkornbrötchen, eine Scheibe Käse und eine Flasche Mineralwasser dazu und auch einmal ein Stück hochwertige Schokolade. Auch rohes Gemüse, beispielsweise Paprikastreifen mit einem Dip, oder sogar eine Hähnchenkeule sind geeignet.

Wird Ihr Kind wegen seines gesunden Pausenbrots ausgelacht, üben Sie mit ihm Antworten wie: »Dein Pausenbrot kann nicht so lecker sein, wenn du dich so sehr für meines interessierst.« Kinder tauschen ihre Pausenbrote oft untereinander aus. Das lässt sich schwer kontrollieren.

Deshalb müssen Sie Ihrem Kind vertrauen und sich darauf verlassen können, dass es weiß, wie wichtig gesundes Essen ist.

HANDYNUTZUNG
Lassen Sie Ihr Kind ruhig SMS verschicken, doch kontrollieren Sie die Anzahl, damit es nicht zur Sucht wird.

Alles über Handys

Kinder bekommen immer früher ihr erstes eigenes Handy. In den Industrieländern besitzen viele schon mit elf Jahren ein eigenes. Das Mobiltelefon ist ein Statussymbol und Ihr Kind wird Sie sicherlich bedrängen, damit es eines bekommt. Das Handy ist heute ein wesentliches Mittel der sozialen Interaktion und spielt so gesellschaftlich eine große Rolle.

Die Gefahren der Handynutzung bei Kindern sind noch weitgehend ungeklärt und umstritten. Da sich das Gehirn des Kindes noch entwickelt, scheint es jedoch mehr elektromagnetische Handystrahlen aufzunehmen. Forschungen zufolge könnte diese Strahlung die Temperatur des Gehirns sogar geringfügig erhöhen. Ob dies gesundheitsschädlich ist, ist aber weit weniger sicher. Es kann geringfügige Langzeitwirkungen geben, doch hier sind weitere Forschungen notwendig.

Aus Sicherheitsgründen ist es sinnvoll, den Gebrauch des Handys einzuschränken. Eine Freisprechanlage kann die vom Gehirn aufgenommene Strahlungsmenge reduzieren – auf andere Körperteile wiederum erhöhen. SMS zu schreiben ist gefahrloser als zu telefonieren; übermäßiges SMS-Schreiben kann allerdings Sehnenscheidenentzündung verursachen. Das Mitführen eines Handys ermöglicht Ihrem Kind mehr Freiheit, weil Sie in Kontakt bleiben. Der Besitz eines Handys und vor allem das Telefonieren in der Öffentlichkeit kann es jedoch zur Zielscheibe von Dieben machen. Stellen Sie sicher, dass Ihr Kind sein Handy verantwortungsbewusst nutzt und nicht vor anderen Kindern damit angibt.

Über das Aussehen sprechen

Ihr Kind interessiert sich verstärkt dafür, wie es aussieht. In den Medien wird es mit Idealbildern konfrontiert. Wenn es mit seinem Aussehen oder seiner Figur nicht zufrieden ist, wirken Sie möglichen Unzufriedenheiten entgegen, indem Sie sich 100%ig positiv über seine Person äußern, die Bedeutung des Aussehens also relativieren, indem Sie über die Qualitäten sprechen, die einen Menschen ausmachen: Das können körperliche, geistige, emotionale und intellektuelle sein. Lassen Sie Ihr Kind nach Vorbildern in TV und Sport suchen, die eine ganz unterschiedliche Figur und Größe haben und nicht unbedingt im üblichen Sinne gut aussehend oder schön sind. Nur wenige Zehnjährige haben ein echtes Problem mit ihrem Aussehen.

Wird Ihr Kind wegen seines Äußeren jedoch gemobbt, suchen Sie unverzüglich Hilfe.

Die Handynutzung sollte kontrolliert und geregelt werden. Sie können festlegen, dass das Handy bei den Mahlzeiten und den Hausaufgaben aus bleibt. Beachten Sie die Kosten; viele Eltern wählen Prepaid-Karten oder lassen ihre Kinder die Handykosten vom Taschengeld bezahlen.

Über Alkohol und Risikoverhalten sprechen

Auch wenn Ihr Kind erst zehn ist, können Sie bereits über die Versuchungen sprechen, denen es später ausgesetzt sein wird. Gehen Sie die Themen offen an, und sprechen Sie darüber, warum Menschen Risiken eingehen – erklären Sie z.B., dass der Genuss von Alkohol enthemmend wirken kann. Sagen Sie ehrlich, dass das am Anfang ein angenehmes Gefühl sein mag, man sich später aber schlecht fühlt und mit ernsthaften Folgen rechnen muss. Beantworten Sie Ihrem Kind auch seine unvermeidliche Frage nach Ihrem eigenen früheren Verhalten. Überlegen Sie genau, was Sie ihm sagen. Vermitteln Sie nie den Eindruck, dass ein mögliches riskantes Verhalten Ihrerseits jemals »cool« war. Wenn Ihr Kind bereits Alkohol trinkt oder mit dem Gesetz in Konflikt gerät, suchen Sie fachliche Hilfe.

Häufige Fragen

FRAGEN AUS DEM ALLTAG

▶ Meine Tochter hat Schwierigkeiten mit dem Fach Mathematik. Was soll ich tun?
Viele Eltern können ihren Kindern in Mathe wenig helfen, weil sie selbst Probleme damit haben. Bewahren Sie Ruhe, wenn Ihr Kind Sie um Ihre Hilfe bittet, und vermitteln Sie nicht den Eindruck, Mathe sei ein Fach, vor dem man Angst haben müsste. Eltern wiederum, die gut in Mathe sind, sollten nicht ungeduldig sein, wenn ihr Kind es nicht ist. Wenn Sie meinen, dass Ihr Kind tatsächlich anhaltende Probleme in einem Fach hat, nicht nur einen zeitweiligen Hänger, sprechen Sie mit dem Lehrer, wie Sie Ihrem Kind am besten helfen können.

▶ Ich habe zufällig gesehen, wie mein zehnjähriger Sohn seine Freundin geküsst hat. Ist er dafür nicht noch ein bisschen zu jung?
Die sexuelle Neugierde erwacht bei Ihrem Sohn; in diesem Alter fragen sich viele Kinder, wie man küsst und wie sich das anfühlt. Es ist normal, dass Ihr Sohn das ausprobieren möchte, machen Sie sich nicht zu viele Sorgen. Vielleicht wollte er nur wissen, wie das ist. Das ist in diesem Alter ein ganz normaler Teil der sexuellen Erkundung. Ihre Reaktion ist wichtig für die weitere Entwicklung: Wenn Sie gefasst bleiben und sein Verhalten als ein spielerisches Üben erwachsenen Verhaltens verstehen, zeigen Sie Ihrem Sohn, dass Sie seine Entwicklung akzeptieren. Wenn Sie entsetzt sind oder ihn bestrafen, stuft er diese Intimität als etwas Schlechtes oder Verbotenes ein und wird Ihnen gegenüber künftig weniger offen sein.

Elf Jahre

»Ihr Kind entwickelt ausgeprägte Interessen und wirkt nun schon viel erwachsener.«

PC-NUTZUNG Ihr Kind wird in diesem Alter mit einem PC umgehen; achten Sie auf eine sichere und effektive Nutzung.

DAS ANDERE GESCHLECHT Erste Freundschaften zwischen Jungen und Mädchen können nun ernster werden.

WEITERFÜHRENDE SCHULE Die meisten Kinder blühen dank der neuen Anforderungen in den verschiedenen Fächern auf; manche brauchen eine gewisse Eingewöhnungszeit.

Wachstum und Entwicklung

Die sich mit elf Jahren vollziehenden körperlichen Veränderungen sind stark davon abhängig, ob die Pubertät eingesetzt hat. Da die Pubertät bei Mädchen tendenziell früher erfolgt als bei Jungen, verändert sich der Körper eines Mädchens in diesem Alter meist deutlicher als der eines Jungen.

Wenn Ihre Tochter sich nun zu einer jungen Frau entwickelt, verändert sich ihre Figur. Diese Veränderungen sind ihr wahrscheinlich peinlich. Erleichtern Sie ihr mit Taktgefühl und Verständnis diese Übergangsphase. Bei elfjährigen Jungen sind oft noch keinerlei Pubertätsmerkmale zu erkennen, bei manchen bis zum Alter von 14 Jahren nicht (s. S. 251).

Körperliche Veränderungen bei Mädchen

Die Brustentwicklung erfolgt in mehreren Phasen. Die kleinen Brustknospen runden sich, wenn sich der Bereich um die Brustwarze, der Warzenhof, vergrößert. Die Brust entwickelt sich weiter, bis sie die Form der erwachsenen Frau erlangt hat. Ein BH ist erst nötig, wenn die Brüste beinahe vollständig entwickelt sind; doch vielleicht will Ihre Tochter schon vorher einen tragen als Zeichen ihrer Reife. Oft tragen Mädchen zunächst ein Bustier.

Mit elf Jahren hat Ihre Tochter vielleicht das erste Schamhaar; manchmal ist es schon dichter gewachsen. Meist ist es frühestens mit zwölf so dicht wie bei der erwachsenen Frau, manchmal erst mit 18. Es dauert drei Jahre, bis das Schamhaar ganz entwickelt ist. Zeitpunkt und Tempo der körperlichen Veränderungen sind von Kind zu Kind verschieden; allerdings erscheint das erste Achselhaar gewöhnlich ein oder zwei Jahre nach dem Schamhaar und es dauert 15 Monate, bis es voll entwickelt ist.

Groß und größer

Zwischen 11 und 14 erreichen Mädchen – individuell unterschiedlich – ihr maximales Wachstum; in dieser Zeit wächst ein Mädchen unglaubliche neun bis zehn Zentimeter im Jahr. Der Wachstumsverlauf eines Jungen lässt schrittweise nach, bis er ein fortgeschrittenes Pubertätsstadium erreicht hat

OFFEN SEIN *Ein lockeres, aber ernsthaftes Gespräch über körperliche Veränderungen hilft Ihrem Kind, die Pubertät zuversichtlich und positiv zu sehen.*

und beschleunigt sich dann rasch. Mit elf wachsen die meisten Jungen daher nur wenig. Wenn bei Ihrer Tochter die Pubertät eingesetzt hat, können Sie kaum mit ihrem stetigen Wachstum Schritt halten. Sie ist nun nicht mehr Ihr »kleines Mädchen«. Sie braucht ständig neue Kleidung und Schuhe. Keine Sorge, wenn sie schon mit elf Schuhgröße 40 hat. Ihre Füße sind früher ausgewachsen als der Körper. Meist wachsen zuerst Beine und Schultern; die Hüften werden breiter, wenn der Oberkörper länger wird, wobei die Hüften von Mädchen stärker in die Breite gehen als bei Jungen.

EMOTIONALE VERÄNDERUNGEN
Es beunruhigt, wenn das eigene Kind niedergeschlagen und deprimiert wirkt, doch das gehört zur Pubertät. Bleiben Sie ruhig und unterstützen Sie es.

Wie die Pubertät auf Ihr Kind wirkt

Der erhöhte Spiegel an Sexualhormonen (Östrogen bei Mädchen und Testosteron bei Jungen) spielt eine große Rolle im Leben vieler Elfjähriger, die die ersten Pubertätszeichen zeigen. Ihr quirliges, begeisterungsfähiges Energiebündel wird beinahe über Nacht lustlos, kommt morgens nicht aus dem Bett, kann sich nicht konzentrieren und muss an alles erinnert werden.

Der Appetit kann heftig schwanken: Gelegentlicher Heißhunger deutet auf einen Wachstumsschub hin, wohingegen in einer Phase langsamen Wachstums vor einem Wachstumsschub der Appetit oft mäßig ist. Da Mädchen nun von Natur aus Fett ansetzen, essen manche sehr figurbewusst und treiben viel Sport. Man sollte genau darauf achten, wenn Kinder sich exzessiv mit dem Essen beschäftigen und abnehmen wollen. Unbeachtet kann diese Haltung leicht zu einer Essstörung führen (s. S. 297).

Stimmungsschwankungen, Konzentrationsprobleme und Energieschwankungen sind normal. Wenn das Verhalten Ihres Kindes jedoch seine Schulleistungen beeinträchtigt, sprechen Sie mit den Lehrern, damit diese ihre zusätzliche Unterstützung anbieten oder zumindest Verständnis zeigen.

Gesundheit

Die Pubertät ist ein normaler Prozess, kann aber einige unerwünschte Nebenwirkungen mit sich bringen, wie Stress und Schlaflosigkeit. Manche Mädchen bekommen in diesem Alter schon ihre Periode; auch dies kann ihr Wohlbefinden und ihre Lebensweise zu einem gewissen Maß beeinflussen.

Mit Stress umgehen

Die emotionalen Folgen der Pubertät führen bei vielen Kindern dazu, dass sie unter Stress leiden. Häufige Stresssymptome sind Kopf- und Bauchschmerzen und Schlafstörungen, meist infolge von Ängsten. Eine Erkrankung besteht selten, denn diese realen Symptome sind meist Folgen der Überproduktion an Hormonen, die der Körper bei Stress ausschüttet.

Manchmal verschwinden diese Symptome schon dank der Versicherung, dass sie normal und stressbedingt sind. Es ist jedoch wichtig herauszufinden, was genau den Stress verursacht. Ist es z. B. Mobbing, muss dieser Ursache nachgegangen werden.

AUSZEITEN *Sorgen Sie dafür, dass Ihr Kind vor dem Schlafengehen abschaltet – durch entspannende Musik beispielsweise oder durch Lesen.*

Gut schlafen

Unter Schlafproblemen leiden viele Pubertierende; sie haben Schwierigkeiten einzuschlafen, was dazu führt, dass sie morgens nicht aus dem Bett kommen.

Damit Ihr Kind einschlafen kann, verbessern Sie die Bedingungen:

- Verbannen Sie Ablenkungen, wie Fernsehen, Computer und elektronische Spiele, aus dem Kinderzimmer.
- Stellen Sie sicher, dass es seine Hausaufgaben mindestens eine Stunde vor der Schlafenszeit beendet hat, um noch abschalten zu können.
- Sprechen Sie mit ihm, wenn es bekümmert wirkt. Das Thematisieren von Problemen, wie Prüfungsangst, entlastet und erleichtert das Schlafen.

»Ihr Kind ist wahrscheinlich ein Spätaufsteher, also planen Sie morgens viel Zeit ein. Legen Sie alles Nötige abends zurecht, um Stress zu reduzieren.«

»Mit der Zeit kommt Ihre Tochter mit der Periode gut zurecht; anfangs braucht sie Ihre Unterstützung.«

Nebenwirkungen der Periode

Die meisten Mädchen bekommen die erste Periode zwischen 10 und 16 Jahren; mit elf Jahren sollte Ihre Tochter daher bereits darauf vorbereitet sein. Der normale Menstruationszyklus besteht aus einer zwei bis sieben Tage dauernden Blutung, die in Abständen von 24 bis 34 Tagen auftritt. In den ersten Monaten oder Jahren ist sie oft unregelmäßig. Auf die erste Blutung folgt oft mehrere Monate lang keine weitere. Häufige Probleme sind:

Regelschmerzen Nur mit sehr viel Glück hat Ihre Tochter keine Regelschmerzen. Sie sind normal und entstehen, wenn sich die Gebärmutterwand zusammenzieht. Regelschmerzen können sehr unangenehm sein; viele Mädchen müssen sich hinlegen und Schmerzmittel nehmen, und bei besonders starken Schmerzen sogar der Schule fernbleiben. Entzündungshemmende Medikamente, wie Ibuprofen, helfen gut; ein warmes Bad und sanfte Massage des Bauchs fördern die Muskelentspannung. Auch Sport hilft und, wie bei den meisten Schmerzen, Ablenkung im Allgemeinen.

Starke Blutung Die meisten Mädchen haben zeitweise sehr starke Blutungen (Menorrhagie). Dann ist ein oder zwei Tage lang stündlich eine Binde voll, oder die Blutung dauert länger als sieben Tage. Oft gehen Blutklümpchen ab. Ist das regelmäßig der Fall, kann ein Hormonproblem bestehen, das behandlungsfähig ist. Wirksam sind entzündungshemmende Medikamente. Bei häufigen starken Regelblutungen kann eine Anämie entstehen, weshalb Ihre Tochter eisenreiche Nahrung zu sich nehmen und ggf. einen Bluttest machen sollte.

Erforschung des Körpers

Masturbation oder Selbstbefriedigung ist eine schon bei zwei- bis sechsjährigen Kindern übliche Art, den Körper zu erforschen; bei Teenagern wird sie verfeinert und ist zunehmend sexuell motiviert. Masturbation ist ein normaler Teil der Entwicklung und nichts, wofür man sich schämen müsste. Ebenso normal ist es, wenn Kinder nicht masturbieren. Da dies eine sehr intime Sache ist, werden Sie kaum wissen, ob Ihr Kind masturbiert. Wenn Sie es jedoch entdecken, machen Sie kein großes Thema daraus, sagen Sie Ihrem Kind, dass man das nicht in der Öffentlichkeit tut (was in diesem Alter sowieso kaum der Fall sein wird), aber dass es nichts Schlechtes ist. Öffentliches Masturbieren erfolgt manchmal bei psychischen oder sozialen Problemen eines Kindes.

Geistige Fähigkeiten

Mit elf Jahren besitzen die meisten Kinder ein sicheres Verständnis ihrer Welt und eine klare Vorstellung, was richtig, falsch, gut, böse und »normal« ist. Es ist wichtig, die Fragen eines Kindes umfassend zu beantworten sowie Diskussionen und Lernprozesse anzuregen, damit es Weltwissen erwirbt.

Eine neue Art des Denkens

Es ist normal, dass ein Kind in diesem Alter aufbrausender und sarkastischer wird; das ist eine Folge seiner höheren Abstraktionsfähigkeit. Ebenso wie Spott versteht Ihr Kind nun auch Ironie und Metaphern und zeigt einen fein entwickelten Sinn für Humor.

Mit dieser neuen Reife wird das Denken immer logischer und weniger willkürlich. Die meisten Elfjährigen (vor allem Mädchen) besinnen sich und denken nach, bevor sie etwas tun. Sie erwägen die Folgen ihres Handelns. Ihr Kind wird seine Logik aber auch gegen Sie verwenden. Sie werden in viele Streitigkeiten verwickelt, wenn Ihr Kind auf Ihre Inkonsequenz hinweist und in lebhaften Diskussionen seinen eigenen Standpunkt entwickelt. So kann die Bitte, das Kinderzimmer aufzuräumen, mit einem bissigen Kommentar über den Zustand Ihres eigenen Schlafzimmers gekontert werden!

Auch Rebellion werden Sie erleben. Das Bedürfnis, »cool« zu sein, meist als Folge des Gruppendrucks, steht gegen das Bedürfnis, es Ihnen recht zu machen. Geben Sie ihm die Möglichkeit, seine oft konfusen Gefühle zu klären.

LAUNEN *Mit zunehmender Fähigkeit, selbstständig zu denken, ist Ihr Kind manchmal eigensinnig und sogar streitlustig. Das gehört zum Großwerden dazu.*

Probleme lösen

Wenn Sie immer rasch eingreifen, sobald bei Ihrem Kind etwas schiefgeht, und sofort eine Lösung vorschlagen, lernt Ihr Kind nie, Probleme selber zu lösen. Das bedeutet klassische »Über-

»In diesem Alter besteht ein natürlicher Konflikt zwischen ›lieb‹ sein wollen, um den Erwachsenen, auch den Lehrern, zu gefallen, und der Angst, für die Clique ›zu brav‹ zu sein.«

behütung«. Natürlich wollen Sie Ihr Kind nicht in Schwierigkeiten sehen, doch es muss auch seine eigenen Fehler machen dürfen und lernen, mit den Konsequenzen umzugehen.

Wenn Ihr Kind in diesem jungen Alter Problemlöse- und Verhandlungsgeschick erwirbt und lernt, seine Schwächen zu erkennen und seine Bedürfnisse erfolgreich mitzuteilen, werden ihm diese Fähigkeiten auch in späteren Jahren zugutekommen. Man mag ein Problem, das sich dem Kind stellt, kurzfristig lösen, wenn man als Eltern eingreift, aber das Kind lernt dabei nichts, und es besteht die Gefahr, dass sein Selbstvertrauen, der Glauben an sich selbst und seine Selbstachtung untergraben werden.

So fördern Sie Problemlösekompetenz:

- Fragen Sie es bei Themen wie Reiseplanung oder Aufgabenverteilung um Rat. Es kann sich die Aufgabe anschauen und dann Lösungen vorschlagen.
- Hören Sie zu, wenn es ein Problem hat; helfen Sie ihm, es genau zu formulieren. Fragen Sie beispielsweise: »Was würde geschehen, wenn du versuchen würdest …?« Auf diese Weise führen Sie es zu einer Lösung, statt ihm zu sagen, was es tun soll. Danach sprechen Sie darüber, was hilfreich war und was Sie das nächste Mal probieren.

Interessen und Lernprozesse fördern

Die Interessen Ihres Kindes werden vermutlich in eine andere Richtung gehen als Ihre eigenen. Vielleicht können Sie kaum mithalten, so schnell wechseln die Vorlieben Ihres Kindes. Doch solche Interessen bereichern das Lernen, sie verbessern das Weltverständnis und erweitern den Horizont. Zeigen Sie Ihrem Kind, wie es Bücher aus der Bücherei ausleiht und interessante Webseiten findet, Vereine mit Gleichgesinnten und aktiv nach Informationen sucht.

Leiten Sie es an, »quer« und vernetzt zu denken. Wenn es z. B. Tiere mag, warum sollte es nicht eine eigene Webseite mit Informationen über bedrohte Tierarten erstellen? Alles, was Sie tun, um seine Begeisterung zu fördern, nährt seine Vorstellungskraft. Weisen Sie ausgefallene Ideen nicht ab; wenn es etwas Ungefährliches ausprobieren möchte, lassen Sie es zu.

- Geben Sie Ihrem Kind Spielraum zum Verhandeln. Klare Grenzen sind jetzt sehr wichtig, aber Ihr Kind muss auch einmal »punkten«, selbst wenn es patzig zu sein scheint. Es denkt immer selbstständiger und begründet damit auch immer öfter, warum Ihre Vorstellungen nicht vernünftig sind. Es ist sehr wichtig, dass Sie zuhören. Wenn Sie ihm streng das Wort entziehen, lernt es nicht, Gegenargumente aufzunehmen, abzuwägen, Entscheidungen zu treffen, vernünftig zu argumentieren und Probleme zu lösen.
- Bieten Sie Ihrem Kind Gelegenheit, Verantwortung zu übernehmen – z. B. regelmäßige Pflichten, wie den Abfall rechtzeitig rauszubringen. Wenn es z. B. die Müllabfuhr versäumt, müsste es herausfinden, was man nun tun könnte. Diese Verantwortlichkeiten helfen ihm, seine Zeit einzuteilen, Lösungen zu finden, wenn etwas schiefgeht, und eigene Fehler zu beheben.

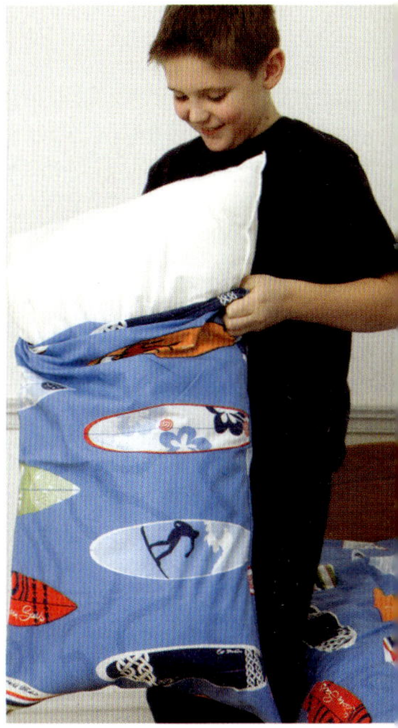

VERANTWORTUNG *Übertragen Sie ihm Aufgaben. Wenn es z. B. seine Bettwäsche nicht rechtzeitig abzieht, wird sie nicht gewaschen.*

Den Wortschatz erweitern

Verschiedene Studien zeigen, dass der Wortschatz eines Elfjährigen mit seinem Leseverhalten in Zusammenhang steht. Der Wortschatz wächst mit der Anzahl der gelesenen Bücher, vor allem, wenn ein Buch unbekannte Wörter oder Fachbegriffe enthält. Je mehr Wörter Ihr Kind lernt, umso besser wird seine Fähigkeit, andere unbekannte Wörter zu erschließen und zu verwenden und umso größer seine sprachliche Sicherheit.

Natürlich sollten Elfjährige zum Lesen angehalten werden. Besteht keine Lernstörung, kann das Kind nun mühelos lesen. Ihr Kind kann seinen wachsenden Wortschatz auch im schriftlichen Ausdruck, in logischer Argumentation und in Schulberichten und -projekten anwenden, in denen visuelles und schriftliches Material kombiniert wird. In diesem Alter machen Kinder einen großen Entwicklungsschritt. Mögliche Probleme treten nun jedoch auch deutlich hervor.

Wenn Sie sich wegen der Lese- und Schreibkompetenz Ihres Kindes Sorgen machen, sprechen Sie zuerst mit der Lehrerin und klären mögliche Lernprobleme wie Legasthenie (s. S. 121) ab.

Lesekompetenz

Regelmäßiges Lesen vergrößert bekanntlich den Wortschatz. Auch steht der mündliche Sprachgebrauch mit der Lesekompetenz in Zusammenhang. Forschern zufolge sind Kinder mit gutem mündlichen Ausdruck beim Lesen und Verständnis schwieriger Wörter viel besser als Kinder mit schlechtem Leseverständnis.

Um die Lesekompetenz Ihres Kindes zu verbessern:

- Verwenden Sie im Gespräch mit Ihrem Kind unbekannte Wörter. Erklären Sie die Bedeutung dieser Wörter und fordern Sie es auf, diese zu verwenden. Das wirkt sich auf seine Lesekompetenz aus und verbessert auch den schriftlichen Ausdruck.
- Haben Sie Spaß mit Wortspielen – z. B. die Suche nach Synonymen für ein Wort. Sie sagen z. B. »toll«, Ihr Kind sagt »super«; Sie sagen »hervorragend«, es sagt »ausgezeichnet«, »Spitze« usw.
- Beim Lesen bitten Sie es, schwierige Wörter zu erklären und diese dann in das Gespräch einzubinden.
- Im schriftlichen Ausdruck bitten Sie es, Alternativen für einfache Wörter wie »gehen« oder »schön« zu finden.

Unterstützung ist wichtig, wenn es um die Auswahl von Büchern geht. Empfehlen Sie Ihrem Kind, sich in der Schule oder Bücherei Hilfe zu holen. Zeigen Sie ihm, wie man im Internet nach Buchempfehlungen sucht. Wenn Sie den Geschmack Ihres Kindes gut kennen, können Sie ihm gern Bücher auswählen oder vorschlagen; aber seien Sie nicht enttäuscht, wenn es einen anderen Lesegeschmack hat als Sie. Denken Sie daran, dass Lesen, egal ob Comic, Zeitung oder Liebesgeschichte, in jedem Fall Kreativität, Fantasie und Lesekompetenz fördert.

GESCHMÄCKER SIND VERSCHIEDEN *Ihr Kind muss seine Lektüre mögen; lassen Sie ihm daher bei der Auswahl freie Hand und kritisieren Sie seinen Geschmack nicht.*

Gefühle verstehen und ausdrücken

Wenn Sie den emotionalen Wortschatz Ihres Kindes fördern, verbessert dies nicht nur seine »emotionale Intelligenz«, sondern bietet ein hilfreiches Instrumentarium, um Selbstbewusstsein und Problemlösekompetenz zu entwickeln und sich auf neue Situationen einzustellen. Lehren Sie Ihr Kind von klein an Wörter zur Beschreibung seiner Gefühle. Mit Herannahen der

Pubertät ist das besonders wichtig. Denn wenn es sich zwischen Gruppenzwang, aufkeimender Selbstständigkeit, eigenem Denken und logischer Einsicht orientieren muss, erlebt es sehr widersprüchliche Gefühle.

Denken Sie daran:

- Ihr Kind lernt, selber zu denken. Die eigenen Gefühle bestimmen und ausdrücken zu können, ist ein wichtiger Teil der emotionalen Entwicklung.

Wer Gefühle verstehen und benennen kann, besitzt Bewältigungsstrategien, die helfen, das Denken und das Verhalten zu kontrollieren. Dies verleiht größere Einsicht in die eigenen Reaktionen und hilft, positiv zu reagieren und Ziele zu erreichen. Unterstützen Sie diesen Prozess, indem Sie darüber sprechen, wie andere sich fühlen – z. B. Fernsehhelden oder Figuren in Büchern oder Menschen in den Nachrichten. Ermutigen Sie Ihr Kind, Parallelen zu seinem eigenen Leben zu ziehen; fragen Sie es z. B., ob es sich so gefühlt hat, als es zum Geburtstag einer Klassenkameradin nicht eingeladen worden ist. Richten Sie den Blick auch auf positive Gefühle und drücken Sie diese selbst aus – Sie können z. B. sagen: »Durch dieses herrliche Wetter fühle ich mich ganz beschwingt.«

»Für Gefühle die richtigen Wörter zu finden, gleicht zuweilen dem Erlernen einer Fremdsprache.«

Sprachliche Fehler korrigieren

Korrigieren Sie Fehler, indem Sie den entsprechenden Satz einfach korrekt wiederholen, ohne zu kritisieren. Kinder übernehmen schlechte Sprachgewohnheiten und fehlerhafte Redewendungen vor allem im mündlichen Ausdruck schnell. Reagieren Sie sofort durch den richtigen Sprachgebrauch, statt lange Vorträge über schlampige Sprache zu halten.

Respektvolle Sprache

Es ist wichtig, sich selbst auf der Sprachebene auszudrücken, die man beim eigenen Kind hören möchte: Wenn Sie Ihr Kind mit Respekt behandeln und höflich mit ihm kommunizieren, können Sie dasselbe erwarten. Das ist nicht nur aus Gründen der Höflichkeit wichtig, sondern auch, weil Ihre Beziehung damit auf einer konstruktiven Ebene bleibt und Ihr Kind die Kompetenzen erwirbt, die es als Erwachsener braucht.

Gelegentlich wird es sicher einmal pampig oder flapsig sein, doch wenn es weiß, wie man höflich mit anderen kommuniziert und die richtige Sprachebene trifft, kann es dies jederzeit umsetzen.

Fluchen Sie nicht, wenn der Handwerker zu spät kommt, und verwenden Sie keinen Jargon.

Gefühle und Persönlichkeit

Mit Einsetzen der Pubertät werden Kinder oft völlig unberechenbar, da sie eine Achterbahn der Gefühle sowie Identitätskrisen erleben. Einmal benimmt sich Ihr Kind wie ein reifer Mensch, dann wieder wie ein frustriertes, unsicheres Kind. Das ist normal und stellt eine echte Herausforderung dar.

Es ist schwer, einen vernünftigen Umgang mit einem Kind zu finden, das im einen Moment Ihre Zustimmung sucht und Ihnen im nächsten sagt, dass Sie die gemeinsten Eltern der Welt sind. Sie sind sprachlos, wie eloquent, überlegt und erwachsen Ihr Kind sein kann, und dann wieder fassungslos, wenn es bei einer kleinen Widrigkeit wie ein Kleinkind tobt.

STOLZ AUF DAS ÄUSSERE *Zeigen Sie Verständnis, wenn Ihrem Kind sein Äußeres wichtig wird. Kritisieren Sie sein Aussehen nicht.*

Kleidung und Stil

Sein Äußeres ist nicht das einzige Thema Ihres elfjährigen Kindes, aber es macht sich schon Gedanken um sein Aussehen. Durch Kleidung, Frisur und Make-up kann ein Mädchen seine Individualität oder Zugehörigkeit zu einer Clique ausdrücken. Sie stellen vielleicht fest, dass es bei seiner Kleidung wählerisch wird – es will z.B. bestimmte Markenjeans, nicht die billigen aus dem Kaufhaus. Bestimmte Kleidungsstücke will es immer wieder tragen und reagiert verzweifelt, wenn sie in der Wäsche sind.

Durch ständig sich ändernde Frisuren, Strähnchen oder Farben kann es Individualität ausdrücken. Seien Sie diesen Experimenten gegenüber möglichst tolerant, aber unterbinden Sie Extreme. Wenn Sie meinen, Ihr Kind sei nicht altersgemäß angezogen, gehen Sie nicht auf Konfrontation, etwa: »So gehst du nicht weg!« Das führt nur zu Widerstand und Rebellion. Führen Sie ein ruhiges Gespräch, begründen Sie Ihre Bedenken und handeln dann aus, welche Kleidung für Schule, Freizeit und Partys passend ist.

Zu schnell erwachsen werden

Kinder stehen unter starken Gruppenzwang, sich erwachsen zu benehmen. Jugendzeitschriften geben vor, was stylishes Make-up, angesagte Kleidung und richtiges Dating sind. Vielleicht haben auch Sie in bester Absicht immer wieder gefordert, dass Ihr Kind »erwachsen« wird. Doch mit elf sollte Ihr Kind auch noch Gelegenheit zum spielerischen Tun haben – es sollte eben auch noch Kind sein.

Fördern Sie die Freizeitaktivitäten Ihres Kindes und lassen Sie es im Augenblick leben, statt dass es sich nur auf Prüfungen, Leistung und die Zukunft zu konzentrieren muss.

Erwünschtes Verhalten fördern

Bis vor Kurzem haben Sie einfach festgelegt, welches Verhalten erwartet wird und was verboten ist; bei Regeln, Belohnungen und Sanktionen hatten Sie das letzte Wort. Nun wird zunehmend verhandelt statt angeordnet. Übertragen Sie Ihrem Kind auch Verantwortung, sein Verhalten zu regeln.

Lassen Sie es darlegen, welche Regeln ihm wichtig sind, z. B. dass man respektvoll miteinander kommuniziert und den Standpunkt des anderen anhört, und was nicht akzeptabel ist, z. B. Fluchen, Lügen oder Pflichten vernachlässigen. Dann handeln Sie gemeinsam Vergünstigungen bei gutem Benehmen und Konsequenzen bei Fehlverhalten aus. Ist Ihr Kind an der Festlegung der Regeln beteiligt, hält es sie eher ein, weil es sich ihnen stärker verpflichtet fühlt. Zudem kann es nicht behaupten, sie nicht zu kennen.

Freunde und Freundschaften

Freundschaften verändern sich oft, wenn ein Kind auf eine weiterführende Schule kommt. Vielleicht ist es nicht länger mit der besten Freundin in der

SPASS HABEN
Mädchen albern gern mit Freundinnen herum, imitieren Popstars oder frisieren sich. Fördern Sie das – Ihre Tochter ist noch ein Kind.

Aber alle meine Freunde dürfen es!

Wenn Sie unvernünftige Wünsche Ihres Kindes verbieten, z. B. wenn es abends lange wegbleiben will, hören Sie wahrscheinlich ein entsetztes »Aber alle meine Freunde dürfen das«. Zuerst glauben Sie Ihrem Kind nicht und unterstellen, es sei eine Taktik, um Sie zum Nachgeben zu bewegen. Dann beginnen Sie zu zweifeln und fragen sich, ob Sie zu streng sind und Ihr Kind zu stark einschränken.

Entscheidend ist, nicht spontan zu antworten und erst zu überlegen oder zu überprüfen, ob ein Verbot angebracht ist. Telefonieren Sie mit guten Freunden, die gleichaltrige Kinder haben, und fragen sie nach ihrer Haltung. Dann wägen Sie diese Information mit der Reife Ihres Kindes ab.

Wenn Sie Ihre Entscheidung getroffen haben, begründen Sie sie und bleiben dann dabei.

»Junge Menschen mit starkem Selbstwertgefühl haben weniger Angst, Freunde zu verlieren, wenn sie ›Mutproben‹ nicht mitmachen.«

gleichen Klasse und die vertraute Clique bricht auseinander. Es ist daher hilfreich, wenn ein Kind beim Schulwechsel in der ersten Zeit frühere Freundschaften in der Freizeit weiter pflegen kann. Das bietet Stabilität, bis neue Beziehungen entstanden sind.

Die Fähigkeit, Freunde zu finden, ist sehr wichtig für das soziale Leben in der Schule. Erkundigen Sie sich, ob es sich zu fragen traut, bei einer Aktivität mitmachen zu dürfen. Machen Sie ihm deutlich, dass das nicht immer funktioniert und es sich von Ablehnungen nicht entmutigen lassen soll.

Die richtigen Freunde finden

Mit elf ist es für ein Kind ganz wichtig, »dazuzugehören«. Es verbringt zunehmend Zeit mit Freunden und will akzeptiert werden. Das kann dazu führen, dass es Gleichaltrige imitiert oder auch bei kriminellen Vergehen mitmacht, z. B. Stehlen als Mutprobe, um seine Dazugehörigkeit unter Beweis zu stellen. Erklären Sie Ihrem Kind, dass Freunde oft denjenigen akzeptieren, der an eigenen Grundsätzen festhält und Nein sagt, wohingegen derjenige verachtet wird, der um jeden Preis dazugehören will. Das ist dem Kind zunächst wenig einsichtig, muss aber deutlich gemacht werden. Bauen Sie sein Selbstvertrauen auf, damit es sich traut, »Nein« zu sagen.

Erstes Verliebtsein

Jedes Kind entwickelt sich in seinem eigenen Tempo; manche gehen schon in diesem Alter eine enge Freundschaft zum anderen Geschlecht ein. Als Außenstehender weiß man selten, ob sich dahinter echte Liebe, Schwärmerei oder körperliche Anziehung verbirgt. Doch ein abwertendes Einmischen würde als Unverständnis der eigenen Gefühle zurückgewiesen. Egal, wie Ihre Meinung ist, nehmen Sie diese Beziehung ernst. Unterlassen Sie Neckereien und nehmen Sie sensibel die unvermeidlichen Höhen und Tiefen hin. Durch vorsichtiges Fragen, wie sich die Dinge entwickeln, und das Einbeziehen der Freundin oder des Freundes in familiäre Unternehmungen können Sie die Sache im Auge behalten, ohne neugierig zu wirken.

FRÜHE ROMANZE *Eine Beziehung ist in diesem Alter vermutlich recht harmlos, aber behalten Sie die Entwicklung im Auge.*

Häufige Verhaltensprobleme

▶ »Du kannst mich nicht zwingen« ist die stereotype Antwort unserer Tochter auf jede Aufforderung. Wie kann ich sie zur Mitarbeit bewegen?
Eine solche Provokation auf Autoritäten ist in diesem Alter ganz normal; es muss aber rasch richtig reagiert werden, damit Trotz nicht zur Gewohnheit wird. Überlegen Sie zunächst, ob Ihre Aufforderungen zu einem günstigen Zeitpunkt erfolgen – wenn Sie Ihr Kind z. B. während seiner Lieblingssendung auffordern, die Hausaufgaben zu machen, reagiert es mit Sicherheit pampig. Überprüfen Sie auch, ob Ihre Ansprüche einsichtig sind. Wenn Sie z. B. Ihrer Tochter mehr als den gerechten Anteil der Pflichten aufgetragen haben, wird es natürlich antworten: »Nein, das ist nicht meine Sache.«

Wenn Sie selbst vernünftig und respektvoll vorgehen und dennoch eine rüde Antwort bekommen, reagieren Sie mit einer Sanktion. Entziehen Sie eine Vergünstigung, z. B. den Internetzugang, oder kürzen Sie das Taschengeld.

▶ Mein Sohn stand in letzter Zeit unter hohem Druck, in seinem Sportteam gut zu sein. Jetzt hat er sein ganzes Selbstvertrauen verloren. Was kann ich tun?
Hoher Druck kann zu körperlichen Stresssymptomen, wie Schweißausbrüche oder Schwindel, führen. Als natürliche Reaktion darauf versucht man, die ursächliche Situation zu vermeiden. Leider löst das nicht das Problem und Ihr Sohn verzichtet nun auch auf Dinge, die ihm sonst Spaß gemacht haben. Helfen Sie ihm, schwierige Situationen zu bewältigen, indem Sie ihm beibringen, seinen Körper zu entspannen, sobald er Anzeichen von Angst verspürt.

Negative Gedanken beherrschen ihn vermutlich und verursachen seine Ängste. Bringen Sie ihm bei, Sätze wie »Ich kann das nicht« oder »Ich lasse mein Team hängen« durch positive Gedanken zu ersetzen: »Ich schaffe es« oder »Das wird hart, aber ich gebe mein Bestes«. Sind Angstsymptome so stark ausgeprägt, dass sie den Alltag beeinträchtigen, wenden Sie sich an den Kinderarzt oder -psychologen.

SELBSTZWEIFEL *Die Anforderungen in der Schule steigen und Ihr Kind mag gelegentlich an seinen Fähigkeiten zweifeln; aber diese Situationen wird es meistern.*

▶ Meine Tochter muss immer das letzte Wort haben. Wie soll ich damit umgehen?
Ihr Kind ist schlagfertig, will bei einer Auseinandersetzung immer das letzte Wort haben und wirkt damit frech. Das Maulen wird verstärkt, wenn es eine Reaktion auslöst. Lassen Sie sich nicht ködern, indem Sie eine Entschuldigung fordern oder Ihren Ärger zeigen. Sagen Sie nur: »Das ist respektlos«, und ignorieren Ihre Tochter bis zu einer neuen Kommunikationssituation. Maulen kann auch Ausdruck des Gefühls sein, dass Sie nicht zugehört haben. Hören Sie sich die Ansichten Ihrer Tochter an, dies könnte die Situation verbessern.

▶ Mein Elfjähriger ist sehr selbstkritisch geworden. Warum ist das so und wie kann ich ihm helfen?
In diesem Alter kann ein kleines Problem, z. B. eine schwache Schulleistung, für das Kind riesengroß erscheinen und es unter Druck setzen. Seien Sie einfühlsam, selbst wenn Ihnen der Anlass banal erscheint. Helfen Sie ihm, die richtige Perspektive zu gewinnen. Fragen Sie z. B.: »Wie viele Lehrer oder Freunde werden sich in einem Monat noch daran erinnern?« Selbstkritik kann auch motivieren, Fehler zu beheben. Fragen Sie ihn, was er seiner Meinung nach tun könnte, um das Problem zu beheben. Aktiv zu werden hilft dem Kind, aus dem Grübeln herauszufinden.

Das Leben Ihres Kindes

Ihr Kind ist inzwischen in der weiterführenden Schule; es hat hoffentlich neue Freunde gefunden und kommt mit den Anforderungen gut zurecht. Doch die neuen Fächer und die höheren Ansprüche können auch eine Belastung darstellen. Ihr Kind braucht weiterhin Ihre Unterstützung.

»Es fördert die Motivation kaum, wenn dem Kind bei schwachen schulischen Leistungen mit einer Strafe gedroht wird.«

Wie ein Kind in der neuen Schule zurechtkommt und ob es in der Zeit der Pubertät »dranbleibt«, hängt sehr vom familiären Umfeld, also einer förderlichen Umgebung zu Hause ab. Das heißt keinesfalls, ihm ständig bei den Hausaufgaben zu helfen. Wichtig ist vielmehr, am Schulalltag und an den Fächern Interesse zu zeigen, gute Rahmenbedingungen fürs Lernen zu schaffen und selbst eine positive Einstellung zum Lernen zu haben. Wichtig sind nun Organisation, selbstständiges Zeitmanagement und planvolles Lernen für die verschiedenen Fächer. Sprechen Sie abends den Stunden- und Tagesplan des nächsten Tages durch, seien Sie immer offen für Gespräche, und achten Sie darauf, ob es Anschluss bei den Klassenkameraden findet.

Motivieren Sie Ihr Kind

Am besten motivieren Sie ein Kind in diesem Alter, indem Sie positives Verhalten durch Wertschätzung und Vergünstigungen honorieren. Typische Belohnungen sind zusätzliches Taschengeld oder Punktesysteme, bei denen Punkte für »Extras« erlangt werden, z. B. am Wochenende später ins Bett gehen oder am Samstagabend eine DVD auswählen. Die weitere Motivation ist Ihre positive Wahrnehmung. Auch wenn es gelegentlich schon Ihre Autorität infrage stellt, will es doch, dass Sie sich mit ihm über seine Leistungen freuen. Es freut sich im Geheimen, wenn Sie seine Arbeiten am Elternabend sehen oder es bei einer Theateraufführung in der Schule erleben.

Reduzieren Sie Stress

Stress lässt sich durch Planung und Vorbereitung vor Tests und Abgabeterminen reduzieren. Dank regelmäßiger Hausaufgaben- und Übungszeiten hat Ihr Kind das Gefühl, gut vorbereitet zu sein.

So verringern Sie Hausaufgabenstress:

- Schaffen Sie einen ruhigen Platz zum Lernen. Beschäftigen Sie die Geschwisterkinder, damit sie das lernende Kind nicht stören.
- Bei hoher schulischer Beanspruchung erlassen Sie Haushaltspflichten.
- Versichern Sie ihm, dass Sie es lieben, egal wie gut es ist. Loben Sie seine Bemühungen, statt Belohnungen für besondere Leistungen zu versprechen.
- Zeigen Sie ihm Wege, Spannung abzubauen: Anspannen und die Schultern anziehen, dann fallen lassen und entspannen; die Hände zur Faust ballen und dann locker ausschütteln; tief und langsam ein- und ausatmen. Diese Methoden kann Ihr Kind sogar bei Arbeiten durchführen.

MITEINANDER AUSKOMMEN *Akzeptieren Sie die Turbulenzen in der Beziehung Ihrer Kinder untereinander – in einem Moment Freunde, im nächsten Feinde. Das ist normal.*

Geschwister

Wenn Sie mehrere Kinder haben, werden Sie gewiss Geschwisterstreit erleben – besonders ausgeprägt in den vorpubertären Jahren. Geschwister haben ein unfehlbares Gespür, immer den richtigen »Knopf« zu drücken, um

»Greifen Sie bei Streit nicht immer ein. Kinder müssen lernen, ihren Streit selbst beizulegen.«

den anderen zu ärgern und heftige Reaktionen zu provozieren. Vernünftige Erziehungsmaßnahmen schaffen Frieden und beugen ernster Rivalität vor.

Geben Sie jedem Kind das Gefühl, etwas Besonderes zu sein Wenn ein Kind meint, ein anderes würde von den Eltern mehr geliebt, entsteht Eifersucht. Jedes Kind muss geliebt und akzeptiert werden und hat das Recht, seine Gefühle zu zeigen sowie respektiert und ernst genommen zu werden.

Freuen Sie sich über alle Leistungen Ihres Kindes Sie mögen die Meilensteine eines jüngeren Kindes weniger aufregend finden als die des älteren Kindes, weil die Leistungen des Kleinen nicht mehr so aufregend sind. Doch das Kind erbringt die gleiche Leistung.

Übertragen Sie jedem Kind Verantwortung Das älteste Kind muss nicht alle Pflichten übernehmen oder Verantwortung für die Jüngeren tragen, nur weil es älter ist; auch jüngere Geschwister können helfen.

Machen Sie Freundlichkeit zur Familienpolitik Kinder lernen schnell, dass man damit weiterkommt als durch sinnlose Kämpfe.

Akzeptieren Sie ein gewisses Maß an Konflikten Kinder werden von Zeit zu Zeit aneinandergeraten. Bringen Sie ihnen andere Formen, Ärger abzubauen, bei. Stellen Sie klar, dass man andere so behandeln soll, wie man selbst behandelt werden will. Durch die Geschwisterbeziehung lernen Kinder Toleranz gegenüber anderen. Sie sind immer besser in der Lage, Probleme selbst zu lösen – durch Verhandeln.

Ihre Kinder sollten absolut darauf vertrauen können, dass Sie jedes von ihnen bedingungslos lieben, ohne irgendeine Bevorzugung. Jedes sollte wissen, dass es immer Zeiten gibt, zu denen ein Kind mehr Aufmerksamkeit

Mehr Freiheit zugestehen

Ihr Kind wird älter und vertrauenswürdiger. Es ist wichtig, seine zunehmende Selbstständigkeit anzuerkennen und ihm langsam mehr zuzutrauen. Überlegen Sie daher, ob Sie ihm mehr Freiheiten geben können, wenn es bereit dazu ist – z. B. etwas länger mit Freunden unterwegs sein; über das Fernsehprogramm mitbestimmen, solange es seinen anderen Pflichten nachkommt; mehr Freiraum und Unternehmungen mit Freunden. Formulieren Sie klar Ihre Erwartungen, wenn Sie ihm mehr Freiheit geben. Sagen Sie deutlich, dass es Konsequenzen haben wird, wenn es die gesetzten Grenzen nicht einhält. So kann Ihr Kind Verantwortungsgefühl entwickeln, und das fördert seine Selbstachtung.

benötigt als ein anderes, aber dass letztlich jedes seinen gerechten Anteil von Ihrer Aufmerksamkeit bekommt und Sie genug Liebe für alle haben.

Verwandtschaftsbeziehungen

In diesem Alter zählt die Clique allmählich mehr als die Familie. Die Kinder haben wenig Interesse an Familienunternehmungen, vor allem mit Verwandten. Es ist jedoch wichtig, dass Ihr Kind diese Beziehungen aufrechterhält. Die Familie bietet das optimale Umfeld, um Werte, religiöse Überzeugungen, Manieren, Respekt, Etikette und soziale Kompetenzen zu erwerben und einen Bezug zur Vergangenheit – und zwar durch das Vorleben von Verantwortung, praktizierte Ethik, lebendige Beziehungen und Finanzplanung.

Wir wünschen uns, dass unsere Kinder das Familienleben positiv erleben und mit allen Angehörigen respektvoll umgehen; dabei lernen sie, wie wichtig diese Beziehungen sind. Es ist die Familie, die wir um Hilfe und Rat bitten. Sie lenkt unsere Werte und Entscheidungen. Versorgen Sie daher Ihr Kind mit familiären Werten. Verhandeln Sie und schließen Sie Kompromisse – vielleicht kann es einen Freund zum Familienfest mitbringen und ein anderes auch mal versäumen. Aber grundsätzlich gilt: Die Familie kommt zuerst.

ENGE FAMILIENBANDE
Fördern Sie den Kontakt Ihres Kindes zu nahen Verwandten, z. B. Cousinen. Kinder profitieren in den kommenden Jahren von solchen Familienstrukturen.

Untersuchungen zeigen, dass Menschen mit einem familiären Netzwerk meist belesener sind, bessere Bildung und anspruchsvollere Berufe erlangen. Sie sind auch emotional im Vorteil und führen oft ein erfüllteres Privatleben. Kinder wie Erwachsene profitieren von diesen Beziehungen in Zeiten von Stress, tragischen Ereignissen, Tod oder Scheidung und werden durch freudige Ereignisse belohnt. Funktionierende Verwandtschaftsbeziehungen haben sogar eine positive Auswirkung auf Lebenserwartung und Gesundheit.

»Wir sind genetisch darauf angelegt, Beziehungen zu Angehörigen einzugehen. Es sind letztlich die Erinnerungen an das Familienleben, die die Basis unseres Lebens bilden.«

12–14 Jahre

»Dies ist eine Phase des raschen Wachstums in vielen Bereichen. Begrüßen Sie als Eltern diesen Wandel. Freuen Sie sich zu sehen, wie Ihr Kind zu einem wunderbaren, interessanten Individuum heranwächst.«

Wichtige Grundlagen

Die Pubertät ist eine Zeit des raschen Wachstums und intensiver Entwicklung – nur in der Säuglingszeit ging alles noch schneller. Es ist daher sehr wichtig, dass »die Grundlagen« stimmen, d.h. gesunde Ernährung, genügend Schlaf und viel Bewegung. Dann geht es Ihrem Kind gut.

»Viele Kinder haben oft Heißhunger und greifen dann auch gerne nach hochwertigen, nährstoffreichen Snacks.«

Der Nährstoffbedarf

Die Ernährung Ihres Kindes ist die Basis seiner Gesundheit und Entwicklung. Sie tun Ihr Bestes, um eine gute Ernährung sicherzustellen, und müssen verärgert feststellen, dass es sich in der Schule Chips kauft, gern nascht oder in der Clique unter Druck steht, das zu essen, was alle essen, obwohl es vielleicht manches gar nicht mag. Sie können nicht kontrollieren, was Ihr Kind auswärts isst, aber Sie können ihm weiterhin die Grundlagen gesunder Ernährung beibringen, und Sie können manches durch nährstoffreiche Mahlzeiten zu Hause ausgleichen. Diese Gerichte müssen nicht »langweilig« sein. Eine knusprige Pizza mit dünnem Boden, viel Gemüse und fettarmer Käsemischung schmeckt Ihrem Kind und ist gesund. Achten Sie darauf, dass es nicht zu viel nascht und dass Zwischenmahlzeiten nicht zu üppig sind.

Ihr Kind muss wegen gesunder Kost kein Außenseiter sein. Wenn es sich zu Hause mit seinen Freunden trifft, servieren Sie selbst gemachte Pizza oder selbst gemachte Burger und Ofenpommes. Kaufen Sie verschiedene Fruchtsäfte und Mineralwasser und lassen die Jugendlichen Mixgetränke zusammenstellen. Wahrscheinlich merken sie gar nicht, dass kein Cola dabei ist.

Essgewohnheiten

Teenager müssen gesund essen, um starke Knochen zu bilden und Übergewicht vorzubeugen. Die Basis für lebenslang starke Knochen wird im Teenager- und frühen Erwachsenenalter gelegt, etwa bis 30 Jahre. Dann ist die maximale Knochendichte erreicht – die stärksten Knochen, die Ihr Kind je haben wird. Doch Forschungen zeigen, dass viele Teenager nicht genügend Kalzium zum Aufbau starker Knochen aufnehmen (s. S. 252).

LIEBLINGSSPEISEN
Fast Food, z. B. Pizza, schmeckt beim Treffen mit Freunden und schadet im Rahmen einer ausgewogenen Ernährung nicht.

Es ist so wichtig, das Normalgewicht zu halten, weil Übergewicht später häufig Diabetes, hohe Cholesterinwerte und Bluthochdruck zur Folge hat. Die beste Vorbeugung ist eine Kombination aus gesunder Ernährung und Bewegung. Zudem bleiben in der frühen Jugend erworbene Essgewohnheiten meist lebenslang bestehen.

So fördern Sie gesunde Essgewohnheiten:

- Vermitteln Sie Ihrem Teenager, dass »gesünder« essen keineswegs heißt, ganz auf Leibgerichte zu verzichten. Es reicht oft, eine kleinere Portion davon zu essen und dafür zusätzlich Nahrungsmittel mit höherem Nährwert, z. B. eine kleine Portion Pommes und dazu einen Apfel oder Fruchtsaft zum Hamburger statt Limonade.
- Seien Sie ein gutes Vorbild – mit gesunder Ernährung, einer gesunden Einstellung zum Essen, gutem Körpergefühl und einer aktiven Lebensweise.
- Erklären Sie, dass oft ein Mangel an wichtigen Nährstoffen wie Kalzium und Eisen besteht. Den Tag mit einer Schüssel Vollkornflocken mit Milch zu beginnen, ist eine prima Möglichkeit, die Kalziumzufuhr zu erhöhen. Noch ein paar Rosinen dazu und Ihr Kind erhält zusätzliches Eisen.

Ausreichend Schlaf

Manchmal meinen Sie, Ihr Teenie leide an einer Schlafstörung; doch es gibt einen guten Grund für die plötzliche Veränderung des Schlafmusters mit spätem Einschlafen und morgendlicher Müdigkeit. Forschungen zufolge haben Teenager einen anderen Tag-Nacht-Rhythmus als Kinder und Erwachsene. In der Pubertät scheint sich der Biorhythmus zu verändern. Dieser Rhythmus bleibt auch bestehen, wenn ein Jugendlicher gezwungen wird, früh aufzustehen. Die meisten Teenager haben Schwierigkeiten, vor 23 Uhr einzuschlafen. Daher ist der frühe Schulbeginn wirklich ein Problem. Dennoch ist der Schlaf für junge Teenager so wichtig.

Teenager haben viel Stress; Reizbarkeit, mangelndes Selbstvertrauen und Stimmungsschwankungen sind häufig und werden durch Schlafmangel noch verstärkt. Aus chronischem Schlafmangel kann eine Depression entstehen. Zu wenig Schlaf kann auch das Immunsystem schwächen, dann wird das Kind anfälliger für Krankheiten. Zudem kann Schlafmangel das Urteilsvermögen beeinträchtigen. Darf ein Teenager schon manche Entscheidung selber treffen, kann dies dann ein Sicherheitsrisiko darstellen.

Sie fördern ein gesundes Schlafverhalten, wenn das Kind abends keine koffeinhaltigen Getränke bekommt und eine Stunde vor dem Einschlafen nicht mehr fernsieht. Am Wochenende sollte es tagsüber nicht länger als drei bis vier Stunden schlafen. Teenager brauchen neun Stunden Schlaf. Das Kind sollte auch am Wochenende nicht später als um 22 oder 23 Uhr ins Bett gehen, je nachdem, wann es aufstehen muss. Schalten Sie beim Schlafen das Licht aus und öffnen Sie die Rollläden, wenn der Wecker klingelt. Das fördert einen besseren Schlaf-Wach-Zyklus.

Sport und Freizeit

Viele Jugendliche sind wenig begeistert von sportlichen Aktivitäten, besonders, wenn diese als »uncool« gelten. Auch Familienausflüge sind nicht mehr sonderlich attraktiv. Sie werden also Wege finden müssen, Ihr Kind fit zu halten. Alle Kinder brauchen eine gute Stunde Bewegung am Tag; aber auch Tanzen z. B. ist ein guter aerober Sport, und da die meisten Teenager Musik lieben, könnte das also etwas sein. Wenn es das Budget zulässt, lassen Sie Ihr Kind verschiedene Sportarten ausprobieren – Reiten, Leichtathletik, Tauchen, Bogenschießen, Tanz oder Klettern. Achten Sie auch auf kostenlose Angebote, z. B. bei Sportvereinen.

GESUNDE AKTIVITÄTEN
Kletterhallen gibt es in vielen Städten. Dieser Sport kräftigt die Muskeln, fördert Beweglichkeit und das soziale Vertrauen.

Übergangsphasen im Leben

Ganz abgesehen von den unzähligen körperlichen und emotionalen Veränderungen, erlebt Ihr Teenager vielleicht zusätzliche Umstände, die Stress verursachen. Der Schulwechsel wirkt nach, die Schule stellt neue Anforderungen. Das Kind fordert neue Freiheiten, braucht aber auch klare Grenzen, innerhalb derer es sich sicher fühlt. Durch zunehmende Selbstständigkeit wird es aufs Erwachsenenleben vorbereitet. Sie bringt aber auch Unruhe mit sich, wenn vieles bisher von den Eltern erledigt wurde und diese immer im Hintergrund bereitstanden. Bieten Sie weiterhin Ihre Unterstützung an; nehmen Sie Veränderungen langsam vor, damit Ihr Kind an jedem Schritt wächst und Selbstvertrauen gewinnt, bevor es den nächsten tut.

Die Teenagerjahre sind eine Zeit unglaublicher Veränderung. Respektieren Sie weiterhin Ihr Kind und seine Entscheidungen, schenken Sie ihm bedingungslose Liebe, und bleiben Sie im Gespräch. Dann kennen Sie die Sorgen Ihres Teenagers und können die Unterstützung bieten, die er braucht.

Zwölf Jahre

Ihr Kind denkt genauer über die Dinge nach, hat eigene Meinungen und stellt Ihre Ansichten zunehmend infrage.“

GEHEIMNISSE UNTER MÄDCHEN Ihre Tochter hat eine enge Beziehung zu ihrer Freundin; die beiden erzählen sich intime Dinge, die Ihre Tochter Ihnen nicht sagt.

HUNGER Ihr Kind hat enormen Hunger und sucht ständig nach Essbarem. Sorgen Sie dafür, dass gesunde Nahrungsmittel im Haus sind.

DICKE FREUNDE Freunde sind in diesem Alter sehr wichtig; Ihr Kind will wahrscheinlich mehr Zeit mit ihnen als mit der Familie verbringen.

Wachstum und Entwicklung

Mädchen sind mit zwölf meist schon voll in der Pubertät, bei vielen Jungen setzt sie erst ein. Wichtig ist es, sich der körperlichen Veränderungen bewusst zu sein. Das Gehirn entwickelt sich noch immer, und die vielfältigen Veränderungen können Fähigkeiten und Gefühle beeinflussen.

Zwölfjährige Jungen sind meist in der Frühpubertät und zeigen noch keine Anzeichen der Adoleszenz. Bei vielen Mädchen dagegen hat die Pubertät bereits eingesetzt; ihr Körper nimmt reifere Formen an (s. S. 225). Zeigt Ihre Tochter mit zwölf noch keine Pubertätszeichen und ist sehr klein oder untergewichtig, stellen Sie sie dem Arzt vor. Es gibt dafür verschiedene Gründe, u.a. eine Unterfunktion der Schilddrüse oder das Turner-Syndrom, bei dem die Eierstöcke nicht richtig ausgebildet sind. Eine andere Ursache ist Magersucht (s. S. 297), da der Körper bei einem sehr niedrigen Body-Mass-Index (s. S. 52) nicht menstruiert.

Mit einsetzender Pubertät ziehen sich viele Kinder stärker zurück, verbringen z.B. viel Zeit in ihrem Zimmer; sie zeigen körperliche Befangenheit. Aus diesem Grunde werden Sie kaum genau wissen, in welchem Pubertätsstadium sich Ihr Kind befindet. Sie werden jedoch den Wachstumsschub, einsetzenden Körpergeruch und Stimmungsschwankungen wahrnehmen.

GRÖSSENUNTERSCHIEDE
Machen Sie sich keine Sorgen, wenn Ihr Sohn in diesem Alter kleiner ist als seine Freunde; er wird aufholen und wird vielleicht sogar größer.

Körperliche Veränderungen bei Jungen

In diesem Alter kann erstes Schamhaar sprießen. Achselbehaarung, Bartwachstum und Stimmbruch liegen aber noch in weiter Ferne. Der Wachstumsschub hat in der Regel noch nicht eingesetzt; er erreicht seinen Höhepunkt erst mit 14. Bis zum Erreichen eines fortgeschrittenen Pubertätsstadiums wachsen Jungen nun recht langsam, dann aber schießen sie in die Höhe.

Manchmal kommt es bereits zu einer Vergrößerung von Hoden und Hodensack; sehr selten wächst bereits der Penis. Dieser ganze Prozess kann schon mit neun beginnen und mit 13 abgeschlossen sein oder erst mit 14 beginnen und mit 18 vollendet. Beide Extreme sind normal.

Die Entwicklungsstadien von Penis und Hodensack sind:

1. Das Säuglingsstadium.
2. Vergrößerung von Hoden und Hodensack mit leichter Rötung und Veränderung in der Beschaffenheit des Hodensacks.
3. Längenwachstum des Penis mit einer leichten Verdickung. Weiteres Wachstum von Hoden und Hodensack.
4. Beträchtliche Zunahme in Länge und Dicke des Penis mit Entwicklung der Eichel (der knollenförmigen Spitze des Penis). Weitere Vergrößerung von Hoden und Hodensack; die Haut wird dunkler.
5. Die Genitalien sind voll entwickelt.

»Im selben Maß, wie das Wachstum der ›weißen Substanz‹ im Gehirn nachlässt, lässt die Fähigkeit zum Spracherwerb nach.«

Entwicklung des Gehirns

Zwar hat das Gehirn sein Wachstum weitgehend abgeschlossen, doch bildet sich weiterhin sog. graue Substanz. Sie ist für das Denken verantwortlich. In der Frühpubertät wird diese Substanz vermehrt in den Stirnlappen produziert, dem Teil des Gehirns, der für Planung, Impulssteuerung, Selbstkontrolle und Denken zuständig ist und erst im Erwachsenenalter voll entwickelt ist.

Ein vermehrtes Wachstum der weißen Substanz, der drahtartigen Fasern, die verschiedene Teile des Gehirns verbinden, erfolgt zwischen 6 und 13 Jahren. Wenn sich das Gehirn entwickelt, verändert sich der Bereich, der für Funktionen wie Sprachkompetenz und Gefühlsdeutung durch Interpretation der Mimik verantwortlich ist. Ein Großteil der Gehirnentwicklung in diesem Alter ist noch ungeklärt, aber wir wissen, dass es ein dynamischer Prozess ist, was einige der emotionalen Turbulenzen Jugendlicher erklären mag.

Wie sich die Knochen entwickeln

Eine gesunde Knochenbildung in der Frühpubertät ist für das spätere Leben wichtig. Je stärker die Knochen im frühen Erwachsenenalter sind, umso länger besteht ein Schutz vor Osteoporose. Osteoporose ist eine Knochenerkrankung, bei der die Knochen brüchig werden und leicht brechen. Knochen wachsen und kräftigen sich bis zum 30. Lebensjahr – wobei die Teenagerjahre die wichtigsten sind. Vitamin D, Kalzium und Phosphor sind unverzichtbar für diesen Prozess.

Kalziumzufuhr

Der Kalziumbedarf im Teenageralter liegt bei mindestens 800–1000 mg am Tag. Optimal wären, vor allem bei Mädchen, 1200–1500 mg. Die meisten Mädchen nehmen nur etwa die Hälfte bis ein Drittel auf.

Gesundheit

Das Körperbewusstsein steigt und eventuell erwacht auch sexuelles Interesse an anderen. Daher achtet Ihr Kind verstärkt auf die Körperpflege. Dennoch müssen viele Teenager weiterhin dazu aufgefordert werden, die Zähne gründlich zu putzen und sich regelmäßig zu waschen.

Zähne und Mundhygiene

Inzwischen sollte Ihr Kind außer den Weisheitszähnen alle zweiten Zähne haben. Es sollte sie regelmäßig, mindestens zweimal täglich, mit fluorhaltiger Zahnpasta putzen. Gehen Sie alle sechs Monate mit ihm zum Zahnarzt, der eventuell empfiehlt, Zahnseide zu benutzen. Und es sollte wissen, was Zähne, Zahnfleisch und Atem schädigt. Dazu gehören:

Süße Speisen – Zucker reagiert mit den Bakterien im Zahnbelag; es bildet sich Säure, die den Zahnschmelz angreift und Karies verursacht.

Rauchen – es verursacht Mundgeruch, gelbe Zähne und sogar Mundkrebs.

Alkohol – er enthält Zucker, der die gleiche Wirkung hat wie Zucker in süßer Limonade; Alkohol kann auch Mundkrebs verursachen.

Mund- und Zungenpiercing – das sollte man unbedingt bleiben lassen; es kann den Zahnschmelz schädigen und Blutungen oder Infektion verursachen.

Körperhygiene

Körperpflege ist nie so wichtig wie in den Teenagerjahren, wenn der Körper sich rasch verändert, in den Achseln und an den Füßen viel Schweiß produziert und Haut und Haare fettig werden.

Um sauber auszusehen und zu riechen, sollte Ihr Kind:

- Täglich baden oder duschen und besonders auf Füße und Achseln achten.
- Ein Deodorant verwenden.
- Unterwäsche und Strümpfe täglich wechseln, die Oberbekleidung häufig.
- Häufig die Haare waschen.
- Wann immer möglich die Schuhe ausziehen, damit Füße und Schuhe trocknen können. Füße sind reich an Schweißdrüsen und müssen »atmen«.
- Zigarettenrauch meiden, damit die Kleidung nicht unangenehm riecht.

KÖRPERPFLEGE
In der Pubertät entsteht stärkerer Körpergeruch. Leiten Sie Ihr Kind an, regelmäßig zu duschen und ein Deo zu benutzen.

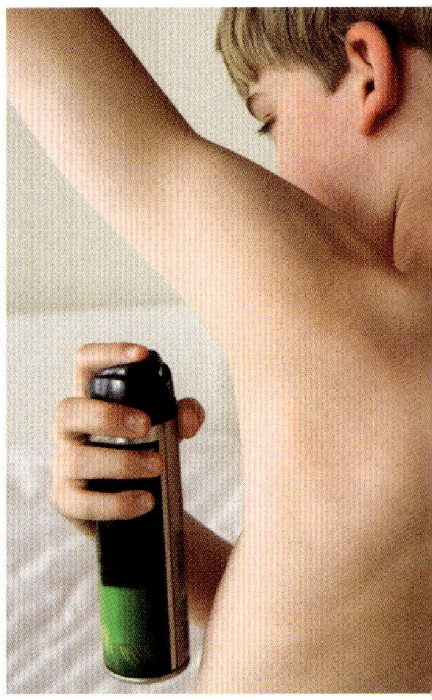

MORGENDLICHE KOPFSCHMERZEN
Durch das Führen eines Kopfschmerz-Tagebuchs können Sie Auslöser sowie Schmerzmuster feststellen.

Wenn Ihr Kind Kopfschmerzen hat

Ihr Kind leidet vielleicht gelegentlich unter Kopfschmerzen. Häufigste Ursache sind Stress und leichte Dehydrierung; aber auch Migräne, Nebenhöhlenentzündung oder Augenprobleme können ursächlich sein. Migräne tritt oft familiär gehäuft auf und ist Folge einer zeitweiligen Veränderung der Blutversorgung im Gehirn. Sie tritt gewöhnlich einseitig auf, kann auch das Sehvermögen beeinträchtigen und Übelkeit und Erbrechen verursachen. Migräne ist sehr belastend; manchmal helfen Diätmaßnahmen, z. B. der Verzicht auf Käse, Schokolade und Koffein. Nach dem Verzicht auf diese Nahrungsmittel wird eins nach dem anderen wieder gegeben, um festzustellen, welches der Auslöser ist. Schwere, häufige Migräneanfälle können mit vorbeugenden Medikamenten behandelt werden.

Leidet Ihr Kind regelmäßig an Kopfschmerzen, geben Sie ihm mindestens einen Liter am Tag zum Trinken. Wenn es genug trinkt, sollte es mindestens alle zwei Stunden zur Toilette müssen, und der Urin sollte blass sein. Zur Schmerzlinderung geben Sie frühzeitig und regelmäßig Paracetamol und Ibuprofen in angegebener Dosis. Halten die Kopfschmerzen an, lassen Sie einen Sehtest machen. Vermuten Sie Stress als Ursache, versuchen Sie die Wurzel des Problems herauszufinden, und sprechen Sie ggf. mit den Lehrern.

Wann Sie bei Kopfschmerzen den Arzt konsultieren sollten:

- Keine Besserung durch die oben genannten Maßnahmen.
- Kopfschmerzen nachts oder beim Aufwachen.
- Keine Reaktion auf die normale Dosis Schmerzmittel.
- Das Auftreten neuer Symptome wie Schielen, Koordinationsprobleme, Schwäche oder unsicherer Gang.
- Kopfschmerzen mit Erbrechen.

Impfungen

Die Ständige Impfkommission (STIKO) empfiehlt eine generelle Impfung gegen humane Papillomviren (HPV) für Mädchen im Alter von 12 bis 17 Jahren. Diese Impfung dient zur langfristigen Reduktion der Fälle von Gebärmutterhalskrebs. Sie umfasst drei Dosen und sollte vor dem ersten Geschlechtsverkehr abgeschlossen sein. Zwischen 9 und 17 wird zudem der Impfschutz vor Diphtherie, Tetanus, Polio, Windpocken und Hepatitis B überprüft bzw. aufgefrischt.

Geistige Fähigkeiten

Zwölf Jahre markieren sozusagen offiziell den Beginn der Adoleszenz. Ihr Kind tritt nun in die Phase der kognitiven Entwicklung, die es ins Erwachsenenleben führt. Es trifft in der Schule und zu Hause immer mehr eigene Entscheidungen und hinterfragt Autoritäten und soziale Normen.

Konstruktive Diskussionen fördern

Ihr Kind sollte nun in der Lage sein, eigene Gedanken und Ansichten zu verschiedensten Themen zu entwickeln und zu verbalisieren; diese Fähigkeit sollte gefördert werden. Nichts bildet den Geist eines Kindes besser und fördert die kognitive Kompetenz stärker als konstruktive Diskussionen. Bespricht es ein Thema mit den Eltern oder anderen Erwachsenen, lernt es, querzudenken, seine Überlegungen zu begründen, andere Standpunkte anzuhören, zu widersprechen und nach Lösungen zu suchen.

So fördern Sie Ihr Kind:

- Respektieren Sie die Überzeugungen Ihres Kindes. Unterstützen Sie immer »freie Meinungsäußerung«, aber fordern Sie andersrum denselben Respekt ein. Sie hören sich an, was Ihr Kind sagt, aber Sie müssen nicht seiner Meinung sein. Sie argumentieren ruhig und lassen eine andere Sichtweise zu.
- Sprechen Sie über aktuelle Themen, z.B. Schulsystem. Überlegen Sie mögliche Gegenargumente als Anregung zur Horizonterweiterung. Glauben Sie auch daran, dass Sie etwas von Ihrem Kind lernen können, dann traut es sich, aus sich herauszugehen und eigene Ansichten zu entwickeln.

Ist Ihr Kind mit einem persönlichen Problem konfrontiert, kann die Emotionalität seine Fähigkeit zu komplexem Denken beeinträchtigen; dann braucht es vielleicht Ihre Hilfe, um Klarheit zu gewinnen.

Computer und Lernen

Die Nutzung des PC zu Lernzwecken ist umstritten. Viele meinen, er verhindere Kreativität, fördere schlechte Lerngewohnheiten, verursache Krankheiten und fördere die soziale Isolation. Eine Studie ergab, dass die ständige Nutzung von Computern keine positive Auswirkung auf die schulischen

GEHÖRT WERDEN
Wenn Sie ruhig zuhören, was Ihr Kind zu sagen hat, lernt es auch Ihnen bewusst zuzuhören – eine Schlüsselkompetenz.

IM INTERNET SURFEN
Das Internet bietet viele Nutzen– achten Sie aber unbedingt auf einen verantwortungsvollen Umgang.

Leistungen hat. Sinnvoll genutzt ist ein Computer dennoch ein hilfreiches Werkzeug. Lernprogramme können Fähigkeiten in einzelnen Fächern wie Mathematik verbessern, wo der interaktive Aufbau eine sofortige Rückmeldung gibt. Die Nutzung des Internets kann Ihr Kind anregen, Fragen selbstständig zu beantworten, Interessen zu verfolgen, vernetzt zu recherchieren und viele Quellen auszuschöpfen. Ihr Kind muss jedoch genau wissen, dass man fremde Arbeiten nicht einfach kopieren und als eigene Leistung ausgeben darf.

Denken Sie daran:

- Ihr Kind sollte nicht mehr als ein bis zwei Stunden täglich am Computer verbringen und auch andere Informationsmedien, z. B. Bücher, nutzen sowie viel persönlichen Kontakt zu Gleichaltrigen haben.

Sprache und Lesekompetenz

Ihr Kind kann nun perfekt lesen – selbst Tageszeitungen und Zeitschriften mit thematischen Schwerpunkten. Es ist fähig, Informationen kategorisieren und in eigenen Worten zusammenfassen, was einen großen Zuwachs an Verständnis bedeutet. Es kann eigene Arbeiten korrigieren und ist bisweilen sein härtester Kritiker. Der Wortschatz scheint sich in diesem Alter mitunter zurückzubilden oder wird durch zweifelhaftes Vokabular bereichert. Sprache spiegelt das emotionale Leben wider; der Wunsch, in der Clique akzeptiert zu werden, führt zu einer entsprechenden sprachlichen Orientierung.

Die Sprache Ihres Teenies

In der Kommunikation mit anderen nehmen wir neue Wörter auf und integrieren sie in unseren Sprachgebrauch. Manche durchdringen viele gesellschaftliche Schichten und verändern allmählich die Sprache. Teenies verwenden oft andere Wörter und Redewendungen als ihre Eltern. Es ist wichtig, diese Jugendsprache nicht abzulehnen. Wenn sie nicht unanständig ist, ist sie nicht verkehrt. Am wichtigsten ist es, dass Ihr Kind das Wort, das es verwendet, in seiner genauen Bedeutung versteht und ein standardsprachliches Synonym kennt, das es außerhalb seiner Clique verwenden kann. Bitten Sie es, Ihnen zu erklären, was die Redewendung bedeutet. Hat sie eine diskriminierende oder unanständige Bedeutung, bitten Sie es, sich anders auszudrücken. Fördern Sie Freude am kreativen Sprachgebrauch. Erklären Sie, wie sich Sprache über die Generationen verändert. Es ist gut, wenn sich Ihr Kind auf verschiedenen Sprachebenen ausdrücken kann.

Der Sprachgebrauch orientiert sich an der aktuellen Jugendsprache und »coole« Formulierungen sind häufig und ersetzen seine bisherige Sprachnorm (s. links).

Auf beiden Ohren taub

Bei Eintritt in die Pubertät passiert etwas Seltsames – die Jugendlichen bekommen regelmäßig dann »taube Ohren«, wenn die Eltern ein Gespräch wünschen. Es ist normal, dass Kinder bei ihren Eltern dichtmachen, dass sie nicht mehr über bestimmte (oder alle) Themen sprechen wollen und elterliches Interesse zurückweisen. Das hat mit dem Wunsch nach Privatsphäre und dem Testen von Grenzen zu tun sowie damit, dass das Kind seinen Kopf sonst wo hat. Viele junge Teenager haben einfach keine Lust zu reden, weil sie Ärger befürchten und sowieso anderer Meinung sind als die Eltern. Um das Schweigen Ihres Teenagers zu überwinden:

Finden Sie eine gemeinsame Grundlage Sprechen Sie mit Ihrem Kind über etwas, das es interessiert – Musik, Autos, Mode, Sport, Fernsehen, Videospiele – und bleiben Sie dran. Wenn Sie ein Gespräch in Gang bringen, können Sie vielleicht auch auf andere Themen kommen.

Zeigen Sie Respekt für seine Ideen und Meinungen Ein Kind, das ständig gerügt oder kritisiert wird, wird sich niemals öffnen. Weiß Ihr Kind, dass es alles sagen kann, ohne Angst vor Sanktionen, ist es gesprächsbereiter.

Lernen aus erster Hand

Am besten lernt ein Kind aus praktischen, eigenen Erfahrungen. Kinder können Kenntnisse in z.B. Physik, Biologie, Chemie oder Kunst erwerben, indem sie ihre Umwelt erkunden, Tiere in natürlichen Lebensräumen erleben, Kochen, Reisen oder Einkaufen. Auch Sie lernen beim Mitmachen Neues.

Fördern Sie Lernprozesse:

★ Eine klassische naturwissenschaftliche Stunde ist oft langweilig; lassen Sie Ihr Kind in den Garten gehen, Samen eingraben und Pflanzen ziehen. So lernt es mit allen Sinnen, und alles prägt sich gut ein.

★ Beim Haushalten mit Taschengeld und beim Preise-Vergleichen beim Einkaufen erwirbt Ihr Kind wertvolle finanzielle Grundkenntnisse.

★ Reisen erweitert hervorragend den Horizont; seien Sie daher, wenn es Ihnen möglich ist, bei der Feriengestaltung kreativ.

★ Besuchen Sie mit Ihrem Kind beispielsweise Museen, Galerien sowie Ausstellungen.

Gefühle und Persönlichkeit

Ihr Kind macht sich über vieles Sorgen, und jede Sorge kann riesig werden. Es fragt sich, ob es von Freunden akzeptiert oder abgelehnt wird. Es fühlt sich hin und her gerissen zwischen dem Streben nach Individualität und dem Wunsch, bei den Freunden beliebt zu sein, was Konformität verlangt.

Solche inneren Konflikte durchlebt Ihr Kind in Phasen, in denen Sie meinen, es sei »ausgeblendet«. Seine innere Spannung resultiert oft daher, dass es alle Ansprüche vereinbaren will. Sein Dilemma ist, dass es Sie weiterhin liebt, dies vor seinen Freunden aber nicht zeigen darf, denn das würde bedeuten, dass es noch von Ihnen abhängig ist. Zu Hause kann es lieb und zärtlich zu Ihnen sein, in der Öffentlichkeit aber höchst abweisend. Diese Ängste sind wesentlicher Teil der Entwicklung; dabei lernt Ihr Kind, eigene Werte und Individualität auszubilden.

AUF DISTANZ GEHEN
Ihr Kind müht sich sehr, unabhängig zu werden; Eltern empfinden dies oft als Zurückweisung. Nehmen Sie es nicht persönlich.

Konflikte mit den Eltern

Auseinandersetzungen zwischen Eltern und Kind können in der Frühpubertät eskalieren, da die Kinder ihre Eltern nicht mehr als wichtigste Vorbilder betrachten. Ihr Kind orientiert sich nun an Stil und Einstellung seiner Freunde und Vorbildern aus den Medien. Es geschieht leicht, dass Sie außer sich geraten und Ihr Kind kritisieren. Zu Ihrer Bestürzung macht es vielleicht die gleichen Fehler wie Sie damals in dem Alter – vielleicht weist es anständige Freunde zurück, beugt sich Gruppendruck oder strengt sich in der Schule nicht genügend an. Oft versuchen Eltern solche Verhaltensweisen zu verhindern, statt zu akzeptieren, dass Kinder selten aus den Fehlern ihrer Eltern lernen.

Denken Sie daran:

- Ihr Kind muss Dinge selber ausprobieren und Fehler machen, um wirklich etwas zu lernen.

Wenn Gespräche mit Ihrem Kind die Wendung nehmen: »Als ich so alt war wie du ….«, wird es sich sofort ausklinken. Um solche Konfrontationen zu vermeiden, leiten Sie es an, die Vor- und Nachteile neuer Ideen zu durchdenken, statt ihm vorschreiben zu wollen, was es zu tun hat. Wenn es z. B. die Schule schwänzt, fragen Sie es: »Was findest du gut daran, die Vorschriften zu missachten, was bringt und was schadet es dir?« Damit eröffnen Sie eine Diskussion und schärfen sein Urteilsvermögen.

»Denken Sie daran, dass Sie weiterhin die Autorität bleiben, sowohl als gesetzlicher Vertreter Ihres Kindes als auch in der Sorge um sein Wohlergehen. Selbst wenn es anderer Meinung ist – Sie sind klüger und erfahrener.«

Ihr Kind wird nun instinktiv seine Grenzen überschreiten und Ihre Entscheidungen und Einstellungen hinterfragen. Das ist normal und wichtig für die Entwicklung des Selbstgefühls. Es ist jedoch zeitaufwendig und anstrengend, da jede Kleinigkeit zu einer erhitzten Diskussion zwischen Ihnen zu führen scheint. Ob Ihr Kind nervt, weil es ein Piercing haben, länger wegbleiben oder mit Freunden zu einem Konzert gehen will – überlegen Sie sich, ob die

Emotionale Gesundheit

Ein vorrangiges Ziel in diesem Alter ist es, emotionale Kompetenz zu entwickeln. Damit wird das Kind in die Lage versetzt, seine Gefühle zu erkennen, auszudrücken und zu steuern sowie sich auf die Gefühle der anderen Menschen einzustellen und sie zu verstehen. Ein emotional gesunder Teenie kann seine Gefühle meist kontrollieren, benötigt dazu aber zeitweise elterliche Hilfe. Wenn er sich z. B. ärgert, weil ein Freund nicht rechtzeitig kommt, helfen Sie ihm, mögliche Gründe zu erwägen und seinen Ärger zu zügeln. Er kann sich durch Selbstgespräche beruhigen, z. B.: »Vielleicht ist mein Freund zu spät, weil er von einem Lehrer aufgehalten worden ist, er will mich nicht versetzen.« Er kann lernen, sich zu beschäftigen, statt ständig darüber nachzudenken. Wenn der Freund dann kommt, kann er so eher ruhig nach dem Grund der Verspätung fragen, statt wütend loszuschimpfen. Wie erfolgreich Kinder emotionale Turbulenzen bewältigen, hängt zum Teil von ihrer Persönlichkeit ab. Sie lernen es aber auch anhand des Verhaltens ihrer Eltern.

bisher gültigen Grenzen noch angemessen sind und seiner zunehmenden Reife und Selbstständigkeit gerecht werden.

Denken Sie daran:

- In manchen Bereichen will Ihr Kind, dass Sie standhaft bleiben. So kann es etwas Unmögliches verlangen, ohne Angst zu haben, dass es das auch machen muss. Meinen Sie keineswegs, Sie sollten nichts mehr verbieten.

Freunde und Freundschaften

BINDUNG ZU FREUNDEN
Ihr Kind möchte dazugehören und bildet mit seinen Freunden Cliquen. Deren Maßstäbe sind ihm wichtiger als Ihre Meinung – das führt zu Konflikten.

Ihr Kind kann nun ganz bewusst entweder Freundschaften zu Jungen oder zu Mädchen eingehen. Die meisten Zwölfjährigen verbringen ihre Zeit noch mit gleichgeschlechtlichen Freunden, aber es besteht zunehmend Kontakt zum anderen Geschlecht. Liebesgeschichten liegen nun in der Luft. In diesem Alter kann es noch Neckereien geben, wenn man entsprechendes Interesse zeigt. Da eine große Angst vor Zurückweisung besteht, kommt es oft zu scheinbar zufälligen Kontakten zwischen Jungen und Mädchen – z. B. sich anrempeln oder nebeneinander an der Essensausgabe warten.

Jungen versuchen oft recht rüpelhaft, die Aufmerksamkeit eines Mädchens zu gewinnen, z. B. durch Schubsen und Stoßen. Wird dieser Annäherungsversuch zurückgewiesen, kann der Junge so tun, als sei nichts gewesen. Beide Geschlechter prahlen mit ihren »Liebeleien«, spielen z. B. das Interesse hoch, dass ihnen entgegengebracht worden ist, und geben an, wie sie es zurückgewiesen haben. So bewältigen sie ihre Unsicherheit auf dem Weg von den sicheren Freundschaften in die Welt der Verabredungen.

Akzeptiert zu werden ist für Ihr Kind überaus wichtig; dadurch gewinnt es auch das Zugehörigkeitsgefühl zu einer Gruppe Gleichgesinnter. Durch bestimmte Witze, Ausdrücke und den Kleidungsstil signalisieren sie ihre Mitgliedschaft. Eine Clique definiert sich über die Anzahl ihrer Mitglieder und ihre Abgrenzung nach außen. Stärken Sie das Selbstwertgefühl Ihres Kindes, damit es sich immer gut fühlt, egal, ob es zu einer bestimmten Clique gehört oder nicht.

Häufige Fragen

▶ Meine zwölfjährige Tochter entwickelt sich körperlich viel schneller als ihre Freundinnen, und sie wirkt sehr befangen. Wie kann ich ihr helfen?
Befangenheit ist typisch für zwölfjährige Mädchen. Sie wird verstärkt, wenn es früher in die Pubertät kommt als Gleichaltrige, besonders wenn Brustentwicklung und Größenwachstum eingesetzt haben.

Akzeptieren Sie, dass dies eine schwierige Zeit für Ihre Tochter ist; denken Sie daran, dass sie auch verspottet werden kann. Wenn sie gemobbt wird, werden Sie schnell aktiv, z. B. indem Sie sicherstellen, dass die Lehrer eingreifen. Üben Sie mit ihr mögliche Entgegnungen auf spöttische Bemerkungen ein, etwa: »Mir geht es gut mit meinem Aussehen, danke.« Helfen Sie ihr stolz zu sein auf ihre Weiblichkeit, indem Sie sie ermutigen, aufrecht zu gehen. Achten Sie darauf, dass sie Unterwäsche und Kleidung trägt, die auf ihre Figur abgestimmt sind.

▶ Es gibt ständig neue Sachen, die meine Tochter »braucht«. Wie kann ich diesen übermäßigen Konsum unterbinden?
Bestimmte Dinge zu besitzen, seien es die neuesten Turnschuhe oder das Handy, ist ein Statussymbol. Ihr Kind, seit Jahren mit Werbung konfrontiert, ist sicherlich recht materialistisch eingestellt. Vielfältige Einflüsse außerhalb des Elternhauses, über die Sie keine Kontrolle haben, fördern dieses Konsumdenken. Sie haben jedoch die Kontrolle über Ihren Geldbeutel und können Einkäufe lenken. Sprechen Sie z. B. darüber, welche Eigenschaften sie an anderen mag: Ist es das neueste Telefon oder der Sinn für Humor? Helfen Sie ihr zu verstehen, dass Selbstwert auf der Persönlichkeit eines Menschen basiert und nicht auf seinem Besitz.

▶ Mein Sohn verliert ständig etwas. Wie kann ich ihm helfen, seine Sachen im Auge zu behalten?
Ihr Sohn findet verlegte Sachen eher, wenn Sie ihm konstruktive Suchmethoden beibringen. Fordern Sie ihn z. B. auf, eine mentale Reise zu unternehmen, ab dem Zeitpunkt, an dem er den Gegenstand zum letzten Mal gesehen hat. Üben Sie mit ihm, wie man andere Menschen nach einem verlorenen Gegenstand fragt. Auf diese Weise kann er aktiver und zielgerichtet um Hilfe bitten. Bringen Sie ihm bei, gedanklich regelmäßig eine Checkliste zu erstellen, auf der er seine »Siebensachen« durchgeht und sich fragt: »Habe ich mein ...« Anfangs müssen Sie ihm vielleicht dabei helfen und wichtige Dinge gemeinsam durchdenken. Benennen Sie jeden Gegenstand, dann sind die Chancen höher, dass auch alles wieder an seinen Platz zurückfindet.

AUF EIGENTUM AUFPASSEN *Bringen Sie Ihrem Kind bei, auf seine Sachen aufzupassen, und ersetzen Sie Verlorenes erst, wenn er alles getan hat, um es wiederzufinden.*

▶ Mein Sohn ist neuerdings sehr selbstbestimmt. Warum ist das so und sollte man das fördern?
Ihr Sohn ist in einem Dilemma: Er will nicht mehr so sein wie Sie, ist sich seiner eigenen Identität aber noch nicht sicher. Im Versuch, sein eigenes Selbst zu finden, probiert er verschiedene Wege, dieses Ich auszudrücken. Es ist normal, dass Kinder neue Standpunkte einnehmen, oft konträr zu den Eltern. Sie werden z.B. Vegetarier, hinterfragen ihren Glauben, interessieren sich für die Umwelt. Dies geschieht meist, um ihre Individualität auszudrücken; Ihr Kind ist enttäuscht, wenn Sie solche Veränderungen nicht wahrnehmen oder sie kritisieren. Es ist oft nicht leicht, Fassung zu bewahren, wenn der Sohn Ansichten vertritt, die sich fundamental von der eigenen Einstellung unterscheiden.

Das Leben Ihres Kindes

Ihr Kind ist nun stark beansprucht, wenn es versucht, seine sozialen Kontakte, Schule, Freizeit und Familie zu vereinbaren. Manchmal besteht dabei die Gefahr der Überforderung, daher müssen Sie Ihr Kind beobachten und sicherstellen, dass es die richtige Balance findet.

»Phasen, in denen es entspannen und einfach nichts tun kann, sind gut für Ihr Kind.«

Manche Kinder gehen ganz in ihren Aktivitäten auf, ohne Anzeichen der Überforderung. Gibt es jedoch Anzeichen von Übermüdung, z. B. dass es morgens schlecht wach wird, müssen Sie über gewisse Einschränkungen seiner Freizeitgestaltung sprechen. Es ist in der Schule und oft auch in der Freizeit mit Freunden zusammen, vielleicht beschäftigen es diese Beziehungen auch nachts. Überprüfen Sie seine Freizeitaktivitäten. Wenn etwas nur aus Gewohnheit weiterläuft, mag es an der Zeit sein, es aufzugeben.

Schulische Leistungen beobachten

Wenn Sie sich für die Hausaufgaben interessieren, mögliche Kommentare der Lehrer beachten und gemeinsam über Inhalte sprechen, werden Sie sich der Stärken und Schwächen Ihres Kindes bewusst. Bei Fragen warten Sie nicht erst Elternabende und Sprechtage ab, um mit den Lehrern zu reden.

Bei den Hausaufgaben helfen

Hausaufgaben sind für Ihr Kind ein wichtiges Thema, und manchmal müssen Sie ihm helfen.

★ Sein Arbeitsplatz sollte eine feste, ebene Schreibplatte haben, ruhig, warm und gut beleuchtet sein und frei von Ablenkungen.

★ Fragen Sie, was es aufhat und wie es die Aufgabenstellung einschätzt.

Manchmal muss man für die Hausaufgaben Informationen in Büchern oder dem Internet suchen. Bringen Sie ihm Suchstrategien bei und erläutern Sie, wie es die Qualität der recherchierten Materialien beurteilt.

★ Helfen Sie ihm, konzentriert zu bleiben, indem Sie es alle 30 Minuten eine Pause machen lassen.

★ Fördern Sie Durchhaltevermögen, indem Sie klarmachen, dass andere Tätigkeiten erst stattfinden können, wenn die Hausaufgaben erledigt sind.

★ Wenn Ihr Kind in einem Fach echte Probleme hat, helfen Sie dennoch nicht zu viel. Reden Sie besser mit den Lehrern darüber, wie man dem Kind grundsätzlich helfen kann.

Bleibt Ihr Kind in einem Fach leistungsmäßig zurück, vereinbaren Sie einen Termin beim entsprechenden Lehrer. Finden Sie gemeinsam heraus, wie man Abhilfe schaffen kann. Vielleicht hat es Lücken von früher, die erst geschlossen werden müssen. Vielleicht ist es auch unterfordert und langweilt sich. Vielleicht hat es persönliche Probleme mit dem Lehrer. Besteht ein Lernrückstand, können Nachhilfe oder Lerngruppen sehr hilfreich sein.

TAGTRÄUMER *Bei einem so aktiven Leben ist das Kind manchmal überfordert. Stellen Sie sicher, dass es weiß, welche Folgen schulische Nachlässigkeit hat.*

Kein Interesse mehr an der Schule

Mit Herannahen der Pubertät verlieren manche Kinder das Interesse an der Schule. Zum einen werden die Freunde und Clique wichtiger und das soziale Leben gewinnt Vorrang, zum anderen ist es den meisten Zwölfjährigen nicht mehr so wichtig, Eltern und Lehrer durch gute Noten Freude zu machen (eine hohe Motivation in früheren Jahren); und sie erkennen den langfristigen Nutzen konsequenten Lernens noch nicht. Angesichts all dieser Faktoren ist es nicht überraschend, dass einige Kinder schulisch zurückfallen.

So helfen Sie Ihrem Kind:

- Machen Sie deutlich, warum Bildung wichtig ist, und erklären Sie, warum gute schulische Leistungen wünschenswert sind.
- Überdenken Sie, ob Ihr Kind in der richtigen Schule ist; manchmal kann ein Schulwechsel ein »faules« Kind motivieren.
- Sprechen Sie mit Ihrem Kind darüber, was es in der Schule macht. Versuchen Sie die Themengebiete herauszufinden, die es interessieren.
- Bleiben Sie positiv eingestellt, statt immer zu kritisieren. Regen Sie es an, über seine Zukunft nachzudenken. Was würde es gerne machen? Es ist zwar noch früh, doch wenn es später z. B. Tierarzt oder Rechtsanwalt werden will, ist es gut zu wissen, was es dazu schulisch erreichen muss.
- Machen Sie strenge Vorgaben für Hausaufgaben und schulische Verantwortung. Natürlich darf es etwas mit Freunden unternehmen, aber erst, nachdem Hausaufgaben und schulische Pflichten erledigt sind.
- Achten Sie auf Anzeichen von Mobbing (s. S. 199).

Vielleicht träumt Ihr Kind davon, Popstar oder Sportler zu werden, ist aber nicht bereit, den erforderlichen Einsatz zu erbringen. Das ist normal; doch wenn Ihr Kind das Interesse an der Schule und den Spaß an Aktivitäten verloren hat, denen es bislang nachgegangen ist, kann es an einer Depression (s. S. 283) leiden oder sogar mit Drogen und Alkohol zu tun haben. Ver-

Wenn das Kind die Schule schwänzt

Manche Kinder haben Angst vor der Schule, weil sie gemobbt oder ausgegrenzt werden oder meinen, zu versagen. Andere werden von Freunden zum Schwänzen angestiftet. Wenn Sie wissen, dass Ihr Kind schwänzt, sorgen Sie unverzüglich wieder für einen geregelten Schulbesuch, den Sie jeden Tag kontrollieren.

Sprechen Sie mit den Lehrern, um die Gründe für das Schuleschwänzen herauszufinden; suchen Sie Wege, den Schulbesuch attraktiver zu machen. Stellen Sie sicher, dass es gut vorbereitet in die Schule geht – manche Kinder schwänzen, wenn sie Unterlagen vergessen haben und vielleicht einen Eintrag bekommen würden. Bei wenigen Kindern ist die Schulangst so ausgeprägt, dass professionelle Hilfe erforderlich ist.

PRIORITÄTEN SETZEN *Die Zeit mit Freunden ist wichtig, aber Ihr Kind muss den richtigen Ausgleich zwischen sozialem Leben und Hausaufgaben oder Schlaf finden.*

änderungen im Verhalten und vor allem eine ungewöhnliche Apathie und fehlendes Interesse an Freunden, Hobbys und Vereinsaktivitäten sind Warnsignale, denen sorgfältig nachgegangen werden sollte.

Unter der Woche abends weggehen

Mit zwölf Jahren braucht Ihr Kind nachts etwa neun Stunden Schlaf, um morgens effektiv lernen zu können. Berechnen Sie, wann es ins Bett gehen muss, damit es diese neun Stunden bekommt. Davon ziehen Sie nochmals eine Stunde »zum Abschalten« ab; nun haben Sie den spätesten Zeitpunkt, zu dem es unter der Woche zu Hause sein sollte. Wenn es z. B. normalerweise um 6 Uhr aufsteht, dann muss es um 21 Uhr schlafen, das bedeutet um 20 Uhr zu Hause sein, um sich fertig zu machen. Außer Zeit für seine Kontakte braucht es Zeit für Hausaufgaben, Sport, Hobbys, z. B. ein Musikinstrument, und Zeit für die Familie. Diese Verpflichtungen müssen erfüllt sein, bevor Ihr Kind weggehen darf. Sie sollten immer wissen, wo Ihr Kind ist, mit wem es unterwegs ist und wann es zu Hause sein wird.

Achtung: Konfliktfalle

Allzu leicht gerät man in eine Konfliktfalle mit dem Kind, wenn es ständig die elterliche Autorität infrage stellt. Es stellt sich taub, wenn die Eltern ihm Vorhaltungen machen. Sind Sie und Ihr Kind in diese Falle getappt, nehmen Sie sich Zeit, die Situation zu überdenken. Arbeiten Sie heraus, welches die wichtigsten Themen sind, bei denen Sie konsequent bleiben sollten: die Ausgangszeiten z. B. oder das ständige Liegenlassen seiner Sachen, über die Sie

dann stolpern – während Sie über andere Dinge auch mal hinwegsehen können. Hat das Kind die Konsequenzen seiner Nachlässigkeit selbst zu tragen, überlassen Sie die Sache auch ihm. Es lernt schnell, sein Handtuch aufzuhängen, wenn es beim nächsten Gebrauch noch immer nass ist.

»Alltägliche Ärgernisse, wie herumliegende Kleidung und ständige Nascherei, können bald zu einem zentralen Thema werden.«

Familiäre Werte pflegen

Viele Kinder stellen nun bestimmte familiäre Werte infrage; doch kaum ein Kind verweigert alle Grundsätze, die man ihm beigebracht hat. Ihr Kind wird weiterhin freundlich und ehrlich sein wollen und das Eigentum und die Privatsphäre anderer respektieren, wenn diese Werte von klein an vermittelt worden sind. Es besitzt ein fortgeschrittenes moralisches Bewusstsein und versteht, dass Regeln für die Gesellschaft hilfreich sind, weil sie Menschen schützen und Fairness fördern. Es erkennt jedoch, dass Regeln komplex sind, manchmal widersprüchlich und manche verhandelbar.

Ein Kind lernt Werte verstehen, wenn man mit ihm über vielfältige Themen diskutiert. Je mehr Sie Diskussionen zu Themen, die Werte und Urteilsvermögen betreffen, zulassen, umso stärker hat Ihr Kind die Chance, eigene Einstellungen sowie ein Gefühl für Richtig und Falsch zu entwickeln und eigene, wohldurchdachte Standpunkte zu wichtigen Themen zu finden.

Effektive Kommunikation

Für eine konstruktive Kommunikation sind »Ich-Botschaften« förderlicher als »Du-Statements«. Bei einer Ich-Botschaft sagen Sie, wie Sie sich fühlen, und versuchen, den anderen zu verstehen. Du-Botschaften sind schnell Schuldzuweisungen und führen zu Konflikten. Wenn Sie z. B. sagen: »Ich fühle mich verletzt, wenn du sagst, ich solle mich vor deinen Freunden nicht blicken lassen«, beschreiben Sie Ihr Empfinden, ohne Ihr Kind anzuklagen. Wenn Sie dagegen Ihrem Kind sagen: »Du bist unverschämt, wenn du sagst, ich soll mich nicht blicken lassen«, kritisieren Sie es, und es reagiert eher ablehnend. Auch wenn diese Unterscheidung wie Haarspalterei wirkt – versuchen Sie es, es wird Ihre Kommunikation verbessern.

Häufige Fragen zur Lebensweise

▶ Ich befürchte, dass mein Sohn Alkohol trinkt, wenn er mit seinen Freunden in der Stadt herumlungert. Was kann ich tun?
Kinder sind in großer Versuchung, Verbotenes auszuprobieren. In einer Studie gaben 48 Prozent der Kinder zwischen 10 und 15 zu, alkoholische Getränke probiert zu haben.

Ihre Reaktion entscheidet mit darüber, ob Ihr Sohn das Trinken vor Ihnen verheimlicht. Wenn Sie Ihre Sorge mitteilen, aber ruhig bleiben, vertraut er sich Ihnen eher an. Es ist wichtig, über die Gesundheitsgefahren und Folgen des Alkoholkonsums im Bilde zu sein. Wir dürfen dieses Verhalten nicht billigen. Es ist aber sehr sinnvoll, Vorschläge zu machen, wie er das Risiko reduzieren kann. Liefern Sie ihm die Fakten, ohne Ihre Glaubwürdigkeit zu zerstören, indem Sie die Risiken übertreiben. Wenn Sie mit Ihrem Kind das Thema »Risikoverhalten« besprechen, ist es kein Tabu mehr und verliert damit auch seinen Reiz.

▶ Mein Sohn schreibt ständig SMS oder chattet im Internet. Sollte ich das unterbinden?
Es könnte der Entwicklung Ihres Sohnes schaden, wenn das Chatten die direkten Kontakte zu Freunden und das Zusammensein mit der Familie beeinträchtigt. Bei dieser Form des »ferngesteuerten« Kontakts werden viel weniger Informationen übermittelt. Körpersprache, Tonfall, Gestik und Mimik unterstützen eine Botschaft und können ausschlaggebend dafür sein, ob eine Aussage als Witz, Kompliment oder Beleidigung gemeint ist. Die eingeschränkte Information in einer Textbotschaft bedeutet, dass Missverständnisse häufiger sind und Ihr Kind weniger Gelegenheit hat, das volle Spektrum sozialer Kompetenzen zu üben.

Überlegen Sie, ob Ihr Sohn auf diese Weise kommuniziert, weil er im persönlichen Kontakt wenig selbstsicher ist. Ermutigen Sie ihn, seine Freunde nach der Schule und an Wochenenden zu treffen; beschränken Sie die Anzahl und Dauer der Fernkontakte. Setzen Sie ein zeitliches Limit, wie lange er online sein darf. Setzen Sie einen computerfreien Abend in der Woche fest, an den die Familie etwas zusammen macht. Kontrollieren Sie seine Internetsuche und seine Online-Chats, um sicherzustellen, dass keine Gefährdung besteht und er nur Zugang zu altersgemäßen Seiten hat.

HANDYSUCHT *Wenn Ihr Sohn ständig am Handy hängt, stellen Sie Regeln auf, damit er die Nutzung einschränkt, beispielsweise kein Handy beim Essen.*

▶ Meine Zwölfjährige will an ihrem Geburtstag zu Hause eine Party geben und sie selbst organisieren. Wir sollen nicht dabei sein. Soll ich das erlauben?
Erlauben Sie ihr, eine Party zu organisieren und Gastgeber zu sein. Aber Sie bleiben zu Hause. Sie müssen nicht in Erscheinung treten, können vielleicht im oberen Stockwerk bleiben. Indem Sie da sind, können Sie aber eingreifen, falls Probleme entstehen.

Begrenzen Sie die Anzahl der Gäste; bestimmen eine feste Uhrzeit für Beginn und Ende. Diskutieren Sie, wie sie mit möglichen Problemen umgehen will, z. B. wenn jemand Alkohol mitbringt, es Streit gibt oder die Musikanlage kaputtgeht. Es wäre zwar nicht sehr cool, wenn sie dann losläuft und Sie zu Hilfe holt, könnte aber die beste Lösung sein. Damit keine ungebetenen Gäste kommen, soll Ihre Tochter ihre Gäste per Karte einladen, nicht die Party im Internet ankünden, was Fremde anlocken könnte. Informieren Sie die Nachbarn und versichern Sie, dass Sie zu Hause sein werden. So können Sie in der Partynacht auf Toleranz hoffen.

EINE BEZIEHUNG EINGEHEN Schon manche 13-jährige Mädchen fühlen sich reif für eine »richtige« Beziehung, doch das Objekt ihrer Zuneigung kann noch etwas zurückhaltend sein.

13 Jahre

»Auch wenn der schulische Leistungsdruck zunimmt, widmen sich Teenager lieber anderen Interessen.«

FIT SEIN Fordern Sie Ihr Kind zu Sport und gesunden Aktivitäten auf – das sind wichtige Ausgleiche zu den vielen sitzenden Beschäftigungen, denen Teenager bevorzugt nachgehen.

LESERATTE Wenn Ihr Teenager gern liest, ermöglichen Sie ihm den Zugang zu Büchern nach seinem Geschmack. Schaffen Sie eine ruhige Umgebung, in der er sich in sie vertiefen kann.

Wachstum und Entwicklung

Das mit der Pubertät verbundene Gefühlschaos gehört zu den Teenie-Jahren, kann aber auch schon vor dem 13. Lebensjahr einsetzen. Wenn Sie über die hormonellen Abläufe informiert sind, die Ihr Kind beeinflussen, begegnen Sie dieser schwierigen Zeit mit mehr Verständnis und Toleranz.

Hormonelle Veränderungen

In der Pubertät verändert sich der Körper des Kindes und er wird fortpflanzungsfähig. Dieser Prozess wird von Hormonen gesteuert; deshalb spricht man auch davon, dass bei Teenagern die »Hormone verrückt spielen«.
Bei Jungen wie Mädchen wird im Gehirn das Gonadotropin freisetzende Hormon ausgeschüttet, das die Produktion zweier weiterer Hormone, die ebenfalls im Gehirn gebildet werden, anregt. Diese Hormone bewirken bei Jungen die Freisetzung von Testosteron in den Hoden zur Bildung von Sperma und bei Mädchen die Bildung von Östrogen in den Eierstöcken und die Freisetzung von Eizellen. Dieser Prozess ist bei Jungen linear und nicht zyklisch. Bei Frauen jedoch bereitet sich der Körper von der Menstruation bis zur Menopause konstant auf die Reproduktion vor. In einem hormonellen Zyklus wird die Gebärmutterschleimhaut (Endometrium) dicker und bereitet sich auf die Einnistung eines befruchteten Eis vor. Die Hormone verursachen die Freisetzung eines Eis; wird es nicht von einem Spermium befruchtet, fällt der Hormonspiegel ab und die verdickte Schleimhaut, die nicht mehr benötigt wird, wird abgestoßen. Dies ist die »Periode«.

Die Funktion der einzelnen Hormone:

- Östrogen fördert die Entwicklung der Gebärmutterschleimhaut (s. oben), bereitet die Eierstöcke auf die Freisetzung eines Eis vor und trägt zu einem ausgeglichenen Salz-Wasser-Haushalt im Körper bei.
- Progesteron unterstützt die Ausbildung und das Überleben des Fötus. Es wird beim Eisprung ausgeschüttet und bereitet die Gebärmutter auf eine Schwangerschaft und das Brustgewebe auf die Milchbildung vor. Der Spiegel sinkt in der zweiten Zyklushälfte, wenn keine Schwangerschaft eingetreten ist. Schwankende Hormonspiegel machen manchen Mädchen zu schaffen.

ÄLTER AUSSEHEN
Mit 13 sehen manche Mädchen schon wie junge Frauen aus, Jungen dagegen kaum wie junge Männer.

BARTWUCHS *Zu Beginn der Pubertät bekommen manche Jungen einen leichten Flaum, in der Regel auf der Oberlippe.*

Körperliche Veränderungen bei Jungen

Wenn Ihr 13-jähriger Sohn in der Frühpubertät ist, wächst er langsam, aber stetig; seine Muskelmasse (s. S. 293) vergrößert sich, während er schlanker wird. Die Körperdichte von Jungen erhöht sich mehr als bei Mädchen, da Muskeln dichter sind als Fett. Das Wachstum der Genitalien (s. S. 251) hält an; die meisten Jungen haben spärliches Schamhaar. Das erste Barthaar kann sprießen, aber das ist keineswegs die Regel, und der Stimmbruch hat meist noch nicht eingesetzt.

Das erste Mal rasieren

Mit 13 müssen sich die wenigsten Jungen rasieren, doch wenn sie es wollen, sollte man ihnen zeigen, wie man es verletzungsfrei macht. Mädchen wollen in diesem Alter oft Beine und Achselhaare rasieren. Erklären Sie Ihrer Tochter, dass das Rasieren das Wachstum anregt, und sie es daher wohl immer machen muss. Kinder sollten eigene Rasierapparate bekommen (wegen der Gefahr von über das Blut übertragbarer Krankheiten, z. B. Hepatitis); zum Schutz der Haut werden Rasierschaum oder Seife verwendet.

Aktiv sein

Körperlich aktive Kinder tragen ein geringeres Risiko für Herz-Kreislauf-Krankheiten; sie sind geistig und seelisch ausgeglichen. Bewegung sollte Spaß machen, Abwechslung bieten und zum Alltag gehören. Viele Teenager gehen sitzenden Hobbys nach und müssen zu Bewegung animiert werden. Sorgen Sie dafür, dass sie hinauskommen, vor allem am Wochenende.

Zu viel Bewegung

Wenn Ihr Kind ein stärkeres Körperbewusstsein ausbildet, sich mit Gleichaltrigen und Stars vergleicht, will es vielleicht in einen Fitnesskurs. Das ist begrüßenswert, solange der Kurs von einem ausgebildeten Kursleiter geführt wird, der weiß, was altersgemäß und entwicklungsgerecht ist. Manche Kinder treiben zu viel Sport; gefährlich für die Gesundheit wird es bei:

★ Übermäßiger sportlicher Betätigung und gleichzeitigem Verdacht auf eine Essstörung (s. S. 297).

★ Überentwickelten Muskeln bei einem Jungen. Das kann Folge der Einnahme von Anabolika sein. Sie schädigen die Gesundheit Ihres Kindes. Die übermäßige Muskelentwicklung belastet zudem die Gelenke und Knochen des Kindes.

Gesundheit

Man mag sich kaum vorstellen, dass das eigene Kind bereits an sexuelle Aktivität denkt. Eine aktive Sexualität sollte in diesem Alter keinesfalls gefördert werden; man muss jedoch unbedingt über sicheren Sex sprechen, damit es sich vor Schwangerschaft und Geschlechtskrankheiten schützen kann.

Viele Teenager fühlen sich aus zweifelhaften Gründen zu Sex gedrängt, z. B. um Freunde zu beeindrucken oder »das erste Mal« hinter sich zu bringen. Mädchen haben oft Angst, den Freund zu verlieren, wenn sie Sex verweigern. Auch wenn das Thema heikel sein mag: Sie müssen mit Ihrem Kind offen und ehrlich über Sex reden. Wir müssen sicherstellen, dass Jugendliche sich vom ersten sexuellen Kontakt an schützen können.

Was Ihr Teenager wissen sollte:

- Ungeschützter Geschlechtsverkehr ist niemals sicher.
- Die Zahl der Teenagerschwangerschaften und der sexuell übertragenen Krankheiten steigt; beides ist durch Kondome leicht zu verhindern. Selbst wenn ein Mädchen die Pille nimmt, sollte der Junge ein Kondom verwenden.
- Kondome schützen vor allen Geschlechtskrankheiten, einschließlich HIV, Chlamydien, Herpes und Tripper.
- Mädchen sollten sich nicht darauf verlassen, dass Jungen ein Kondom dabeihaben und benutzen; sie sollten aber in jedem Fall darauf bestehen.
- Chlamydien sind heimtückisch, da man sich oft ansteckt, ohne dass Symptome auftreten. Sie sind eine Hauptursache für Unfruchtbarkeit.

Die gesetzliche Altersschutzgrenze in Sachen Sex liegt bei 14. Jeder, der mit unter 14-Jährigen sexuelle Handlungen vornimmt, macht sich strafbar. Sind beide unter 14, geschieht ihnen nichts, weil sie nicht strafmündig sind. Ist sie 13, er 15, können die Eltern des Mädchens Anzeige erstatten. Handelt es sich um eine Liebesbeziehung zwischen etwa Gleichaltrigen (sind z. B. beide 14 oder zwischen 16 und 18) die beide den sexuellen Kontakt wollen, passiert normalerweise rechtlich nichts. Der Frauenarzt muss bis zum 14. Lebensjahr auf Fragen der Eltern Auskunft geben, bis zum 16. Lebensjahr kann er es selbst entscheiden, danach besteht die gesetzliche Schweigepflicht.

KÖRPERLICHE BEZIEHUNG
Sexuelle Anziehung ist ein normaler Teil der Entwicklung. Manche Teenager suchen schon in diesem Alter sexuelle Kontakte.

Ernährung

Während eines Wachstumsschubs hat Ihr Kind einen enormen Kalorienbedarf; bei nachlassendem Wachstum isst es wieder viel weniger. Es nascht gern zwischendurch und isst vieles außer Haus, oft Junkfood. Sorgen Sie daher zu Hause für gesunde Mahlzeiten mit Kohlenhydraten (Nudeln, Reis, Brot, Kartoffeln), Gemüse, Obst und Milchprodukten. Fordern Sie Ihr Kind auf, viel Wasser zu trinken, und bekommen Sie keine Panik, wenn es seltsame Essmarotten entwickelt (s. S. 201).

Teenager, die sich vegetarisch ernähren, leben oft sehr gesund, solange sie eine reiche Auswahl an Gemüse, Stärke und Milchprodukten essen. Vorsicht aber bei »vegetarischen« Teenagern, die nur nährstoffarme Lebensmittel wie Chips und Kuchen essen; das ist keine echte vegetarische Ernährung. Das Kind wird Eisenmangel bekommen, wenn es sich so nährstoffarm ernährt.

Akne

Akne ist im Teenageralter eine normale Erscheinung. Diese oft schmerzhaften Pickel treten im Gesicht und auf dem Körper auf. Akne wird durch eine Überreaktion der Haut auf das Hormon Testosteron verursacht. Die Poren in der Haut verstopfen durch Hautfett, es entstehen Pickel. Schwere Akne kann genetisch bedingt sein. Akne beginnt oft in der Frühpubertät, hat den Höhepunkt in der Spätpubertät und klingt Mitte 20 ab.

★ Akne wird nicht durch schlechte Hygiene an sich verursacht, doch es ist sinnvoll, häufig die Haare zu waschen und sie aus dem Gesicht zu halten. Das Gesicht zweimal täglich mit Seife und Wasser waschen, damit sich die Poren öffnen. Antiseptische Waschlösung ist empfehlenswert. Zu häufiges Waschen kann manchmal Akne auslösen, da es die Haut zur verstärkten Bildung von Fett anregt.

★ Ihr Kind sollte außerdem keine fetthaltigen Haar- und Gesichtspflegeprodukte benutzen.

★ Sonnenschein hilft für gewöhnlich, feuchte Witterung verschlechtert Akne eher.

★ Trotz allgemeiner Meinung wird Akne nicht durch die Ernährung, insbesondere Chips und Schokolade, verursacht. Eine gesunde Ernährung mit viel Obst und Gemüse trägt jedoch zur Hautklärung bei.

Akne behandeln

★ Versuchen Sie ein rezeptfreies Präparat, z. B. eine benzoylperoxidhaltige Lotion, die auf den betroffenen Bereich aufgetragen wird. Sie kann Rötung oder Trockenheit verursachen, was durch selteneres Auftragen und Feuchtigkeitscreme verhindert wird.

★ Es können Antibiotika verschrieben werden.

Wenn bei Mädchen alle Möglichkeiten versagt haben, kann die Anti-Baby-Pille verschrieben werden. Durch die Regulierung der Hormonproduktion klingt Akne so oft ab.

Seelische Folgen

Akne untergräbt das Selbstwertgefühl des Teenagers. Gerade in diesem schwierigen Alter kann Akne es stark belasten. Seien Sie daher sehr verständnisvoll und ziehen Sie Ihr Kind niemals wegen seiner Pickel auf.

Geistige Fähigkeiten

Vielleicht bekommt Ihr Kind nun tatsächlich die Zukunft in den Blick und das, was Sie ihm über gesunde Lebensweise und Ausbildung nahebringen wollten, kommt allmählich bei ihm an. Helfen Sie ihm verstehen, wie sich sein jetziges Handeln auf sein weiteres Leben auswirkt.

Moralische Entwicklung

Es ist wichtig, in der Familie einen klaren moralischen Kodex zu haben; er ist das Fundament für das Wertesystem Ihres Kindes. Machen Sie Ihre Einstellung zu Themen wie Ehrlichkeit, Materialismus, Sex, Drogen und familiäre Werte von früher Kindheit an deutlich, und halten Sie an Ihrer Überzeugung fest, wenn sie infrage gestellt wird.

Mit 13 Jahren will Ihr Kind angenommen und geschätzt werden; die Motivation für sein Handeln ist daher die Überlegung, was andere von ihm denken. Es hat festgestellt, dass die Leute es mögen, wenn es nett ist, und dass es sich selbst gut fühlt, wenn es den Erwartungen anderer gerecht wird. Diese Denkweise kann die Quelle für kooperatives, fürsorgliches Verhalten sein. Ihr Kind kann aber auch unsicher sein, was richtig ist und was andere von ihm wollen. Es ist schön, wenn es von Menschen beeinflusst wird, die positive moralische Werte vertreten, wie Freundlichkeit, Ehrlichkeit und Respekt, aber es wird schwierig, wenn es versucht, jemandem zu gefallen oder zu beeindrucken, dem es an Moral fehlt.

»Vielleicht ist Ihr Kind moralischer als Sie; alles, was es bei Ihnen als Scheinheiligkeit interpretiert, wird sofort thematisiert.«

Gruppendruck

Die Herausforderung besteht darin, dem Kind positive Werte zu vermitteln und es so stark zu machen, dass es Gruppendruck hinsichtlich Sex, Drogen und Alkohol widerstehen kann. Viele machen mit, weil es »alle tun«. Ihr Teenager ist nur ein Mensch und sucht die Wertschätzung durch seine Clique ebenso wie Ihr Wohlwollen. In diesem Alter ist das Bedürfnis, dazuzugehören, sehr groß. Aus diesem Grund sollten Sie Ihre Grundsätze immer wieder wiederholen und begründen. Verwenden Sie einfache Beispiele zur Verdeutlichung Ihres Standpunkts, leben Sie diese Werte vor; seien Sie ehrlich und authentisch in Ihrer Haltung. Die Fähigkeit, zu diskutieren und zu reflektieren, entwickelt sich mit 13 stark, also seien Sie gefasst auf Meinungsverschiedenheiten, aber auch konstruktive Diskussionen.

Ihr Teenager wird, beeinflusst von seinen Freunden, feste Überzeugungen und Ideale haben und kann Ihre Moralvorstellungen und Werte, sei es Ihr politischer Standpunkt oder gegebenenfalls die Tatsache, dass Sie Fleisch essen – wenn es selbst vegetarisch lebt –, kritisieren. Versuchen Sie dennoch, seinen Standpunkt und seine Entscheidungen zu respektieren. Auf diese Weise können Sie eher vernünftige Auseinandersetzungen mit ihm führen. Wenn Sie ihm sagen, dass es verkehrt denkt oder zu jung ist für solche Dinge, gerät die Kommunikation in Gefahr.

Sprache und Lesekompetenz

Ihr Kind kann nun alles lesen und interessiert sich auch für »Erwachsenenthemen«. In diesem Alter wachsen viele Kinder aus Kindergeschichten heraus und wenden sich in der Bücherei der Abteilung für Jugendliche und junge Erwachsene zu. Es kann komplexere Handlungen nachvollziehen und hat

Eine positive Einstellung zur Welt

Leider leben wir in einer Gesellschaft, in der Materialismus, Rassismus und Intoleranz dominieren. Es besteht wenig Engagement, die Erde lebenswert zu erhalten und persönliche Verantwortung zu übernehmen.

Wir wollen alle, dass unsere Kinder das Gute in ihrer Umwelt sehen und sich für eine bessere Welt verantwortlich fühlen. Dabei spielen die Einflüsse, denen das Kind ausgesetzt ist, eine wesentliche Rolle. Wenn ein Kind seine Weltsicht aus Seifenopern gewinnt, bekommt es einen negativen, verkürzten Blick auf die Humanität; lebt es in einer Familie, in der Streit an der Tagesordnung ist, betrachtet es Streit als normales Verhalten. Erlebt es Gewalt und Intoleranz, übernimmt es diese: Kinder lernen, was sie leben.

So helfen Sie Ihrem Kind:

★ Vermitteln Sie ihm, wo auf der Welt Hilfe benötigt wird, und ermutigen Sie es, aktiv zu werden.

★ Lehren Sie es Umweltschutz und ressourcenschonendes Verhalten.

★ Bringen Sie ihm andere Kulturen und Rassen nahe; lehren Sie es Unterschiede zu schätzen.

★ Zeigen Sie ihm Toleranz und Verständnis, damit es anderen ebenso begegnet.

★ Vermitteln Sie ihm Werte, z. B. die Sorge um andere, Freundlichkeit und Höflichkeit, bewusstes Wahrnehmen und aktiven Einsatz für Frieden.

★ Beteiligen Sie es an Aktivitäten in der Gemeinde. Reisen Sie, wenn möglich, abseits eingetretener Pfade, damit es eine Vorstellung bekommt, wie andere Menschen leben. So werden ethische Grundsätze erworben, dank derer Ihr Kind ein verantwortungsbewusster Bürger wird.

SELBSTAUSDRUCK

Beim Tagebuch-Schreiben kommt die Kreativität in Gang. Regen Sie Ihren Teenager an, Erlebnisse und Gedanken aufzuschreiben.

einen umfangreichen Wortschatz, wobei der passive größer ist als der aktive. Viele 13-Jährige verstehen zwar Texte zu komplizierten Themen und mit schwierigen Wörtern, es fällt ihnen aber noch schwer, ihre eigenen Ideen auf Papier zu bringen. Ihr Teenager wird lernen, auch komplexere Tätigkeiten und abstrakte Gedanken zu formulieren. Besprechen Sie unbekannte Wörter und die Aussage von Texten.

Gedichte mögen im Alltag der Familie bisher keinen Platz haben, bieten aber eine Möglichkeit, über Gefühle und Wörter zu sprechen. Hören Sie auch die Musik, die Ihr Kind mag. Liedtexte sind eine Form geschriebener Sprache und können die Sprachkultur auf allen Ebenen verbessern.

Kreatives Schreiben

Viele junge Teenager tun sich mit der Kommunikation und differenzierter Ausdrucksweise schwer. Kreatives Schreiben regt sie an, sich Wörter bewusst zu machen, mit ihnen zu experimentieren und sie zu durchdenken, indem sie Gefühle und Szenerien durchspielen und mithilfe ihrer Fantasie Probleme lösen. Das fördert Sprachkompetenz und Verständnisfähigkeit.

So fördern Sie Ihr Kind:

- Schlagen Sie ihm vor, ein Tagebuch zu führen. Es kann auch Ausschnitte von Geschichten, Namen, Wörter und Bilder, die ihm gefallen, ausschneiden und einkleben. Dieses Tagebuch ist ein Ideen-Pool für das spätere Schreiben.
- Wenn es Ihrem Kind nicht zu kindlich ist, lesen Sie ihm vor, unterbrechen an Schlüsselstellen und fragen es, wie es seiner Meinung nach weitergeht.
- Fragen Sie es, ob es den Ausgang der Geschichte schlüssig findet. Schlagen Sie vor, ein alternatives Ende zu schreiben oder eine Figur dazuzuerfinden.

Fremdsprachen lernen

Es gibt im Wesentlichen drei Methoden, Schulkindern eine Fremdsprache beizubringen, sofern sie diese nicht regelmäßig zu Hause hören. Die

Bildung und Technologie

Wenn Ihr Kind lieber vor dem PC sitzt oder am Handy hantiert, statt zu lesen, und nicht dazu bewegt werden kann, diese Aktivitäten einzuschränken – keine Panik. Es gibt auch gute Computerprogramme, die die Kreativität, das Sprachverständnis und die Grammatik fördern. Auch wenn Sie meinen, dass Ihr Kind zu viele SMS schreibt oder chattet – es hat doch ein Gutes: Es kommuniziert immerhin schriftlich.

Eine Studie ergab 2006, dass SMS und Chatten keineswegs der Sprache abträglich sind, sondern der Grammatik durchaus förderlich. Die Sprache wird höchst kreativ genutzt. Die Forscher kamen, selbst höchst überrascht, zu dem Ergebnis, dass SMS-Schreiben und Chatten eine linguistische Renaissance auf breiter Front erbringe. Wenn also die traditionellen Wege der Schriftkultur für Ihr Kind nicht die richtigen sind, lassen Sie es sich mithilfe der neuen Medien ausdrücken.

»Immersion«-Methode bedeutet, dass das Kind teilweise oder sogar den ganzen Schultag nur die Fremdsprache hört. Alle Themen werden in der Fremdsprache unterrichtet. Diese Methode wird in Schulen allerdings bislang kaum praktiziert. Die zweite und häufigste Methode des Fremdsprachenunterrichts besteht darin, die Sprache als spezielles Fach zu unterrichten. Diese Methode funktioniert durchaus, vor allem bei jüngeren Kindern. Man geht heute davon aus, dass Fremdsprachen möglichst früh gelernt werden sollten, und daher beginnt der Fremdsprachenunterricht bereits in der Grundschule. Allerdings ist es nie zu spät dafür. Eine zweite und auch dritte Fremdsprache werden in aller Regel erst während der Pubertät eingeführt.

Schließlich taucht noch eine neue Art des Fremdsprachenlernens auf. Basierend auf der Mindmapping-Methode beim Wiederholen und als Merkfähigkeit vermittelt sie Sprache in einer dynamischen und visuellen Weise, was sich besonders gut ins Gedächtnis einprägen soll.

So unterstützen Sie Ihr Kind:

- Stellen Sie Bücher, Videos und Musik in der Fremdsprache zur Verfügung; nehmen Sie sich täglich Zeit, etwas davon mit Ihrem Kind durchzugehen.
- Nehmen Sie Ihr Kind zu kulturellen Ereignissen und Filmen in der Fremdsprache mit. Ebenso wie es seine Muttersprache durch Hören in verschiedenstem Zusammenhang erlernt hat, nimmt es die Zweitsprache in der gleichen Art auf. Je häufiger es die Möglichkeit dazu hat, umso besser.

NACHHILFE

Bei Problemen in einer Fremdsprache kann Nachhilfe effektiv sein – oder wenn Ihr Kind noch eine Sprache zusätzlich lernen will.

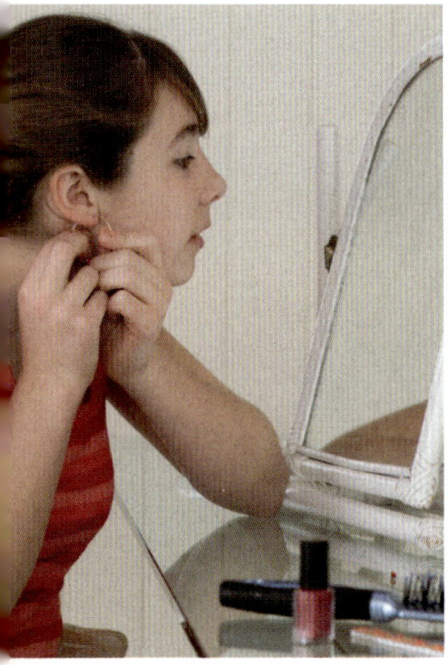

GUT AUSSEHEN
Ihre Tochter verwendet viel Zeit auf ihr Aussehen und experimentiert mit Kleidung, Frisuren und Make-up. Geben Sie ihr die Möglichkeit dazu.

Gefühle und Persönlichkeit

Mit 13 sind viele Kinder sehr gehemmt. Sie konzentrieren sich auf ihr Aussehen und zerbrechen sich den Kopf wegen Pickeln, Kleidung und dem, was andere Leute von ihnen denken können. Ihr Kind ist höchst sensibel gegenüber jeglicher Kritik. Seien Sie einfühlsam im Umgang mit ihm.

Manche Kinder sind so verunsichert, dass sie meinen, jeder schaue sie an und beurteile ihr Äußeres. Schon ein flüchtiger Blick wird als Kritik interpretiert. Eltern sind oft überrascht über eine Reaktion auf das, was als aufmunternder Blickkontakt gemeint war. Heikle Themen, wie Körperhygiene (s. S. 253), sollten Sie sehr umsichtig ansprechen.

Oft führt schon eine einfache Frage nach Schule oder Freunden zu einer heftigen Reaktion; das Kind will allein gelassen werden oder wirft den Eltern Neugierde vor. Ihre Tochter übt sich in dramatischen Abgängen, lamentierend, wie unverschämt Sie sind. Dennoch ist die Zeit, die Ihr Kind allein verbringt, durchaus produktiv. Es nutzt sie, um die Ereignisse des Tages zu durchdenken und zu interpretieren, seine Gedanken vielleicht in einem Tagebuch oder Blog oder einem Forum aufzuschreiben, wobei Sie sicherstellen sollten, dass es Letzteres ohne sich in Gefahr zu bringen zu nutzen versteht.

Konstruktive Kritik

Niemand wird gern kritisiert, zuallerletzt Ihr sensibles 13-jähriges Kind. Manchmal müssen Sie jedoch auf sein Verhalten eingehen. Vielleicht hat es eine Verwandte brüskiert, weil es während eines Gesprächs SMS geschrieben hat. Wecken Sie im Gespräch zunächst die Empathie Ihres Kindes; fragen Sie es, wie sich die Verwandte wohl gefühlt haben mag, oder wie es sich fühlen würde, wenn jemand bei einem Gespräch mit ihm SMS schreiben würde.

Sobald Sie deutlich gemacht haben, dass sein Verhalten als unhöflich gilt, fragen Sie Ihren Teenager, was man nun machen könnte – sich vielleicht telefonisch entschuldigen oder eine Karte schreiben. Wenn Sie einige Möglichkeiten durchdacht haben, helfen Sie ihm, eine auszuwählen, die die Möglichkeit bietet, die Situation ohne Gesichtsverlust zu bereinigen. Gehen

»Finden Sie für Ihren Teenager Vorbilder, die sich weniger durch gutes Aussehen als vielmehr durch Humor, Intelligenz oder Zivilcourage auszeichnen.«

Sie Probleme immer sensibel unter vier Augen an, da Kritik vor anderen als sehr beschämend empfunden wird, egal wie feinfühlig Sie vorgehen.

Streben nach Perfektion

Die Pubertät währt eine relativ lange Zeit; Ihrem Kind kann die Phase der körperlichen Veränderungen ewig vorkommen. Das Bedürfnis, perfekt auszusehen, kommt von innen, wird aber durch berühmte Vorbilder genährt, die anscheinend ohne Makel, Bauch und Tadel sind. Damit es sich hier nicht hineinsteigert, helfen Sie Ihrem Kind, sein Äußeres realistisch zu sehen.

Klarheit schaffen im Chaos der Gefühle

Die Adoleszenz ist eine Zeit des emotionalen Aufruhrs. Ihr Kind hat Probleme, seine Gefühle zu verstehen. Lassen Sie es über seine Gefühle sprechen. Es will zwar nicht, dass Sie seine Probleme lösen, aber Sie helfen ihm, wenn Sie verstehen, was in ihm vorgeht.

So helfen Sie Ihrem Kind:

★ Nutzen Sie einen Zeitpunkt, zu dem Sie beide nichts Dringendes zu tun haben. Setzen Sie sich zum Reden an einen ungestörten Ort.

★ Sagen Sie Ihrem Teenager, dass Sie bemerkt haben, wie er manchmal ganz euphorisch ist und dann wieder niedergeschlagen.

★ Bitten Sie ihn, Ihnen zu erzählen, was mit ihm los ist. Versichern Sie ihm, dass Sie zuhören und keine Ratschläge geben oder sich irgendwo einmischen.

★ Stellen Sie sicher, dass Sie verstehen, was er sagt. Wiederholen Sie wesentliche Punkte und fragen, wie er sich jeweils fühlt.

★ Wenn er schließlich seine Situation und seine Gefühle beschrieben hat, fragen Sie, ob Sie ihm irgendwie helfen können. Machen Sie keine direkten Vorschläge, und nehmen Sie es nicht persönlich, wenn er Ihre Hilfe und Ihren Rat ablehnt.

Manchmal reagiert Ihr Kind wütend, wenn Sie ihm helfen wollen, und sagt: »Lass mich einfach allein«. Lassen Sie ihm Zeit – dann wird es später eher mit Ihnen sprechen.

EMOTIONALE UNTERSTÜTZUNG
Schaffen Sie die richtige Atmosphäre zum Reden. Lassen Sie es in aller Ruhe seine Sorgen erzählen.

Lenken Sie seine Aufmerksamkeit auf seine Vorzüge, um einen Ausgleich zu dem zu schaffen, was ihm nicht gefällt.

Denken Sie daran:

- Sie werden ihm seine Selbstkritik durch vernünftige Argumente nie ganz nehmen können, aber Sie können ein Gleichgewicht schaffen, wenn Sie ihm helfen, seine Vorzüge ebenso zu sehen wie seine scheinbaren Schwächen.

Freunde und Freundschaften

Freunde werden immer wichtiger. Sie geben Rückhalt und Akzeptanz und sind wichtig für den Meinungsaustausch. Seien Sie nicht schockiert, wenn die Ansichten der Freunde wichtiger sind als Ihre Meinung. Besonders gern hängt Ihr Teenie mit seinen Freunden herum; leider gibt es wenige Orte, an denen sich junge Leute treffen können. Wenn Sie ihnen das bei Ihnen zu Hause ermöglichen, wissen Sie, dass sie an einem sicheren Ort sind. Sie werden nicht immer über alle Freunde Ihres Kindes glücklich sein; bleiben Sie aber offen und vorurteilsfrei, besonders hinsichtlich des Äußeren. Wollen Sie Ihrem Kind den Umgang mit bestimmten Freunden verbieten, wird es nur mit Trotz reagieren und sie erst recht treffen. Machen Sie daher besser kein Problem daraus, sofern es nicht gute Gründe dafür gibt.

RIVALITÄT *Mit den ersten Dates kommt auch Rivalität ins Spiel. Auch wenn als unausgesprochene Regel gilt, dass Freundschaft an erster Stelle steht, kann es anders kommen.*

Häufige Verhaltensprobleme

▶ Ich habe meinen Sohn dabei erwischt, wie er eine pornografische Internetseite angeschaut hat. Muss ich mir Sogen machen?
Das Interesse an Sex und dem menschlichen Körper ist bei einem hormongesteuerten 13-Jährigen sehr groß. Für Jungen ist das Betrachten von entsprechenden Magazinen oder Internetseiten häufig ein Ventil für ihre Neugierde und bringt eine Linderung der sexuellen Spannung.

Für die Eltern ist es meist ein Schock, ein Männermagazin unter der Matratze des Sohnes zu finden oder zweifelhafte Internetseiten auf seinem PC. Doch diese Neugierde gehört zur fortschreitenden sexuellen Entwicklung; es ist am besten, das Magazin an seinen Platz zurückzulegen und es dabei zu belassen. Wenn Ihr Sohn jedoch lange Zeiten mit dem Betrachten pornografischer Seiten im Internet zubringt oder extreme Inhalte oder abnorme Sexualpraktiken sucht, sprechen Sie das Thema an. Drücken Sie Ihre Sorge aus, egal wie peinlich es Ihnen beiden ist, und setzen Sie klare Grenzen.

▶ Mein Sohn interessiert sich für nichts mehr. Er will seine Freunde nicht mehr sehen, nicht mehr zum Sport gehen und wirkt sehr traurig. Was kann ich tun?
Bestehen diese Stimmung und der Rückzug nur kurze Zeit, also wenige Tage, und wird Ihr Sohn dann wieder aktiv, gibt es wenig Grund zur Sorge. Hält diese Stimmung jedoch an oder tritt häufig auf, kann eine Depression bestehen; dann braucht er Ihre Hilfe, möglicherweise auch fachliche Hilfe.

Helfen Sie ihm, indem Sie auf ihn eingehen und vorsichtig durch offene Fragen herausfinden, was ihm widerfahren ist. Hören Sie aufmerksam zu. Achten Sie darauf, dass er zur Schule geht: Morgens aufzustehen und mit den Freunden in Kontakt zu sein, beugt Niedergeschlagenheit vor. Er kann sich vielleicht kaum vorstellen, dass es ihm irgendwann wieder besser geht. Manchmal sprechen Jugendliche sogar von Suizid. In diesem Fall brauchen Sie sofort professionelle Unterstützung.

WELTSCHMERZ *Eltern leiden sehr darunter, wenn ihr Kind deprimiert ist. Bleiben Sie im Gespräch und suchen Sie, wenn nötig, professionelle Hilfe.*

▶ Mein Sohn erzählt seit Kurzem homosexuellenfeindliche Witze. Wir sind eine sehr offene Familie und daher natürlich schockiert. Wie sollen wir damit umgehen?
Rebellion ist eine Entwicklungsaufgabe Jugendlicher. Indem Ihr Sohn Ihren Ansichten und Werten widerspricht, kann er seine eigenen Meinungen bilden und herausfinden, wer er ist. Werden dabei aber Menschen diskriminiert, müssen Sie eingreifen und die Sache thematisieren.

Sie könnten zunächst deutlich Ihre Missbilligung ausdrücken und klarmachen, dass man die eigene Meinung nicht in Witzen ausdrückt. Erklären Sie, dass jeder Mensch gleich wertvoll ist und es wichtig ist, unterschiedliche Lebensformen zu respektieren, so wie andere einen selbst auch respektieren sollen. Loben Sie Ihren Sohn, wenn er positiv über andere spricht und unterbrechen Sie ihn, sobald er schlechte Witze reißt.

▶ Ich fürchte, dass meine Tochter verführt werden kann, und will sie nicht auf Partys lassen.
Sprechen Sie mit Ihrer Tochter darüber, wie man Risiken meidet. Bringen Sie Ihr bei, »Nein« zu sagen, und z. B. nie bei jemandem mitzufahren, der Alkohol getrunken hat. Es besteht sicher das Risiko, dass Teenager bei Partys Alkohol und Drogen ausprobieren; dann steigt auch das Risiko, dass es zu Sex kommt. Besprechen Sie das mit Ihrer Tochter und sprechen Sie über sicheren Sex (s. S. 273).

Das Leben Ihres Kindes

Da der schulische Druck zunimmt, braucht Ihr Kind vielleicht Hilfe und Anleitung zur Erledigung der Hausaufgaben. Die Noten werden wichtiger. Und dann ist da noch die Pubertät – es hat eine Menge zu bewältigen und ist leicht abgelenkt, nicht zuletzt vom anderen Geschlecht.

RUHIGE ORTE
Zu Hause lässt sich Ablenkung kaum vermeiden. Ermuntern Sie Ihr Kind, zum Lernen an einen ruhigen Ort, wie eine Bibliothek, zu gehen.

Selbstständiges Arbeiten fördern

Mit 13 wird erwartet, dass Kinder selbstständig lernen; diese Fähigkeit sollte gefördert werden. Dazu müssen Kinder von früh an lernen, ihre Zeit einzuteilen, eigene Projekte durchzuführen und selbstständig zu arbeiten. Dieser Prozess dauert Jahre und sollte spätestens jetzt beginnen. Fragen Sie Ihr Kind, welche Hausaufgaben es aufhat, wann sie gemacht sein müssen, und ob es für Prüfungen lernen muss. Helfen Sie ihm unbedingt bei der Planung. Viele 13-Jährige sind schlecht organisiert und überfordert von einem Berg Arbeit für ein Projekt oder eine Prüfung.

So unterstützen Sie Ihr Kind:

- Sorgen Sie dafür, dass sein Arbeitsplatz frei von Ablenkungen ist; Handy und Computer (sofern nicht zum Arbeiten benötigt) sind ausgeschaltet.
- Bieten Sie an, es abzufragen oder die Arbeit zu kontrollieren. Akzeptieren Sie es, wenn es dies ablehnt, und drängen Sie nicht weiter. Sie erfahren den Leistungsstand aus seinen Noten, dem Zeugnis sowie auf Elternsprechtagen.
- Erinnern Sie es eine Woche vor einer besonderen Lernleistung, einem Test oder der Abgabe einer Projektarbeit daran; bieten Sie gegebenenfalls Ihre Hilfe an. Leiten Sie es an, frühzeitig schriftlich zu arbeiten. Seine Entwürfe können Sie korrigieren und durchsprechen, statt ihm einfach bei der Recherche oder beim Schreiben zu helfen, was es unselbstständig macht.

Richtig wiederholen

»30 Minuten täglich« ist eine effektive Form des Lernens. So lange können sich die meisten Menschen gut konzentrieren. Wenn Ihr Kind ohne Pause eine Stunde lernt, sind die letzten 20 bis 30 Minuten weniger effektiv, da die Konzentration nachlässt.

Ihr Kind ist auch viel eher bereit, sich hinzusetzen, wenn es weiß, dass es erst mal nur 30 Minuten sind. Muss es viel lernen, teilen Sie den Lernstoff gemeinsam in 30-Minuten-Portionen ein mit ausreichenden Pausen dazwischen. Versorgen Sie es beim Lernen mit gesunden Snacks und Getränken.

So helfen Sie Ihrem Teenager:

★ Bringen Sie ihm Planung bei. Wenige Kinder sind vom Lernen begeistert, sind aber eher dazu bereit, wenn es klare, erreichbare Ziele gibt. Es ist ein gutes Gefühl, wenn man auf einer Liste jeden Punkt nach der Erledigung durchstreichen kann.

★ Fördern Sie regelmäßiges Wiederholen. Statt Lerninhalte einfach zu lesen und dann vielleicht nochmals, soll Ihr Kind sich Notizen machen und die Inhalte abschnittsweise zusammenfassen.

★ Hören Sie nicht auf, wenn es den Lernstoff beherrscht. Die Gedächtnisforschung hat herausgefunden, dass Wissen besser verankert wird, wenn es noch mindestens zweimal wiederholt wird. Dabei genügt ein schnelles Wiederholen.

Die Schule Ihres Kindes

Vielleicht stellen Sie die Qualität der Schule infrage, wenn Ihr Kind nicht motiviert scheint, anscheinend nicht genug lernt oder sein Potenzial nicht ausschöpft. Das Thema Schule und Lehrer wird viel diskutiert und immer wieder werden neue Unterrichtsformen und -methoden eingeführt.

Wenn die Schule tatsächlich Mitschuld an Leistungsproblemen Ihres Kindes trägt, können Sie vielleicht einen Schulwechsel erwägen. Denken Sie aber daran, dass es für 13-Jährige schwierig ist, aus ihrer Clique und in ein fremdes Umfeld zu kommen. Sogar leistungsstarke Schüler, die selbst auf eine anspruchsvollere Schule wollen, finden diese Umstellung schwierig.

Merkmale einer guten Schule:

- Ein führungsstarker, weitsichtiger Direktor und engagierte Lehrer.
- Ein starkes Lernethos und eine klare Lernphilosophie.
- Glückliche Schüler.
- Kaum Mobbing, dem gegebenenfalls sofort entgegengewirkt wird.
- Viele zusätzliche Angebote und eine gut ausgestattete Bücherei.
- Studienfahrten und Besuche in Unternehmen, Labors usw.
- Konstruktive Elternmitarbeit und gute Kommunikation zwischen Eltern und Lehrern und zwischen Lehrern und Schülern. Sie sollten sich bei Pro-

blemen jederzeit an die Schule wenden können. Die Benotung sollte transparent sein und Sie sollten wissen, was von Ihrem Kind verlangt wird. Ist das nicht der Fall, sollten Verbesserungen erfolgen.

Betrug und Täuschung

Manche Kinder täuschen infolge von Gruppendruck, als Mutprobe oder aus Verzweiflung. In jedem Fall brauchen sie Hilfe. Ihr Kind muss wissen, dass Täuschungsversuche in Prüfungen oder ein Plagiat keine Kavaliersdelikte sind. Ein Problem besteht darin, dass oft nicht ganz klar ist, was Betrug überhaupt bedeutet. Das Internet bietet so viele Quellen, aus denen Informationen zu Essays und Projekten weiterverarbeitet und als eigene Arbeit ausgegeben werden können. Auch das ist Betrug. Ihr Kind muss verstehen, dass es auf seine eigene Arbeit ankommt – auch wenn sie keine so gute Leistung ist. Beim Abschreiben lernt es nichts selber; es kann auch seine Fähigkeiten nicht einschätzen. Hat sich Ihr Kind diese Betrügerei erst einmal angewöhnt, wird es immer darauf zurückgreifen. Erklären Sie ihm, dass es Ihnen lieber ist, es bekommt eine schlechte Note, hat aber etwas gelernt, als dass es betrügt und damit einen Lernprozess verhindert. Helfen Sie Ihrem Kind verstehen, dass es vor allem auch vor sich selbst bestehen muss. Es muss zufrieden und stolz sein auf das, was es tut. Wenn Ihr Kind schummelt, ergründen Sie warum – hat es nicht genug Zeit zum Wiederholen oder hat es Probleme in einem bestimmten Fach? Gehen Sie dann die Ursache an.

LEHRER UND SCHÜLER
Viele Kinder wollen nicht zugeben, dass sie etwas nicht verstanden haben; sie sollten sich aber mit jedem Problem an ihren Lehrer wenden können.

Denken Sie daran:

- Durch Schummeln erfährt Ihr Kind niemals dieses tolle Gefühl des Stolzes und der Freude, das man bei einer guten Leistung erlebt. Und es kann nicht aus seinen Fehlern lernen.

Im Auge behalten

Der Kontakt zwischen Eltern und Lehrern ist in diesem Alter oft nicht mehr so intensiv; doch wenn Sie sich wegen der Leistungen Ihres Kindes Sorgen machen, wenden Sie sich an die Schule.

An manchen Schulen gibt es Mitteilungshefte zwischen Eltern und Lehrern. Wünschen Sie sich eine bessere Kommunikation mit der Schule, sprechen Sie mit anderen Eltern und bringen es am Elternabend zur Sprache. Je mehr Informationen Sie haben, umso besser. Viele 13-Jährige erzählen zu Hause nicht mehr viel; das muss respektiert werden. Doch viele werden auch in der Schule nachlässig, und das müssen die Eltern erfahren. Ihr Kind muss aber auch wissen, dass Sie nicht wütend werden, wenn es Probleme gibt, sondern es unterstützen werden. Stellen Sie Fragen, und schauen Sie regelmäßig seine Bücher und Hefte durch. Wenn Sie sich wegen der Leistungen Sorgen machen, vereinbaren Sie einen Termin mit dem Fach- oder Klassenlehrer.

HOBBYS FÖRDERN
Ein Hobby, bei dem etwas gelernt wird, was das soziale Leben bereichert, führt man oft lange aus, es macht Spaß und bedeutet dem Kind sehr viel.

Schulische Zusatzangebote

Viele 13-Jährige sind wenig begeistert davon, schulische Zusatzangebote in Anspruch zu nehmen. Ihr Sozialleben dreht sich um Treffen der Clique und den allgegenwärtigen Computer und das Handy. Es gehört aber zur Bildung eines Kindes, auch andere Fähigkeiten zu erlernen, wie Sport, Musik, Theater, sowie am Schulleben teilzunehmen, z. B. an einer Schülerzeitung oder in einem Chor. Auch wenn Ihr Teenager protestiert, halten Sie ihn an, im Schuljahr wenigstens eine AG zu belegen, sei es die Theatergruppe, die naturwissenschaftliche AG oder das Volleyballteam. Gibt es an der Schule Ihres Kindes nichts Interessantes, könnte Ihr Kind vielleicht der Schulleitung einige Vorschläge unterbreiten.

Der Umgang mit dem anderen Geschlecht

Ihr Kind ist nun viel häufiger außerhalb Ihres Einflussbereichs mit seinen Freunden zusammen. Es verzieht sich mit ihnen auf sein Zimmer, trifft sich bei anderen; sein zunehmendes Interesse am anderen Geschlecht mag Ihnen Sorge bereiten. Finden Sie jedoch erst Genaueres heraus, bevor Sie sich zu viele Sorgen machen. Eine enge platonische Beziehung ist sicher kein Problem, sofern Ihr Teenager nicht andere soziale Kontakte einschränkt. Befürchten Sie andererseits schon sexuelle Kontakte, sollten Sie darüber sofort sprechen (s. S. 273). Weder Sie noch Ihr Kind werden diese Unterhaltung besonders angenehm finden, doch sie ist nötig. Bitten Sie Ihren Teenager, offen zu sein; zeigen Sie sich dafür verständnisvoll gegenüber seinen Gefühlen. Versuchen Sie nicht, die Beziehung zu unterbinden, sobald die

»Auch wenn es für Sie noch ein Kind ist, müssen Sie das erwachende Interesse am anderen Geschlecht akzeptieren.«

Sache intimer wird (das führt nur zu Widerstand); machen Sie jedoch deutlich, welches Verhalten Sie erwarten. Sie können z. B. übereinkommen, dass Ihr Kind die Tür zu seinem Zimmer offen hält, und Sie gelegentlich vorbeischauen. Auf diese Weise kann die Romanze Ihres Kindes gedeihen, und Sie können sicher sein, dass das Maß der Intimität altersgemäß ist.

Erziehungsstile

Es ist oft nicht einfach, den Erziehungsstil an die Bedürfnisse eines zunehmend unabhängigen jungen Teenagers anzupassen; leicht gerät man in die Falle der Überbehütung oder zu großer Nachlässigkeit.

Überbehütung Die Eltern fühlen sich weiterhin für alles zuständig, legen die Regeln fest sowie Belohnungen und Sanktionen, wie früher beim jüngeren Kind. Beim Teenager löst dies Rebellion und Aufbegehren aus.

Unterbehütung Die Eltern geben die Kontrolle weitgehend auf, erlauben dem Kind, zu viele Entscheidungen selbst zu treffen, wo es doch noch Führung benötigen würde. Dieser Erziehungsstil kann dazu führen, dass das Kind falsche Entscheidungen trifft und die Rechte anderer missachtet.

Ausgewogene Erziehung Sie bildet den schmalen Grat zwischen Führen und Wachsenlassen, Freiheit und Kontrolle. Entscheidungen werden gemeinsam getroffen, Rechte und Wünsche gegenseitig respektiert. Basis ist das Vertrauen in den Teenager, das dieser nicht missbrauchen soll.

Suchtgefahren

Es gibt viele Gründe dafür, dass Teenager trinken, rauchen und Drogen nehmen, z. B. Neugierde, Langeweile, Rebellion gegen die Eltern oder zur Steigerung des Genusses.

Teenager haben sehr wenig Sinn für die süchtig machende Natur dieser Substanzen. Ihre Einstellung ist: »Ich werde schon nicht süchtig.« Sie spielen ihren Konsum herunter und meinen, es bestehe keine Suchtgefahr und dass sie jederzeit damit aufhören könnten.

Anzeichen einer Abhängigkeit:

- ★ Stimmungsschwankungen.
- ★ Geheimniskrämerei.
- ★ Ein ungewöhnlich hoher Bedarf an Geld.
- ★ Verschlechterung schulischer Leistungen.
- ★ Lügen und Täuschen.
- ★ Albernheit und Geschwätzigkeit.
- ★ Schwindel und Kopfschmerzen.
- ★ Müdigkeit.
- ★ Anhaltende Grippesymptome.

Es ist oft schwer zu erkennen, ob ein Drogenproblem besteht, da viele Anzeichen »normales« Pubertätsgebaren sind. Informieren Sie sich über die Wirkungen von Drogen; sprechen Sie bei einem Verdacht unbedingt mit Ihrem Teenager und suchen gegebenenfalls professionelle Hilfe.

Häufige Fragen

▶ **Mein 13-jähriger Sohn ist wenig begeistert, in diesem Sommer mit uns in den Urlaub zu fahren. Wie kann ich ihm Lust darauf machen?**
Nehmen Sie es vor allem nicht persönlich. Dieser Widerwillen ist in diesem Alter normal. Leider entspricht Ihre Vorstellung von Glück nicht mehr den Vorstellungen Ihres leicht gelangweilten Teenagers. Es ist definitiv Zeit, Kompromisse zu finden, damit jeder möglichst viel vom Familienurlaub hat. Zunächst einmal sollte jeder eine Wunschliste mit Reisezielen, Form der Unterbringung und kulturellen, sportlichen und gemeinsamen Aktivitäten machen. Setzen Sie sich dann zusammen und vergleichen Sie die Listen, um ein Ziel zu finden, das möglichst viel bietet und so jedem zusagt. Vielleicht können Sie Ihrem Sohn auch erlauben, einen Freund mitzunehmen – dann sieht die Sache gleich ganz anders aus.

▶ **Mein Mann und ich lassen uns scheiden. Wie kann ich meiner 13-jährigen Tochter helfen, diese schwere Zeit durchzustehen?**
Die Trennung von einem Partner, ob einvernehmlich oder nicht, ist eine höchst stressige Zeit. Noch komplizierter wird es durch die Umstände eines Umzugs oder die Regelung der gemeinsamen Sorge für die Kinder. Inmitten all dieses Aufruhrs muss Ihre Tochter laufend über die Veränderungen informiert werden. Sie wird sich fragen, was die Veränderungen für sie bedeuten, ob ein Umzug und/oder Schulwechsel nötig wird. Mit Sicherheit wird sie weniger Zeit mit einem Elternteil verbringen. Fragen Sie sie, mit welchen Regelungen sie leben könnte. Wenn Sie wenigstens einige ihrer Vorschläge berücksichtigen, wird die Umstellung für sie leichter. Verwickeln Sie sie nicht in Konflikte zwischen Ihnen und Ihrem Ex-Partner. Erwarten Sie z. B. nicht, dass sie den anderen Elternteil kritisiert oder Informationen überbringt. Sprechen Sie vor ihr nicht schlecht über den anderen; sie liebt weiterhin Sie beide. Es tut ihr seelisch nicht gut, wenn sie hin und her gerissen wird.

LEBENSKUNDE *Beziehen Sie Ihren Teenager in die Hausarbeit ein, so lernt er, dass sie sich nicht von alleine erledigt, sondern Arbeit dahintersteckt.*

▶ **Meine Tochter isst kaum etwas und wiegt sich ständig. Was soll ich tun?**
Sie sind zu Recht besorgt; diese Verhaltensweisen deuten auf eine Essstörung hin (s. S. 297). Haben sich Essprobleme erst manifestiert, sind sie schwer zu beeinflussen. Die Gewichtsabnahme vermittelt dem Kind ein starkes Gefühl der Befriedigung und Kontrolle und verstärkt so die Motivation, weiterhin Diät zu halten. Wenden Sie sich sofort an eine Beratungsstelle oder einen Psychologen; eine frühzeitige Behandlung zeigt meist größeren Erfolg.

Zeigen Sie Ihrer Tochter gegenüber häufig Ihre Sorge. Feststellungen wie »Ich mache mir Sorgen um dich. Ich weiß, du magst nicht essen, aber kann ich dir irgendwie helfen?« zeigen Fürsorge, ohne Druck auszuüben.

▶ **Mein 13-Jähriger sollte mehr Verantwortung übernehmen und seine Kleidung selber waschen und bügeln. Ist er dafür zu jung?**
Nein, es ist gut, wenn ein Teenager lebenskompetent wird und Kenntnisse in Kleiderpflege und Kochen erwirbt. Gehen Sie nicht davon aus, dass er weiß, wie man solche Tätigkeiten im Haushalt ausführt. Erklären Sie, wie die Waschmaschine funktioniert, und zeigen Sie ihm, wie man bügelt. Stehen Sie ihm anfangs zur Seite. Nicht zuletzt lernt er dabei Ihre Arbeit schätzen und betrachtet sie nicht als selbstverständlich.

TALENTE PFLEGEN Ihr Kind weiß jetzt, wo seine Begabungen liegen. Respektieren Sie seine Interessen. Fördern Sie es in Bereichen, in denen es gut ist, auch wenn sie für die Schule nicht vorrangig sind.

14 Jahre

»Ihr Teenie ist nun sehr selbstständig und führt ein eigenes Leben.«

IHRE BEZIEHUNG Geraten Sie nicht in Panik und nehmen Sie es nicht persönlich, wenn Ihr Kind weniger mit Ihnen kommuniziert. Das gehört zur Adoleszenz.

PLATONISCHE FREUNDSCHAFTEN Die meisten Teenies haben nun auch Kontakte zu und verstärktes Interesse am anderen Geschlecht. Mädchen jedoch ziehen ältere Jungen wegen ihrer Reife den Klassenkameraden vor.

Wachstum und Entwicklung

Mit 14 ist Ihr Teenie nun voll entwickelt. Vielleicht ist Ihr Kind inzwischen sogar größer als Sie – womit Sie erst mal Ihre Schwierigkeiten haben könnten! Sollte Ihre Tochter noch nicht in der Pubertät sein, konsultieren Sie den Arzt.

Muskelentwicklung bei Jungen

Mit fortschreitender Pubertät nimmt die Muskelmasse bei Jungen zu und der Anteil an Körperfett ab. Zwar nehmen Jungen in der Regel zu, doch handelt es sich dabei normalerweise um Muskelmasse, nicht um Fett. Die Veränderung des Körpers ist bei Jungen ein langer Prozess, der oft bis Anfang 20 dauert. Ein Junge entwickelt umso mehr Muskeln, je mehr er sie gebraucht; sportliche Jungen werden viel muskulöser als Stubenhocker. Figur und Größe haben auch eine starke genetische Komponente; viele Jungen ähneln daher nun immer mehr ihrem Vater.

STATTLICH *In der Pubertät verändert sich die Figur von Jungen insgesamt: Sie werden größer und breiter.*

Verspätete Pubertät

Zeigen sich bei Ihrer Tochter mit 14 noch keine Pubertätszeichen (s. S. 186), sollten Sie spätestens jetzt eine Untersuchung beim Kinder- bzw. Hausarzt vornehmen lassen. Eine verspätete Pubertät ist bei Mädchen sehr viel seltener als bei Jungen und hat häufiger medizinische Ursachen. 14-jährige Mädchen mit Entwicklungsrückstand sollten einem Facharzt vorgestellt werden.

Mit etwa 14 wachsen Jungen im Allgemeinen am schnellsten. Doch keine Panik, wenn bei Ihrem Sohn die Pubertät noch nicht eingesetzt hat; viele Jungen kommen erst spät in die Pubertät. Manche sind zufrieden damit, dass man ihnen sagt, dass sie nach und nach aufholen werden, aber andere fühlen sich zurückgeblieben und leiden unter ihrer späten Entwicklung. Das gilt vor allem, wenn sie von anderen gehänselt werden, weil sie klein sind und jung aussehen. Viele Jungen und ihre Eltern nutzen die Möglichkeit, sich mit einem Facharzt zu besprechen und zu beraten, ob eine Behandlung sinnvoll ist. Testosteronspritzen zur Beschleunigung der Pubertät sind möglich, wenn mit 15 oder 16 noch immer keine Pubertätsmerkmale erkennbar sind.

LANGSCHLÄFER *Ärgern Sie sich nicht – es ist normal, dass Teenies morgens nicht aus dem Bett kommen. Lassen Sie Ihr Kind am Wochenende Schlaf nachholen.*

Schlaf und Wachstum

Während der gesamten Kindheit werden nachts mehr Wachstumshormone produziert als am Tag. Der Spiegel an anderen Hormonen, wie Kortisol, ist nachts niedriger. Man spricht dabei vom Tag-Nacht-Rhythmus; er liegt einer normalen Funktionsweise des Körpers zugrunde.

Aufgrund der Funktionsweise dieser Wachstumshormone erfolgt das Wachstum hauptsächlich während des Schlafs. Schlafen Teenager zu wenig, hat dies also Folgen. Es ist normal, dass Teenager morgens kaum aus dem Bett kommen, meist weil sie schlecht einschlafen können oder zu spät ins Bett gehen. Doch gute Schlafgewohnheiten (s. S. 227) sind unverzichtbar.

Ein ernstes Schlafproblem, das sich auf Gesundheit und Schulleistungen auswirkt, kann eventuell durch die Einnahme von Melatonin behoben werden. Dieses Hormon wird nachts im Gehirn ausgeschüttet. Es ist als Präparat erhältlich und kann zur Behandlung von Schlafproblemen eingesetzt werden. Es darf aber nie ohne Rücksprache mit dem Arzt verwendet werden.

Ernährung und Stimmung

Junkfood, das viele Jugendliche bevorzugen, fördert Stimmungslabilität. Reizbarkeit als Folge von Hungergefühlen tritt bei Kindern in jedem Alter auf – oft auch noch bei Erwachsenen. Ist der Blutzuckerspiegel ausgewogen, können wir uns gut konzentrieren. Manche Menschen, vor allem übergewichtige, bekommen Unterzucker, wenn sie hungrig sind. In der Schule kann das Probleme verursachen, wie Verhaltensauffälligkeiten oder Konzentrationsschwäche. Dies ist ein Grund dafür, warum eine ausgewogene Ernährung für einen Teenager so wichtig ist.

Das Frühstück ist eine sehr wichtige Mahlzeit und enthält vorzugsweise komplexe Kohlenhydrate aus Vollkornflocken bzw. Müsli. Diese Kohlenhydrate werden vom Körper nur langsam abgebaut und setzen bis zum Mittagessen nach und nach Energie frei. Jugendliche, die nicht frühstücken, essen stattdessen oft stark glukosehaltige Snacks wie Schokoriegel, die einen raschen Anstieg des Blutzuckers verursachen, auf den ein schneller Abfall folgt. Gesunde, länger sättigende Zwischenmahlzeiten sind Nüsse, Obst, rohes Gemüse und Getreideriegel ohne Zuckerzusatz. Es steht außer Frage, dass hochwertige Schulmahlzeiten das Verhalten und die Konzentration verbessern und sogar die Krankheitsrate senken können.

Gesundheit

Ihr Teenie ist mit kleinen Problemen, wie z. B. Pickeln, beschäftigt, doch die größte Gefährdung seiner Gesundheit ist oft seine Lebensweise. Sehr wahrscheinlich gerät er irgendwann in Versuchung, Alkohol zu probieren – das wird in Deutschland zu einem immer größeren Problem bei Jugendlichen.

Hautprobleme

Mit 14 haben viele Jugendliche Bekanntschaft mit Akne gemacht (s. S. 274). Viele leiden unter fettiger Haut und fettigen Haaren. Ursache ist die Produktion von Hauttalg, einer fettigen Substanz, die hormonell bedingt in den Drüsen des Haarfollikels gebildet wird.

Ein weiteres Hautproblem sind Ekzeme (s. S. 115). Sie flammen oft bei Stress auf und können auch durch Kosmetika, Parfüm und Haarfarbe ausgelöst werden. Die Auslöser sollten möglichst gemieden und rückfettende Pflegeprodukte verwendet werden, damit die Haut nicht austrocknet. Bei akutem Auftreten kann dünn Kortisonsalbe aufgetragen werden. Bei einem infizierten Ekzem wird Antibiotika-Salbe verschrieben.

PICKEL VORBEUGEN
Sobald Ihr Teenager Pickel bekommt, wird er mehr auf Hautpflege achten. Die Haare sollten möglichst nicht ins Gesicht hängen.

Alkohol gefährdet die Gesundheit Ihres Kindes

Alkohol ist eine stark wirksame Droge. Im Gegensatz zu vielen anderen Drogen sind kleine Mengen allerdings verhältnismäßig harmlos. Es ist umstritten, wie viel zu viel ist. Es ist auch von Familie zu Familie sehr unterschiedlich, wann Jugendlichen zu Hause Alkoholkonsum gestattet wird; in manchen Familien ist Alkohol bis über 20 tabu, andere erlauben schon mit 14 ein Glas Bier zu den Mahlzeiten.

In Ländern wie Frankreich, wo Jugendliche zu den normalen Familienmahlzeiten oft Alkohol trinken, ist Komatrinken weit weniger verbreitet als anderswo. Da Alkohol relativ billig und trotz Altersbeschränkungen leicht erhältlich ist, hat es einen starken Anstieg beim gefährlichen Komatrinken von Jugendlichen, oft mit ernsten gesundheitlichen Folgen, gegeben. Als Eltern müssen Sie akzeptieren, dass Ihr Teenager in Versuchung gerät, Alkohol zu trinken. Es ist wichtig, dass Sie darüber offen reden. Er muss immer

»Immer mehr junge Menschen trinken so extrem, dass sie ins Krankenhaus eingeliefert werden müssen.«

die Selbstkontrolle behalten und darf nicht in Gefahr geraten. Haben Sie den Eindruck, dass Ihr Teenager häufig und viel Alkohol trinkt, wenden Sie sich unbedingt an eine Beratungsstelle.

Koffeinkonsum

Da Koffein sowohl in Colagetränken wie in Tee und Kaffee vorkommt, nehmen die meisten Teeanager eine gewisse Menge zu sich. In vernünftigen Mengen (zwei bis drei koffeinhaltige Getränke am Tag) verursacht Koffein keine Probleme; hat Ihr Kind jedoch Schlafprobleme, sollte es abends keine koffeinhaltigen Getränke konsumieren.

Es gibt Getränke mit hohem Koffeingehalt wie auch Koffeintabletten; sie sollen einen besonderen »Kick« geben und wach halten. Jugendliche konsumieren sie häufig in Prüfungszeiten. Das ist nicht gesund, da sie den Herzschlag beschleunigen, bis hin zu Herzrhythmusstörungen. Ein Teenager, der sich durch große Mengen Koffein wach halten will, sollte zunächst sein Schlaf- und Arbeitsverhalten überdenken und besser abstimmen. Ihr Kind muss seine Zeit während Prüfungsphasen effektiv planen, damit es nicht nächtelang Stoff wiederholen muss.

Harnwegsinfektionen

Es handelt sich dabei um Entzündungen des Urins in der Blase und gelegentlich in den Nieren. Sie sind meist bakterieller Natur. Symptome sind Schmerzen beim Wasserlassen, häufiges Wasserlassen, Bauchschmerzen, geruchsintensiver Urin und Fieber. Mädchen erkranken häufiger als Jungen, da bei ihnen der Harnleiter (die Röhre, die aus der Blase führt) kürzer ist als bei Jungen und Bakterien damit leichter in die Blase gelangen können. Sexuell aktive Mädchen sind ebenfalls anfälliger für Harnwegsentzündungen.

Was Sie tun können:

- Geben Sie Ihrem Kind viel zu trinken.
- Behandeln Sie mögliches Fieber.
- Bei Verdacht auf eine Harnwegsinfektion vereinbaren Sie einen Termin beim Arzt.

Gehen Sie auf jeden Fall zum Arzt:

- Wenn Ihr Kind krank wirkt und Schmerzen beim Wasserlassen hat.
- Wenn es Fieber ohne ersichtlichen Grund hat.

Essstörungen

Viele Teenager, vor allem Mädchen, sorgen sich ständig um ihr Gewicht. Superdünne Models und Stars in den Medien verstärken das Problem noch.

Bei einer Magersucht, Anorexie, liegt das Körpergewicht höchstens 15 Prozent unter dem Normalgewicht. Die Betroffenen hungern, viele reduzieren die Nahrungsaufnahme auf ein absolutes Minimum und treiben zudem übermäßig Sport. Charakteristisch sind auch Zwangshandlungen.

Bulimie-Kranke essen anfallsartig große Mengen und erbrechen sich dann, sie treiben übermäßig Sport oder verwenden Abführmittel und Diuretika, um die Essattacken auszugleichen. Etwa zehn Prozent aller Teenager haben eine Essstörung, davon etwa 0,5 bis 1 Prozent eine ausgeprägte Anorexie, etwa 2 bis 3 Prozent eine Bulimie. Zehn Prozent der Betroffenen sind Jungen.

Die meisten Betroffenen leugnen jegliches Problem. Die Ursachen von Essstörungen sind unbekannt, es werden jedoch psychische Gründe vermutet. Kinder mit Neigung zu Perfektionismus, Kontrollbedürfnis und starkem Wunsch nach sozialer Anerkennung sind häufiger betroffen. Ursache einer Essstörung ist fast immer ein schwaches Selbstbild.

Körperliche Auswirkungen

Anorexie und oft auch Bulimie führen zu einer bedeutenden, oft lebensgefährlichen Gewichtsabnahme. Vor allem bei Magersucht besteht die Gefahr einer Immunschwäche, einem Ausbleiben der Regelblutung (häufig mit späteren Fruchtbarkeitsproblemen), Eisenmangel und verspäteter Pubertät. Schwerer noch sind Herz-, Nieren- und Magen-Darm-Probleme sowie Osteoporose (s. S. 252).

Bei Bulimie können die Einnahme von Abführmitteln und das Erbrechen Darm und Zähne oft lebenslang schädigen. Es kann zu einer ernsten Dehydrierung und einem Vitamin- und Mineralstoffmangel mit Folgeproblemen kommen.

Alarmzeichen

★ Zwanghafte Beschäftigung mit Gewicht, Kalorien und strenger Diät.
★ Zwanghaftes Sport treiben.
★ Häufiges »Ich hab keinen Hunger« oder »keine Zeit« bei den Mahlzeiten, stattdessen isst das Kind allein.
★ Das Kind geht nach den Mahlzeiten zur Toilette (um zu erbrechen).
★ Stimmungsschwankungen mit Wutausbrüchen, Rückzug und Depression.
★ Ausschläge, trockene Haut, Haarausfall und Juckreiz.
★ Ausbleiben der Regelblutung.

EINSTELLUNG ZUM ESSEN *Magersüchtige erfinden ihre eigenen Regeln, wie viel sie essen dürfen. Manche meinen, schon zwei Löffel einer Speise würden sie dick machen.*

Was Sie tun können

Beobachten Sie Ihr Kind sorgfältig, und holen Sie ärztlichen Rat ein, wenn es sehr dünn ist. Ein frühes Eingreifen ist erfolgreicher als Abwarten. Drängen Sie Ihr Kind nicht zum Essen gedrängt, es zieht sich sonst nur weiter zurück und verstärkt seine Verweigerung.

Essen Sie regelmäßig als Familie, um zu sehen, was Ihr Kind isst. Ein Teenager lässt sich kaum wiegen, doch Sie können Ihrem Kind die Gewichtstabellen (s. S. 52) erklären und es bitten, sich selbst daran zu orientieren.

Leben Sie als Eltern gute Essgewohnheiten und eine positive Einstellung zum Essen vor. Seien Sie sich Ihres großen Einflusses auf das Selbstwertgefühl und Körperbild Ihres Kindes bewusst. Eine Studie ergab, dass Neun- bis Elfjährige ein schwächeres Selbstbewusstsein hatten, wenn sie meinten, ihre Eltern seien mit ihrem eigenen Körper unzufrieden. Doch auch selbstsichere Kinder können in Stresssituationen an Selbstwert- und emotionalen Problemen leiden. Geben Sie sich also nicht selbst die Schuld. Wenden Sie sich an eine Beratungsstelle (s. S. 310f.).

Geistige Fähigkeiten

Das eine Mal staunen Sie, wie reif und verantwortungsbewusst Ihr 14-Jähriger ist, dann wieder verzweifeln Sie an seinem kindischen Gebaren. Das ist normal. Während der Adoleszenz verläuft die Entwicklung recht verquer – in einigen Bereichen zeigen sich Fortschritte, in anderen Rückschritte.

Ihr Teenager kann seine Gefühle dank seines größeren Wortschatzes nun zwar besser ausdrücken, ist aber dennoch oft wenig gesprächsfreudig, manchmal sogar stumm. Er ist weiterhin einer Achterbahn der Gefühle ausgeliefert. Für die Eltern ist vieles sehr verwirrend – das Kind mag körperlich entwickelt sein wie ein 16-Jähriger, besitzt dabei die kognitive Entwicklung eines 14-Jährigen und die Sozialkompetenz eines Zehnjährigen.

CHAOS *Viele Teenager sind schlecht organisiert. Der Teil des Gehirns, der für Strukturierung zuständig ist, ist noch nicht voll ausgebildet.*

Risiken eingehen

Erst handeln, dann nachdenken – davon ist das Verhalten in diesem Alter meist bestimmt. Das ist dadurch begründet, dass der Teil des Gehirns, der das Bauchgefühl und die emotionalen Reaktionen steuert, auf Hochtouren arbeitet. Lassen Sie Ihr Kind Fehler machen, solange es damit seine Sicher-

Empathie vermitteln

Teenager sind fähig, für Mitmenschen Empathie zu empfinden. Leider tun es viele nicht, weil man es ihnen nicht beigebracht hat. Wir leben in einer oft egoistischen Gesellschaft, in der der persönliche Nutzen ausschlaggebend ist und Empathie selten vorgelebt wird.

So erwirbt Ihr Kind Empathie:

★ Zeigen Sie Ihrem Kind Ihre Bestürzung, wenn es grob oder gewalttätig ist. Reagieren die Eltern auf Kälte und Wut des Kindes ebenfalls kalt und wütend, führt das schnell in einen Teufelskreis. Warmherzige Eltern, die gelegentlich auch Schwäche zeigen und menschlich sind, lehren ihr Kind Mitgefühl für andere und zeigen, dass man besser mit Betroffenheit als mit Wut reagiert.

★ Schärfen Sie die Wahrnehmung Ihres Kindes für freundliches Verhalten. Tut Ihnen jemand einen Gefallen, sagen Sie: »Das war sehr hilfsbereit.«

★ Zeigen Sie selbst Empathie. Wenn Ihr Kind zu einem Geschwister gemein ist, spiegeln Sie seine Gefühle. Dabei erfährt es, dass andere seinen Standpunkt erkennen können. Sagen Sie jedoch auch, dass sein Verhalten nicht akzeptabel ist, und es die Sache bereinigen muss. Erklären Sie ihm auch, wie sich die Geschwister wohlfühlen.

★ Machen Sie immer wieder deutlich, dass jeder Mensch gute Seiten hat. Leiten Sie es an, sich in andere hineinzuversetzen.

heit oder Gesundheit nicht in Gefahr bringt. Glauben Sie an seine zunehmende Reife, aber denken Sie daran, dass Sie auch helfend bereitstehen müssen. Junge Teenies machen einfach Dummheiten – seien Sie nachsichtig.

Ermöglichen Sie Ihrem Kind, konstruktive Risiken einzugehen, und bringen Sie es ab von waghalsigen und gefährlichen Vorhaben wie Alkohol- und Drogenkonsum. Das bedeutet, den Jugendlichen körperlich und geistig herauszufordern – vielleicht durch Sportarten wie Klettern oder Mountainbiken, in einer Fußballmannschaft oder in künstlerischer Hinsicht oder durch das Schreiben von Zeitungsartikeln oder Theaterstücken.

Denken Sie daran:

- Ungesundes Risikoverhalten Jugendlicher mag aufmüpfig wirken, ist aber in Wirklichkeit Teil ihrer Identitätsfindung, indem sie sich selbst »entwerfen« und sich von anderen absetzen.
- Die meisten Fälle von Suchtverhalten (Drogen oder Alkohol, Spiel-, Internet-, Playstationsucht) maskieren ein Bedürfnis nach Herausforderung und Abwechslung. Studien zeigen, dass Kinder, die regelmäßig Stimulation durch ein abwechslungsreiches, aktives Leben erfahren, sich nicht nur seltener auf Risikoverhalten einlassen, sondern auch besser in der Lage sind, ihre Zeit einzuteilen, Stress zu bewältigen und eine gesunde Lebensweise zu entwickeln.

»Wenn Teenager zu Hause nichts als Alltag erleben, suchen sie sich anderswo neue Anregungen.«

- Es gehört zur Jugend, Reize zu suchen und Risiken einzugehen; wir müssen ihnen dazu konstruktive Möglichkeiten bieten.

Sprache und Lesekompetenz

Mit 14 hat Ihr Teenager einen viel weiteren Horizont, da er nun erkennt, wie die Dinge miteinander zusammenhängen. Das abstrakte Denken verfeinert sich, und er versteht sogar schwierige abstrakte Vorstellungen. Das Lernverhalten verändert sich in dieser Phase mit der zunehmenden Einsicht und er kann eigenverantwortlich lernen.

Nicht nur Spiel und Spaß stehen nun im Vordergrund, sondern der junge Mensch beschäftigt sich mit Dingen, bei denen er selber denken sowie Vorstellungen entwickeln und diese argumentativ untermauern muss. Er kann Richtig und Falsch unterscheiden, Tatsachen von Meinungen unterscheiden sowie die Glaubwürdigkeit verschiedener Informationsquellen bewerten. Er liest nicht nur zur Unterhaltung, sondern zum Wissenserwerb und übt sein kritisches Denken.

In diesem Jahr macht Ihr Kind in allen Bereichen des Denkens Fortschritte; dies spiegelt sich in einem »erwachseneren« Leseverhalten und fortgeschrittenen Denkkategorien wider und seinem gleichermaßen vielseitigen

Verstehen fördern

Dank folgender Maßnahmen profitiert Ihr Teenie optimal von Büchern und Texten jeglicher Art:

★ Zum Lesen braucht man eine konzentrationsfördernde Umgebung. Schaffen Sie einen ruhigen Raum, an den es sich zurückziehen kann.

★ Bringen Sie Ihrem Kind bei, nach jedem Absatz innezuhalten und die Information zusammenzufassen. Hat es die wesentlichen Gedanken nicht verstanden, fordern Sie es auf, den Absatz nochmals zu lesen.

★ Visualisieren hilft, das Gelesene zu verstehen. Ihr Kind kann sich vorstellen, ein Regisseur zu sein, der das Buch verfilmt: Was sieht er? Wie ist die Kulisse? Wie sehen die Figuren aus? Was sollte oder wird als Nächstes geschehen?

★ Es ist auch hilfreich, den Text zu einer persönlichen Erfahrung in Beziehung zu setzen oder ihn mit einem anderen Buch, das es gelesen hat, oder mit einem Film zu vergleichen. Dies festigt das Verständnis.

★ Bitten Sie Ihr Kind, auf Struktur zu achten. Lassen Sie es Unter-, Überschriften und Titel lesen und auch Bildlegenden. Alles hängt wie die Teile eines Puzzles zusammen und liefert wertvolle Anhaltspunkte.

★ Ihr Kind sollte auf sein Tempo achten. Bei zu schnellem Lesen werden Schlüsselinformationen nicht wahrgenommen, bei zu langsamem Lesen geht das Interesse verloren. Einfachere Passagen kann es schneller, schwierigere langsamer lesen.

wie anschaulichen Wortschatz. Es spricht die Sprache der Erwachsenen; es benutzt Adjektive, Adverbien, Metaphern und andere rhetorische Figuren, wenn auch eher im schriftlichen als im mündlichen Ausdruck. Unterstützen Sie diesen Prozess, indem Sie Ihr Kind ermutigen, unterschiedlichste Literatur zu lesen und seine Welt genau und im Detail zu beschreiben.

Sichere Rechtschreibung

Viele Kinder haben Probleme mit der Rechtschreibung. In vielen Lehrplänen hat die Rechtschreibung einen eingeschränkten Stellenwert, während die Sprachbeherrschung außerhalb der Schule häufig an dieser Fähigkeit gemessen wird. Kinder müssen ein gutes Rechtschreibgespür ausbilden können, indem Lernen in Zusammenhängen stattfindet, unterschiedliche Lernstände berücksichtigt und Strategien für richtige Schreibungen vermittelt werden.

So können Sie Ihrem Kind helfen:

- Lösen Sie gemeinsam Kreuzworträtsel und machen Spiele wie Scrabble. Wenn Ihr Kind gewinnen will, muss es das Wort richtig buchstabieren. 14-Jährige entwickeln dabei großen Ehrgeiz.
- Gewöhnen Sie es daran, Danksagungen und Einladungen per Brief – oder auch E-Mail – zu verfassen. Gewöhnen Sie ihm an, das Geschriebene immer gegenzulesen. Die meisten Kinder erkennen ihre Fehler und lernen dabei.
- Leiten Sie Ihr Kind an, sich bei der Rechtschreibprüfung am PC immer zu überlegen, was es falsch geschrieben hat, bevor es das Wort korrigiert. Fordern Sie es auf, Wörter auch im Duden nachzuschlagen.
- Gehen Sie offen mit Fehlern um. Jedes Familienmitglied kann eine Liste mit falsch geschriebenen Wörtern an die Kühlschranktür hängen. Wenn alle Fehler machen, fühlt sich Ihr Kind nicht bloßgestellt.
- Wenn Ihrem Kind seine Rechtschreibprobleme peinlich sind, laden Sie Rechtschreibübungen aus dem Internet herunter und lassen es üben. Es gibt auch interaktive Rechtschreibprogramme mit sofortiger Rückmeldung.
- Regen Sie Ihr Kind immer wieder zum Lesen an. Gute Rechtschreiber sind gute Leser – auch wenn es nur der Sportteil in der Zeitung ist.

Denken Sie daran:

- Schwache Rechtschreibung ist kein Ausdruck mangelnder Intelligenz. Manche Kinder sind nur nachlässig, bei anderen liegen Lernstörungen zugrunde. Geben Sie Ihrem Kind nicht das Gefühl, einen Makel zu haben.

WORTSPIELE *Bei Scrabble lernt Ihr Kind neue Wörter und trainiert die Rechtschreibung. Es regt auch zum Nachschlagen von Wörtern im Duden an.*

Gefühle und Persönlichkeit

Ihr Teenie ist eine Art »Baustelle«. Er muss herausfinden, wer er ist, welches seine Werte sind und wo sein Platz in der Familie, der Clique und seinem Wohnort ist. Er probiert neue Einstellungen und Verhaltensweisen aus; da ist es kein Wunder, wenn er nach innen gekehrt und unsicher wirkt.

»Innerhalb von Minuten kann es von der Launenhaftigkeit eines Kleinkindes in die Ängste eines Teenagers verfallen. Ihm machen seine Launen ebenso zu schaffen wie Ihnen.«

Das Verhalten Ihres Teenagers mag unverständlich scheinen, ist für seine Entwicklung aber notwendig. Er überlegt, was für ein Mensch er sein möchte, und probiert Ideen aus. Er kann eine Phase der »Coolness« und Unnahbarkeit durchmachen, um zu sehen, ob man dadurch neue Freunde gewinnt. Mal ist er fleißig und hilfsbereit, dann wieder aufmüpfig und sucht Risikoverhalten. Gegen Ende der Pubertät hat er durch dieses Experimentieren die Einsichten gewonnen, die er für seine Identitätsfindung braucht.

Unerträgliche Launenhaftigkeit

Infolge der hormonellen Veränderungen und der Gefühlsturbulenzen einer ersten Liebe kann ein Teenager unerträglich launisch sein. Eltern haben keinen Einfluss auf die Hormone und nur wenig auf die Freundschaften, aber sie können einen beständigen, beruhigenden Halt bieten. Werden Sie nicht emotional, lassen Sie ihn allein, wenn er das braucht, und hören Sie seine Probleme an, wenn er sich mitteilt. Nehmen Sie ihn ernst, aber sehen Sie sich nicht in der Verantwortung, Probleme für ihn zu lösen. Sonst kümmern Sie sich plötzlich um Dinge, die für ihn schon kein Thema mehr sind.

Bitte keine Küsschen!

Es wird für Eltern kompliziert, ihrem Teenager ihre Liebe zu zeigen. Er empfindet Nähe und Zärtlichkeit als sehr »uncool«. Eine Umarmung oder ein Kuss in der Öffentlichkeit sind »hochpeinlich«. Aber Sie können sicher sein, dass Ihr Teenie weiterhin Nähe braucht und zu Hause auch zärtlich sein kann; beim Fernsehen kuschelt er sich an Sie, oder er möchte einen Gute-Nacht-Kuss. Drücken Sie Ihre Zuneigung auf diskrete Weise aus: Schulterklopfen, eine kurze Berührung des Arms oder der Hand, Zuwinken schenken Wärme. Ihr Teenager muss erst Wege finden, Ihnen gegenüber Gefühle auszudrücken; er braucht Ihre Anerkennung, will aber nicht kindlich wirken. Also machen Sie zu Hause selber den ersten Schritt, überlassen es in der Öffentlichkeit aber ihm, wie er seine Liebe zu Ihnen zeigen will.

Provokantes Verhalten

Durch Risikoverhalten (s. S. 298) will Ihr Teenie demonstrieren, dass er kein Kind mehr ist. Sie wiederum haben Angst, dass er sich in Gefahr bringt. Die Diskrepanz zwischen diesen Positionen bedeutet, dass er Ihre Autorität infrage stellt, wenn er nach mehr Freiraum strebt.

Eine Lösung durch Kompromisse und Verhandeln ist mühsam, aber notwendig. Sie setzen am Wochenende eine Ausgangsfrist bis 23 Uhr fest und Ihr Teenager sieht nicht ein, warum er vor 2 Uhr morgens heimkommen sollte? Er überschätzt vermutlich seine Eigenverantwortung, daher werden Sie weiterhin Grenzen setzen müssen – z. B. darf er etwas länger auf einer Party bleiben, aber Sie werden ihn dann selber abholen, damit er gut nach Hause kommt. Bestimmte Grenzen sind für Teenager förderlicher als eine Laissez-faire-Haltung, bei der sie alles selber entscheiden dürfen. Natürlich kann es auch Probleme geben. Lässt sich Ihr Sohn oder Ihre Tochter auf kriminelles Verhalten ein, auf Drogenmissbrauch oder wird sexuell belästigt, wenden Sie sich an eine Beratungsstelle.

TIMING
Um den günstigen Moment für ein Gespräch zu finden, schätzen Sie die Stimmung Ihres Kindes ein.

Selbstverstümmelung

Bei Selbstverstümmelung verletzt sich eine Person, um über den Schmerz Spannungen und intensive Gefühle abzubauen. Dazu gehören Ritzen, Beißen, Verbrennungen und andere Methoden. Es erfolgt gewöhnlich allein, ohne Kenntnis der Familie. Mädchen sind viermal häufiger betroffen als Jungen. Dem Gefühl der Entlastung von Wut, Frustration oder Angst folgen häufig Schuldgefühle und letzlich eine Schwächung des Selbstwertgefühls.

Was man tun kann:

★ Wenn Sie glauben, dass Ihr Teenager sich selbst verletzt, sprechen Sie mit ihm in aller Ruhe über Ihre Befürchtung.

★ Selbst wenn Sie schockiert sind, zeigen Sie dies nicht. Dadurch werden Schuldgefühle verstärkt. Ihre Zuwendung hilft am meisten.

★ Fragen Sie Ihr Kind vorsichtig, ohne es auszufragen, was es belastet. Möglicherweise teilt es sich erst später mit.

★ Stellen Sie fest, ob eine ärztliche Behandlung erforderlich ist. Sorgen Sie dafür, dass Ihr Kind weiß, wie es im Notfall Hilfe erhalten kann, wenn Sie nicht da sind.

★ Wenden Sie sich an eine Beratungsstelle oder einen Psychologen.

Nicht in die Nörgelfalle tappen

Es bringt nichts, an einem Teenager herumzunörgeln. Es nervt ihn nur, wenn er eine Anweisung immer wieder hört, und er schaltet einfach ab.

So kommt Ihre Botschaft an:

- Um die Aufmerksamkeit und Kooperation Ihres Kindes zu erlangen, wählen Sie einen günstigen Zeitpunkt für Ihr Gespräch. Warten Sie z. B., bis es sein Computerspiel oder sein Telefonat beendet hat.
- Unterbrechen Sie dann Ihre Tätigkeit, gehen Sie zu ihm und sagen Sie klar, was Sie wollen. Bleiben Sie da, damit es weiß, dass Sie es ernst meinen. Bedanken Sie sich, wenn es kooperativ gewesen ist.
- Will es Ihrer Aufforderung nicht gleich nachkommen, einigen Sie sich auf einen festen Zeitpunkt. Es kann z. B. seine Wäsche innerhalb der nächsten Stunde aufräumen. Kommt es der Vereinbarung nicht nach, hat dies Konsequenzen – z. B. werden seine Lieblingsklamotten dann eben nicht bis zum nächsten Tag gewaschen.

ES WIRD ERNST
Hat Ihr Teenie einen Seelenverwandten gefunden, kann sich daraus eine Beziehung entwickeln, mit allen Höhen und Tiefen.

Freunde und Freundschaften

Mit 14 verändern sich die Freundschaften. Bisher hatte Ihr Kind überwiegend gleichgeschlechtliche Freunde, nun bildet sich eine größere gemischtgeschlechtliche Gruppe, meist aus einer Mädchen- und einer Jungengruppe, und es kommen weitere Mitglieder dazu. Die ersten Verabredungen zwischen einem Jungen und Mädchen finden oft innerhalb einer Gruppenunternehmung statt, bei der mehrere Paare etwas miteinander machen. Mit seinen Freunden wird Ihr Kind nun über Beziehungen sprechen. Hier findet Ihr Sohn Unterstützung, wenn er mit einer Freundin Schluss macht oder wird getröstet, wenn seine Freundin Schluss gemacht hat. Intensive Freundschaften bringen immer Turbulenzen mit sich – dann braucht Ihr Teenie Ihre Unterstützung, um wieder Fuß zu fassen.

Häufige Verhaltensprobleme

▶ **Ich kämpfe ständig mit meiner 14-jährigen Tochter. Sie glaubt wohl, dass sich alles nur um sie dreht. Geht es nicht nach ihrem Kopf, veranstaltet sie ein Riesentheater und nervt uns, bis wir ihr nachgeben. Was passiert da?**
Ihre Tochter versucht sich zu behaupten. Ihr Verhalten wirkt egoistisch und fordernd. Begegnen Sie ihrer Quengelei mit der immer gleichen Antwort, beispielsweise: »Ich kann jetzt nicht mit dir einkaufen gehen, weil dein Bruder Sporttraining hat. Wir gehen morgen.« Das wird ihr zumindest so langweilig, dass sie die Entscheidung akzeptieren wird. Beziehen Sie Ihre Tochter in Entscheidungen der Familie möglichst mit ein; auf diese Weise trägt sie sie eher mit.

▶ **Die ewige Streitlust meines Sohnes macht mich völlig kaputt. Wie kann ich damit umgehen?**
Bleiben Sie ruhig und lassen Sie sich nicht auf den Streit ein. Wenn er Sie mit Worten provoziert wie z. B.: »Was weißt du denn schon«, dann antworten Sie einfach: »Sei nicht frech«, statt sich auf eine Argumentation einzulassen, die nur wie eine Rechtfertigung klingen und eine erneute Reaktion hervorrufen würde. Es ist am wirkungsvollsten, wegzugehen und dann zu versuchen, mit dem Kind zu reden, sobald es sich beruhigt hat.

▶ **Meine Tochter hat ihr Äußeres extrem verändert. Ist das normal?**
Einen neuen Look auszuprobieren, sich von den Eltern abzusetzen und durch das Äußere die Zugehörigkeit zu einer Clique zu demonstrieren, ist bei 14-Jährigen ein ganz normales Verhalten.

Selbst wenn Sie das Aussehen Ihrer Tochter abstoßend finden, seien Sie versichert, dass es vorübergeht. Die Mode ändert sich schnell und der Geschmack von Teenagern ebenso. Wird Ihre Tochter jedoch in der Schule auffällig und verletzt durch ihr Äußeres Sitten oder Regeln, müssen Sie etwas unternehmen. Wenn die Kleidung beispielsweise für die Schule sehr freizügig oder zu lässig ist, versuchen Sie eine Einigung dahingehend zu erlangen, wann Ihre Tochter »normale« Kleidung tragen muss und wann das von ihr favorisierte, ausgefallen Outfit erlaubt ist.

Diskrete Unterstützung

Die Art, wie Sie Ihren Teenager bei den Schularbeiten, im Sport und bei Hobbys unterstützen, bedeutet ihm viel und ist für sein Selbstvertrauen und dauerhaften Erfolg wichtig. Wenn Sie zu einer Aufführung oder einem Spiel, bei dem er mitmacht, und zu den Elternabenden gehen, zeigen Sie Ihr Interesse. Er erfährt, dass Ihnen das, was er tut, wichtig ist. Diese Unterstützung nimmt er wahr, auch wenn er sich nicht äußert.

Doch auch wenn Sie Ihren Teenager in allen Bereichen unterstützen wollen und stolz auf seine Leistungen sind, hüten Sie sich vor übertriebenem Lob und zu viel Aufmerksamkeit. Seien Sie einfach aufrichtig – ein paar überlegte Worte des Lobes sind ihm lieber als lange Reden, die seine Begabungen übertreiben.

HAUSAUFGABEN
Zeigen Sie Interesse an den Hausaufgaben Ihres Kindes und akzeptieren Sie, dass es in diesem Alter wenig Begeisterung dafür hat.

Das Leben Ihres Kindes

Ihr Teenager hat tausend Dinge im Kopf – da bleibt die Motivation für die Schule leicht auf der Strecke. Verabredungen, mit Freunden zusammen sein, Musik hören und einfach nur nachdenken nehmen viel Zeit in Anspruch. Das Lernen steht auf dieser Prioritätenliste oft ziemlich weit unten.

Ihr Teenager arbeitet am effektivsten, wenn hinsichtlich der Hausaufgaben klare Regeln bestehen, z.B. müssen Aufgaben erledigt sein, bevor er Freunde treffen oder chatten darf. Zeigen Sie Interesse für seine Aufgaben, unterstützen Sie ihn und versuchen Sie, Begeisterung zu wecken. In Zeiten intensiven Lernens gibt es Belohnungen für erledigte Arbeiten. Gemeinsames Wiederholen auf Tests hilft ihm, sich zu konzentrieren.

Denken Sie daran:

- Oft reagiert man heftig, wenn man meint, das Kind sei nachlässig, und ignoriert es, wenn es fleißig arbeitet. Loben Sie es auch für seine Anstrengungen.
- Solide, intensive Arbeit schafft langfristigen Erfolg. Konzentrieren Sie Ihr Lob stärker auf die Anstrengung als nur auf gute Noten.

Angst vor schulischen Anforderungen

Der Druck, in der Schule gut zu sein, überfordert manchen Teenager und führt zu Ängsten. Das Kind erfindet Ausreden, täuscht z. B. leichte Erkrankungen vor, um nicht in die Schule gehen zu müssen. Es kann auch körperliche Symptome geben, z. B. Zittern oder Weinerlichkeit, und emotionale Anzeichen, wenn es z. B. von sich sagt, es sei unnütz oder dumm.

Das Kind ist in einem Teufelskreis des Selbstzweifels verfangen, der sich verschlimmert, wenn es Unterricht versäumt und zurückfällt. Helfen Sie ihm, seine Ängste durch positive Selbstgespräche zu ersetzen, z. B. den Gedanken »Ich bin dumm« durch »Ich kann das«. Trainieren Sie mit Ihrem Kind progressive Muskelentspannung – die Schultern fallen lassen, die Spannung aus den Händen schütteln und tief durchatmen. Informieren Sie die Lehrer und bemühen Sie sich gemeinsam, ihm Unterstützung und Motivation zu geben.

Verantwortung beibringen

Ihr Kind will vielleicht mehr in Eigenverantwortung tun, traut es sich aber nicht zu. Unterteilen Sie daher Aufgaben in Teilschritte. Vielleicht will es mit seinen Freunden in einen Freizeitpark gehen. Dazu muss es klären, ob und wo es günstige Eintrittskarten gibt, es muss Bus- und Zugverbindungen herausfinden und eine Rückkehrzeit vereinbaren. Es muss im Internet recherchieren, telefonieren, Kosten kalkulieren und verhandeln. Es muss Entscheidungen treffen, Wünsche abwägen und Alternativen auswählen.

Wenn es Taschengeld bekommt oder z. B. eine Zeitung austrägt, muss es sein Geld verantwortungsbewusst ausgeben. Schreiben Sie nicht vor, was es kaufen darf und was nicht; aber sprechen Sie mit ihm, wenn es sein Geld verschwendet. Es sollte wissen, dass es auf große Wünsche sparen muss.

»Verantwortung erwirbt man am besten, wenn man die Chance hat, neue Herausforderungen zu meistern.«

Geschwisterzoff

Kabbeleien und Gezänk, Verhandeln und Kompromisse schließen – all das gehört zum Geschwisteralltag; dabei erwerben die Kinder Kompetenzen, um alltäglichen Streit zu lösen. Manchmal wird aus Streit jedoch Mobbing eines Geschwisters. Dann werden Sie zunächst das gemobbte Kind schützen wollen. Erarbeiten Sie mit ihm einen Plan, damit es weiß, was es tun soll, wenn es bedroht oder angegriffen wird, z. B. »Halt« rufen, sofort nach Ihnen rufen oder zu den Nachbarn laufen, wenn es Tätlichkeiten befürchtet. Die Geschwister müssen beaufsichtigt werden, bis das Problem gelöst ist.

Wenn Ihr Kind mobbt

Man ist geschockt und beschämt, wenn man erfährt, dass das eigene Kind andere mobbt. Es gibt viele mögliche Gründe: Es wird selbst gemobbt, ist traurig oder hat ein schwaches Selbstwertgefühl. Oder ihm ist nicht bewusst, wie sein Handeln andere verletzt. Mobbing kann ein Gefühl der Macht verleihen. Man fühlt sich groß – auf Kosten der anderen Person. Greifen Sie ein. Stoppen Sie Ihr Kind. Äußern Sie Ihre Missbilligung und setzen Sie Sanktionen fest, z. B. eine Beschränkung der Ausgangszeiten. Im nächsten Schritt werden die Probleme gelöst, die zum Mobbing geführt haben. Stellen Sie z. B. sicher, dass es nicht selbst gemobbt wird. In den Situationen, in denen es gemobbt hat, muss es beaufsichtigt werden. Es braucht jemanden, an den es sich bei Problemen wenden kann. Bauen Sie seine Empathie auf; es soll den Betroffenen nachfühlen. Bemühen Sie sich um entsprechende Unterstützung durch die Schule.

Sie sollten z. B. nicht allein zu Hause bleiben. Das mobbende Geschwisterkind braucht Anleitung zur Verhaltensänderung. Vielleicht wollen Sie gemeinsam aufschreiben, wie es sich verhalten sollte, z. B. freundlich zu anderen sein, nichts ohne Erlaubnis wegnehmen und Streit durch Worte lösen. Kommt es zu schweren Übergriffen, die Sie nicht unter Kontrolle haben, scheuen Sie sich nicht, die Polizei zu rufen.

Ausgleich zwischen den Interessen

Es ist toll und sehr, sehr anstrengend, ein Teenie zu sein. Ihr Kind braucht massenhaft Energie, um die Bedürfnisse seines sich rapide entwickelnden Körpers, die Anforderungen in der Schule und die Ansprüche in Beziehungen und Clique, erster Liebe und Familie zu erfüllen. Wenn Sie meinen, er lebe über seine Kräfte, schreiten Sie ein. Beschränken Sie Freizeitaktivitäten. Er ist wahrscheinlich erleichtert, wenn Sie vorschlagen, einige Zeit lang auf manche Aktivitäten zu verzichten. Veranlassen Sie, dass Handy und PC um 21 Uhr abgeschaltet werden, damit er nicht noch spätabends kommuniziert.

Häufige Fragen

FRAGEN AUS DEM ALLTAG

▶ Ich fühle mich durch die gewalttätigen, sexistischen Songtexte, die mein Sohn hört, persönlich verletzt. Sollte ich sie ihm verbieten?
Die Verurteilung oder das Verbot bestimmter Musik ist ein todsicherer Weg, sie noch interessanter zu machen. Verzichten Sie möglichst auf Kritik; Generationen von Eltern haben die Musik ihrer Kinder verteufelt und damit den Mythos, dass Eltern »keine Ahnung« haben, nur verstärkt!

Hören Sie stattdessen Ihrem Sohn zu. Finden Sie heraus, warum er diese Musik mag. Erklären Sie, was Sie an den Texten stört. Das bietet die seltene Chance, schwierige Themen, wie rassistische und sexuelle Vorurteile, zu diskutieren und Ihren Sohn dazu zu bringen, seine eigenen Ansichten zu hinterfragen. Sie können ihn nicht vor allen negativen Einflüssen bewahren, aber davor schützen, indem Sie ihn auffordern, darüber nachzudenken, was er hört.

▶ Meine Tochter lässt ihre Sachen überall herumliegen. Wie kann ich das thematisieren?
Statt sich einfach bei ihr zu beklagen, motivieren Sie Ihre Tochter zum Aufräumen. Stellen Sie ihr peppige Kisten und Ordner für ihre Schulsachen zur Verfügung. Wenn sie Farben und Design selbst auswählt, wird sie sie eher benutzen. Erarbeiten Sie mit ihr einen Aufräumplan: Dazu könnte gehören, ihre Sachen abends aufzuräumen und alle Schulsachen auf dem Schreibtisch zu belassen. Wenn sie dieses Maß an Ordnung erreicht, können Sie vielleicht ein wenig Chaos in ihrem Zimmer tolerieren. Stellen Sie jedoch sicher, dass sie nicht schlechte Gewohnheiten von Ihnen übernimmt; räumen Sie selber auf.

Hilfreiche Adressen

Rettungsdienst 112
Feuerwehr 112
Polizei 110

www.erste-hilfe-fuer-kinder.de
www.kinderaerzte-im-netz.de

Giftnotruf
030/192 40
089/192 40
0551/192 40
www.giftnotruf.de

Elterntelefon Nummer gegen Kummer e. V.
0800/111 05 50 (kostenlos)

Kinder- und Jugendlichentelefon Nummer gegen Kummer e. V.
Tel.: 0800/111 03 33 (kostenlos)

Deutscher Kinderschutzbund
Bundesverband – e. V.
Schöneberger Straße 15
10963 Berlin
Tel.: 030/21 48 09-0
www.dksb.de

Deutsche Liga für das Kind
Charlottenstraße 65
10117 Berlin
Tel.: 030/28 59 99 70
www.liga-kind.de

Berufsverband der Kinder- und Jugendärzte e. V.
Mielenforster Straße 2
51069 Köln
Tel.: 0221/68 90 90
www.kinderaerzte-im-netz.de

Deutsche Gesellschaft für Kinder- und Jugendpsychiatrie (DGKJP)
Reinhardtstraße 14
10117 Berlin-Mitte
Tel.: 030/28 09 65 19
www.dgkjp.de

Gesellschaft für Geburtsvorbereitung, Familienbildung und Frauengesundheit
Bundesverband e. V.
Ebersstraße 68
10827 Berlin
Tel.: 030/45 02 69 20
www.gfg-bv.de

Tagesmütter Bundesverband für Kinderbetreuung in Tagespflege
Moerserstraße 25
47798 Krefeld
Tel.: 02151/154 15 90
www.tagesmuetter-bundesverband.de

Verband alleinerziehender Mütter und Väter – VAMV
Hasenheide 70
10967 Berlin
Tel.: 030/695 97 86
www.vamv.de

Bundesarbeitsgemeinschaft »Mehr Sicherheit für Kinder« e. V.
Heilsbachstraße 13
53123 Bonn
Tel.: 0228/68 83 40
www.kindersicherheit.de

Deutsche Gesellschaft für Ernährung e. V. (DGE)
Godesberger Allee 18
53175 Bonn
Tel: 0228/37 76-600
www.dge.de

Bundeszentrale für gesundheitliche Aufklärung (BzgA)
Ostmerheimer Straße 220
51109 Köln
Tel.: 0221/899 20
www.bzga.de
www.loveline.de (Sexualberatung)

Pro Familia – Deutsche Gesellschaft für Familienplanung, Sexualpädagogik und Sexualberatung e. V.
Stresemannallee 3
60596 Frankfurt
Tel.: 069/63 90 02
www.profamilia.de

ANAD e. V.
Beratungsstelle und therapeutische Wohngruppen für Essstörungen
Poccistraße 5
80336 München
Tel.: 089/21 99 73-0
www.anad-pathways.de

Bundesministerium für Bildung und Forschung (BMBF)
Hannoversche Straße 28–30
10115 Berlin
Tel.: 030/185 70
www.bmbf.de

www.bildungsserver.de

Aktion Bildungsinformation e. V.
Lange Straße 51
70174 Stuttgart
Tel.: 0711/22 02 16-30
www.abi-ev.de

Deutsche Gesellschaft für das hochbegabte Kind e. V.
Hilde Brekow
Schillerstraße 4–5
10625 Berlin
Tel.: 030/34 35 68 29
www.dghk.dc

DHS – Deutsche Hauptstelle für Suchtfragen e. V.
Westenwall 4
59065 Hamm
Tel.: 02381/90 15-0
www.dhs.de

Sucht- und Drogenhotline
Tel.: 01805/31 30 31 (bundesweit)

Bundesverband Elterninitiativen (BAGE e. V.)
Landwehrstraße 60-62
80336 München
Tel.: 089/961 60 60 60
www.bage.de

Kindernetzwerk e. V. für kranke und behinderte Kinder und Jugendliche
Hanauer Straße 15
63739 Aschaffenburg
Tel.: 06021/12 03-0
www.kindernetzwerk.de

Deutscher Bundesverband für Logopädie e. V.
Augustinusstraße 11 a
50226 Frechen
Tel.: 02234/37 95 30
www.dbl-ev.de

Bundesverband Legasthenie und Dyskalkulie e. V.
Postfach 1107
30011 Hannover
Tel.: 0700/31 87 38 11
(kostenpflichtig)
www.legasthenie.net

ADHS Deutschland e. V.
Postfach 410724
12117 Berlin
Tel.: 030/85 60 59 02
www.adhs-deutschland.de

BFS – Bund zur Förderung Sehbehinderter
Düsseldorfer Straße 50
41460 Neuss
Tel.: 02131/1 76 30 91
www.bfs-ev.de

Bundesverband der Eltern und Freunde hörgeschädigter Kinder e. V.
Pirolkamp 18
22397 Hamburg
Tel.: 040/6 07 03 44

Zentrum für trauernde Kinder und Jugendliche e. V.
Doventorscontrescarpe 172 D
28195 Bremen
Tel.: 0421/34 36 68
www.trauernde-kinder.de

ADRESSEN IN ÖSTERREICH

Vergiftungszentrale
Allgemeines Krankenhaus Wien
Währinger Gürtel 18–20
Ebene 6a
1090 Wien
Tel.: 01/404 00 22 22
www.akh-wien.ac.at/viz

Österreichische Gesellschaft für Kinder- und Jugendheilkunde
www.docs4you.at

Jugendinformationsstelle im Bundesministerium für Gesundheit, Familie und Jugend
Franz-Josefs-Kai 51
1020 Wien
Tel.: 01/5 22 70 30
Tel.: 08 00/24 02 66 (kostenlos)
www.jugendinfo.at

Gesellschaft für seelische Gesundheit in der frühen Kindheit e. V.
Univ.-Klinik für Kinder- und Jugendheilkunde Graz
Auenbruggerplatz 30
A-8036 Graz
Tel.: 0316/385-37 59
www.gaimh.de

Drogen- und Suchtberatung
Verein Dialog
Hegelgasse 8/3/11
1010 Wien
Tel.: 01/512 01 81
www.dialog-on.at

Österreichische Gesellschaft für Ernährung – ÖGE –
Zimmermanngasse 3
1090 Wien
Tel.: 01/714 71 93
www.oege.at

Informationskreis Kind und Ernährung
Esterhazygasse 7/2
1060 Wien
Tel.: 01/504 28 29-3
www.informationskreis.org

Essstörungshotline der Wiener Initiative gegen Essstörungen
Tel.: 0800/20 11 20

ArGe Selbsthilfe Österreich
Koordinationsstelle: Selbsthilfe Kärnten
Kempfstraße 23/3. Stock
Postfach 108
9021 Klagenfurt
Tel.: 0463/50 48 71
www.selbsthilfe-oesterreich.at

Österreichische Plattform für Alleinerziehende
Landstraßer Hauptstraße 33/2/19
1030 Wien
Tel.: 01/890 38 90
www.alleinerziehende.org

ADRESSEN IN DER SCHWEIZ

Bei Vergiftungen:
Schweizerisches Toxikologisches Informationszentrum
Freiestrasse 16
8028 Zürich
Notfall-Nummer: 012 51 51 51

Pro Familia Schweiz
Marktgasse 36
3011 Bern 23
Tel.: 031/381 90 30
www.profamilia.ch

Schweizerische Vereinigung der Elternorganisationen
Bibenlosstrasse 6
5620 Bremgarten
Tel.: 056/633 42 10
www.sveo.ch

Schweizerischer Verband alleinerziehender Mütter und Väter
www.svamv-fsfm.ch

Pro juventute
Thurgauerstrasse 39, Postfach
8050 Zürich
Tel.: 044/256 77 77
www.projuventute.ch

Schweizerische Gesellschaft für Ernährung
Schwarztorstrasse 87
Postfach 8333
3001 Bern
Tel.: 031/385 00 00
www.sge-ssn.ch

Schweizerische Fachstelle für Alkohol- und andere Drogenprobleme
Avenue Louis-Ruchonnet 14
1001 Lausanne
Tel.: 021/321 29 11
www.sfa-ispa.ch

Arbeitsgemeinschaft Ess-Störungen
Postfach 1332
8032 Zürich
Tel.: 043/488 63 73
www.aes.ch

Tagesfamilien Schweiz
Hörenstrasse 42
9113 Degersheim
www.tagesfamilien.ch

Stiftung KOSCH
Koordination und Förderung von Selbsthilfegruppen in der Schweiz
Laufenstrasse 12
4053 Basel
Tel.: 061/333 86 01
www.kosch.ch

www.elternnotruf.ch

Register

A

B

C

D

I

J

K

T

U

V

W

Z

»Elternsein hat sehr viel mit dem Instinkt zu tun, aber manchmal brauchen wir ein wenig Hilfe, um sicherzugehen, dass wir alles richtig machen.«

Dank

Textbeiträge
Die Seitenzahlen unten beziehen sich auf die Seiten oder Teile der Seiten, die von der entsprechenden Autorin verfasst worden sind.

Carol Cooper: 25–31, 39, 55–61, 81–84, 112–115, 116–118, 127, 137–142, 149, 152 (letzter Abschnitt), 160–163, 164–165, 166 (1. Abschnitt), 167 (2. Abschnitt), 172, 188–189, 207–209, 274 (Kasten)

Claire Halsey: 33–38, 43–47, 62–67, 72–73, 90–99, 122–126, 128–131, 145–148, 151 (außer dem Kasten), 153 (außer dem letzten Abschnitt), 168–171, 172 (1. und 3. Frage), 173–175, 194–197, 199 (Kasten), 200, 213–217, 218–219, 220 (Kasten), 221 (außer dem Kasten), 234–237, 238–239, 258–261, 262 (Kasten), 264–267, 280–283, 287 (letzter Abschnitt), 288–289, 302–308

Su Laurent: 21–24, 51–54, 77–80, 109–111, 135–137, 157–159, 185–187, 205–206, 225–228, 251–254, 271–274, 293–297

Karen Sullivan: 14–17, 40–42, 67 (Kasten), 69–71, 85–89, 102–105, 116–121, 140–144, 150, 151 (Kasten), 166 (außer dem ersten Abschnitt), 167 (außer dem 2. Abschnitt), 178–180, 190–193, 198–199 (außer dem Kasten), 210–212, 220 (außer dem Kasten), 229–233, 240–241, 244–247, 255–257, 262–263 (außer dem Kasten auf S. 262), 275–279, 284–287 (außer dem letzten Abschnitt auf S. 287), 298–301

Dank der Autorinnen
Claire Halsey bedankt sich bei Vicki McIvor.
Su Laurent dankt dem DK-Team sowie Alex, Emily und Eddie, ihren drei Kindern – sie ermöglichen ihr, das Muttersein als so wunderbare Erfahrung zu erleben – und ihrem Mann Peter für seine Unterstützung.

Dank des Verlags
Korrektorat: Andi Sisodia
Register: Sue Bosanko
Lektoratsassistenz: Nicola Parkin
Fotoassistenz: Jamie Bowler
Shooting-Assistenz: Susanna Sanford
DK-Bildarchiv: Romaine Werblow
Fotorecherche: Harriet Mills, Sarah Hopper
Schulen: Honeywell Infant & Junior schools, London, King Alfred School, London mit besonderem Dank an Lorraine Deville
Location-Agenturen: Amazing space, 1st Option, Oak Management

Allen Kindern und Eltern, die an den Shootings teilgenommen haben:
Lawrence Bache, Arthur Bagnall, Millie Bagnall, Thomas Battson, Joe Bertram, Marta Blaiklock, Joe Brandon, Lewis Brown, Willow Bush, Ellen Cooley, Rachel Cooley, Jake Croton, Maja Da Costa, Amelea Ellenger, Henry Ellenger, Anna Fitzgerald, Jessica Forge, Toby Forge, Lottie Head, Phoebe Head, Benjamin Hewitt, Hannah Hewitt, Florence Hoffman, Henry Hoffman, Cameron Irving, Biba Kang, Jas Kang, Sky Kang, Alice Kenny, Fleur Kenny, Gus Lingwood, Kit Lingwood, Robyn Liu, Crispin Lord, Eleana Macauley-Rowe, James Macauley-Rowe, Rosie McMahon, Ellie Millard, Hamlett Millard, Ben Nositter, Megan O´Connor, Jay Orriss, Atinuke Osuntokun, Benjamin Osuntokun, Kikekomo Osuntokun, Samuel Owen, Alex Paterson, Sam Powell, Edward Reader, Emily Reader, Abigail Richson, Weljah Richson, Daniel Smith, Talya Smith, Michael Sutcliffe, Ammi Takahashi, Kai Takahashi, Adam Vallack, Miles Wagner, Kayleigh Wennerland, Sean Wennerland, Oliver Wilson, Ben Woodard und den Schülern der Honeywell Infant & Junior schools und der King Alfred School.

Bildnachweis
Der Verlag dankt folgenden Personen und Institutionen für die freundliche Genehmigung zum Abdruck ihrer Fotos:
(Legende: o = oben; u = unten; m = Mitte; l = links; r = rechts)

Cover vorne: **Getty Images:** Andersen Ross (o), Cover hinten: **PunchStock:** Moodboard
Alamy Images: Bubbles Photolibrary 98, 281; f1 online 149; Jenny Matthews 283; Nordicphotos 201; Alex Segre 127; Steve Stanford 273; Rob Walls 178; **Bubbles:** 39; **Corbis:** Heide Benser 152, 190; Cameron 185, 222–223; Kevin Dodge 213, 248 ml, 260; John Henley 278; A. Inden/zefa 103, Ronnie Kaufman 255; Tom & Dee Ann McCarthy 41; Roy Morsch 269 ml; Gabe Palmer 289; LWA-Dann Tardif 225; Alfred Saerchinger/zefa 251; Anna Peisl/zefa 264; Ausloeser/zefa 147; Emely/zefa 237; Mika/zefa 214; **Getty Images:** Ableimages 247; altrendo images 150, 258; B2M Productions 208; Jean Louis Batt 161; Victoria Blackie 115, 198; Guy Bubb 84; CAP 267; ColorBlind Images 184, 284, 293; John Cumming 268–269; DCA Productions 294; Nick Dolding 134; John Giustina 125; Gone Wild/Photographer´s Choice 304; Colin Gray 241; Hill Street Studios/Stock This Way 291; ISU 188; Bruce Laurance 256; Clarissa Leahy/Stone 295; Jonnie Miles 169, Steve Murez 80; Nacivet 139; Thomas Northcut 235; Sami Sarkis 222 ml; Stephan Stickler 301; Gala Narezo/Taxi 227; Jerome Tisne 114; Stefan Wettainen 297; **PunchStock:** 156, 163, 254, 279.